Lückenergänzung und richterliche Rechtsfortbildung
nach Art. 1.6 II der UNIDROIT-Principles
for international commercial contracts

Europäische Hochschulschriften

Publications Universitaires Européennes
European University Studies

Reihe II
Rechtswissenschaft

Série II Series II
Droit
Law

Bd./Vol. 3213

PETER LANG
Frankfurt am Main · Berlin · Bern · Bruxelles · New York · Oxford · Wien

Christiane Weidemann

Lückenergänzung und richterliche Rechtsfortbildung nach Art. 1.6 II der UNIDROIT-Principles for international commercial contracts

Methode und Beispiele: Rückgewährschuldverhältnisse, postvertragliche Pflichten, objektive Beweislast

PETER LANG
Europäischer Verlag der Wissenschaften

Die Deutsche Bibliothek - CIP-Einheitsaufnahme

Weidemann, Christiane:

Lückenergänzung und richterliche Rechtsfortbildung nach Art. 1.6 II der UNIDROIT-Principles for international commercial contracts : Methode und Beispiele: Rückgewährschuldverhältnisse, postvertragliche Pflichten, objektive Beweislast / Christiane Weidemann. - Frankfurt am Main ; Berlin ; Bern ; Bruxelles ; New York ; Oxford ; Wien : Lang, 2001

(Europäische Hochschulschriften : Reihe 2, Rechtswissenschaft ; Bd. 3213)
Zugl.: Trier, Univ., Diss., 2001
ISBN 3-631-38146-8

D 385
ISSN 0531-7312
ISBN 3-631-38146-8

www.peterlang.de

„Panta rei“

Vorbemerkung

Mein Dank geht an Professor Dr. Bernd von Hoffmann, Professor Dr. Franz Dorn, die Bibliothek der Universität Trier, das Max-Planck-Institut für internationales Privatrecht und Rechtsvergleichung in Hamburg, meinen lieben Jan, meine Familie, Katrin, Thomas und alle anderen, die mich so nett unterstützt haben und besonders an meine Oma.

Das Manuskript für diese Arbeit wurde im März 1999 abgeschlossen. Später erscheinende Literatur konnte nur eingeschränkt Berücksichtigung finden.

Inhaltsverzeichnis

A) Einleitung:

1994 hat das Institut für Rechtsvereinheitlichung UNIDROIT ein neues Regelungswerk herausgebracht, die **„Principles of international commercial contracts“**.[1] In einer Art „Restatement des allgemeinen Vertragsschuldrechts“ werden, ohne den Weg einer Konvention zu wählen, Regelungen zum internationalen Handelsrecht aufgestellt.[2] Der Anwendungsbereich erstreckt sich auf Handelsverträge aller Art.

Die „Grundsätze“ bestehen aus vielen allgemeinen und einigen detaillierten Regelungen. Ihr Thema ist die Regelung des Vertragslebens, hauptsächlich des Vertragsrechtes als solchem, wobei ihr Anwendungsbereich aber über das eigentliche Vertragsrecht hinausgeht.[3] Bei ihrer Anwendung als „allgemeines Vertragsschuldrecht“[4] oder „allgemeiner Teil des Vertragsrechtes“[5] treten jedoch einige Fragen auf, die keine ausdrückliche Antwort in den UNIDROIT-Principles finden.[6] Aus diesem Grund ergibt sich das sogenannte Problem der „Lücken im Recht“.[7] Damit die UNIDROIT-Principles trotz auftretender Lükken ihr Ziel, Handelsverträge möglichst umfassend zu regeln, erreichen können, mußte eine Regelung zur Lückenergänzung aufgenommen werden.

Seit jeher haben sich im Bereich der Lückenfüllung mehrere Methoden gefunden: Die Lückenergänzung nach den Prinzipien des angewendeten Rechtes, Ergänzung nach nationalem Recht oder eine Kombinationsweise beider Möglichkeiten.[8] Die UNIDROIT-Principles wählen mit Art. 1.6 II die Möglichkeit, eine

---

[1] Informationen hierzu finden sich etwa auf der Homepage des Unidroit-Institutes (http://www.unidroit.org). Dort können auch Text und Kommentar zu den UNIDROIT-Principles 1994 eingesehen werden.

[2] *Berger, K.P.*, Kodifizierung, S. 140. Dennoch sind sie, wie auch Art. 1.6 II zeigt, kodifiziertes Recht im Sinne des Zivilrechtskreises, denn solche Codices zeichnen sich durch den weitestmöglichen Ausschluß anderen Rechts aus. Vgl. *Nickles, S.*, Problems, Arkansas L Rev. 77, S. 16 mit seiner Auffassung, daß der UCC kein solcher Codex sei sondern vielmehr ein „common-law code“.

[3] *Studies Unidroit* 1994, P.C. Misc. 19, S. 40 et seq.

[4] *Berger, K.P.*, Kodifizierung, S. 140. Dieser Begriff soll hier weiter verwendet werden.

[5] *Bärmann, J.*, Handelsrecht, FS Mann, S. 560.

[6] Vgl. etwa *Nickles, S.*, Problems, Arkansas L Rev. 77, S. 24 „experience and imagination supporting any code cannot forestall the inventiveness of reality“. Dies gilt besonders für generelle Regelungen wie die UNIDROIT-Principles. Zu Lücken, derer sich die Unidroitkommission schon angenommen hat, siehe *Bonell, M.J.*, Restatement, S. 256 et seq. (Vertretung, dritte Parteien, limitation of actions, Bedingungen, Preiskürzungen, waiver etc.). Mit diesen Lücken wird sich hier nicht beschäftigt werden.

[7] Vgl. *Zittelmann, E.*, Lücken, S. 5.

[8] Vgl. *Enderlein, F./Maskow, D./Strohbach, H.*, Internationales Kaufrecht, Art. 7 Anm. 7.

ausdrückliche Regel für die systemkonforme Rechtsfortbildung durch allgemeine Grundsätze der UNIDROIT-Principles selbst aufzustellen und gleichzeitig für den „Notfall" auf die Anwendbarkeit einer nationalen Rechtsordnung zu verweisen. Artikel 1.6. II schafft so eine Möglichkeit zur systemkonformen Fortbildung der UNIDROIT-Principles, klärt ihr Verhältnis zum nationalen Recht[9] und trägt zur Neubelebung von Normen anhand der Praxis bei.[10]

Diese Lückenergänzungsvorschrift wirft, wenn sie praktisch angewendet werden soll, einige Fragen auf. Im ersten Teil dieser Arbeit wird darauf eingegangen werden, wann eine Lücke anzunehmen ist, was als allgemeiner Grundsatz angewendet werden kann, welche Methoden der Grundsatzherleitung für die UNIDROIT-Principles sinnvoll sind und welche Kriterien an die grundsätzliche Bestimmung einer externen, nicht durch Art. 1.6 II ergänzbaren Lücke angelegt werden können. Im zweiten Teil sollen die im ersten angestellten Erwägungen an einigen Beispielen in der Praxis dargestellt werden.

---

[9] Vgl. zu den Schwierigkeiten bei „nationaler" Rechtsfortbildung von internationalem Recht *Honnold, J.*, Uniform Words, in: Schlechtriem, Einheitliches Kaufrecht und nationales Obligationenrecht, S. 115 et seq.

[10] Vgl. *Esser, J.*, Grundsatz und Norm, S. 248.

Teil 1: Theoretische Grundlagen der Lückenergänzung nach Art. 1.6 II der UNIDROIT-Principles

Für die Arbeit mit Art. 1.6 II müssen zunächst einige seiner Voraussetzungen theoretisch näher erläutert werden. Dazu gehören: Das Ziel der UNIDROIT-Principles, mit dem alles Folgende zusammenhängt, und der sachliche Anwendungsbereich der UNIDROIT-Principles („innerhalb des sachlichen Anwendungsbereiches"). Ebenso sollte deutlich werden, wann eine Frage als Lücke einzustufen ist, was als „allgemeiner Grundsatz" angewendet werden kann, wie weit das „soweit wie möglich" des Art. 1.6 II zu verstehen ist, und wann ein allgemeiner Grundsatz den UNIDROIT-Principles „zugrunde liegt".

I. Die UNIDROIT-Principles

Damit diese Fragen einen Rahmen bekommen, soll zunächst kurz auf die UNIDROIT-Principles als solche eingegangen werden.[11]

1. Allgemeines

Der internationale Handel, immer im Wandel begriffen, brauchte ein flexibles Instrument zur Behandlung seiner Dispute,[12] eine Art modernes ius commune.[13]

Ein solches Instrument sollten die UNIDROIT-Principles liefern und kraft überzeugender Regelungen den internationalen Handelsverkehr vereinfachen. Die UNIDROIT-Principles sind internationales, einheitliches Recht. Sie passen nicht in die Form einer der üblichen Rechtsvereinheitlichungsinstrumente von Konvention, Modellvorschrift oder Formvertrag.[14] Dagegen sollen sie einen Kompromiß zwischen verschiedenen Rechtsauffassungen anbieten, der dem internationalen Handelsverkehr am günstigsten wäre.[15] Sie sind eine „Empfehlung" für die Regelung des internationalen Handelsverkehrs und einzelner Verträge, ein Teil der lex mercatoria und ein Modell für nationale Rechte.[16] Dies ist jedenfalls

---

[11] Für genauere Informationen siehe *Bonell, M.J.*, Restatement, S. 1 et seq.

[12] Vgl. *Bärmann, J.*, Handelsrecht, FS Mann, S. 560 et seq.

[13] Vgl. *Berger, K. P.*, Unidroit Prinzipien, ZVglRWiss 95, S. 219.

[14] Vgl. *Bonell, M.J.*, Restatement of Principles, RDI 88, S. 878.

[15] *Bonell, M.J.*, Restatement, S. 35, und *Giardina, A.*, Les Principes, Rev. dr. int. et comp. 91, S. 30.

[16] Vgl. die Präambel der UNIDROIT-Principles, *Ferrari, F.*, Defining application, TLR 95, S. 1225 et seq. zu ihren allgemeinen Zielen und *Ferrari, F.*, Verhältnis, JZ 98, S. 16 et seq. zu ihrer Aufgabe als mögliche „Lückenfüller".

das Ziel der Gesetzgeber.[17] Die UNIDROIT- Principles sollten also eine Neuheit auf dem „Markt" des vereinheitlichten Rechtes darstellen. So werden sie auch oft als „totally new approach to international trade law"[18] bezeichnet, was durch die Ambition der UNIDROIT-Principles, die besten und konsensfähigen Regeln speziell für den internationalen Handelsverkehr herauskristallisiert zu haben,[19] als angemessen erscheint.

Genauer soll im Folgenden nicht auf die Rechtsnatur der UNIDROIT-Principles eingegangen werden.[20] Einige Aspekte der UNIDROIT-Principles haben allerdings auch auf die Lückenergänzung nach Art. 1.6 II Einfluß.
Bedeutend ist beispielsweise, daß die UNIDROIT-Principles im Gegensatz zu bisherigem einheitlichen Recht (EKG, CISG, CMR etc.) nicht nur die Vereinheitlichung eines bestimmten, konkret umrissenen Rechtsbereiches anstreben.[21] Sie wollen „Grundsätze" oder „Prinzipien" des allgemeinen internationalen Handels sein, ohne ihren Anwendungsbereich fest zu umreißen. Daraus ergeben sich bei der Lückenergänzung größere Freiheiten als etwa bei der CISG. Da keine genauer Rechtsbereich umrissen ist, muß weniger penibel überlegt werden, ob eine Frage dem sachlichen Anwendungsbereich der

UNIDROIT-Principles schon deswegen nicht unterfällt, weil sie nicht mehr zu einem solchen Komplex gehört. Zum „internationalen Handel" gehört vieles.[22]

Bei der Lückenergänzung muß außerdem beachtet werden,[23] daß die UNIDROIT-Principles als Prinzipien „internationaler Handelsverträge"

---

17 „Gesetzgeber" sollen auch die Verantwortlichen für die Gestaltung der UNIDROIT-Principles in dieser Arbeit genannt werden. Pronomen und Bezeichnungen beziehen sich in dieser Arbeit auf beide Geschlechter.

18 *Bonell, M.J.*, Principles, TLR 95, S. 1122.

19 Vgl. *Hyland, R.*, Law of Contract, Am J Comp. L 92, S. 542.

20 Vgl. dazu die Beiträge von *M.J. Bonell* (etwa UN-Kaufrecht, RabelsZ 94, S. 274 et seq.; RDI 88, S. 873 et seq.; TLR 95, S. 1121 et seq.); *Garro, A.*, Gap-filling role, TLR 95, S. 1149 et seq.; *Baptista, L.O.*, Aspects, TLR 95, S. 1209 et seq.; *Parra-Aranguren, G.*, Conflict of Law,TLR 95, S. 1239; *Berger, K. P.*, Unidroit Prinzipien, ZVglRWiss 95, S. 217 et seq.; *Kessedjian, C.*, Exercice, Rev. crit. dr. in. 95, S. 649 et seq.; *Boele-Woelki, K.*, Anwendung, IPRax 97, S. 163 et seq.

21 Wie etwa den internationalen Warenkauf, den Transport etc.

22 Nichtsdestotrotz ergeben sich dennoch Beschränkungen des sachlichen Anwendungsbereiches, siehe unter Teil 1, IV. 6..

23 Vgl. *Diedrich, F.*, Lückenfüllung, RIW 95, S. 353.

kodifiziertes Recht sind und ein bestimmtes Rechtsgebiet (das Vertragsrecht und teilweise Schuldrecht des internationalen Handels) systematisch und zusammenhängend regeln.[24]

2. Die Grundsätze der Grundregeln

Beschäftigt man sich mit der Lückenergänzung für die UNIDROIT-Principles, so fällt zunächst eine kleinere Besonderheit auf. Sowohl im Titel als auch in Art. 1.6 II der UNIDROIT-Principles wird der gleiche Begriff „principles“ verwendet, so daß Art. 1.6 II eine Ergänzung der „principles durch principles“ vorsieht.

Die beiden „Principles“ beziehen sich aufeinander, ihr Schwerpunkt ist aber jeweils etwas anders.
Die Verwendung des Wortes „Principles“ im Titel erklärt sich aus der Gesamtbedeutung dieses Regelungswerks. Die UNIDROIT-Principles sollen viele Funktionen übernehmen. Eine davon ist, eine Quelle für die Bestimmung von wichtigen Werten für den internationalen Handel zu sein. Sieht man die Geschichte der UNIDROIT-Principles,[25] dann fällt auf, daß ein Instrumentarium gesucht wurde, um die bisweilen herangezogenen „Prinzipien des internationalen Handelsverkehrs“ näher zu bestimmen. In den UNIDROIT-Principles sollen solche Prinzipien „nachgelesen“ werden können.[26] Die lex mercatoria bekommt in den UNIDROIT-Principles eine (wenn auch vielleicht nicht erschöpfende) Gestalt.[27] Um dieses Ziel zu erreichen, wurden viele Rechtsordnungen bzw. Gesetzeswerke herangezogen, die teilweise ihrerseits auf rechtsvergleichenden Erwägungen beruhten.[28] Dazu gehörten auch (noch) kommunistische oder „hybride“ Rechtsordnungen.[29] Zuletzt wurden andere Quellen des internationalen Wirtschaftsrechtes, etwa die Incoterms, die FIDIC-Conditions oder die ERA des ICC beachtet.[30] So entstand ein Werk, welches einen „Konsens des allgemeinen Vertragsrechtes“ bilden sollte. Dieser Konsens wurde in Form der „Principles of international commercial contracts“ dargestellt.

---

[24] Vgl. *Nickles, S.*, Problems, Arkansas L Rev. 77, S. 20, Fn58 mit Definitionsvorschlägen für einen „code“.

[25] Etwa die Referenz in Art. 9 der Inter-American Convention on the Law Applicable to International Contracts OEA/Ser.K/XXL.5 (1994), reprinted in 33, I.L.M. 721 (1994) auf die „general principles of international commercial law recognized by international organizations“.

[26] Vgl. *Veytia, H.*, Equity, TLR 95, S. 1195.

[27] Vgl. *Garro, A.*, Gap-filling role, TLR 95, S. 1149.

[28] Etwa das GIW der DDR, vgl. hierzu *Berger, K.P.*, Kodifizierung, S. 143 et seq.

[29] *Berger, K.P.*, Kodifizierung, S. 146 et seq.

[30] *Berger, K.P.*, Kodifizierung, S. 147.

Der Titel der UNIDROIT-Principles hängt mit dieser Konzeption zusammen: Es sollen Konsenswerte festgeschrieben und systematisiert werden. Die Verwendung des Begriffes „Grundsätze" im Titel der UNIDROIT-Principles ist also eine Bezeichnung dessen, was die Principles darstellen sollen.[31] Im Titel sollte die dogmatische Unterscheidung zwischen Regel und Grundsatz, die ohnehin nicht genau gemacht wird,[32] keine Bedeutung bekommen, beispielsweise sollten die verschiedenen Sprachversionen hier verschiedene Begriffe benutzen.[33] Vielmehr war eine Abneigung gegen das Wort „Regel" eher deshalb vorhanden, daß keine Bindungswirkung der UNIDROIT-Principles intendiert werden sollte.[34]

Art. 1.6 II setzt auf einer inneren Ebene dieses Konsenses ein. Hier sollen die Werte, die auf der äußeren Ebene der Gesamtprinciples konkretisiert wurden, angewendet und eventuell wieder auf die dem äußeren Konsens zugrunde liegenden Werte reduziert werden. In Art. 1. 6 II ist der Inhalt der Grundsätze, die Verwendung dieses Begriffs im Titel ein Hinweis auf die Form, die sie gefunden haben. Hier gibt es einen Berührungspunkt mit der Frage, was als allgemeiner Grundsatz zu verstehen ist. „Inhalt anstelle von Form" sind Grundsätze nach der Meinung Essers,[35] und dies bietet auch hier den Ansatz zur Abgrenzung. Die Verwendung des Begriffs „principles" in Art. 1.6 II bezieht sich daher auf Inhalte, welche in den „Grundregeln" der internationalen Handelsverträge oder dem „Konsens des Vertragsrechtes"[36] eine Form gefunden haben, bzw. auf mit einer neuen Form gebildete Richtlinien.[37]

II. Allgemeines zur Lückenergänzung nach Art. 1.6 II der UNIDROIT-Principles

Die Gesetzgeber der UNIDROIT-Principles haben sich entschlossen, mit Art. 1.6 II eine positive Regelung zur Lückenergänzung aufzunehmen. Damit geben sie einen Weg zur Lösung eines schon lange erkannten Problems vor. Die Lückenergänzung oder die richterliche Rechtsfortbildung waren bereits im internationalen Einheitsrecht (etwa bei Art. 17 EKG und 7 II CISG), aber auch in

[31] Vgl. auch *Studies Unidroit* 1994, P.C. Misc.19, S. 2 „more than just a sum of general principles".

[32] Vgl. unter Teil 1, VI., 2.f) und 2.d).

[33] Vgl. *Studies Unidroit* 1994, P.C. Misc. 19, S. 118 et seq.

[34] *Studies Unidroit* 1994, P.C. Misc. 19, S. 119 et seq.

[35] *Esser, J.*, Grundsatz und Norm, S. 50.

[36] Vgl. zu den European Principles *Drobnig, U.*, Vertragsrecht, FS Steindorff, S. 1150.

[37] Näher dazu unter Teil 1, VI., 2.c) et seq.

nationalen Rechten und supranationalen Rechten eine Erscheinung, die manche Frage aufwarf.

1. Problem: Die „Lücke im Recht"

Ausgangspunkt war das Problem der lacunae, der „Lücken im Recht". Das Problem der Lücke kann in jedem kodifizierten Rechtssystem auftreten. Die Ansicht, daß das positive Recht überhaupt keine Lücken habe,[38] darf inzwischen als überwunden gelten.[39] Gesetzgeber können nicht alle Rechtsfragen voraussehen, die nach einem von ihnen entworfenen Rechtssystem auftreten könnten und gelöst werden sollen. In jedem Rechtssystem werden Fragen auftauchen, die nicht ausdrücklich gelöst sind.[40]

Treten Lücken auf, so kann also keine Entscheidung in einem vom Gesetzeswerk vorgegebenen Weg getroffen werden. Auf der anderen Seite ist es nicht wünschenswert, wenn Richter aus diesem Grunde ein „non liquet" aussprechen müssen. In vielen Rechtssystemen ist es überdies anerkannt,[41] daß ein Richter nicht wegen einer Lücke im positiven Recht den Rechtsspruch verweigern soll.[42] Die Lücke muß also ergänzt werden, i.e. es müssen auf irgendeine Weise Möglichkeiten gefunden werden, auch ohne positive Regelung die aufgetretene Rechtsfrage zu lösen.

Der Gedanke, zur Lösung dieses Problems „allgemeine Rechtsgrundsätze" anzuwenden, hat sich schon früh entwickelt und wurde auf dem europäischen Kontinent insbesondere in der Zeit des Naturrechtes im 17. und 18. Jahrhundert verstärkt. Auch heute noch ist das Konzept der allgemeinen Rechtsgrundsätze der Bedeutung des Lückenproblems entsprechend in vielen Rechtsordnungen verbreitet.[43]

---

[38] Vgl. *Bergbohm, K.*, Jurisprudenz, Bd. I, S. 372 et seq.

[39] Vgl. dazu *Meier-Hayoz, A.*, Einleitung Kommentar ZGB, Art. 1 ZGB, §4 A I., S. 40 et seq. Anderer Ansicht, allerdings mit der Maßgabe, daß allgemeine Grundsätze zum Recht gehören, so daß keine Lücke entsteht: Offenbar *Gaillard*, IBL 99, S. 220.

[40] *Nickles, S.*, Problems, Arkansas L Rev. 77, S. 24 „experience and imagination supporting any code cannot forestall the inventiveness of reality".

[41] Etwa besonders strikt im französischen Recht, Art. 4 code civil.

[42] Vgl. auch *Kropholler, J.*, Einheitsrecht, S. 301. Zur Rolle des Richters in der Rechtsfortbildung vgl. die Beiträge in: Richterliche Rechtsfortbildung, FS der juristischen Fakultät Heidelberg zur 600 Jahr Feier, Heidelberg 1986; *Bayer, W.*, Auslegung, RabelsZ 55, S. 621, S. 634; *Larenz, K.*, Methodenlehre, S. 188.

[43] Eingehend zur rechtsvergleichenden Funktion von allgemeinen Rechtsprinzipien *Esser, J.*, Grundsatz und Norm, S. 141-239.

Diesem Weg folgend wurden in einigen Gesetzeswerken ausdrückliche Vorschriften, die dem Problem der Lücke im Recht begegnen sollten, getroffen.[44] Eine entsprechende Regelung im Völkerrecht ist beispielsweise Art. 38 des Statutes des Internationalen Gerichtshofes.
Auch in nationalen Rechtsordnungen wurden Gesetze geschaffen, die Richtern das Verfahren in solchen Situationen beschreiben sollten (Beispiele dafür sind Art. 12 codice civile von Italien, Art. 6 codigo civil von Spanien und Art. 1 des Schweizer ZGB). Diese ausdrücklichen Regelungen zur Lückenergänzung ähneln sich häufig weitgehend. Ist die Lösung einer Rechtsfrage nach keiner ausdrücklichen Regelung möglich, soll auf die allgemeinen Grundsätze (etwa des Naturrechts, §7 ABGB von Österreich) zurückgegriffen oder selbst wie ein Gesetzgeber verfahren werden (Art. 1 Schweizer ZGB).

Aber auch in kodifizierten Rechtsordnungen, in welchen keine ausdrückliche Regelung für die Lücken im Recht getroffen wurde, wird dieses Problem ähnlich behandelt. Hier wird Lückenergänzung durch richterliche Rechtsfortbildung nach allgemeinen Grundsätzen vorgenommen.[45]

Selbst im common law, welches durch Präjudizien bestimmt wird und daher das Problem der lacunae im obengenannten Sinne nicht kennt, gibt es einige Statuten mit Lücken. Hier ist die Lückenergänzung nach „allgemeinen Rechtsgrundsätzen“ von Präzedenzfällen bestimmt, i.e. es werden theoretisch nicht lacunae in den statutes ausgefüllt, sondern die offengebliebenen Rechtsfragen nach aus Präzedenzfällen gewonnenen allgemeinen Grundsätzen „of law and equity“[46] gelöst.[47] Allerdings bestehen neuerdings auch Tendenzen zur Lückenergänzung nach „Zielsetzung“ der entsprechenden Statutes.[48] Grundsätzlich wird im common law dogmatisch eher vom Fall auf das Prinzip geschlossen, im Zivilrechtskreis vom Prinzip auf den Fall.[49]

Das Problem der Lücke stellt sich schließlich auch bei international vereinheitlichtem Recht. Es gibt bereits einige Konventionen und Regelungswerke, welche Teile des internationalen Rechts vereinheitlichen.[50] Auch hier treten immer wieder Fragen auf, welche von dem vereinheitlichten Gesetz nicht geregelt wer-

---

[44] Vgl. die Aufstellung bei *Bin Cheng*, General Principles, Appendix 2, S. 400 et seq.

[45] Vgl. etwa die Entwicklung des Wegfalls der Geschäftsgrundlage in Deutschland.

[46] Vgl. UCC §1-103.

[47] Vgl. *Dölle, H.*/Wahl, Art. 17 Rn3; *Honnold, J.*, Uniform Words, in: Schlechtriem, Einheitliches Kaufrecht und nationales Obligationenrecht, S. 136 et seq.

[48] Hierzu kurz *Rosenberg, M.*, Vienna Convention, Aust. Bus LR 92, S. 443.

[49] Vgl. *Veytia, H.*, Equity, TLR 95, S. 1191.

[50] Vgl. *Bonell, M.J.*, Restatement, S. 10, Fn9.

den, obwohl sie als Teil des vereinheitlichten Rechtes eigentlich geregelt werden sollten. Eine Möglichkeit der progressiven Harmonisierung,[51] die den Veränderungen des Handels gerecht wird, ist die Lückenergänzung innerhalb des Systems eines Regelungswerkes, für diese Lösung haben sich etwa EKG (Art.17) und CISG (Art.7 II) entschieden. Auch der EuGH greift für die Ausfüllung von Lücken im gemeineuropäischen Recht auf allgemeine Rechtsgrundsätze der Rechtsordnungen der Mitgliedstaaten zurück[52]

2. Beispiele ausdrücklicher lacunae-Regelungen im Vergleich mit Art. 1.6 II

Art. 1.6 II ist nicht die einzige positive Regelung zur Lückenergänzung, sondern hatte bereits einige Vorbilder.[53] Hier soll exemplarisch auf Art. 1 Schweizer ZGB, §7 österreichisches ABGB, Art. 12 (2) italienischer codice civile, Art. 17 EKG und 7 II CISG eingegangen werden.

a) Schweiz, Art.1 ZGB

Art. 1 II ZGB, der als Vorbild für das EKG diente,[54] ist eine weitgehende Lükkenergänzungsvorschrift. Hier werden Richter an die Stelle des Gesetzgebers gestellt. Nach Art. 1 II ZGB soll bei einer auftretenden Lücke zunächst nach einer gewohnheitsrechtlichen Regel gesucht werden, an zweiter Stelle soll der Richter selbst eine Regel, „die er als Gesetzgeber aufstellen würde", finden.

Bei dieser Methode wird einerseits eine Interessenwertung unter Beachtung der allgemeinen Prinzipien der Gerechtigkeit und der Rechtssicherheit[55] notwendig. Zum anderen muß sich die gefundene Regel in das bereits existente Rechtssystem einfügen. Dies kann mit Hilfe der Analogie und verwandter Rechtsfindungsformen geschehen, zuletzt können Rechtsgeschichte und Rechtsvergleichung helfen.[56] Zwingend ist die Beachtung allgemein gültiger Rechtsgrundsät-

---

[51] Vgl. *Rosett, A.*, Unification, Am Jl Comp. L 92, S. 688, „the drafters...tend to look on harmonization as an event that happens once and for all". Dies ist der Praxis nicht angemessen und macht die Konventionen inflexibel.

[52] Vgl. *Ipsen, H.-P.*, Europäisches Gemeinschaftsrecht, §5-12, Rn17-22.

[53] Etwa Art. 7 ABGB (Österreich); Art. 1 II ZGB (Schweiz); Art.16 des argentinischen Zivilgesetzbuches; Art. 12 codice civile (Italien); Art.6 codigo civil (Spanien); Einleitung zum brasilianischen Zivilgesetzbuch; Art. 13 Lousiana civil code; Art. 7 des puerto-ricanischen Zivilgesetzbuches. Dies ist auch der Weg einiger neuerer Konventionen, etwa Art. 6 II Übereinkommen über die Stellvertretung beim internationalen Warenkauf 1983; Art. 4 II Übereinkommen über internationales Factoring, 1988.

[54] Vgl. Rapport sur l'avant-projet d'une loi internationale sur la vente (S.d.N-U.D.P. 1935 – Studies: IV –Vente- Doc.80) zitiert nach *Bayer, W.*, Auslegung, RabelsZ 55, S. 603 et seq.

[55] *Dölle, H.*/Wahl, Art. 17 Rn38 m.N.

[56] *Dölle, H.*/Wahl, Art. 17 Rn38.

ze, die etwa aus der Natur der betreffenden Institution folgen,[57] und der „bewährten Lehre und Überlieferung“, Art. 1 III ZGB.

b) Österreich, § 7 ABGB

Nach §7 ABGB soll zunächst auf „im Gesetz bestimmt entschiedene Fälle und auf die Gründe anderer, damit verwendeten Gesetze Rücksicht genommen werden“, dann sollen die „natürlichen Rechtsgrundsätze“ als Entscheidungshilfe dienen. Hier wird die Analogie als vorrangige Lückenergänzungsmethode ausdrücklich vorgezogen.

c) Italien, Art.12 (2) codice civile

Art. 12 codice civile sieht ebenfalls vor, daß zunächst durch Analogie versucht wird, eine Bewertung für einen bestimmten Fall zu finden. Falls dies keine Lösung bringt, soll nach den allgemeinen Grundsätzen der staatlichen Rechtsordnung entschieden werden. Der Unterschied zum österreichischen Recht besteht darin, daß hier auf die staatliche Rechtsordnung statt auf das Naturrecht verwiesen wird.

Insbesondere von Bedeutung für die Einordnung des Art. 1.6 II der UNIDROIT-Principles sind seine Vorläufer im Einheitsrecht.

d) EKG, Art. 17

da) Entstehung des Art. 17 EKG

Schon bei der Schaffung des EKG sah das Institut für die Vereinheitlichung des Privatrechtes UNIDROIT die Gefahr, daß ohne eine systemkonforme Lückenergänzungsvorschrift der Geist der Rechtsvereinheitlichung behindert würde. Daher wurde angeregt, ausdrücklich die Lückenergänzung nach allgemeinen Grundsätzen vorzuschreiben.[58]

Bevor die endgültige Formulierung des EKG beschlossen wurde, gab es einige Entwürfe (1935,1939,1956,1963[59]), welche eine Vorschrift zur Lückenergänzung ohne Rückgriff auf das IPR vorsahen. Trotz einiger Diskussion darüber[60] und des Hinweises, mangels allgemeiner Grundsätze oder bei Unmöglichkeit

---

[57] Vgl. *Meier-Hayoz, A.*, Einleitung Kommentar ZGB, Art. 1 ZGB, Rn405 et seq.

[58] Vgl. *Rabel, E.*, Entwurf, RabelsZ 35, S. 54 et seq.

[59] Vgl. auch *Frigge, B.*, Externe Lücken, Externe Lücken, S. 33, 34.

[60] Dazu siehe *Riese, O.*, Haager Konferenz, RabelsZ 65, S. 30 et seq.; *Dölle, H.*/Wahl, Art. 17 Rn9.

dieser Lösung doch das IPR anzuwenden, blieb es bei der Entscheidung, ganz ohne IPR auszukommen.[61]

db) Bedeutung des Art. 17 EKG

Das EKG wollte somit eine einheitliche Auslegung und Vermeidung des Rückgriffs auf das IPR erreichen und hat sich in Anlehnung an Art. 38 IGH-Statut dafür entschieden, zwei Normen einzuführen.[62] Art. 17 sieht die Ergänzung von Lücken im sachlichen Anwendungsbereich durch die dem EKG zugrunde liegenden allgemeinen Grundsätze vor, und Art. 2 schließt die Anwendung des IPR aus, wenn nicht das EKG etwas anderes vorsieht.

Daraus ergibt sich dann auch vorwiegend die Ansicht, daß Lücken im EKG allein nach den allgemeinen Grundsätzen zu schließen seien.[63] Wenn solche Grundsätze dem EKG nicht zu entnehmen seien, so seien sie im Wege der Rechtsvergleichung zu entwickeln.[64] Anderer Ansicht nach sollte in einem solchen Fall doch das IPR die Lösung für die Lücke bieten.[65] Die Rechtsprechung entwickelte einige allgemeine Grundsätze aus dem EKG selbst[66] und verweist trotz Art. 2 EKG auf das IPR.[67]

e) CISG, Art. 7 II

Art. 7 II CISG steht dem Art.1.6 II der UNIDROIT-Principles näher als Art. 17 EKG, da er bereits aus Art. 17 EKG fortentwickelt wurde.[68]

---

[61] Näher zu den Diskussionen um Art. 17 EKG *Frigge, B.*, Externe Lücken, S. 33-36.

[62] Vgl. *Dölle, H.*/Wahl, Art.17 Rn5.

[63] So *Dölle, H.*/Wahl, Art. 17 Rn75 et seq.; *Gravson, R./Cohn/Gravson*, Uniform Laws, 62, vgl. *Magnus, U.*, Grundsätze, RabelsZ 95, S. 474.

[64] *Dölle, H.*/Wahl, Art.17, Rn75 et seq.

[65] *Mertens, H.-J./Rehbinder, E.*, Internationales Kaufrecht, Art.7 Rn5 et seq.

[66] Etwa die Grundsätze von Treu und Glauben, Angemessenheit, das Verbot des Rechtsmißbrauchs und weitere (siehe *Magnus, U.*, Grundsätze, RabelsZ 95, S. 474 Fn17).

[67] Etwa für die Abtretung (OLG Hamm, Urteil vom 1.7.82, zitiert in Schlechtriem/Magnus, Art. 17 Nr.5), den Erlaß (OLG Koblenz, Urteil vom 1.3.85, zitiert in ibidem Art. 17 Nr.11) und weitere.

[68] Ein ausführlicher Vergleich zwischen CISG und UNIDROIT-Principles findet sich bei *Bonell, M.J.*, Restatement, S. 61 et seq.

ea) Entstehung des Art. 7 II CISG

Bei den UNCITRAL-Beratungen um die CISG wurde das Lückenproblem erneut aufgegriffen und sich ebenfalls für eine positive Regelung entschieden. Schwierigkeiten, die sich bei der Anwendung des Art.17 EKG insbesondere um die Anwendung des IPR ergaben, sollten in der CISG jedoch vermieden werden. Weiterhin wurde eine Vorschrift zur autonomen Lückenergänzung befürwortet.[69] Trotz einiger Bedenken[70] und anfänglichen Einigungsschwierigkeiten wurde im Verlauf der Konferenz von Wien 1980 die heutige Regelung formuliert. In Art. 7 II ist das IPR ausdrücklich als „Nothilfe" zugelassen, wenn die autonome Lückenergänzung scheitert.

eb) Bedeutung des Art. 7 II CISG

Das Problem des Art. 17 EKG, daß nationales Recht (umstrittenerweise[71]) gänzlich ausgeschlossen sein, andererseits weiterhin die Rechtsvereinheitlichung durch eine autonome[72] Lückenergänzungsvorschrift gefördert werden sollte,[73] mußte in der CISG gelöst werden.

Es wurde in bezug auf das nationale Recht ein Kompromiß gefunden. Art. 7 II CISG ordnet an, daß Fragen bezüglich geregelter Gegenstände, die nicht ausdrücklich gelöst sind, nach allgemeinen Grundsätzen oder mangels solcher Grundsätze nach den Regeln des IPR zu lösen sind. Diese Kompromißlösung zwischen dem Anwendungssvorrang nationalen Rechtes und der Lückenergänzung nach allgemeinen Grundsätzen in jedem Fall erwies sich als tragfähige Lösung.[74]

f) Unterschiede zu Art. 1.6 II der UNIDROIT-Principles

Art. 1.6 II lehnt sich an Art. 7 II CISG und 17 EKG an, es wurden jedoch einige Änderungen vorgenommen.

---

[69] Vgl. *Frigge, B.*, Externe Lücken, S. 36 et seq. mit Nachweisen zu den Diskussionen.

[70] Zur Diskussion im Entwurf von 1976, 1977 und 1978 siehe *Frigge, B.*, Externe Lücken, S. 36-38.

[71] Vgl. *Kropholler, J.*, Ausschluß, RabelsZ 74, S. 372 et seq.

[72] Vgl. *Hellner, J.*, Gap-Filling, FS Hjerner, S. 220.

[73] So auch *Frigge, B.*, Externe Lücken, S. 41.

[74] Vgl. zu der Geschichte des Art. 7 II CISG Bonell/Bianca/Bonell, Art. 7 Anm.1.3 et seq. Angewendet wurde die allgemeine Lückenfüllung etwa im Arbitral Award des International Court of Arbitration of the Austrian Chamber of Commerce (Vienna), 15. VI. 1994, wo eine in Frage stehende Zinsrate nach Art. 7 II CISG mit dem allgemeinen Grundsatz der full compensation (Art. 74 CISG) ergänzt wurde.

Die Probleme, welche Art. 17 EKG und Art. 7 II CISG aufwarfen, haben Art. 1.6 II beeinflußt. Art. 7 II CISG wird insoweit übernommen, als angeordnet wird, Fragen innerhalb des sachlichen Anwendungsbereiches nach allgemeinen Grundsätzen zu lösen. Gegenüber Art. 17 EKG wird hierbei eingeschränkt, daß diese Ergänzung nur „soweit wie möglich" angewendet werden soll. Impliziert wird damit die Anwendung nationalen Rechtes, sollte eine Lückenergänzung nach allgemeinen Grundsätzen nicht akzeptabel sein.[75] Hier wird Art. 7 II CISG gefolgt. Andererseits wird gegenüber der CISG dann aber eine Erweiterung gemacht: Nicht „mangels allgemeiner Grundsätze" soll nach nationalem Recht entschieden werden, sondern nur, wenn sich eine Lückenergänzung nach allgemeinen Grundsätzen als unmöglich herausstellt. Die Anforderung an die Anwendung allgemeiner Grundsätze zur Lückenergänzung wird damit höher.

Im Gegensatz zu einigen nationalen Rechten nennt Art. 1.6 II kein Programm, welches eine Rangfolge der Lösungsmöglichkeiten (i.e. etwa zuerst Analogie, dann natürliche Rechtsgrundsätze) vorsieht. Da „allgemeine Grundsätze" weitgehend zu verstehen ist, wie sich später noch zeigen wird,[76] fällt etwa auch die Lösung durch Analogie darunter. Art. 1.6 II der UNIDROIT-Principles stellt auch aus einem Grund eine Besonderheit dar, die sich aus der Art dieses Regelungswerkes ergibt. Weil für die „Grundregeln der internationalen Handelsverträge" kein eng umrissener Anwendungsbereich existiert, kann die Lückenfüllung aus den UNIDROIT-Principles selbst großzügiger erfolgen .[77] Gleiches folgt aus dem Ziel der UNIDROIT-Principles, den Hindernisfaktor nationales Recht im internationalen Handelsverkehr zu begrenzen.[78] Eine weitere Besonderheit des Art. 1.6 II ist es, daß sich die UNIDROIT-Principles nach der Intention der Gesetzgeber von solchen Instrumentarien des internationalen Rechtes absetzen, deren Kapazität für Wachstum und Lückenergänzung zu schwerfällig oder am nationalen Recht orientiert ist.[79] Für die Lückenergänzung nach Art. 1.6 II bedeutet dieser Anspruch, daß hier versucht werden muß, so weit wie irgendwie möglich aus den UNIDROIT-Principles selbst und ohne Rückgriff auf nationales Recht Lücken in deren Anwendungsbereich zu schließen.[80]

---

[75] Vgl. Kommentar zu den UNIDROIT-Principles, S. 15 „before resorting to domestic laws".

[76] Siehe unter Teil 1, VI.

[77] Dazu gleich unter IV., S. 16 et seq.

[78] Das Programm der UNIDROIT-Principles, Vertragsrecht und Teile des Schuldrechtes zu regeln, führt dazu, daß viele interne Lücken in das Gesetz mit aufgenommen werden können, ohne dessen Ordnungsrahmen zu sprengen. Vgl. *Sarcevic, P.*, Contracts, VII, VIII, Foreword.

[79] Vgl. *Bonell, M.J.*, Principles, TLR 95, S. 1123,1124.

[80] Vgl. Bonell/Bianca/Bonell, Art. 7 Anm.2.3, der schon für die CISG eine Lückenergänzung nach allgemeinen Grundsätzen „to the largest possible extent" befürwortete. In den UNIDROIT-Principles ist dies mit den Worten „soweit wie möglich" zum ausdrücklichen Gebot geworden.

g) Die Principles of European Contract Law[81]

Die neuen „Principles of European Contract Law“ haben in Art. 1:106 II eine ganz ähnliche Vorschrift wie Art. 1.6 II UNIDROIT-Principles aufgenommen. Sie lautet: „issues within the scope of these Princples but not expressly settled by them are so far as possible to be settled in accordance with the ideas underlying the Principles. Failing this, the legal system applicable by virtue of the rules of private international law is to be applied“.
Diese Lückenergänzungsvorschrift sieht ebenfalls eine Ergänzung „so weit wie möglich“ vor, hat daher einen ebenso hohen Anspruch an eine systemkonforme Rechtsfortbildung wie die UNIDROIT-Principles. Es ist zu erwarten, daß die Beurteilung und Anwendung dieser Regel ähnlich sein wird wie bei Art. 1.6 II UNIDROIT-Principles.

3. Art.1.6 II: eine vorgegebene Methode zur richterlichen Rechtsfortbildung innerhalb eines kodifizierten internationalen Systems

Kernstück der Regelung des Art. 1.6 II ist die Rechtsfortbildung durch den Richter.
Es ergibt sich auf den ersten Blick eine Spannung zwischen dem System der UNIDROIT-Principles, welches nicht verlassen werden soll, und den allgemeinen Rechtsgrundsätzen, welche als außerhalb des Regelungssystems stehend begriffen werden könnten.[82] Die UNIDROIT-Principles zeigen, indem formuliert wird, daß die ihnen „zugrunde liegenden“ Grundsätze angewendet werden sollen, daß die Rechtsgrundsätze im System selbst verkörpert sind.

Aus diesem kodifizierten System muß der Richter die Rechtsgrundsätze entnehmen. Dazu gibt es verschiedene Möglichkeiten, auf die noch einzugehen ist.[83] Anerkannt wird, daß allgemeine Rechtsgrundsätze ein flexibles Instrument zur Rechtsfortbildung darstellen.[84] „Séparés par leurs règles et par leurs concepts, les différents droits positifs se rejoignent par leurs principes“.[85] Diese „principes“ zu erkennen ist die Aufgabe des Richters.

---

[81] Ein ausführlicher Vergleich zwischen den European Principles und den UNIDROIT-Principles findet sich bei *Bonell, M.J.*, Restatement, S. 85 et seq.

[82] Etwa wenn man von einem Naturrecht ausgeht.

[83] Siehe unter Teil 1, VII.

[84] Schon dadurch, daß sie teilweise keinen fest umrissenen Inhalt haben.

[85] Geteilt von ihren Regeln und Konzepten werden die verschiedenen positiven Rechte durch ihren Prinzipien vereint (Übersetzung der Verfasserin). Boulanger, zitiert nach *Esser, J.*, Grundsatz und Norm, S. 15 Fn42. Auf Unterschiede zwischen eventuellen „überpositiven“ und „positiven“ Grundsätze soll hier nicht eingegangen werden, vgl. *Esser, J.*, Grundsatz und Norm, S. 25, Fn73.

Für die richterliche Rechtsfortbildung ist es bedeutsam, daß Artikel 1.6 II sowohl Teil eines kodifizierten wie auch eines internationalen Systems ist.

Kodifiziertes Recht arbeitet normalerweise aus sich selbst heraus, ist also auf das eigene positive Recht bezogen. Mit der Einbeziehung von allgemeinen Rechtsgrundsätzen in den Auftrag der richterlichen Rechtsfortbildung haben die UNIDROIT-Principles diesen Gedanken erweitert. Denn die Anwendung allgemeiner Grundsätze setzt ein an Prinzipien orientiertes Problemdenken voraus,[86] welches nicht auf das Wort des Gesetzes beschränkt ist, sondern den Sinn des Gesetzes fortbildet.

Auch ist die Fortbildung des Rechtes nach allgemeinen Grundsätzen Ausdruck der Internationalität der UNIDROIT-Principles. Denn so wird ein zu leichtes „Heimwärtsstreben" durch die Anwendung des eigenen Rechtes verhindert. Die Internationalität der UNIDROIT-Principles hat in bezug auf die Lückenergänzung noch eine weitere Dimension. Zunächst ist auf eine Rechtsprechung zu hoffen, die sich an dieser Internationalität orientiert und somit weiterhin ein internationales, von autonomen Rechten unabhängiges[87] Recht bildet. Die UNIDROIT-Principles bieten jedenfalls mit ihrem Gebot zu „autonomer" Auslegung und zur Lückenfüllung nach den ihnen zugrunde liegenden Grundsätzen ein Instrument zur internationalen Orientierung: Die Rechtsprechung ist frei, die ausfüllungsbedürftigen Rechtsgrundsätze (insbesondere die Generalklauseln) mit neuen, handelsspezifischen und am internationalen Handel ausgerichteten Inhalten zu füllen.

III. Allgemeines zum Begriff der Lücken

Die Grundvoraussetzung zur Lückenergänzung ist die Einordnung des Begriff der Lücke.

1. Definition der Lücke

Nicht geregelte Rechtsfragen treten, wie erwähnt, in jedem kodifizierten Recht auf. Eine darauf aufbauende allgemeine Definition der „Lücke im Recht" ist nicht schwer: Eine Lücke tritt auf, wenn das angewendete Rechtssystem für eine Rechtsfrage keine *ausdrückliche* Lösung anbietet.[88] Als Lücke der UNIDROIT-Principles ist dann jede Frage einzuordnen, bei welcher der Text der UNIDROIT-Principles keine eindeutige Lösung vorgibt.[89]

---

[86] *Esser, J.*, Grundsatz und Norm, S. 24.

[87] Vgl. Kommentar zu den UNIDROIT-Principles, Einführung.

[88] Eine implizite Lösung nach allgemeinen Grundsätzen kann gleichwohl vorhanden sein, muß aber erst hergeleitet werden. Vgl. *Esser, J.*, Grundsatz und Norm, S. 120.

[89] Vgl. *Staudinger, J. von*//Magnus, Art. 7 CISG, Rn39.

Teilweise werden auch andere Definitionsmöglichkeiten gewählt. Eine solche besteht darin, „Lücken“ nach der Zielsetzung des Regelungssystemes zu bestimmen: Wenn die Nichtregelung einer Frage (etwa die Nichtexistenz eines Schadensersatzanspruches in einem bestimmten, in den sachlichen Anwendungsbereich fallenden Fall) allgemeinen Grundsätzen -der UNIDROIT-Principles- widerspreche, sei von einer Lücke auszugehen.[90] Eine andere, im Zivilrecht (anders als im öffentlichen Recht) angebotene[91] Möglichkeit ist, daß eine mit Rechten und Pflichten der Vertragsparteien verknüpfte, aber nicht geregelte Frage im Zweifelsfalle eine zu ergänzende Lücke darstelle. Bisweilen wird problematisiert, daß auch Fragen, die eigentlich geregelt, aber für welche keine Ausnahmeregelung besteht, als „Lücken“ eingeordnet werden könnten. [92] Der Rechtsanwender sollte Vorsicht walten lassen, eine fehlende Ausnahmeregelung bei einer an sich ausdrücklich geregelten Gesetzesfrage als „Lücke“ einzuordnen. Hier ist die Gefahr groß, Rechtsfortbildung nach eigenen Billigkeitserwägungen zu betreiben, um eine unerwünschte Konsequenz der Gesetzesanwendung zu vermeiden.[93] Am überzeugendsten und dem Wortlaut des Art. 1.6 II korrespondierend ist es, bei der Definition der Lücke zu bleiben, die „Lücke“ als „nicht ausdrücklich geregelte Rechtsfrage“ versteht. Hiermit läßt sich im praktischen Rechtsleben am leichtesten arbeiten.[94] Eine Lücke tritt auf, wenn ein Regelungswerk *„innerhalb der Aufgaben*, die es sich selbst gestellt hat“,[95] keine Entscheidung vorgibt.[96] Eine Lücke ist der Fall unbeabsichtigter oder „planwidriger“[97] Unvollständigkeit des Gesetzes in einer Frage, die geregelt sein sollte.[98] Ist eine solche Unvollständigkeit etwa deswegen, weil eine Frage in den „rechtsfreien Raum“[99] der moralischen Verpflichtungen fällt oder absichtlich ungeregelt blieb,[100] nicht zu erkennen, besteht auch keine Gesetzeslücke.

---

[90] Vgl. *Rosenberg, M.*, Vienna Convention, Aust. Bus LR 92, S. 449.

[91] Vgl. *Dölle, H.*/Wahl, Art. 17 Rn18. Vgl. zu den Lücken im internationalen öffentlichen Recht *Mulder, A.*, Lacunes, Rev. dr. int. et leg. comp. 26, S. 555 et seq.

[92] Vgl. *Schlechtriem, P.*, UN-Kaufrecht, Rn47.

[93] Vgl. *Schlechtriem, P.*, UN-Kaufrecht, Rn47.

[94] Eingehender die Werke von *Zittelmann, E.*, Lücken, Lücken im Recht und *Esser, J.*, Grundsatz und Norm.

[95] *Zittelmann, E.*, Lücken, S. 9.

[96] Auf Zittelmanns Ansicht, daß eine Lücke vorliegt, wenn für besondere Tatbestände eine von der allgemeinen Regel abweichende Behandlung vermißt wird, (S. 24) soll nicht weiter eingegangen werden. Dem kann, so wie allgemeine Rechtsgrundsätze für die UNIDROIT-Principles verwendet werden, auch nicht gefolgt werden.

[97] Vgl. *Bydlinski, F.*, Methodenlehre, Methodenlehre, S. 473.

[98] Vgl. *Larenz, K.*, Methodenlehre, S. 192 et seq.

[99] *Larenz, K.*, Methodenlehre, S. 192; *Meier-Hayoz, A.*, Einleitung Kommentar ZGB, Art. 1 ZGB, §4 A II, S. 46.

[100] *Larenz, K.*, Methodenlehre, S. 191, 193. Siehe auch unter Teil 1, IV., 5.

2. Subjektivität der Lückeneinordnung

Aber auch unter Zugrundelegung dieser Definition ist es nicht in allen Fällen vorherbestimmt, wann eine Rechtsfrage als „Lücke“ bezeichnet wird. Denn es hängt vom Rechtsanwender ab, wann er[101] eine Frage als „nicht ausdrücklich geregelt“ ansieht. Eine Lücke kann erst dann angenommen werden, wenn eine Auslegung der UNIDROIT-Principles eine Frage ungeklärt gelassen hat. Der Nichterfolg der Auslegung hängt aber von dem Ansatz für die Interpretation und von der Anschauungsweise des Rechtsanwenders ab. Ist er geneigt, Vorschriften restriktiv auszulegen, so werden mehr Lücken auftreten, da der Bereich nicht ausdrücklich geregelter Fragen größer wird.

Wird der hier vertretenen Auslegungsmethode gefolgt,[102] so werden weniger Fragen sich nicht durch Auslegung ergänzen lassen und somit der Bereich der Lücken kleiner.[103]

Es beeinflußt also die „Lückenfindung“, wie restriktiv oder wie extensiv ein Gesetz ausgelegt wird. Wird das Gesetz sehr eng ausgelegt, so werden Lücken daher entstehen, daß Bestimmungen ihre „Seitenfragen“ nicht mehr mitregeln. Wird das Gesetz sehr weit ausgelegt, entstehen weniger Lücken dadurch, daß viele Fragen interpretativ mit in die ausdrückliche Lösung hineingenommen werden.
Für den Rechtsanwender besteht eine Schwierigkeit zuletzt darin, daß bestimmte Rechtsinstitute von nationalen Auffassungen abhängen (etwa die culpa in contrahendo) und ihre Einordnung zu Regelungsmaterien nicht unbedingt auf die UNIDROIT-Principles übertragen werden kann,[104] und auch dies beeinflußt die Lückenfindung.[105] Es zeigt sich also, daß die Lückenfindung von der interpretativen Einstellung des Rechtsanwenders abhängt. Lücken werden allerdings bei jedem interpretativen Ansatz auftreten.

3. Klassifizierungsmöglichkeiten von Lücken

Es gibt verschiedene Möglichkeiten, Lücken zu klassifizieren. So vielfältig wie die Literatur zu diesem Problem sind auch die Klassifizierungen. Hier soll kurz auf einige wichtige Kategorien eingegangen werden.

---

[101] Pronomen und Bezeichnungen beziehen sich in dieser Arbeit auf beide Geschlechter.

[102] Siehe unter Teil 1, V., 1.b)

[103] Vgl. *Huber, U.*, Uncitral, RabelsZ 79, S. 422.

[104] Vgl. *Diedrich, F.* , Lückenfüllung, RIW 95, S. 354.

[105] Wenn im folgenden auf solche Rechtsinstitute eingegangen wird, dann um untersuchte Rechtsfragen in bezug zu diesen Rechtsinstituten zu setzen und ihren Zusammenhang mit Regelungen der UNIDROIT-Principles zu zeigen.

Eine erste Unterscheidung ist zwischen solchen Lücken zu machen, welche in den sachlichen Anwendungsbereich der UNIDROIT-Principles fallen, und solchen, welche nicht zu den geregelten Materien der UNIDROIT-Principles gehören. Sie sollen als „interne" und „externe" Lücken bezeichnet werden.[106]
Eine zweite Unterteilung besteht zwischen „offensichtlichen" und „versteckten" Lücken.[107] Es gibt offensichtliche Regelungslücken, nämlich solche, die ausdrücklich vom Anwendungsbereich der UNIDROIT-Principles ausgeschlossen sind. Dies sind alle Materien, die unter Art. 3.1 fallen. Daneben sind"versteckte" Lücken zu unterscheiden, i.e. solche Materien, die implizit, beabsichtigt oder unbeabsichtigt nicht in den UNIDROIT-Principles geregelt sind. Diese versteckten Regelungslücken unterfallen wieder der oben genannten Einteilung als extern und intern. Sie werden hier als interne Lücken unter und als „implizite" externe Lücken, „beabsichtigte" externe Lücken und „interne, aber nicht durch Grundsätze lösbare" Lücken unter IV. 5. (S. 22 et seq.) und IX. (S. 75 et seq.) behandelt.[108]

IV. Sachlicher Anwendungsbereich von Unidroit

Art. 1.6 II sieht vor, daß nur Probleme, die innerhalb des sachlichen Anwendungsbereiches[109] der UNIDROIT-Principles liegen, nach allgemeinen Grundsätzen ergänzt werden sollen. Dies zeigt deutlich, daß auch für nicht ausdrücklich gelöste Fragen die UNIDROIT-Principles sachlich anwendbar sein können.

Der sachliche Anwendungsbereich erweist sich als Hauptbegrenzungskriterium der Lückenfüllung. Im Folgenden wird zunächst allgemein auf den sachlichen Anwendungsbereich der UNIDROIT-Principles eingegangen. Danach werden die Anwendbarkeit auf „internationale Handelsverträge" erläutert und die verschiedenen Kapitel der UNIDROIT-Principles mit ihren grundsätzlich erfaßten Materien kurz dargestellt werden. Zuletzt sollen die explizit und implizit ausgeschlossenen Materien gezeigt werden.

---

[106] Eine übliche Terminologie in diesem Bereich, ebenso wie die Bezeichnung als Lücken „intra und praeter legem" (etwa bei *Dölle, H.*/Wahl, Art. 17 Rn18).

[107] Etwa *Diedrich, F.*, Lückenfüllung, RIW 95, S. 354.

[108] Andere Klassifizierungsmöglichkeiten, etwa der Unterschied zwischen „Normlücke" und „Regelungslücke", vgl. *Larenz, K.*, Methodenlehre, S. 193 et seq., oder „Verweisungen, Erkenntnislücken, Generalklauseln, echten und unechten Lücken, bewußten, unbewußten und Tatsachenlücken", vgl. *Meier-Hayoz, A.*, Einleitung Kommentar ZGB, Art. 1 ZGB, §4 A III, S. 48, 49, 52, sollen hier außer Betracht bleiben.

[109] Der *funktionale* Anwendungsbereich der UNIDROIT-Principles wird in der Präambel angesprochen und kommt in der Literatur zu den UNIDROIT-Principles zum Ausdruck. Kommentar zu den UNIDROIT-Principles, S. 1 et seq.; *Berger, K.P.*, Kodifizierung, S. 170 et seq.

1. Allgemeines: Weiter sachlicher Anwendungsbereich als „allgemeines Vertragsschuldrecht"

Ist festgestellt, ob eine nicht ausdrücklich geregelte Frage und eine Lücke besteht, so muß in einem zweiten Schritt diese Lücke als extern (außerhalb des sachlichen Anwendungsbereiches) oder intern (innerhalb des sachlichen Anwendungsbereiches) eingeordnet werden, um das Vorgehen der Lückenergänzung zu lenken.

Daher sollen hier zunächst einige allgemeine Erwägungen zu dem sachlichen Anwendungsbereich der UNIDROIT-Principles angestellt werden.

Da, wie erwähnt, die Bestimmung des sachlichen Anwendungsbereiches unabdingbare Voraussetzung für die Lückenergänzung von „Problemen innerhalb des sachlichen Anwendungsbereiches" (Art. 1.6 II) ist, wird in den Kommentierungen zu der ähnlichen Vorschrift des Art. 7 II CISG darauf hingewiesen, daß der sachliche Anwendungsbereich „mithin besonders exakt zu formulieren" sei.[110]

Dies ist in den UNIDROIT-Principles nicht geschehen, im Gegensatz zu der CISG (Artt.1-6) und zum EKG (Artt.1-8) gibt es bei den UNIDROIT-Principles keine ausdrückliche Bestimmung eines sachlichen Anwendungsbereichs. Es existiert kein Positivkatalog, in welchen Fragen die UNIDROIT-Principles angewendet werden sollen.[111] Jedoch fällt auf, daß die UNIDROIT-Principles ein breites Anwendungsspektrum anstreben. Sie regeln gerade nicht einen Teilbereich des Handelsverkehrs, sondern sollen möglichst generelle[112] und umfassende Regelungen des Handelsvertragsrechtes darstellen. Sie werden in dieser Beziehung sogar in den Gegensatz zu den im Anwendungsbereich limitierten internationalen Regelungssystemen, etwa den Incoterms, gestellt.[113] Überdies legt Art. 1.6 I Auslegungskriterien fest, welche das Ziel der einheitlichen Anwendung und des internationalen Charakters der UNIDROIT-Principles festschreiben. Daraus kann, wie auch schon bei Art. 7 I CISG, gefolgert werden, daß der Anwendungsbereich weit bestimmt und die geregelten Materien großzügig bezüglich erfaßter Fragen ausgelegt werden sollten.[114]

Aus der mangelnden positiven Bestimmung eines sachlichen Anwendungsbereiches ergeben sich, was die Lückenergänzung angeht, größere Freiheiten als etwa bei der CISG. Es muß weniger penibel überlegt werden, ob eine Frage dem

---

[110] Etwa *Enderlein, F./Maskow, D./Strohbach, H.*, Internationales Kaufrecht, Art. 7 Anm.7.

[111] Laut Bonell, *Studies Unidroit* 1994, P.C. Misc.19, S. 6, war dies nicht notwendig.

[112] *Bonell, M.J.*, Restatement, S. 13 spricht von einem „general legal framework".

[113] *Bonell, M.J.*, Restatement, S. 13.

[114] Zur CISG ebenso statt aller *Magnus, U.*, Währungsfragen, RabelsZ 89, S. 120.

sachlichen Anwendungsbereich der UNIDROIT-Principles schon deswegen nicht unterfällt, weil sie nicht mehr zu dem fest umrissenen Komplex gehört, den das einheitliche Recht regeln wollte.

Die UNIDROIT-Principles wollen möglichst umfassende Grundprinzipien für internationale Handelsverträge bieten.[115] Diese Zielsetzung von Unidroit ist auch für die Bestimmung des sachlichen Anwendungsbereiches und damit für die Lückenergänzung von Bedeutung: So viele Fragen wie möglich sollen direkt von den UNIDROIT-Principles erfaßt werden. Dieses weite Verständnis hat Auswirkungen auf die Lückenergänzung: Um dem System der UNIDROIT-Principles treu zu bleiben, müssen im Gegensatz zur CISG eher Anhaltspunkte gefunden werden, warum eine Materie *nicht* zum Anwendungsbereich der UNIDROIT-Principles gehört[116] und nicht (nur), warum sie zum Anwendungsbereich gehört.
Nichtsdestotrotz soll im zweiten Teil sich nicht lediglich auf diese negative Bestimmung des Anwendungsbereiches beschränkt werden, sondern eine positive Herleitung des sachlichen Anwendungsbereiches für die untersuchten Lücken versucht werden. Dabei darf aber die genannte grundsätzliche Entscheidung der UNIDROIT-Principles, möglichst weit anwendbar zu sein, nicht außer Acht gelassen werden.
Hierdurch bedingt ist zunächst festzuhalten, daß der sachliche Anwendungsbereich der UNIDROIT-Principles nicht auf ein konkretes Teilgebiet des Handelsrechtes (etwa das Kaufrecht) beschränkt ist,[117] sondern eine Art „Allgemeinen Teil" des Handelsrechtes darstellen soll. Innerhalb dieser Fragen wird eine großzügige Auslegung bezüglich der sachlichen Anwendung angestrebt.

2. Von den UNIDROIT-Principles erfaßte Fragen

Aus dem Obigen folgt, daß es nicht möglich ist, einen genau umrissenen sachlichen Anwendungsbereich der UNIDROIT-Principles festzustellen.

Allerdings gibt es einige Hilfen zur Bestimmung konkret erfaßter Fragen. Eine davon zeigt die Kommentierung.[118] Sie weist auf den Index des Kommentars als „guide" (Richtlinie) hin, welche Fragen von den UNIDROIT-Principles erfaßt seien. Eine Hilfe stellen auch die verschiedenen Kapitel der UNIDROIT-Principles dar. Sie zeigen die Materien auf, die grundsätzlich erfaßt sind.

---

[115] Siehe unter Teil 1, IV., 3.

[116] So lange sie keine Materie des Verbrauchervertrages ist.

[117] Zu den Beschränkungen des sachlichen Anwendungsbereiches siehe unter Teil 1, IV., 5.

[118] Kommentar zu den UNIDROIT-Principles, S. 15.

Erschwert wird die Bestimmung des sachlichen Anwendungsbereiches dadurch, daß nicht nur ausdrücklich geregelte Materien zum sachlichen Anwendungsbereich gehören, auch „heimlich mit geregelte“[119] Materien sind Teil der UNIDROIT-Principles.[120]

Der Ansatz zur Einordnung von Lücken als intern oder extern wird teilweise auch so gewählt, daß von der Existenz allgemeiner Grundsätze für eine Frage auf die sachliche Anwendbarkeit der UNIDROIT-Principles geschlossen wird.[121] Dieser Weg ist jedoch daher ungünstig, weil einige der allgemeinen Grundsätze sehr generell sind (etwa Treu und Glauben, Art. 1.7) und Aspekte für eine Vielzahl von Fragen lösen könnten, welche dennoch als nicht von den UNIDROIT-Principles erfaßt gelten müssen (etwa das Deliktsrecht).

3. Anwendbarkeit der UNIDROIT-Principles nur für internationale Handelsverträge

Die UNIDROIT-Principles sollen „Prinzipen für internationale Handelsverträge sein“. Dies wirkt sich auf das Verständnis von ihrem sachlichen Anwendungsbereich aus.

a) International

Aus der Präambel wird deutlich, daß die UNIDROIT-Principles nur für *internationale* Verträge anwendbar sind.[122] Es wäre auch aufgrund der erheblichen Differenzen zwischen verschiedenen nationalen Rechten nicht möglich, einheitliche, „weltweite“ Prinzipien des Handelsverkehrs festzuschreiben.[123] Zusätzlich ergeben sich aus dem internationalen Rechtsverkehr eigene Probleme,[124] welche die UNIDROIT-Principles lösen wollen.

---

[119] Vgl. *Magnus, U.*, Währungsfragen, RabelsZ 89, S. 119.

[120] Dazu vgl. IV., 5. (S. 22 et seq.).

[121] Vgl. *Magnus, U.*, Grundsätze, RabelsZ 95, S. 475, 476.

[122] Obwohl die Möglichkeit erwähnt wird, daß auch eine nationale Transaktion durch Rechtswahl den UNIDROIT-Principles unterstellt werden könnte (und ebenso zwischen Privatpersonen statt zwischen Handeltreibenden).Kommentar zu den UNIDROIT-Principles, S. 2.

[123] Ausführlicher: *Bonell, M.J.*, Restatement, S. 30-33.

[124] Vgl. *Bonell, M.J.*, Restatement of Principles, RDI 88, S. 876.

Auf eine Definition des „internationalen Vertrages" wurde verzichtet.[125] Dies gibt den UNIDROIT-Principles eine besondere Flexibilität.[126] Zwar gibt es zur Inhaltsbestimmung des Kriteriums „Internationalität" verschiedene Vorschläge: verschiedene Nationalitäten, verschiedene Wohnsitze, Berührung des internationalen Handels etc.,[127] in die UNIDROIT-Principles sind jedoch absichtlich[128] keine dieser Bestimmungen aufgenommen. Die Kommentierung[129] mach lediglich deutlich, daß „international" extensiv ausgelegt werden soll.

Kurz kann damit „international" in den UNIDROIT-Principles definiert werden als: „International" sind alle Verträge, in denen nicht jedes Element mit nur einem Staat verbunden ist.[130]

b) Handelsverträge

Im zweiten sollen die UNIDROIT-Principles für internationale „Handelsverträge" gelten. Daraus ergibt sich die Frage, was die UNIDROIT-Principles unter Handelsverträgen verstehen.

In nationalen und internationalen Rechtssystemen wird die Unterscheidung zwischen „civil" und „commercial" contracts nicht immer deutlich. Schon das Komitee für die Vorbesprechungen der UNIDROIT-Principles folgerte daraus, daß jene keine genaue Definition des Handelsvertrages geben sollten, um ihren Anwendungsbereich nicht unnötig zu beschränken.[131] Dies wurde in die endgültige Version der UNIDROIT-Principles aufgenommen, und die Kommentierung[132] verdeutlicht die unspezifische Verwendung des Begriffes „Handelsvertrag".
Für die deutsche Begrifflichkeit heißt dies, daß die UNIDROIT-Principles auch bei solchen Verträgen angewendet werden können, bei denen keine „Kaufleute" beteiligt sind. Ob sie bei Arbeitsverträgen anwendbar sind, ist fraglich, jedoch nicht von vornherein auszuschließen.[133]

---

[125] *Berger, K.P.*, Kodifizierung, S. 152.

[126] Vgl. etwa die Argumente für die Vereinheitlichung von nationalem und transnationalem Recht bei *Lando, O.*, European Contract Law, in: *Sarcevic, P.*, Contracts, S. 1 et seq.

[127] Vgl. *Berger, K.P.*, Kodifizierung, S. 152, 153 und ausführlich *Delaume, G.*, International Contract, Int'l & Comp. L Q. 79, S. 258 et seq. Siehe *Bonell, M.J.*, Restatement, S. 52, Fn43 zu weiteren Nachweisen.

[128] Vgl. *Bonell, M.J.*, Restatement, S. 53.

[129] Kommentar zu den UNIDROIT-Principles, S. 2.

[130] Kommentar zu den UNIDROIT-Principles, S. 2; *Berger, K.P.*, Kodifizierung, S. 153.

[131] Vgl. *Studies Unidroit* 1974, Study L, Doc. 7, S. 3.

[132] Kommentar zu den UNIDROIT-Principles, S. 2.

[133] Vgl. die Diskussion *Studies Unidroit* 1994, P.C. Misc.19, S. 5 et seq.

Auch für den Begriff des Handelsvertrages gibt es also keine Definition. Wie alle Begriffe der UNIDROIT-Principles soll „Commercial contract“ im weitesten Sinne ausgelegt werden[134] und vielfältige Handelsbeziehungen umfassen.[135] Die Unterscheidung der Verträge als commercial oder nicht, wird wie beim „internationalen“ Vertrag durch ein Negativmerkmal vorgenommen: Es darf sich nicht um eine „consumer transaction“ handeln. Der Verbrauchervertrag soll von der Idee her vom sachlichen Anwendungsbereich der UNIDROIT-Principles ausgeschlossen sein.[136] Der Grund dafür ist die besondere Behandlung des Verbrauchervertrages in vielen nationalen Rechten, die sich grundsätzlich vom Handelsrecht unterscheidet.[137] Das heißt, daß die UNIDROIT-Principles für alle Verträge anwendbar sind, die keine Verbraucherverträge sind. Kriterien für die Definition eines Verbrauchervertrages können etwa in Anlehnung an den Art. 2 a) der CISG gewonnen werden: Die UNIDROIT-Principles wären dann nicht anwendbar bei Verträgen für den persönlichen Bereich oder den Bereich der Familie.[138] Berger[139] definiert den Anwendungsbereich bezüglich der Handelsverträge folgendermaßen: „Die UNIDROIT-Principles wird man auf alle Verträge anwenden können, denen eine mit, wenn auch nur mittelbarer, Gewinnerzielungsabsicht bewirkte, grenzüberschreitende Bewegung von Währungen, Dienstleistungen, Technologien, Finanzmitteln und anderen Wirtschaftsgütern zugrunde liegt, solange kein ... verbrauchertypisches Element vorhanden ist.“ Der Anwendungsbereich ist, was das Element des Handels angeht, sehr weit.[140] Mit anderen Worten erfassen die UNIDROIT-Principles alle Verträge im beruflichen und gewerblichen Bereich.[141] Sie sind für den klassischen Austauschvertrag des internationalen Handelsverkehrs und auch für andere vielfältige Verträge der modernen Wirtschaft anwendbar (Investitions-, Dienstleistungs- und Konzessionsverträge mit ihren Spielarten wie etwa franchising oder technical assistance).[142] In internationalen Handelsverträgen werden allgemeine Grundsätze als Regelungsbasis allgemein anerkannt.[143]

---

[134] Kommentar zu den UNIDROIT-Principles, S. 2.

[135] Die Kommentierung zu den UNIDROIT-Principles, S. 2, nennt als Beispiele den Warenverkehr, Dienstleistungsverkehr, Investmentverträge und professionelle Dienstleistungen.

[136] Kommentar zu den UNIDROIT-Principles, S. 2.

[137] Vgl. *Tallon, D.*, Civil Law, Encyclopaedia, S. 84.

[138] So auch *Bonell, M.J.*, Restatement of Principles, RDI 88, S. 876.

[139] *Berger, K.P.*, Kodifizierung, S. 157.

[140] Eine feste Grenze zwischen schuldrechtlichem Vertrag und „Direktinvestition mit Beteiligungscharakter“ wird nicht gezogen, *Berger, K.P.*, Kodifizierung, S. 154.

[141] *Bonell, M.J.*, Restatement, S. 54,55.

[142] Vgl. auch *Berger, K.P.*, Kodifizierung, S. 154.

[143] So Gaillard, IBL 99, S. 214.

4. Von den UNIDROIT-Principles in ihren Kapiteln geregelte Materien

Da die einzelnen Kapitel der UNIDROIT-Principles eine Hilfe zur Lösung der Frage sein können, wann eine Lücke als „intern“ einzuordnen ist, soll hier kurz auf den Inhalt der UNIDROIT-Principles eingegangen werden. Denn es ist die „Erwartung“ der UNIDROIT-Principles, möglichst viele Bereiche des Vertragsrechtes zu erfassen, welche ihrem positiven Ordnungsprogramm die Kontur geben. [144]

Die UNIDROIT-Principles bestehen aus 119 Artikeln, die auf sieben Kapitel verteilt sind. Die einzelnen Kapitel lauten: „Allgemeine Bestimmungen“, „Abschluß“, „Gültigkeit“, „Auslegung“, „Inhalt“, „Erfüllung“ und „Nichterfüllung“. Damit ist von den UNIDROIT-Principles grundsätzlich das gesamte Vertragsleben von den ersten Vertragsverhandlungen (Abschluß) bis hin zum Fehlschlagen eines Vertrages und den Folgen (Nichterfüllung) sachlich erfaßt. Anders ausgedrückt ergibt sich das Bild, daß die UNIDROIT-Principles das allgemeine Vertragsrecht und einen Teil des Schuldrechts regeln.[145]

Der genaue Inhalt der Kapitel wird von den UNIDROIT-Principles nicht definiert. Die Grenzen sind fließend, einzelne Regelungen wurden etwa während der Formulierung der Principles zwischen verschiedenen Kapiteln verschoben.[146] Bei „vernünftiger Sinnesforschung“[147] der geregelten Kapitel sollte aber festzustellen sein, ob ein Problem bzw. eine Lücke dort zugehörig ist.[148] Ist nämlich zu erkennen, daß eine Rechtsmaterie umfassend geregelt sein sollte, und dies ist bei der grundsätzlichen Aufnahme in einem Kapitel der Fall, so sind nicht erfaßte Einzelfragen Paradefälle für Art. 1.6 II.

Hier erleichtert die offizielle Kommentierung zu den UNIDROIT-Principles diese Aufgabe: Sie hat die Besonderheit, ein integraler Teil der Principles zu sein und nicht nur erklärende, sondern auch erweiternde Funktionen wahrzunehmen.[149] Dies wird beispielsweise bei der Kommentierung zu Art. 7.3.6 deutlich: Rückgewähr, „wenn dies vernünftig ist“, wird nach Art. 7.3.6 in Geld geschuldet. Erst die Kommentierung verdeutlicht, daß „vernünftig“ bedeutet, daß ein

---

[144] Vgl. *Esser, J.*, Vorverständnis, S. 179,180.

[145] Vgl. *Baptista, L.O.*, Aspects, TLR 95, S. 1216.

[146] Etwa zu „Content and Performance“ siehe *Bonell, M.J.*, Restatement, S. 42.

[147] *Dölle, H.*/Wahl, Art. 17, Rn5.

[148] Zum Inhalt der einzelnen Kapitel siehe die „black letter rules“ der UNIDROIT-Principles (z.B. auf der homepage des Unidroit-Institutes: http://www.unidroit.org) und kurze Erläuterungen in verschiedenen Aufsätzen, etwa *Houtte, Hans van,* Unidroit principles, Arbit. Int'l 95, 373 et seq.

[149] *Bonell, M.J.*, Restatement, S. 45.

wirtschaftlicher Vorteil durch die (zurückzugewährende) Erfüllung entstanden sein muß.[150] Dies beeinflußt dann entscheidend die Behandlung von Lücken des rt. 7.3.6.[151] Es ist nicht anzuraten, den Inhalt der Kapitel von dem Gesichtspunkt der eigenen Rechtsordnung her zu eng zu bestimmen, vielmehr ist von einem Konsens zwischen den Rechtsverständnissen verschiedener Rechtsordnungen auszugehen, der Probleme für alle Seiten möglichst zufriedenstellend erfassen will (insbesondere das Kapitel „Erfüllung" wurde dementsprechend schon während der Formulierung der Principles viel diskutiert).[152] Innerhalb der ausdrücklich erfaßten und teilweise recht allgemein geregelten Materien bleiben einzelne Rechtsprobleme vielfach offen. In der Literatur auftauchende Beispiele sind etwa innerhalb der Gültigkeit des Vertrages die allgemeine Behandlung von Bedingungen und Befristungen oder innerhalb des Schadensersatzes einige Sonderprobleme bei der Berechnung (etwa bei durch Nichterfüllung vereitelten Aufwendungen). Diese Liste ließe sich noch fortsetzen. Auch gibt es einzelne komplexere Rechtsfragen, welche nicht zu den ausdrücklich geregelten Materien gehören (etwa die generelle Behandlung von postvertraglichen Pflichten).

Solche Lücken können nach den unter VI. erläuterten Erwägungen ergänzt werden. Einige Beispiele innerhalb des Rückgewährschuldverhältnisses, die Frage nach postvertraglichen Pflichten und der objektiven Beweislast werden im zweiten Teil behandelt.

5. Nicht geregelte Materien: Offensichtliche oder beabsichtigte externe Lücken

Einige Materien werden von den UNIDROIT-Principles offen oder implizit nicht geregelt. Probleme, welche diesen Materien zugeordnet werden können, müssen als externe Lücken nach dem nationalen Recht gelöst werden.

a) Ausdrücklich ausgeschlossene Materien, Art. 3.1

Ausdrücklich ausgeschlossen aus dem Anwendungsbereich der UNIDROIT-Principles sind die Fragen, welche unter Art. 3.1 fallen.

Der sachliche Anwendungsbereich der UNIDROIT-Principles ist nicht unbegrenzt. Die erste Beschränkung liegt in den UNIDROIT-Principles selbst. Art. 3.1.stellt einen Negativkatalog auf, welcher die fehende sachliche Anwendbarkeit der UNIDROIT-Principles auf Ungültigkeitsfragen bei fehlender Rechts- und Geschäftsfähigkeit, bei fehlender Vertretungsmacht und bei Sitten- oder

[150] Kommentar 2 zu Art. 7.3.6, Kommentar zu den UNIDROIT-Principles, S. 191, 192.

[151] Zu dem genannten Problem siehe Teil 2 Kapitel 1, insbesondere „Aufwendungen" und „Nicht gezogene Nutzungen".

[152] Vgl. *Fontaine, M.*, Content, Am J Comp. L 92, S. 645 et seq.

Rechtswidrigkeit festlegt. Ebenso fallen alle Fragen, die zwingenden Regelungen unterliegen, aus dem Anwendungsbereich der UNIDROIT-Principles heraus, Art. 1.4.

Damit sind Probleme, welche zu den Materien der fehlenden Rechts- und Geschäftsfähigkeit, der fehlenden Vertretungsmacht oder der Sitten- oder Rechtswidrigkeit gehören, von vornherein von den UNIDROIT-Principles nicht erfaßt.

Die Kommentierung[153] führt hierzu aus, daß wegen der Komplexität dieser Rechtsgebiete und der Verschiedenartigkeit ihrer Behandlung in nationalen Rechten eine Regelung in den UNIDROIT-Principles nicht versucht wurde.

Art. 3.1 ist autonom auszulegen. Dadurch wird deutlich, daß nicht nur Rechtsfragen, die in einem nationalen Recht dogmatisch mit den ausgeschlossenen Materien zusammenhängen, nach Art. 3.1 zu beurteilen sind. Vielmehr ist von dem Ziel des Art. 3.1 auszugehen, alle zu den ausgeschlossenen Materien gehörenden Probleme nicht den UNIDROIT-Principles zu unterstellen.[154] Die Zugehörigkeit einer Frage zu Art. 3.1 muß funktional bestimmt werden.

Damit sind nicht nur Tatsachen, welche etwa im deutschen Recht zur „Stellvertretung" gehören, ausgeschlossen sondern auch solche, die in sonstiger Weise funktional zu den Vorschriften über den „lack of capacity" gehören wie die Botenschaft[155] oder die ultra vires doctrine.

b) Implizierter Ausschluß

Mit der Aufzählung des Art. 3.1 erschöpfen sich aber noch nicht die Gebiete, für welche die UNIDROIT-Principles nicht anwendbar sind. Impliziert wird diese Tatsache durch die Kommentierung.[156] Sie geht davon aus, daß *insbesondere* die Fragen des Art. 3.1 als nicht geregelt angesehen werden können, nicht,daß *nur sie* ausgeschlossen seien.

So wie Rechtsfragen durch ein Gesetz stillschweigend *erfaßt* sein können, können sie auch implizit *ausgeschlossen* sein.[157] Einige Beispiele werden im Folgenden genannt.

---

[153] Kommentar zu den UNIDROIT-Principles, S. 64.

[154] Dies folgt auch aus dem allgemeinen Gebot der weiten Auslegung der Bestimmungen der UNIDROIT-Principles.

[155] Vgl. *Stoll, H.*, Ergänzung, FS Ferid, S. 499.

[156] Kommentar zu den UNIDROIT-Principles, S. 64.

[157] Vgl. *Dölle, H.*/Wahl, Art. 17 Rn22; *Dölle, H.*, Bemerkungen, FS Ficker, S. 140.

ba) Vertragsfremde Materien: Beispiel Deliktsrecht

Die UNIDROIT-Principles wollen ein Vertragsrecht sein. Zwar gehören auch Materien wie die Restitution, die in manchen Rechtsordnungen nicht zum Vertragsrecht gezählt wird, zum Anwendungsbereich der UNIDROIT-Principles, so daß geschlossen werden kann, daß auch dieser Terminus nicht zu eng ausgelegt werden sollte.[158]

Dennoch kann die Frage gestellt werden, ob solche Rechtsmaterien, welche meist nicht zum „Vertragsrecht" gehören, ausgeschlossen sind. Als Beispiel für eine solche Materie[159] soll hier kurz auf das Deliktsrecht eingegangen werden. Es wird sich zeigen, daß eine einheitliche Behandlung des Deliktsrechtes nicht möglich ist.
Zunächst gibt es solche deliktsrechtlichen Fragen, welche mit dem Vertrag als solchem zusammenhängen. Sie sind dann zwar kein „Vertragsrecht", aber mit den erfaßten Handelsverträgen verknüpft. Auch die UNIDROIT-Principles selbst zeigen, daß solche Fragen behandelt wurden: Etwa wurden in Art. 7.4.2 II auch immaterielle Schäden und physisches Leiden in den Schadensersatzanspruch aufgenommen. Der Schadensersatz gründet sich auf die Nichterfüllung, und diese bezieht sich auf die Verletzung von Vertragspflichten (Art. 7.1.1).[160] Diese „Schadensposten" sind aber auch Fragen des Deliktsrechtes. Aus diesem Grunde ist anzunehmen, daß Einzelteile deliktsrechtlicher Komplexe jedenfalls insoweit von den UNIDROIT-Principles erfaßt sind, als sie mit dem Vertrag verknüpft sind.[161] Über diesen mit dem vertragsrechtlichen Schadensersatz verknüpften Aspekt wird auf deliktsrechtliche Fragen, etwa die Voraussetzungen von Schuld etc., nicht eingegangen.
Auch sind die Regelungen der UNIDROIT-Principles nur auf Vertragsrecht bezogen.

Weil die Probelmatik schon bei den Vorgängern der UNIDROIT-Principles bekannt war, wurde hier angenommen, daß Fragen, die schon immer abweichend vom Vertragsstatut behandelt wurden, nicht zum Bereich des EKG gehörten.[162] In der CISG wurde daher das mit dem Kaufvertrag verknüpfte Deliktsrecht in

---

[158] Vgl. *Studies Unidroit* 1994, P.C. Misc. 19, S. 40 et seq.

[159] Es wird angenommen, daß das Deliktsrecht auch rechtsvergleichend nicht zum „Vertragsrecht" gehörig ist.

[160] Vgl. auch Kommentar zu den UNIDROIT-Principles, S. 198 „might find application ... in regard to contracts ...".

[161] Vgl. *Stoll, H.*, Ergänzung, FS Ferid, S. 510; *Schlechtriem, P.*, UN-Kaufrecht, Rn21; *Caemmerer, E. von*/Schlechtriem/Herber, Art. 7 Rn23.

[162] *Dölle, H.*/Wahl, Art. 17 Rn24.

Verbindung mit gefährlicher Ware teilweise ausgeschlossen (Art. 5 CISG).[163] Die UNIDROIT-Principles definieren nicht ihren sachlichen Anwendungsbereich, sind aber per definitionem „allgemeine Regeln für internationale Handelsverträge", so daß andere Rechtsgebiete herausfallen, die nicht zu diesen „allgemeinen Regeln" gezählt werden könnten. Damit ist mangels anderer Anhaltspunkte anzunehmen, daß Fragen, die mit allgemeinem Deliktsrecht zusammenhängen (also etwa im IPR nicht an ein Vertragsstatut hilfsweise angeknüpft würden) und nicht mit einem konkreten Vertrag, in den UNIDROIT-Principles nicht erfaßt und somit externe Lücken sind.[164]

In gleicher Weise können das Prozeßrecht oder die prozeßrechtlichen Wirkungen von Regelungen der UNIDROIT-Principles oder dingliche Fragen als ausgeschlossen gelten.[165]

bb) Nebenvertragliche Ansprüche

Da die UNIDROIT-Principles von Vertragspflichten sprechen und ihre Regelungen auf diese beziehen, könnten auch die „nebenvertraglichen Ansprüche", also etwa die culpa in contrahendo im Sinne des deutschen Rechtes, ausgeschlossen sein. Eine solche Unterscheidung zwischen „Haupt-" und „Nebenpflichten" ist aber für die UNIDROIT-Principles nicht angemessen. Die Principles verstehen unter „Vertragspflichten" auch implizite Pflichten nach Art. 5.2 (die typischerweise, wenn eine solche Unterscheidung gemacht würde, keine „Hauptpflichten" wären).[166] Dabei werden alle Pflichten den gleichen Regelungen (vgl. etwa Art. 7.4.1) unterworfen.

Zwar bezieht sich Art. 5.1 nur auf „vertragliche" Pflichten. Die Beispiele der Kommentierung zu Art. 5.2[167] entsprechen aber Fällen, die im deutschen Recht mit der positiven Vertragsverletzung[168] oder der culpa in contrahendo[169] gelöst würden. Die culpa in contrahendo ist beispielsweise in Art. 1.7 aufgenommen.[170]

---

[163] Vgl. auch *Kabik, M.*, Looking-Glass, Int'l Tax& Bus Lawyer 92, S. 413 et seq.

[164] Vgl. *Stoll, H.*, Ergänzung, FS Ferid, S. 510; *Schlechtriem, P.*, UN-Kaufrecht, Rn21; *Caemmerer, E. von*/Schlechtriem/Herber, Art. 7 Rn23; vgl. auch *Studies Unidroit* 87, P.C. Misc. 10, S. 12 „personal injuries [are] ...not the subject matter of the draft". Vgl. *Studies Unidroit* 1994, P.C. Misc. 19, S. 42, daß „tort" nicht eingeschlossen sein soll.

[165] Siehe hierzu noch unter Teil 2, Kapitel 3. Siehe statt aller *Stoll, H.*, Ergänzung, FS Ferid, S. 500, zum EKG.

[166] Vgl. auch Teil 2, Kapitel 2, 1.b).

[167] Kommentar zu den UNIDROIT-Principles, S. 102.

[168] Beispiel 1 nennt eine Aufklärungs- und Informationspflicht.

[169] So ist wohl Beispiel 3 zu verstehen.

[170] „including the negotiation process", Kommentar zu den UNIDROIT-Principles, S. 17.

Auch die culpa post contractum finitum gehört zum sachlichen Anwendungsbereich.[171] „Nebenvertragliche" Ansprüche gehören daher, sofern sie im Einzelnen mit der geregelten Materie zusammenhängen, zum sachlichen Anwendungsbereich der UNIDROIT-Principles.

bc) Rechte Dritter

Ein Beispiel für einen „impliziten" Ausschluß einer Rechtsmaterie ist die Behandlung von Rechten Dritter in den UNIDROIT-Principles. Der Einfluß dritter Personen wird insofern erfaßt, als ihr Verhalten den Vertragspartnern zuzurechnen ist (vgl. etwa Art. 3.11). Sofern es aber um eigene oder abgeleitete Ansprüche von Dritten geht, die sich etwa aus einem von den UNIDROIT-Principles geregelten Vertrag ergäben, findet sich in den Principles keine Vorschrift. Aus diesem Grunde könnten die Rechte Dritter entweder eine interne oder externe Lücke sein.

Darauf gibt die Kommentierung eine Antwort. Der Kommentar zu Art.1.3 zeigt, daß die Effekte von Verträgen auf Dritte nicht behandelt werden (mit Beispielen, die dem Vertrag mit Schutzwirkung zugunsten Dritter und der Drittschadensliquidation ähneln). Hier wird festgelegt, daß die Wirkungen von Anfechtung und Vertragsaufhebung auf Dritte ebenfalls nicht von den UNIDROIT-Principles erfaßt sind.[172] Auch im Rahmen der Rückgewähr, Art. 7.3.6, wird noch einmal darauf eingegangen, daß die Rechte Dritter, welche im Rahmen der Rückgewähr wichtig werden könnten (etwa im Rahmen des Konkursrechtes), dem nationalen Recht überlassen bleiben sollen.[173] Der implizite Ausschlußgedanke durchzieht somit die UNIDROIT-Principles. Daraus ergibt sich die sachliche Unanwendbarkeit der UNIDROIT-Principles in bezug auf eine ganze Rechtsmaterie. Der sachliche Anwendungsbereich der 1994er Fassung der UNIDROIT-Principles ist also auf die Rechte zwischen den Vertragsparteien beschränkt. Alle Probleme, welche mit den Rechten Dritter zusammenhängen, sind externe Lücken und nach dem nationalen Recht zu lösen.[174]

bd) Nicht ausdrücklich geregelte Rechtsinstitute: Grundsätzliche externe Lücke?

In der Literatur, besonders zur CISG, scheint bisweilen vertreten zu werden, im ganzen nicht geregelte Rechtsinstitute seien grundsätzlich externe (implizite)

---

[171] Eingehender siehe Teil 2, Kapitel 2, 5.

[172] Kommentar zu den UNIDROIT-Principles, S. 10.

[173] Kommentar zu den UNIDROIT-Principles, S. 193.

[174] Vgl. auch *Studies Unidroit* 86, Study L, Document 36, S. 11; *Studies Unidroit* 1994, P.C. Misc.19, S. 12.

Lücken.[175] Daher schließt sich die Frage an, ob solche Lücken tatsächlich grundsätzlich als implizit nicht geregelt eingeordnet werden können.
Die nicht geregelten Rechtsinstitute werden weder positiv noch negativ in den UNIDROIT-Principles erwähnt. Beispiele hierfür sind die Verjährung und die Aufrechnung. Wie Fragen, die nicht dem Vertragsrecht angehören (diese sollen hier außen vor bleiben), weisen nicht geregelte Rechtsinstitute und ihre traditionelle Einordnung als eigene Rechtsmaterie zudem eine Komplexität auf, welche die Annahme rechtfertigen könnten, daß sie aus dem Anwendungsbereich der UNIDROIT-Principles herausfallen.[176] Sie könnten ebenfalls als „stillschweigend ausgeschlossen" verstanden werden.[177]

Die Literatur zum EKG neigt aufgrund der Formulierungen des EKG[178] mehr zu einer autonomen Ergänzung möglichst vieler Lücken,[179] auch von fehlenden Rechtsinstituten. Einschränkungen wurden aber dennoch gemacht.[180] In der Literatur zur CISG wird die Frage strikter gehandhabt, und etwa teilweise darauf hingewiesen, daß man nicht davon ausgehen könne, daß in der CISG fehlende ganze Rechtsinstitute aus allgemeinen Grundsätzen konstruiert werden *könnten*.[181] Auch wird eine Lückenergänzung von „nicht im Kern kaufrechtlichen" Fragen abgelehnt und die Lücke als extern eingeordnet.[182]

Analysiert man diese Literatur, fallen zwei Hauptargumente auf: Zum ersten die differenzierte Behandlung „im Kern kaufrechtlicher" und anderer Fragen, zum anderen die „Unmöglichkeit" der Ergänzung fehlender Rechtsinstitute. Es fragt sich, ob diese Argumente geeignet sind, in den UNIDROIT-Principles fehlende Rechtsinstitute *grundsätzlich* als externe Lücken einzuordnen.

---

175 Etwa bei *Enderlein, F./Maskow, D./Strohbach, H.*, Internationales Kaufrecht, Art. 7 Anm.10. Hierbei soll außer Acht gelassen werden, ob fehlende Rechtsinstitute formell als „Lücken" gelten können (vgl. hierzu *Larenz, K.*, Rechtsfortbildung, NJW 65, S. 2), denn es geht bei Art. 1.6 II lediglich um „Probleme" im sachlichen Anwendungsbereich.

176 Vgl. *Magnus, U.*, Währungsfragen, RabelsZ 89, S. 121.

177 Vgl. *Magnus, U.*, Währungsfragen, RabelsZ 89, S. 127, der dies in der CISG für Währungsfragen *nicht* annimmt.

178 Vgl. unter Teil 1, II., 2.d).

179 So tendenziell *Dölle, H.*/Wahl, Art. 17 EKG Rn70 et seq., allerdings mit Einschränkungen.

180 So etwa bei der Einbeziehung von allgemeinen Geschäftsbedingungen, vgl. *Riese, O.*, Haager Konferenz, RabelsZ 65, S. 36; *Dölle, H.*/Wahl, Art. 17 Rn80-84. Für eine interne Ergänzung dagegen *Gravson, R./Cohn/Gravson*, Uniform Laws, S. 95.

181 *Enderlein, F./Maskow, D./Strohbach, H.*, Internationales Kaufrecht, Art. 7 Anm.10.

182 Vgl. *Magnus, U.*, Währungsfragen, RabelsZ 89, S. 121; *Caemmerer, E. von*/Schlechtriem/Herber, Art. 4 Rn23 „...nicht im Kern kaufrechtliche Regeln. Deshalb beurteilen sie sich nach nationalem Recht ..."

Die Tatsache allein, daß ein Rechtsinstitut als solches aus den UNIDROIT-Principles herausgelassen wurde (vorbehaltlich einer Absicht, vgl. unter 1.1.2.), zeigt noch nicht, daß es deswegen von vornherein als externe Lücke anzusehen wäre. Die Formulierung des Art. 1.6 II verdeutlicht vielmehr, daß ein nicht geregeltes Rechtsinstitut bzw. eine unmöglich zu ergänzende Lücke, durchaus in den sachlichen Anwendungsbereich der UNIDROIT-Principles fallen kann. Es ist nicht die erste Stufe des Art. 1.6 II („in diesem sachlichen Anwendungsbereich"), auf der (alle) nicht geregelten Rechtsinstitute herausfallen, sondern die zweite Stufe („soweit wie möglich"), wenn sich die Lückenergänzung tatsächlich als unmöglich herausstellt.[183]

Somit bleibt es auch bei fehlenden Rechtsinstituten bei der Prüfung, ob sie in den sachlichen Anwendungsbereich hereinfallen und in einem zweiten Schritt nach allgemeinen Grundsätzen ergänzt werden können. Ist dies der Fall, sind sie keine externen Lücken. Eine andere Begründung, die im Bereich gegen die Lükkenergänzung von fehlenden Rechtsinstituten vorgebracht wird,[184] ist, daß einige Materien, welche an sich dem Vertragsrecht und Schuldrecht zugerechnet werden könnten (etwa Verjährung oder Aufrechnung), nicht ergänzt werden sollen, da sie nicht erwähnt sind und in anderen Rechtsordnungen traditionell eigene Rechtsbereiche bilden. Diese Vorgehensweise sei zu aggressiv und damit unangemessen.[185]

Es fragt sich, ob dem zu folgen ist. Da die UNIDROIT-Principles für einige Fragen (Verbraucherverträge, Art.3.1 oder Rechte Dritter) mit einer ähnlichen Begründung ausdrücklich das nationale Recht für anwendbar erklären, ist anzunehmen, daß ansonsten eine Lückenergänzung stattfinden sollte. Es muß bei dem Versuch bleiben, „soweit wie möglich" andere, zum Vertragsrecht gehörende, Lücken zu ergänzen. Steht also fest, daß ein Rechtsinstitut in den UNIDROIT-Principles nicht geregelt wurde, so ist es nicht von vornherein als externe Lücke einzuordnen, sondern es muß jeweils neu untersucht werden, ob das Rechtsinstitut nach seiner Thematik in den sachlichen Anwendungsbereich der Principles fällt und ob, falls ja, eine Lückenergänzung nach allgemeinen Grundsätzen möglich ist.

c) Beabsichtigte Lücke

Im Rahmen der aus dem sachlichen Anwendungsbereich der UNIDROIT-Principles herausfallenden Bereiche ergibt sich die Frage nach der *absichtlichen* Nichtregelung einiger Rechtsprobleme und deren Behandlung.

[183] Siehe dazu Teil 1, IX.

[184] Vgl. *Magnus, U.*, Währungsfragen, RabelsZ 89, S. 121.

[185] Vgl. *Magnus, U.*, Währungsfragen, RabelsZ 89, S. 121.

Ein Beispiel für eine solche absichtliche Nichtregelung, welches auch in der Kommentierung erwähnt wird, sind die Rechte Dritter. Aber auch grundsätzlich ist die Behandlung solcher absichtlichen Lücken, bei denen sich die Absicht aus den Materialien der UNIDROIT-Principles ergibt,[186] ein Problem.

In der Literatur zu CISG und EKG wird bei dieser Schwierigkeit dahingehend argumentiert, daß die Anwendung des nationalen Rechtes vom Gesetzgeber vorausgesetzt wurde und diese Entscheidung nicht im Wege der internen Lückenergänzung umgangen werden sollte.[187] Vom Gesetzgeber beabsichtigte Lücken sollen nicht ergänzt werden.[188]
Wenn sich aus den Materialien der UNIDROIT-Principles eindeutig eine Absicht ergibt, nur das nationale Recht auf eine Frage anzuwenden, überzeugt dieses Argument. Im Grunde handelt es sich nicht um eine „Lücke" im Gesetz, da der Gesetzgeber bereits eine Lösung der Rechtsfrage vorgegeben hat: Nämlich, daß sie nicht erfaßt sein soll.[189] Da die UNIDROIT-Principles Ergebnis umfangreicher Arbeiten von Rechtsexperten verschiedener Nationalitäten sind, ist eine absichtliche Auslassung Indikator für eine mangelnde Akzeptanzfähigkeit solcher Lückenergänzung. Es fragt sich daher schon, ob hier überhaupt eine „Lükke" vorliegt, da sich aus historischer Auslegung eine Nichtanwendbarkeit der UNIDROIT-Principles ergibt.

Dies gilt aber nur, wenn eindeutig aus den Motiven hervorgeht, daß eine Materie nicht geregelt *und daher und final* dem nationalen Recht überlassen werden sollte. Dies ist aber nicht bei allen absichtlich offengelassenen Fragen der Fall.[190] Manchmal wurden Probleme deshalb nicht geregelt, weil keine Einigung zwischen den Rechtsexperten erzielt werden konnte, ohne daß damit eine Anwendung des nationalen Rechtes intendiert worden wäre.

In einem solche Fall ist es nicht einsichtig, daß ein späterer systemkonformer Lösungsvorschlag im Wege der internen Lückenergänzung nicht angemessen sein sollte.[191]

---

[186] Vgl. auch *Dölle, H.*/Wahl, Art. 17 Rn25.

[187] *Schlechtriem, P.*, UN-Kaufrecht, Rn46; *Honnold, J.*, Uniform Law, Rn102; Sarcevic/Volken/Volken, S. 44. Vgl. auch *Rosenberg, M.*, Vienna Convention, Aust. Bus LR 92, S. 448.

[188] Vgl. *Dölle, H.*/Wahl, Art. 17 Rn25 mit dem –in den UNIDROIT-Principles erfaßten- Beispiel der Währung, um nicht in die nationalen Devisenvorschriften einzugreifen.

[189] Vgl. *Larenz, K.*, Methodenlehre, S. 191.

[190] Vgl. *Rosenberg, M.*, Vienna Convention, Aust. Bus LR 92, S. 448 „ ... a question arises to whether the drafters *intended not* to provide ...", Hervorhebung durch die Verfasserin.

[191] Das Argument des entgegenstehenden Willens der Ratifizierer (*Schlechtriem, P.*, UN-Kaufrecht, Rn46) ist bei den UNIDROIT-Principles nicht maßgeblich. Wie hier auch *Honnold, J.*, Uniform Law, Rn102; Sarcevic/Volken/Volken, S. 44.

6. Begrenzung der Lückenergänzung in praktischer Hinsicht

Innerhalb der Nichtregelung von Rechtsinstituten unter 5.2.4, S.25, wurde bereits angesprochen, daß auf einer zweiten Stufe des Art. 1.6 II Fragen, die in den sachlichen Anwendungsbereich der UNIDROIT-Principles fallen, doch an der Unmöglichkeit der Lückenergänzung scheitern können und das nationale Recht wieder anwendbar ist.[192]

V. Die Rolle der Auslegung und der Analogie

Es wurde bereits verschiedentlich angedeutet, daß einige Punkte bei der Lückenergänzung von der Auslegung abhängen: Die Annahme, daß eine Frage eine Lücke sei, der sachliche Anwendungsbereich und mehr.
Die Auslegung ist also ein Teil der Lückenergänzung, der sich nicht von ihr trennen läßt.

Ebenso spielt die Analogie eine wichtige Rolle, wenn es darum geht, die ungeregelte Frage einer Lösung zuzuführen. Auf diese beiden mit der Lückenergänzung eng verbundenen Methoden[193] soll hier vor der „eigentlichen" Lückenergänzung nach allgemeinen Grundsätzen eingegangen werden.

1. Auslegung[194]

a) Verbindung zwischen Auslegung und Lückenergänzung

Es gibt vielerlei Verbindungen zwischen der Auslegung und der Lückenergänzung. Die erste ist, daß die Auslegung vor der eigentlichen Lückenergänzung steht, da festgestellt werden muß, ob eine Frage ungeregelt ist oder ob ihre Lösung durch Auslegung den ausdrücklichen Vorschriften der UNIDROIT-Principles entnommen werden kann. Erst danach wird deutlich, welchen Inhalt eine bestimmte Regelung hat, für die eine Lücke angenommen wurde.[195]

---

[192] Diese Schwierigkeit wird im Zusammenhang mit der Lückenergänzungsmethode unter IX.4., S. 65 et seq., angesprochen.

[193] Vgl. *Bayer, W.*, Auslegung, RabelsZ 55, S. 620. Grundsätzlich: *Brandner, G.*, *Brandner, Gert*, Admissibility of Analogy in Gap-filling under the CISG, University of Aberdeen, September 1999, http:/www.mylaw.com.cn/vis/vis/cisg/biblio/brandner.html

[194] Allgemein zur Auslegung internationalen Einheitsrechtes siehe *Kropholler, J.*, Einheitsrecht, S. 258 et seq. und *Velden, F. van der*, Interpretation, Congress, S. 24 et seq. Eine eingehendere Untersuchung der „Lücke" ist selten versucht worden, die obenstehende Kurzdefinition ist ausreichend, um mit Art. 1.6 II zu arbeiten. Eine Lücke tritt auf, wenn ein Regelungswerk „innerhalb der Aufgaben, die es sich selbst gestellt hat, keine Entscheidung vorgibt.

[195] Vgl. auch *Rosenberg, M.*, Vienna Convention, Aust. Bus LR 92, S. 447.

Zusätzlich zeigt erst eine Auslegung, insbesondere die teleologische und eventuell die rechtsvergleichende, grundsätzliche Wirkung und grundsätzlichen Umfang einer Regelung auf oder problematisiert sie. Durch die Interpretation einer Regelung wird bisweilen deutlich, daß eine bestimmte Lösung einer nicht ausdrücklich geregelten Frage bereits vorgegeben ist, auch wenn sie nicht ausdrücklich geregelt ist.

Eine weitere Verbindung besteht darin, daß die Lückenergänzung konform zu dem ermittelten Ziel der mit der Lücke verbundenen Regelung sein muß. Dieses Ziel wird durch Auslegung aufgezeigt. Hieraus folgt beispielsweise die Anwendung des argumentum e contrario:[196] Zeigt die Auslegung einer Vorschrift, daß diese ein bestimmtes Ziel hat, so ist eine Lückenergänzung entgegen diesem Ziel nicht zulässig.

Eine vierte Nahtstelle zwischen Lückenergänzung und Auslegung ist die Tatsache, daß auch der Inhalt allgemeiner Grundsätze bestimmt und ausgelegt werden muß.
Dies gilt insbesondere für die ausdrücklichen Grundsätze (etwa Art. 1.1) und die spezifischen, aus einer Regelung herauslesbaren Grundsatzentscheidungen (hierzu später noch unter VI. 1.1.2.).

Zuletzt schafft Art. 1.6 I mit seinem Gebot, die einheitliche Anwendung der UNIDROIT-Principles zu fördern, eine Verbindung zwischen Lückenergänzung und Auslegung. Denn dieses Gebot weiter Auslegung[197] gilt in einem zweiten Schritt auch für die Einordnung von Rechtsfragen zu einem bestimmten Themenkreis.[198] Dies erlaubt eine weitgehende Annahme interner Lücken. Denn über eine weite Auslegung können ausdrücklichen Regelungen der UNIDROIT-Principles viele nicht ausdrücklich geregelte Fragen als „zugehörig" zugeordnet werden, was bei einem Gebot der restriktiven Auslegung nicht möglich wäre. Da überdies im internationalen Recht Vorsicht zu walten hat, wann eine Regelung als so klar eingeordnet werden kann, [199] daß sie nicht ausgelegt werden muß, weil die autonomen Begriffe nicht vorschnell „belegt" werden dürfen,[200] eröffnet sich für die Lückenergänzung ein weites Feld.

---

[196] Ein zulässiges Mittel zur Ergänzung von offenen Fragen, vgl. etwa *Studies Unidroit* 87, P.C. Misc. 10, S. 8.

[197] Siehe zur Auslegung Teil 1, V., 1.

[198] Vgl. *Staudinger, J. von*//Magnus, Art. 7 CISG Rn12.

[199] Hierzu vgl. die Regel „in claris non fit interpretatio" bzw. die nationalen Verständnisse dieses Grundsatzes („acte claire"- Doktrin, „literal rule", „plain meaning rule").

[200] Vgl. Kommentar zu den UNIDROIT-Principles, Einleitung; *Esser, J.*, Vorverständnis, S. 180.

Da solch enge Verbindungen zwischen Lückenergänzung und Auslegung bestehen und sich das dogmatische Verständnis von Begriffen und dem, was sie umfassen, ständig ändert,[201] ist es nicht erstaunlich, daß manche Autoren[202] die Grenze zwischen Lückenergänzung und Auslegung als fließend [203] oder die Auslegung als die Methode bezeichnen, welche Lücken entstehen oder entfallen läßt.[204] Fließende Übergänge gibt es jedenfalls dann, wenn mit der Lücke verwandte Regelungen existieren. Somit ist die Auslegung für die Lückenergänzung unabdingbare Vorarbeit und es soll im Folgenden kurz auf die Auslegungsmethode der UNIDROIT-Principles eingegangen werden.[205]

b) Auslegungsmethode der UNIDROIT-Principles

Grundlegende Voraussetzung für die Auslegung der UNIDROIT-Principles ist die Beachtung ihrer Autonomie.[206] Dies ergibt sich daraus, daß die UNIDROIT-Principles einen „Kompromiß" zwischen verschiedenen Rechtsauffassungen darstellen. Dieser Kompromiß zeigt sich etwa darin, daß Rechtsbegriffe, welche in nationalen Rechten bereits einen bestimmten Inhalt haben,[207] vermieden wurden und man sich statt dessen ausdrücklich bemühte , eine „neutrale" Terminologie zu finden.[208] Darüber hinaus wird, sofern belegte Begriffe verwendet wurden, deutlich gemacht,[209] daß diese Begriffe autonom und (soweit möglich) unabhängig von nationalen Rechtsverständnissen innerhalb des Systems der UNIDROIT-Principles allein interpretiert werden sollen.

Einige Definitionen liefert die Kommentierung, auch einzelne Regelungen der UNIDROIT-Principles (z.B. Art. 7.1.1) definieren verwendete Rechtsbegriffe. Die somit notwendige autonome Auslegung erleichtert es, aus Einheitsrecht

---

201 Vgl. *Esser, J.*, Vorverständnis, S. 180.

202 Etwa *Soergel, H.-T.*/Lüderitz, Art. 7 CISG, Rn8; *Staudinger, J. von*/Magnus, Art. 7 CISG Rn9.

203 Vgl. auch *Larenz, K.*, Methodenlehre, S. 187, der die Auslegung und Rechtsfortbildung als aufeinander aufbauende Stufen bezeichnet.

204 Vgl. *Galston, N./Smit, H.*, International Sales, §2-04 2-12 „interpretation may call gaps into being or may bury gaps".

205 Vgl. allgemein zur Auslegung internationalen Einheitsrechts statt aller *Kropholler, J.*, Einheitsrecht, S. 620 et seq.; *Diedrich, F.*, Anwendbarkeit, RIW 93, S. 443 et seq.

206 Kommentar zu den UNIDROIT-Principles, S. 14 „They have to be interpreted autonomously...".

207 Etwa „Wegfall der Geschäftsgrundlage" oder „impracticability".

208 Vgl. Kommentar zu den UNIDROIT-Principles, Einleitung, S. 14, 15; *Bonell, M.J.*, Restatement, S. 16, spricht von einer neuen „lingua franca"; siehe *Studies Unidroit* 90, C.D. 69, Doc.24, S. 25 et seq. zum Begriff „avoidance".

209 *Bonell, M.J.*, Restatement, S. 16.

auch Rechtseinheit werden zu lassen.[210] Ausdruck und Weiterführung dieses autonomen und spezifisch internationalen Verständnisses der UNIDROIT-Principles ist die Auslegungsregelung des Art. 1.6 I. Denn mit diesem Artikel haben sich die UNIDROIT-Principles für eine bestimmte Auslegungsweite entschieden, die sich von anderen Rechtskreisen abhebt. Im common law Rechtskreis ist es beispielsweise üblich,[211] positives Gesetzesrecht restriktiv auszulegen („literal rule"). Dieser Möglichkeit folgen die mehr am Zivilrechtskreis ausgerichteten[212] UNIDROIT-Principles nicht nur nicht, sie befürworten das genaue Gegenteil. Die Kommentierung verdeutlicht,[213] daß die einzelnen Vorschriften der Principles nicht strikt und buchstäblich sondern nach ihrem Sinn und Ziel interpretiert werden sollen. Da das Ziel der UNIDROIT-Principles ist, möglichst einheitliche Grundsätze für internationale Handelsverträge zu liefern, muß die Auslegung so weitgehend wie möglich sein.[214]

Nach Artikel 1.6 I sind die UNIDROIT-Principles so auszulegen, daß ihr „internationaler Charakter" und die „Notwendigkeit, ihre einheitliche Anwendung zu fördern", beachtet werden. Das heißt wiederum,[215] daß nicht auf die Bedeutung eines Begriffes in einem (einzelnen) nationalen Recht zurückgegriffen werden darf. Deswegen sollte die Rechtsprechung und Literatur verschiedener Staaten zu den UNIDROIT-Principles herangezogen werden.[216]

Bestimmte Auslegungs*methoden*, die für die UNIDROIT-Principles gelten sollen, werden nicht genannt, Art. 1.6 I sollte hier offen sein.[217] Auf nationale Auslegungsmethoden ist nicht vorschnell zurückzugreifen.[218]

Kurz gefaßt ist daher anzunehmen, daß die anerkannten Methoden zur Auslegung internationalen einheitlichen Rechtes verwendet werden können.[219] Nach diesen ist zunächst vom Wortsinn auszugehen, dann die systematische Stellung

---

210 Vgl. *Kötz, H.*, Nutzen, RabelsZ 86, S. 2 et seq.

211 So vgl. statt aller *Diedrich, F.*, Anwendbarkeit, RIW 93, S. 443, 444.

212 Vgl. *Bonell, M.J.*, Restatement, S. 142.

213 Kommentar zu den UNIDROIT-Principles, S. 15.

214 So auch der Kommentar zu den UNIDROIT-Principles, S. 15.

215 Vgl. Kommentar zu den UNIDROIT-Principles, S. 14 und 15.

216 Vgl. *Reinhart, G.*, Kommentar, Art. 7 Rn2; *Kropholler, J.*, Einheitsrecht, S. 241.

217 Vgl. *Studies Unidroit* 1994, P.C. Misc. 19, S. 36 et seq.

218 Vgl. *Magnus, U.*, Währungsfragen, RabelsZ 89, S. 125.

219 Statt aller zur CISG *Staudinger, J. von*//Magnus, Art. 7 CISG Rn32 et seq.; allgemein *Kropholler, J.*, Einheitsrecht, S. 260 et seq. Vgl. zur Anwendung Teil 2, Kapitel 1, V., 2.

und der historische[220] Hintergrund der Regelung zu ermitteln und schließlich teleologisch und rechtsvergleichend[221] vorzugehen.[222]

Die teleologische Interpretation nimmt dabei insofern eine Vorrangstellung ein, als sie die Möglichkeit eröffnet, im Zuge der angestrebten Flexibilität die UNIDROIT-Principles sinnvoll eventuell veränderten Gegebenheiten des Marktes anzupassen.[223] Ist eine Anpassung nicht notwendig, so bietet die grammatikalische Auslegung am ehesten einen Anhaltspunkt, nicht zu sehr durch ein (national divergierendes) Abweichen vom möglichen Wortsinn das vereinheitlichte Recht zu zersplittern.[224]

2. Analogie

Ist eine Auslegung erfolgt und die Rechtsfrage immer noch nicht geklärt, so kommt als erste Lösungsmöglichkeit eine analoge Anwendung von Regelungen der UNIDROIT-Principles in Betracht, welche der nicht ausdrücklich erfaßten Frage ähnlich sind.[225] So kann eine Vorschrift auf einen nicht ausdrücklich geregelten, gleich gelagerten Fall übertragen werden.[226]

a) Analogie in den UNIDROIT-Principles

Der Begriff der „Analogie" wird verschieden verwendet, mancherorts werden einige Unterteilungen in verschiedene Analogie"arten" vorgenommen. Hierauf soll nicht im einzelnen eingegangen werden. Die Kommentierung der UNIDROIT-Principles unterteilt nicht so, dennoch ist anzunehmen, daß von der „Gesetzesanalogie" gesprochen wird, während die „Rechtsanalogie"[227] als An-

---

[220] Zu Schwierigkeiten bezüglich national verschiedener Auffassungen hierbei vgl. *Honnold, J.*, Uniform Words, in: Schlechtriem, Einheitliches Kaufrecht und nationales Obligationenrecht, S. 131 et seq.

[221] Als „ultima ratio", vgl. *Diedrich, F.*, Anwendbarkeit, RIW 93, S. 444, oder notwendigerweise, vgl. *Bayer, W.*, Auslegung, RabelsZ 55, S. 626 et seq.

[222] Bisweilen werden auch noch andere Auslegungsmethoden vorgeschlagen, etwa die in der internationalen Schiedsgerichtspraxis bekannte „antizipierende Auslegung". Hierzu Berger, S. 176 et seq.

[223] Vgl. *Kropholler, J.*, Einheitsrecht, S. 261, 262.

[224] Vgl. *Kropholler, J.*, Einheitsrecht, S. 264 und die Auslegungsmethodik des EuGH (siehe etwa *Coing, H.*, 85 EWG, ZHR 63, S. 283) und BGH (vgl. *Kropholler, J.*, Einheitsrecht, S. 264 Fn18).

[225] Vgl. *Bonell, M.J.*, Restatement, S. 58; *Schlechtriem, P.*, UN-Kaufrecht, Rn47; *Reinhart, G.*, Kommentar, Art. 7 Rn6.

[226] Auf die Feinheiten der Analogie soll hier nicht eingegangen werden.

[227] Vgl. zu diesen Methoden und ihrem Bezug zur Prinzipienbildung *Esser, J.*, Vorverständnis, S. 183 et seq.; *Larenz, K.*, Methodenlehre, S. 201 et seq.

wendung von Grundgedanken außerhalb der bloßen Anwendung des Gesetzes liegt. Mit diesem Begriffverständnis wird die Rechtsanalogie in dieser Arbeit unter die Methoden der Lückenergänzung nach allgemeinen Grundsätzen gefaßt.[228] Im folgenden bezeichnet daher „Analogie" die Gesetzesanalogie .

Die Kommentierung zu den UNIDROIT-Principles schlägt die Lückenergänzung per analogiam vor.[229] Überdies ist angeordnet, daß eine Lückenergänzung zuvorderst nach Analogie, dann nach allgemeinen Grundsätzen stattzufinden hat. Damit ist die etwa in der CISG diskutierte Frage nach der Rangfolge beider Methoden entschieden.[230] Eine Lückenergänzung über Analogie *allein* ist für die UNIDROIT-Principles nicht vorgesehen.[231]
Die genauen Methoden für die Anwendung einer Analogie im vereinheitlichten Recht werden von den UNIDROIT-Principles nicht näher bestimmt. Sinnvoll erscheint der Ansatz von Honnold für die CISG,[232] daß eine Analogie dann möglich sein soll, wenn nicht vernünftigerweise anzunehmen ist, die Gesetzgeber wollten für einen vergleichbaren Fall eine andere Lösung.

Wird per analogiam eine Lösung gesucht, muß im Umkehrschluß beachtet werden, daß nicht eine Analogie zu einer Regelung gezogen werden darf, die sich nach ihrer Auslegung speziell und ausschließlich auf eine bestimmte Situation beziehen sollte. Hier greift dann eine mit der Analogie verwendete Methode, mit Hilfe des argumentum e contrario eine Lücke zu ergänzen.[233] Als anerkannte Rechtsfortbildungsmöglichkeit[234] ist auch diese Methodik bei den UNIDROIT-Principles zulässig, da kein Hinweis darauf erkennbar ist, daß sie nicht angewendet werden soll. In gleicher Weise ist das argumentum a majore ad minus zuzulassen.[235]
Wenn die Analogie zu keinem Ergebnis führt, kann eine Lückenergänzung nach allgemeinen Grundsätzen vorgenommen werden.[236]

---

[228] Vgl. auch *Karollus, M.*, UN-Kaufrecht, Art.7, C a).

[229] Kommentar zu den UNIDROIT-Principles, S. 15, 16.

[230] Vgl. zu dieser Frage bei der CISG *Hellner, J.*, Gap-Filling, FS Hjerner, S. 219 et seq.

[231] Vgl. *Dölle, H.*/Wahl, Art. 17 Rn11 gegen einen entsprechenden Vorschlag für das EKG.

[232] *Honnold, J.*, Uniform Law, S. 156.

[233] Vgl. Bonell/Bianca/Bonell, Art. 7 Anm.2.3.2.1.

[234] Vgl. *Reinhart, G.*, Kommentar, Art. 7 Rn6; Bonell/Bianca/Bonell, Anm.2.3.2.1.

[235] Vgl. hierzu *Larenz, K.*, Methodenlehre, S. 208 et seq.

[236] Vgl. Kommentar zu den UNIDROIT-Principles, S. 15. So auch *Povrzenic, Nives*, Interpretation and Gap-Filling under the United Nations Convention on Contracts for the International Sale of Goods, University of Zagreb, Croatia Februar 1998, http://www.mylaw.com.con/vis/vis/cisg/biblio/gap-fill.html, S.9. Vgl. auch *Nickles, S.*, Problems, Arkansas L Rev. 77, S. 36.

b) Unterscheidung: Analogie oder Lückenergänzung nach allgemeinen Grundsätzen

Will man zwischen der Lückenergänzung per analogiam oder nach allgemeinen Grundsätzen trennen, so stößt dies auf einige Schwierigkeiten.

Der theoretische Unterschied liegt darin, daß im Falle der Analogie eine Regel auf einen nicht vorhergesehenen Anwendungsfall ausgedehnt wird, während bei der Lückenergänzung aus der Regel ein ihr zugrunde liegender allgemeiner Grundsatz extrahiert und auf einen anderen Fall angewendet wird.[237]

Trotz dieser Unterscheidungsmöglichkeit bleibt die Analogie in ihren Grenzen fließend zur Lückenergänzung[238] und oft nicht von dieser zu unterscheiden.[239] Denn wo „analoge Anwendung" endet, „allgemeine Grundsätze" beginnen, ist nicht deutlich abgegrenzt.[240]
Dies gilt insbesondere, wenn man annimmt, daß Gesetzesanalogie die Anwendung des „Rechtsgedankens" einer Norm bedeute:[241] Hier die Grenze zu dem „Gewinnen eines allgemeinen Grundsatzes aus einer Norm"[242] zu ziehen, ist nicht sinnvoll. Dies zeigt schon, daß die Methode, aus mehreren Normen einen „allgemeinen Grundsatz" zu ziehen, auch unter die „Analogie" in Form der „Gesetzesanalogie" gefaßt werden kann.[243]

Es ist aber auch nicht sinnvoll, eine genaue dogmatische Unterscheidung anzustreben,[244] insbesondere da zu vermuten ist, daß nicht alle Rechtsordnungen hier die gleichen begrifflichen Unterschiede machen. Beide Methoden der Lückener-

---

[237] Vgl. *Kropholler, J.*, Einheitsrecht, S. 292 et seq.

[238] Vgl. unter V. 2.1, S. 31,32; *Caemmerer, E. von*/Schlechtriem/Herber, Art. 7 Rn34.

[239] Vgl. *Hellner, J.*, Gap-Filling, FS Hjerner, S. 226 et seq. zur Ausführungen von Gerichten zur CISG. Anders: *Brandner, Gert*, Admissibility of Analogy in Gap-filling under the CISG, University of Aberdeen, September 1999,
http:/www.mylaw.com.cn/vis/vis/cisg/biblio/brandner.html

[240] *Hellner, J.*, Gap-Filling, FS Hjerner, S. 230.

[241] *Esser, J.*, Vorverständnis, S. 185.

[242] Dazu vgl. später unter Teil 1, VII., 1.c).

[243] Vgl. *Larenz, K.*, Methodenlehre, S. 204.

[244] So *Caemmerer, E. von*/Schlechtriem/Herber, Art. 7 Rn34; *Schlechtriem, P.*, Commentary, Art. 7 Rn35. Anders Bonell/Bianca/Bonell, Art. 7 Anm. 2.3.2, der die zwei Methoden wegen ihrer unterschiedlichen Art der Anwendung trennen will. Dies ist aber nicht immer deutlich möglich, wie schon die Tatsache zeigt, daß Herber die Methode der Lückenergänzung aus nur einer Regelung als Analogie ansieht, während die UNIDROIT-Principles sie als Lückenergänzungsmethode im Sinne von allgemeinen Grundsätzen postulieren.

gänzung sind nebeneinander von den UNIDROIT-Principles zugelassen, daher soll hier nicht weiter auf ihre Unterschiede eingegangen werden.

VI. Lückenergänzung nach allgemeinen Grundsätzen

Nachdem festgestellt wurde, daß eine Rechtsfrage in den sachlichen Anwendungsbereich der UNIDROIT-Principles fällt und nicht durch Analogie ergänzbar ist, folgt die Lückenergänzung nach allgemeinen Grundsätzen.

Die Ergänzung ist nach den „ihnen [den UNIDROIT-Principles] zugrunde liegenden allgemeinen Grundsätzen" vorgesehen. Dies wirft einige methodische Fragen auf. Dazu gehört das Problem, wie der Begriff „allgemeiner Grundsatz" des Art. 1.6 II zu verstehen ist. Weiterhin muß geklärt werden, wie solche „allgemeinen Grundsätze" den UNIDROIT-Principles entnommen werden können und schließlich wie sie angewendet werden sollen.

1. Lückenergänzungsmethode nach „allgemeinen Grundsätzen"

a) Abhängigkeit von der Rechtsprechung

Das Ergänzen einer Lücke ist naturgemäß die Aufgabe des Rechtsanwenders, jedenfalls so lange, bis der Gesetzgeber wieder tätig wird. Auch die Anwendung allgemeiner Grundsätze ist somit Sache von Richtern und Schiedsrichtern.[245] Allgemeine Grundsätze sind ein Hilfsmittel der Jurisprudenz, der Rechtsfortbildung. Daher haben die allgemeinen Grundsätze für den Rechtsanwender eine spezielle Funktion. Sie dienen auf verschiedene Weise zur Überwindung eines praktischen Rechtsproblems. Der Rechtsanwender denkt orientiert am Problem, das sich ihm stellt.[246] So werden auch allgemeine Grundsätze von diesem problemorientierten Denken entscheidend beeinflußt. Sie sollen als Beurteilungskriterien Grundlinien zur Lösung eines Rechtsproblems vorgeben.[247] Da Grundsätze nicht nur aufgenommener Teil eines positiven Gesetzeswerkes sind, sondern inhaltlich in weiten Teilen richterlich gebildet wurden und werden, [248] sind sie bedingt von der Rechtsrealität.

Ohne dies an dieser Stelle zu vertiefen,[249] soll kurz dargestellt werden, daß die Eigenart der Jurisprudenz, zuvorderst an der Lösung von sich im praktischen Leben ergebenden Problemen interessiert zu sein, auch Auswirkungen auf die

[245] In dieser Arbeit sollen mit „Richter" grundsätzlich auch Schiedsrichter gemeint sein.

[246] Vgl. *Esser, J.*, Grundsatz und Norm, S. 11.

[247] Vgl. *Esser, J.*, Grundsatz und Norm, S. 11.

[248] Vgl. etwa *Esser, J.*, Grundsatz und Norm, S. 11.

[249] Vgl. hierzu *Esser, J.*, Grundsatz und Norm, S. 164 et seq.

Sicht von „Lückenergänzung nach allgemeinen Grundsätzen" hat. Obwohl die UNIDROIT-Principles kodifiziertes Recht sind, einige Grundsätze ausdrücklich formulieren und die später vorgeschlagenen Methoden zur Auffindung allgemeiner Grundsätze deduktiver Art sind, ist doch Kern der Rechtsfortbildung das sachliche Problem. Im Grunde werden Prinzipien also auf das Problem zugeschnitten und an das Recht „angelehnt".[250] Besonders im schnellebigen Handelsrecht ist dies auch nicht anders möglich. Nicht nur werden so allgemeine Grundsätze anhand praktischer Erfordernisse gebildet, auch ihr Inhalt wird von dem Rechtsanwender erst im konkreten Spruch näher bestimmt.[251]

Die Lückenergänzung nach allgemeinen Grundsätzen ist also entscheidend von der Jurisprudenz abhängig. Mit dieser Belebung der Prinzipien durch den Richter wird deutlich, daß unbedingt bei der Lückenergänzung vorhandene Rechtsprechung auch ausländischer Gerichte beachtet werden sollte: Ansonsten ginge die Rechtsfortbildung auseinander.

b) Begrenzung der Lückenergänzung durch das Verständnis des Begriffs „Grundsatz" im Sinne des Artikels 1.6 II

Es wird noch darauf eingegangen werden,[252] daß der Begriff der „allgemeinen Grundsätze" nicht deutlich ist. Je nachdem, wie der Begriff des Grundsatzes in Art. 1.6 II ausgelegt wird, variieren die Möglichkeiten der Lückenergänzung. Werden allein allgemeine Grundsätze im Sinne einer Generalklausel als solcher des Art. 1.6 II anerkannt, so müßten viele Lücken dem nationalen Recht überlassen werden, weil sich eine konkrete Lösung einer Rechtsfrage kaum finden ließe. Werden auch spezifische Grundsätze anerkannt, so werden die Lückenergänzungsmöglichkeiten konkreter. Der Begriff der „allgemeinen Grundsätze" ist also klärungsbedürftig.

2. Begriff der „allgemeinen Grundsätze" in Art. 1.6 II der UNIDROIT-Principles

Schon lange Zeit lehnen viele Autoren die Methode ab, Lücken und Interpretationsprobleme des internationalen einheitlichen Rechtes generell unter Zuhilfenahme eines nationalen Rechtssystems zu lösen.[253] Der Grund dafür ist, daß

---

[250] Vgl. *Esser, J.*, Grundsatz und Norm, S. 164.

[251] Ein gutes Beispiel ist der Grundsatz von „Treu und Glauben".

[252] Unter VI. 2., S. 35 et seq.

[253] Etwa Helmut Coing, 85 EWG, Aleck Chloros, Joseph Esser, Gino Gorla, Ronald Gravson, Rolf Herber, Hein Kötz, Ole Lando und Konrad Zweigert. Für genauere Referenzen siehe: *Kötz, H.*, Rechtsvereinheitlichung, FS Zweigert, S. 481 et seq. und *Lando, O.*, Comments, Am J Comp. L 83, S. 653 et seq.

selbst ein in das nationale Recht inkorporiertes vereinheitlichtes Recht eine spezielle Art des autonomen Rechtes darstellt und entsprechend einheitlich interpretiert werden muß.[254] Für die UNIDROIT-Principles, die von vornherein einen Sonderstatus als „internationale Prinzipien" einnehmen, gilt dies im besonderen Maße. Daher wird mit dem Verweis auf die Rechtsfortbildung nach allgemeinen Grundsätzen eine systemkonforme, autonome Methode der Lückenergänzung angestrebt.

Dabei war der Begriff des „allgemeinen Grundsatzes" der Gegenstand von vielfältigen Definitionsversuchen und Beiträgen, die hier nur im wesentlichen nachgezeichnet werden sollen.[255] Auch die Rechtsnatur eines allgemeinen Grundsatzes oder seine Funktion und Bildung ist nicht geklärt. Auf diese Fragen soll hier nicht ausführlich eingegangen werden, da dies zu weit führen würde.[256] Die Bestimmung der generellen Natur eines allgemeinen Rechtsgrundsatzes ist zu schwierig und würde den Rahmen dieser Arbeit sprengen,[257] hier soll nur ein Vorschlag gemacht werden.
Nach Art. 1.6 I der UNIDROIT-Principles soll konsequent die Auslegung der UNIDROIT-Principles unter Berücksichtigung ihres „internationalen Charakters" und der „Notwendigkeit, ihre einheitliche Anwendung zu fördern", erfolgen. Dies muß auch bei der Bestimmung des Begriffes „allgemeiner Grundsatz" gelten, so daß nicht von einem nationalen Verständnis ausgegangen werden kann[258] und überdies im Sinne der Rechtsvereinheitlichung nicht restriktiv vorgegangen werden soll.

a) Grundsatz und Regel

Um die „allgemeinen Rechtsgrundsätze" zu definieren, wird meist die Abgrenzung zu einer anderen Art Rechtsnorm angestrebt: der Regel (Unterscheidung zwischen „principle" und „rule").[259]

---

[254] Vgl. auch die Bemerkungen zu Art. 17 EKG in *Dölle, H.*/Wahl, Art. 17 Rn13-17.

[255] Eine endgültige Definition des „allgemeinen Grundsatzes" wird teilweise sogar als unmöglich bezeichnet, z.B. bei *Esser, J.*, Grundsatz und Norm, S. 2.

[256] Vgl. hier etwa „Grundsatz und Norm" von Esser m.w.N.

[257] Vgl. C. Sladitz, European Legal Systems, S. 205, zitiert nach *Nickles, S.*, Problems, Arkansas L Rev. 77, S. 28, Fn71.

[258] Vgl. *Rosenberg, M.*, Vienna Convention, Aust. Bus LR 92, S. 450.

[259] Vgl. *Dworkin, R.*, Rights, S. 14 et seq.; *Esser, J.*, Grundsatz und Norm, S. 3. Nach der Rechtsquellenlehre können alle diese Begriffe unter „Norm" gefaßt werden. Für die UNIDROIT-Principles haben diese „Normen" nicht Normqualität im Sinne staatlicher Gesetze, sie können aber durch die gleiche Formulierung so wie diese ausgelegt und angewendet werden, *Berger, K.P.*, Kodifizierung, S. 160.

Wird diese Abgrenzung gebraucht, werden dazu verschiedene Möglichkeiten verfolgt. Dadurch ergibt sich die Schwierigkeit bei der Begriffsbestimmung des „allgemeinen Grundsatzes“,[260] da von Parteien, Gerichten und Literatur verschiedene „allgemeine Grundsätze“ angenommen werden[261] und dennoch eine Definition fehlt.

Dabei unterscheiden sich meist die gefundenen Möglichkeiten zur Trennung zwischen „Grundsatz“ und Regeln hauptsächlich bezüglich des Maßes, nach dem eine Norm als „allgemeiner Grundsatz“, als principium generalis, anerkannt wird. Denn die Qualifizierung eines allgemeinen Grundsatzes wird mit Definitionen vorgenommen, welche vor allem das Kriterium der „Allgemeinheit“ herausstellen.

Die erste Möglichkeit der Bestimmung „allgemeiner Grundsätze“ geht dahin, daß „allgemeine Grundsätze“ die durch entsprechende Abstraktion und Verallgemeinerung zu einer juristischen Aussage zusammengefaßten Inhalte unterschiedlicher Quellengruppen und Rechtstraditionen seien.[262]

Diese Definition zieht ein Problem nach sich. Sie verführt dazu, allein Generalklauseln als allgemeine Grundsätze anzuerkennen. So nimmt Berger[263] den (hier als Beispiel genommenen) Umfang des Schadensersatzes in Abgrenzung von allgemeinen Grundsätzen unter seine „Regeln“ auf, während die grundsätzliche Behandlung von Schadensersatzforderungen andernorts unter die allgemeinen Grundsätze gezählt wird.[264] Es wird sich zeigen, daß eine Begrenzung auf Generalklauseln nach der hier vertretenden Ansicht nicht zutreffend ist.[265]

In anderen Stimmen wird ein „allgemeiner Grundsatz“ kurz als „allgemeine prinzipielle Wertung“[266] oder ähnlich[267] bezeichnet. Ein Rechtsprinzip beinhalte im Gegensatz zur Rechtsregel materielle Wertungen.[268] Oder es wird eine Definition wie etwa in der Völkerrechtslehre angewendet, nach der allgemeine

---

[260] Als Beispiele für die verschiedenen Möglichkeiten, das Wort „Prinzip“ zu verwenden, siehe *Atienza, M./Manero, J.*, Prinzipien und Regeln, FS Valdés, S. 112, 113.

[261] Vgl. *Galston, N. /Smit, H.*, International Sales, §2.04 2-12: „ ... danger to unification is that in the search for general principles it is unlikely that the tribunals and parties would find the same general principles“.

[262] *Schulze, R.*, Rechtsgrundsätze, ZEuP 93, S. 448.

[263] *Berger, K.P.*, Kodifizierung, S. 160, 161.

[264] *Studies Unidroit* 87, P.C. Misc. 10, S. 5, *Studies Unidroit* 1996, C.D. (75) 8, S. 4.

[265] Siehe unter Teil 1, VI., 2.d) et seq.

[266] Etwa *Schlechtriem, P.*, UN-Kaufrecht, Rn48.

[267] Vgl. *Reinhart, G.*, Kommentar, Art. 7 Rn6 „zugrundeliegende generelle Prinzipien“.

[268] Vgl. *Larenz, K.*, Methodenlehre, S. 240.

Grundsätze *„die wegen ihrer übereinstimmenden Geltung in den internen Rechtssystemen der zivilisierten Staaten als Ausdruck gemeinsamer Rechtsanschauungen gewertet werden“*.[269] Was dann aber als „allgemeine prinzipielle Wertung“ konkret anerkannt wird, ist nicht definiert und divergiert daher. Das Problem, zu bestimmen, was ein allgemeiner Rechtsgrundsatz außer allgemein noch ist, besteht bei solchen Definitionen weiterhin.

Vielfach werden auch Kataloge allgemeiner Grundsätze aufgestellt,[270] ohne darauf einzugehen, nach welchen Kriterien eine Norm als allgemeiner Grundsatz anerkannt wurde. Dies ist deswegen problematisch, weil diese Kataloge, selbst bezogen auf ein Gesetzeswerk (als Beispiel wurde die CISG gewählt), nicht einheitlich sind. Ein Katalog eignet sich aber nicht dafür, klarzustellen, welche Kriterien angelegt werden müssen, einen allgemeinen Grundsatz zu bestimmen.

b) Konditionalprogramm und Programmsatz

Eine weitere Möglichkeit, die für die Arbeit mit dem Begriff „allgemeiner Grundsatz“ gewählt wird, ist, zwischen dem Anwendungsbereich und dem Erfüllsoll einer Norm den Grundsatz von der Regel abzugrenzen.[271] Diese Differenzierung wird mit Begriffen wie „Konditionalprogramm“ und „Optimalprogramm“[272] oder ähnlichen vorgenommen. Hier wird auf den Anwendungsbereich einer Norm rekurriert. Grundsätze seien als „Optimalprogramme“ daran zu erkennen, daß sie keinen spezifischen Anwendungsbereich hätten. Damit seien sie „mehr oder weniger erfüllbar“, „Regeln“ dagegen hätten einen spezifischen Anwendungsbereich, hier bestünden keine „Abweichungsmöglichkeiten“ von der Rechtsfolge und Anwendung.[273] Mit anderen Begriffen wird dargestellt, es gäbe eine Unterscheidung zwischen „Konditionalprogramm“ und „Verhaltensprogrammsatz“.[274] Regeln hätten einen festen Anwendungskern und seien wegen ihrer feststehenden Rechtsfolge damit ein „Konditionalprogramm“.[275] Ein allgemeiner Rechtsgrundsatz sei dagegen unscharfer „Programmsatz oder Bestimmungsnorm“.[276]

---

[269] Vgl. *Kötz, H.*, Rechtsgrundsätze, RabelsZ 70, S. 671.

[270] Vgl. statt aller *Magnus, U.*, Grundsätze, RabelsZ 95, S. 480 et seq.

[271] Vgl. etwa *Berger, K.P.*, Kodifizierung, S. 160, 161; Rheinstein, U.Chicago L. Revue 1957, S. 597, 600; *Kessedjian, C.*, Exercice, Rev. crit. dr. int. 95, S. 654, 655.

[272] *Berger, K.P.*, Kodifizierung, S. 160 et seq.

[273] Vgl. *Berger, K.P.*, Kodifizierung, S. 160, 161; Rheinstein, U.Chicago L. Revue 1957, S. 597, 600; *Kessedjian, C.*, Exercice, Rev. crit. dr. in. 95, S. 654, 655.

[274] Vgl. *Berger, K.P.*, Kodifizierung, S. 160, 161; Rheinstein, U.Chicago L. Revue 1957, S. 597, 600; *Kessedjian, C.*, Exercice, Rev. crit. dr. in. 95, S. 654, 655.

[275] *Berger, K.P.*, Kodifizierung, S. 161.

[276] Vgl. *Berger, K.P.*, Kodifizierung, S. 160 et seq.

In ähnlicher Abgrenzung wird auf Erfüllbarkeit und Erfüllsoll von Normen abgestellt, zusätzlich zu einer Unterscheidung zwischen Konditionalprogramm und Optimalprogramm.[277] In einem allgemeinen Grundsatz sei ein Optimalverhalten festgelegt, also hänge die Anforderung an dessen Erfüllbarkeit von den Umständen und den Möglichkeiten der Parteien ab.[278] Damit seien Wirksamkeit, Anwendbarkeit und Reichweite eines allgemeinen Rechtsgrundsatzes nicht in jedem Falle vorhersehbar. Die Regel dahingegen habe ein feststehendes Erfüllsoll und eine vorbestimmte Anwendung.[279]
Diesen Abgrenzungen kann insoweit gefolgt werden, als sie den eigentlichen Unterschied von Grundsatz und Regel aufzeigen: Inhalt gegen Form. Der allgemeine Grundsatz als „Inhalt ohne feste Form"[280] kann keine festgelegte Anwendung und keine festgelegte Rechtsfolge haben. Damit ist aber noch nicht gesagt, welchen Regelungen ein allgemeiner Grundsatz entnommen werden kann. Denn auch einer Norm mit festem Anwendungskern und Rechtsfolge kann ein Inhalt entnommen werden. Ansonsten würden Gedanken, die gerade aufgrund ihrer Bestimmtheit „direkt angewendet"[281] werden (etwa das „receipt principle"), nicht als allgemeine Grundsätze gelten. Beispielsweise auch Art. 7.4.1 mit seiner grundsätzlichen Entscheidung für den Schadensersatz in Form des positiven Interesses wäre dann also kein allgemeiner Grundsatz sondern Regel.[282]

Im Grunde beziehen sich die vorstehenden Definitionen vor allem auf die *Anwendung* eines Rechtsgedankens: Entweder wird er konkret umrissen und mit feststehender Rechtsfolge angewendet (Regel), oder unbestimmt mit abänderbarer Rechtsfolge (Grundsatz).

c) Generalklausel oder spezifischer Grundsatz

Im weiteren ergibt sich die Frage, ob aus der Tatsache, daß allgemeine Grundsätze keinen festen Anwendungskern haben und auf mehr oder weniger verschiedenartige Fallsituationen angewendet werden, folgt, daß *spezifische* Normen (wie das receipt principle) nicht als allgemeiner Grundsatz anerkannt werden könnten.

---

277 Vgl. *Berger, K.P.*, Kodifizierung, S. 160, 161.

278 Vgl. *Berger, K.P.*, Kodifizierung, S. 160, 161.

279 Vgl. *Berger, K.P.*, Kodifizierung, S. 160, 161.

280 Vgl. *Esser, J.*, Grundsatz und Norm, S. 50.

281 Vgl. Bonell/Bianca/Bonell, Art. 7 Anm.2.3.2.2.

282 So etwa *Berger, K. P.*, Unidroit Prinzipien, ZVglRWiss 95, S. 233. Erstaunlich wäre dann, daß der Grundsatz „Pflichtverletzungen berechtigen zum Schadensersatz", obwohl an sich „Konditionalprogramm", trotz solcher Definition dennoch bereits zu Art. 38 IGH-Statut verwendet wurde. Charzow Factory Case, P.C.I.J., Series A, 29. Vgl. *Dölle, H.*/Wahl, Art. 17 Rn31. Dagegen *Studies Unidroit* 1996, C.D. (75) 8, S. 4.

Gegen eine solche Beschränkung allgemeiner Grundsätze auf Generalklauseln spricht, daß in der Literatur zu CISG und EKG durchaus solche Rechtsgedanken als allgemeine Grundsätze im Sinne des Art. 1.6 II (bzw. 7 II CISG oder 17 EKG) angewendet werden, welche nicht generalklauselartig sind. Hier wird zwar eine Unterscheidung zwischen „Denk- und Verfahrensprinzipien" einer materiellen Rechtsordnung und deren „nur rechtsethischen" Prinzipien gemacht.[283] Beide Arten aber werden als allgemeine Rechtsgrundsätze in der Rechtsfortbildung angewendet.[284] „Allgemeine Rechtsgrundsätze" seien nicht nur Generalklauseln, die „rein rechtsethischen" Prinzipien, sondern es gebe auch die Möglichkeit, recht spezifische „allgemeine" Grundsätze anzuerkennen.[285] Teilweise wird in diesem Sinne auch von „verallgemeinerbaren Regeln" oder „allgemeinen Strukturprinzipien" gesprochen.[286]

Es fragt sich, ob dies ebenso für die UNIDROIT-Principles überzeugt. Die UNIDROIT-Principles definieren den von ihnen verwendeten Begriff der allgemeinen Grundsätze in Art. 1.6 II nicht. So wird nicht deutlich, welche Kriterien zur Begriffsbestimmung anzulegen sind, insbesondere nicht, ob nur „rein rechtsethische" Prinzipien allgemeine Grundsätze sein sollen.

Werden vor allem die „generellen" allgemeinen Grundsätze angewandt, hat diese Methode den Nachteil, daß sich die Bestimmung von Rechtsfolgen schwierig gestaltet. Hier käme die analoge Anwendung von Rechtsfolgen mehr zum Zuge. Werden auch „spezifische" Grundsätze bejaht, so träte die Analogie zurück. Es ist letztlich daher Sache der Auffassung, welche Methode man wählt, aber es ist einsichtig, warum die Grenze von Analogie und allgemeinen Grundsätzen häufig nicht scharf gezogen wird.[287]

In den allgemeinen Grundsätzen der lex mercatoria werden jedenfalls Normen als „Grundsatz" angewendet, die durchaus spezifisch sind, ein Beispiel ist etwa die Rügepflicht von Sachmängeln innerhalb von zwei Jahren.[288]

---

[283] Vgl. *Esser, J.*, Grundsatz und Norm, S. 40.

[284] Vgl. die Liste von *Magnus, U.*, Grundsätze, RabelsZ 95, S. 480 et seq.; *Ferrari, F.*, Uniform Interpretation, *GA J Int'l & Comp. L 94*, S. 224 etwa mit Art. 78 (Zinsen).

[285] Vgl. *Houtte, H. van*, ICC 95, S. 184 oder den Katalog von *Magnus, U.*, Grundsätze, RabelsZ 95, S. 480 et seq.

[286] *Magnus, U.*, Grundsätze, RabelsZ 95, S. 485 et seq.

[287] Vgl. die oben genannten Kataloge. Vgl. auch *Caemmerer, E. von*/Schlechtriem/Herber, Art. 7 Rn34; *Hellner, J.*, Gap-Filling, FS Hjerner, S. 226 et seq. und zu Ausführungen von Gerichten zur CISG, *Hellner, J.*, Gap-Filling, FS Hjerner, S. 230.

[288] Art. 39 II CISG; Art. 39 I EKG; ICC-Award Nr. 6281; ICC-Award Nr. 5713. Es gibt auch noch viele andere Beispiele „konkreter allgemeiner" Grundsätze in der lex mercatoria.

Zusammengefaßt ist es vor allem Definitionssache, wann von „Prinzip“ und wann von „Regel“, „Leitlinie“ oder ähnlichem gesprochen wird.[289]

d) Begriffsverwendung der UNIDROIT-Principles

Wird der Definition von Grundsätzen nachgegangen, stellt sich heraus, daß eine strikte Trennung von „Grundsatz“ und „Regel“ und damit eine Entscheidung bezüglich der Anwendung von „spezifischen“ oder „allgemeinen“ Grundsätzen nicht notwendig ist. Dies kommt insbesondere daher, daß in der (durchaus geführten) Diskussion um die Verwendung der Begriffe „principles“ oder „rules“ aufgedeckt wurde, daß diese in verschiedenen Sprachen unterschiedliche Bedeutung beigemessen wird.[290]
In der Kommentierung zu den UNIDROIT-Principles wird nämlich die Unterscheidung zwischen „principles and rules“ *nicht* genau gemacht. [291] „Rules“ werden teilweise als „general principles“ im Sinne des Art. 1.6 II angesehen,[292] es wird also bei der Lückenergänzung keine Trennung zwischen „principle“ und „rule“ vorgenommen. Noch weniger tritt ein Unterschied zwischen „principle“ und „policy“ auf, der in der Literatur erwähnt wird.[293]

Auch Normen mit festem Anwendungskern können in den UNIDROIT-Principles „Grundsätze“ sein. Ein Beispiel dafür ist das sogenannte „receipt-principle“, welches in der Kommentierung der UNIDROIT-Principles[294] als „principle“ bezeichnet wird. Andere Beispiele sind die grundsätzliche Behandlung des Schadensersatzes[295] oder der Aufhebungsberechtigung.

Auch in der Literatur zur CISG scheint nicht immer die Definition von „Regel und Grundsatz“ zur Grundlage der Lückenergänzung nach Art. 7 II CISG gemacht zu werden,[296] um so weniger die Unterscheidung zwischen Generalklausel und Strukturprinzip. In den Vorarbeiten zu den UNIDROIT-Principles wird häufig von „general principles“ gesprochen, andernorts aber von der

---

[289] Vgl. nur *Atienza, M./Manero, J.*, Prinzipien und Regeln, S. 113, 114, die ausdrücklich *eigene* Definitionen vornehmen.

[290] *Studies Unidroit* 1994, P.C. Misc. 19, S. 120, 121.

[291] Kommentar zu den UNIDROIT-Principles, S. 16, *Bonell, M.J.*, Restatement, S. 58.

[292] Vgl. *Ferrari, F.*, Uniform Interpretation, *GA J Int'l & Comp. L 94*, S. 226.

[293] Vgl. *Dworkin, R.*, Rights, S. 22 et seq.

[294] Kommentar zu den UNIDROIT-Principles, S. 23.

[295] Vgl. *Studies Unidroit* 87, P.C. Misc. 10, S. 5, *Studies Unidroit* 1996, C.D. (75) 8, S. 4, wo die „full compensation“ ausdrücklich als general principle bezeichnet wird.

[296] Vgl. die Überschrift bei *Magnus, U.*, Grundsätze, RabelsZ 95, S. 490 „Nicht verallgemeinerbare Regeln“.

„philosophy“ oder „idea“, welche hinter den Regelungen steht.[297] Dies spricht ebenfalls dafür, keine zu strengen Maßstäbe an die Anerkennung eines Grundsatzes zu stellen.

Es kommt auf die praktische Verwendbarkeit des Art. 1.6 II an, und damit bietet es sich auch nicht an, strenge Kriterien an die „Qualität“ eines allgemeinen Grundsatzes anzulegen. Die neuen Principles of European Contract Law etwa verwenden in ihrem dem Art. 1.6 II sonst sehr ähnlichen Art. 1:106 II nur das Wort „ideas“. „Basic ideas“ werden konsequent auch bei Bonell mit „general principles“ gleichgesetzt.[298]

Nach diesen Erwägungen wird es verständlich, daß „spezifische Grundsätze“ in der Schiedsgerichtsbarkeit anerkannt sind, etwa wird der Haftungsumfang beim Schadensersatz als solcher bezeichnet.[299] Rechtsgedanken, seien sie konkret oder nicht, werden angewendet, wenn sie geeignet sind, einen bestimmten Lückenfall zu lösen. Also können auch „spezifische Grundsätze“ als „allgemeine Grundsätze“ im Sinne des Art. 1.6 II angewendet werden. Sie sollen im Folgenden als „Grundsatzentscheidung“ bezeichnet werden. Über die Erwägung hinaus, daß wegen der Unbestimmtheit der Begriffsverwendung „general principles“ in den UNIDROIT-Principles eine genaue Trennung nicht notwendig ist, sprechen aber noch andere Erwägungen für eine Miteinbeziehung spezifischer Grundsätze in die Lückenergänzung nach Art. 1.6 II.

Grundsatzentscheidungen sind als „Strukturprinzipien“ dem angewendeten Regelungssystem eigentümlich. Die Entscheidung, eine bestimmte Lösung in einer Gruppe von gleichartigen Situationen anzuwenden, ist ein Grundsatz, ein „Denk- und Verfahrensprinzip“ des angewendeten materiellen Rechtes. Diese Entscheidung gibt dem Gedanken dann einen Allgemeinheitsgrad, der ihn zum Grundsatz werden läßt (etwa die Entscheidung, für alle Mitteilungen das receipt principle anzuwenden oder grundsätzlich im Schadensersatz positives Interesse zu gewähren). Hier wird der äußeren Ebene der konkreten Norm eine zweite Ebene, der verallgemeinerungsfähige Gedanke zugesprochen. In den UNIDROIT-Principles sind solche „Prinzipien des Systems“[300] also auch als allgemeiner Grundsatz anwendbar.

Für dieses Verständnis von allgemeinen Grundsätzen spricht eine Auslegung des Art. 1.6 II.[301] Art. 1.6 II sollte einen möglichst weitgehenden Ausschluß des

[297] Statt aller Stellen siehe beispielsweise *Studies Unidroit* 91, C.D. (70) 22, S. 20.

[298] *Bonell, M.J.*, Restatement, S. 58.

[299] Vgl. Schiedsspruch vom 29.11.1902, Recueil des arbitrages internationaux II , S. 285.

[300] Vgl. *Atienza, M./Manero, J.*, Prinzipien und Regeln, S. 114.

[301] Siehe unter Teil 1, VII., 3.

nationalen Rechtes erzielen und eine möglichst systemkonforme Ergänzung von Lücken erreichen. Weitgehende Lückenergänzung ist aber nur bei einem weiten Verständnis des Begriffes „allgemeiner Grundsatz" möglich. Daher sollten auch „Leitlinien", „allgemeine Strukturprinzipien"[302] oder „Grundsatzentscheidungen" der UNIDROIT-Principles als „underlying general principles" verstanden werden.[303]

Es muß jedoch, damit die Lückenergänzung nicht ausufert, ein Kriterium hinzukommen, nach welchem eine „Leitlinie" erkennbar ist. Angemessen erscheint, zur Voraussetzung zu machen, daß bezüglich eines Rechtsproblems auch eine andere, grundsätzliche oder differenzierte Lösung möglich gewesen wäre. Denn dann ist anzunehmen, daß hier die Konsensbildung der Gesetzgeber stattgefunden hat und die UNIDROIT-Principles damit eine verallgemeinerbare *Leitlinie* für einen Problemkreis vorgegeben haben.

Damit müssen also nicht nur Generalklauseln wie etwa Treu und Glauben von Art. 1.6 II umfaßt sein.[304] Auch Regeln, die als Leitlinie oder Grundsatzentscheidung Ausdruck eines „more general principle"[305] sind, haben einen entsprechenden generellen Charakter.[306] Festzuhalten ist jedoch vor allem, daß die Definition des „allgemeinen Grundsatzes" im generellen, dogmatischen Sinne für die UNIDROIT-Principles nicht relevant ist, da sie diese Trennung nicht scharf vollziehen.

e) Praktische Verwendbarkeit der „allgemeinen Grundsätze"

Zuletzt ist es die Entscheidung der Jurisprudenz, was als allgemeiner Grundsatz anerkannt und angewandt wird. Die Praxis hat folgerichtig erwiesen, daß Rechtsprechung von dem Blickpunkt der genauen Trennung zwischen Regel und Grundsatz nicht tragbar ist.[307] Vielmehr läuft die Rechtsanwendung in einem

---

302 Vgl. *Magnus, U.*, Grundsätze, RabelsZ 95, S. 484.

303 Vgl. auch Bonell/Bianca/Bonell, Art. 7 Anm2.3.2.2, der ebenfalls von „zwei Arten" Prinzipien spricht, die aber alle für Art. 7 II CISG gelten.

304 Vgl. *Bayer, W.*, Auslegung, RabelsZ 55, S. 639, der darauf hinweist, daß Art. 17 EKG die Anwendung „zu allgemeiner und unbestimmter völkerrechtlicher Rechtsgrundsätze" gerade hindern soll. Daraus läßt sich schließen, daß ebenso nicht nur ebenso allgemeine Rechtsgrundsätze des Privatrechts gelten sollten.

305 Vgl. Kommentar zu den UNIDROIT-Principles, S. 16.

306 So *Garro, A.*, Gap-filling role, TLR 95, S. 1165 etwa zu Art. 7.4.1.

307 Vgl. OLG Wien vom 26. *Jan, S.-L.*, Erfüllungsverweigerunguar 82, NORSOLOR VII. Pablak Ticaret, AG 82, S. 165, 166 zur Untragbarkeit eines Schiedsrichterspruches nur aufgrund von „Treu und Glauben" und *Berger, K. P.*, Unidroit Prinzipien, ZVglRWiss 95, S. 232 zu einem Beispiel der Unbrauchbarkeit allein technischer Regelungen.

Prozeß zwischen Rechtsgrundsatz und spezieller Regelung hin und her, beide Normenarten beeinflussen einander in ihrem Umfang und ihrer Inhaltsbestimmung im konkreten Fall.[308] Prinzipien interagieren, Regeln nicht.[309] Es kann diesbezüglich von einem Kreislauf zwischen „Problementdeckung, Prinzipienbildung und Systemverfestigung" gesprochen werden.[310]

Allgemeine Rechtsgrundsätze sind letztlich das Fortbildungspotential für spezielle Regelungen und ermöglichen die flexible Rechtsanwendung im Einzelfall.[311] Eine Unterscheidung nach Art der Anwendung und Konkretheit einer Norm ist ein Hinweis darauf, was als Grundsatz verstanden werden kann und was als Regel, aber nicht letzter Schluß.[312]

Da die Anwendung im Einzelfall der einzige Anhaltspunkt dafür bleibt,[313] wann Grundsätze und wann Regeln verwendet wurden, überrascht es nicht, daß die Kataloge der „anerkannten Grundsätze" verschieden sind.

f) Inhalt statt Form: Unterschied nach Art der Anwendung

Nach den obenstehenden Erwägungen wird deutlich, daß vor allem die *Art der Anwendung* allgemeine Rechtsgrundsätze von den Regeln unterscheidet. Trotz der Tatsache, daß auch konkrete Rechtsnormen als Prinzipien anerkannt werden, da sie eine Grundsatzentscheidung enthalten, liegt der Unterschied zu einer Analogie oder der Anwendung einer Regel darin, daß keine unmittelbare Anwendung stattfindet. Vielmehr werden die Inhalte „nach ihrem Gedanken" von dem Rechtsanwender erst auf den Fall zugeschnitten. Daher überzeugt die Aussage, Prinzipien seien „Inhalt an Stelle von Form".[314] Eine Regel ist also im Gegensatz zum Grundsatz Form. Wird eine Norm subsumiert und eine Rechtsfolge unabänderlich angeordnet, kann nicht mehr von einer Anwendung „allgemeiner Grundsätze" gesprochen werden. Direkte Anwendung einer Norm kommt bei einer Lücke ohnehin nicht in Frage, denn wenn sie möglich ist, besteht keine Lücke.

Wird aber derselben Norm ein „Gedanke" zu einer nicht geregelten Rechtsfrage entnommen, ist dies Lückenergänzung nach allgemeinen Grundsätzen. Damit

---

[308] Vgl. *Larenz, K.*, Methodenlehre, S. 292.

[309] Vgl. *Dworkin, R.*, Rights, S. 72 et seq.

[310] *Berger, K. P.*, Unidroit Prinzipien, ZVglRWiss 95, S. 233.

[311] Vgl. *Esser, J.*, Grundsatz und Norm, S. 7.

[312] Vgl. auch *Dworkin, R.*, Rights, S. 46.

[313] Vgl. *Dworkin, R.*, Rights, S. 72 et seq.

[314] *Esser, J.*, Grundsatz und Norm, S. 50.

zeigt sich, daß der Unterschied zwischen Prinzip und Regel in der offenen oder geschlossenen Anwendung liegt.[315] Man kann denselben Aspekt auch mit dem Kriterium der Abwägung verdeutlichen. Dieses Merkmal zeichnet die Anwendung allgemeiner Grundsätze aus. Regeln werden nicht abgewägt, sie regeln eine bestimmte Situation unabänderlich in einer bestimmten Weise.[316] Ein allgemeiner Grundsatz dagegen kann mit anderen allgemeinen Grundsätzen abgewägt werden, seine Geltung wird von anderen Grundsätzen mitbestimmt, und einige Grundsätze können in einem bestimmten Fall oder generell mehr Gewicht haben als andere.[317] Bei der Lückenergänzung nach Art. 1.6 II wird so die Möglichkeit eröffnet, andere allgemeine Grundsätze ebenfalls zu Rate zu ziehen, um die Ergänzung von lacunae besonders im Hinblick auf einen konkreten Fall zu einer gerechten Lösung zu bringen. Die Abwägung ist eine notwendige Folge daraus, daß eine Regelung nicht direkt, sondern nach ihrer Grundsatzentscheidung angewendet wird.

g) Zusammenfassung

Zusammenfassend läßt sich sagen, daß die UNIDROIT-Principles sowohl rechtsethische als auch spezifische, auf die UNIDROIT-Principles bezogene Grundsätze enthalten.[318] Eine Trennung zwischen Grundsatz und Regel wird nicht strikt durchgehalten, ebenso nicht zwischen spezifischem und generalklauselartigem Grundsatz. Dadurch wird deutlich, daß in Art. 1.6 II nicht nur solche Grundsätze, die semper ubique et omnibus gelten, als allgemeine Grundsätze anwendbar sind, sondern auch Leitlinien oder Grundsatzentscheidungen, die konkret und spezifisch für die UNIDROIT-Principles geschaffen wurden.[319] Die

---

[315] Vgl. dazu *Atienza, M./Manero, J.*, Prinzipien und Regeln, S. 115.

[316] Vgl. *Houtte, H. van*, ICC 95, S. 185.

[317] Vgl. *Houtte, H. van*, ICC 95, S. 184. Allerdings werden auch Regeln manchmal von allgemeinen Grundsätzen beeinflußt, sogar überholt. Diese Vorgehensweise ist für Lücken nicht relevant, sie kommt zum Zuge, wenn eben keine Lücke besteht, aber die Anwendung einer Norm dem Leben nicht mehr enspricht. Vgl. *Berger, K.P.*, Kodifizierung, S. 163. Ein Beispiel ist etwa der Wegfall der Geschäftsgrundlage im deutschen Recht.

[318] Ebenso offenbar *Magnus, U.*, Grundsätze, RabelsZ 95, S. 480 et seq. mit „verallgemeinerbaren Regeln" und Grundsätzen im technischen Sinne als Grundlage der Lückenergänzung.

[319] Vgl. *Esser, J.*, Grundsatz und Norm, S. 40. Da es sich um einen supranationalen Gesetzgeber handelt, ist es auch möglich, solche Grundsätze als „allgemeine" zu bezeichnen, welche speziell an das Normensystem gebunden sind. Denn die gemeinsame Arbeit von Experten verschiedenster Länder gibt ihrem Normensystem bereits gemeinsamen, allgemeinen Inhalt. Schon im EKG sollte die Vorschrift des Art. 17 nicht nur dazu dienen, „allzu allgemeine und unbestimmte" Grundsätze zur Anwendung zu bringen, sondern, da es sich nicht um völkerrechtliche sondern um privatrechtliche Grundsätze handelte, wurde davon ausgegangen, daß auch bestimmte allgemeine Grundsätze angewendet werden können. Vgl. hierzu *Bayer, W.*, Auslegung, RabelsZ 55, S. 260 et seq.; *Esser, J.*, Grundsatz und Norm, S. 50.

Anwendung allgemeiner Grundsätze bedeutet die Anwendung von Inhalten, die noch auf den Fall zugeschnitten werden.

Es soll mit Art. 1.6 II ausgedrückt werden, daß allgemeine Grundsätze im Sinne von Generalklauseln und Regeln mit generellem Gedanken, i.e. solche, die Ausdruck eines Strukturprinzips sind, für die Lückenergänzung angewendet werden sollen („recourse ... to the principles *and rules* (Hervorhebung der Verfasserin) which may be applied on a much wider scale because of their general character").[320] Letztlich bleibt es Sache der Jurisprudenz, wie dies im Einzelnen aussehen wird. Festzuhalten ist, daß die praktische Rechtsanwendung die Benutzung „spezifischer" Grundsätze notwendig macht, da ansonsten die Lückenergänzung schwammig bliebe. Dies entspricht Art. 1.6 II UNIDROIT-Principles: Wenn dem Begriff „Grundsätze" aufgrund von mangelnder Übereinstimmung der Rechtsordnungen[321] kein genauer dogmatischer Gehalt zugemessen werden kann, so ist es angemessen, sich dem Sinn des Art. 1.6 II zuzuwenden. Dieser ist bestimmten Inhalten und Leitlinien auch im Falle von Lücken vorrangig vor dem nationalen Recht Raum zu geben. Hierfür ist eine zu genaue dogmatische Begrifflichkeit in den einzelnen Sprachversionen nicht zuträglich.

3. Anwendung allgemeiner Grundsätze

Grundsätze und deren Anwendungskriterien werden sich letztlich durch die Arbeit von Gerichten und Schiedsgerichten herausbilden müssen, welche einen möglichst einheitlichen Kanon von allgemeinen Grundsätzen entwickeln sollten. Zuletzt bleibt, die allgemeinen Grundsätze anzuwenden.

Unter VI. 2. und 3. (S. 36 et seq.) wurde bereits die eigentliche Aufgabe der allgemeinen Grundsätze gezeigt: Die Rechtsfortbildung im Rahmen eines gegebenen Wertesystems. Das Auffinden allgemeiner Grundsätze stellt nicht den End- sondern den Ausgangspunkt der Lückenergänzung dar. Ist ein allgemeiner Grundsatz im Sinne des Art. 1.6 II gefunden , so ist damit noch nicht die Lücke ergänzt.[322] Er muß noch von der Justiz mit Inhalt belegt und auf das Rechtsproblem angewendet werden.[323] „Prinzipien sind nur die Konturen einer Lösung, nicht die Lösung selbst."[324]

Denn ein allgemeiner Grundsatz, obwohl einige sehr konkret sind, etwa Art. 1.9 II („receipt principle"), bleibt ein Grundgedanke oder eine Grundsatzentschei-

---

[320] Kommentar zu den UNIDROIT-Principles, S. 16.

[321] Vgl. *Studies Unidroit* 1994, P.C. Misc. 19, S. 118 et seq., 122.

[322] Vgl. *Schlesinger, R./Bonassies, P.*, Fonds commun, Rev. int. dr. comp. 63, S. 517.

[323] *Esser, J.*, Grundsatz und Norm, S. 3; RGZ 24, 50.

[324] *Esser, J.*, Grundsatz und Norm, S. 81.

dung, die noch keine unabänderbare Rechtsfolge nach sich zieht. Abwägung und eventuelle Anpassungen sind notwendig. Die Jurisprudenz läßt sich also im Sinne des Art. 1.6 II von gesetzlichen Werten, hier den Werten der UNIDROIT-Principles, leiten, hat aber dennoch die Aufgabe, selbständig tätig zu werden. Dabei hat die Anwendung allgemeiner Grundsätze im Geiste der Internationalität und der Rechtsvereinheitlichung stattzufinden.[325]

Der Inhalt eines allgemeinen Grundsatzes kann am besten durch funktionale Rechtsvergleichung bestimmt werden.[326] Dabei ist eine Möglichkeit, sich bei einer Rechtsfrage an eventuell vorhandenen Entscheidungen[327] von Richtern und Schiedsrichtern zu diesem Problem oder diesem Grundsatz zu orientieren (ohne sie deswegen als bindend zu betrachten).[328] Zu den UNIDROIT-Principles ist noch nicht viel Rechtsprechungsmaterial vorhanden.[329] Daher erscheinen beispielsweise die Entscheidungen von handelsspezifischen Einrichtungen (etwa die ICC Awards) geeignet, den Inhalt der UNIDROIT-Principles und ihrer allgemeinen Grundsätze näher zu bestimmen und nicht zuletzt fortzuentwickeln. Auch Entscheidungen zu ähnlichen Regelungswerken, etwa CISG und EKG, können bedingt übernommen werden,[330] die Überzeugungskraft ist aber dadurch herabgesetzt, daß die UNIDROIT-Principles nicht ohne weiteres den Inhalt derselben übernehmen wollten, sondern ein weiterentwickeltes Gesetzeswerk darstellen sollten.

4. Schlußfolgerung: Lückenergänzung nach allgemeinen Grundsätzen nach Art. 1.6 II

Ein allgemeiner Grundsatz im Sinne des Art. 1.6 II zeichnet sich dadurch aus, daß eine rechtsethische oder systemspezifische Leitentscheidung der

---

[325] Vgl. Bonell/Bianca/Bonell, Art. 7 Anm.2.3.2.2.

[326] Vgl. *Esser, J.*, Grundsatz und Norm, S. 6.

[327] Zu den UNIDROIT-Principles ist noch nicht viel Rechtsprechung vorhanden, bedingt könnten Erwägungen zu CISG und EKG übernommen werden, am besten wäre es aber, wenn sich direkt zu den UNIDROIT-Principles eine Rechtsprechung herausbilden würde. Da die UNIDROIT-Principles in einigen Teilen und als „allgemeine Regelungen" einen anderen systematischen Charakter haben und überdies nicht immer erkennbar ist, was etwa von der CISG sowohl wörtlich als auch inhaltlich übernommen sein soll, ist Vorsicht geboten. Vgl. *Honsell, H.*/Melis, Art. 7 Rn4 mit gleichen Bedenken bezüglich CISG und EKG. Vgl. auch *Loewe, R.*, Internationales Kaufrecht, Rn33.

[328] So zur CISG *Staudinger, J. von*/Magnus, Art. 7 CISG Rn21; *Caemmerer, E. von*/Schlechtriem/Herber, Art. 7 Rn14; *Herber, R./Czerwenka, B.*, Internationales Kaufrecht, Art. 7 Rn5; *Enderlein, F./Maskow, D./Strohbach, H.*, Internationales Kaufrecht, Art. 7 Anm.4; *Honnold, J.*, Uniform Law, Rn92, allgemein *Kropholler, J.*, Einheitsrecht, S. 241.

[329] Siehe zu den ergangenen Entscheidungen *Bonell, M.J.*, Restatement, S. 248-254.

[330] Vgl. *Honsell, H.*/Melis, Art. 7 Rn4.

UNIDROIT-Principles auf einen Fall angewendet und mit anderen Grundsätzen abgewägt wird. Sowohl „ganz allgemeine“ als auch den UNIDROIT-Principles „spezifische“ allgemeine Grundsätze dienen der Rechtsfortbildung im Sinne des Art. 1.6 II.

Allgemeine Grundsätze unterscheiden sich dadurch von Regeln, daß sie entweder Generalklauseln sind oder als „Inhalt statt Form“ von konkreten Regeln abstrahiert angewendet und gegeneinander abgewägt werden. Sie zeichnet aus, daß von den UNIDROIT-Principles eine Leitlinie für die Lösung eines Rechtskomplexes festgelegt wurde, die eine Art „Konsenslösung“ ausdrückt.

5. Arten von allgemeinen Grundsätzen: Beispiel „nützliche“ und „technische“ Prinzipien

Es soll im Zusammenhang mit der Definition des Grundsatzes noch erwähnt werden, daß es zusätzlich zu der Unterscheidung zwischen Grundsatz und Regel auch noch verschiedene Arten gibt, in welche allgemeine Grundsätze eingeteilt werden. Dazu gehört etwa die Differenzierung zwischen „normativen“, „nützlichen“, „technischen“ und „materiellen“, „konstruktiven“, „selektiven“, „institutionellen“, „inmmanenten“ und „informativen“ Prinzipien.[331] Dem soll in dieser Arbeit nicht weiter nachgegangen werden.
Zwei verschiedene Arten des Prinzips sollen jedoch erwähnt werden: „Materielle“ und „technische“. „Materielle“ Prinzipien, in denen rechtsethische Gedanken zum Tragen kommen, müssen erst mit Inhalt belegt werden. Beispiele sind Art. 1.7 (guter Glaube) und Art. 1.1 (Parteiautonomie). Als „Technische“ Prinzipien gelten dagegen solche, welche die UNIDROIT-Principles ordnen. Sie sind spezifisch und hinreichend konkret. Beispiele sind Art. 1.4 (Vorrang zwingender Regelungen), Art. 1.8 (Vorrang der Gebräuche) und Art. 1.9 (receipt principle).
Dazwischen gibt es Schattierungen, auch werden verschiedenste Einteilungen vorgenommen, bzw. Unterscheidungen zwischen Prinzip und Generalklausel etc. gemacht.[332] Dies soll hier nicht nachgezeichnet werden.

VII. Methode der Lückenergänzung nach Art. 1.6 II

Nachdem festgestellt worden ist, wie der Begriff der allgemeinen Grundsätze verstanden werden kann, soll nun die Methode erläutert werden, nach welcher Grundsätze des Art. 1.6 II den UNIDROIT-Principles entnommen werden können.

---

[331] Vgl. *Esser, J.*, Grundsatz und Norm, S. 73 et seq., S. 87 et seq. zu solchen Klassifikationen.

[332] Vgl. *Esser, J.*, Grundsatz und Norm, Kapitel VI.

1. Vier Grundmethoden der Lückenergänzung aus den UNIDROIT-Principles

Im Zusammenhang mit den ähnlichen Vorschriften in anderen Rechtssystemen haben sich Ansichten zur Methode gebildet, nach der „allgemeine Grundsätze, die dem [Regelungswerk] zugrunde liegen", diesem Regelungswerk entnommen werden können. So sehr die Prinzipienbildung und -findung auch von der Kasuistik und nicht unbedingt vom geschriebenen Recht abhängt,[333] ist es dennoch notwendig, dem Rechtsanwender bestimmte Methoden an die Hand zu geben. Sonst bestünde die Gefahr der Beliebigkeit der Rechtsanwendung und die Verbindung zu dem Rechtssystem zu verlieren, welches eigentlich *fortgebildet* werden soll. Dies wäre der Rechtssicherheit nicht dienlich.

Im wesentlichen haben sich vier Herleitungsmöglichkeiten für allgemeine Grundsätze herausgebildet, welche nachstehend erläutert werden.[334] Die nach dieser Methode gewonnenen Grundsätze sind entweder konkret genug, direkt angewendet zu werden (so etwa das Empfangsprinzip des Art. 1.9 II), oder müssen noch im Einzelfall durch die Jurisprudenz konkretisiert werden (etwa das „vernünftige Verhalten" oder der „gute Glaube").[335]

a) Ausdrückliche Grundsätze

Die erste Möglichkeit, allgemeine Grundsätze zu finden, besteht darin, diese den ausdrücklichen Regelungen der UNIDROIT-Principles zu entnehmen. Als Beispiele können Art. 1.1 und Art. 1.7 genannt werden.

Die UNIDROIT-Principles haben in ihrem Kapitel „Allgemeine Bestimmungen" einige Regelungen aufgenommen, welche systematisch als „allgemeine" Bestimmungen Geltung für die gesamten Principles beanspruchen. Ihre Formulierung und ihre Intention macht sie zu Generalnormen.[336] In der CISG jedenfalls wurden solche Bestimmungen regelmäßig unter die allgemeinen Grundsätze im Sinne des Art. 7 II CISG gerechnet,[337] und trotz der manchmal

[333] Vgl. *Esser, J.*, Grundsatz und Norm, Kapitel VIII.

[334] Für die Herleitung nach diesen vier Methoden mehr oder weniger deutlich etwa: *Magnus, U.*, Grundsätze, RabelsZ 95, S. 477, 478; *Caemmerer, E. von*/Schlechtriem/Herber, Art. 7 Rn29 et seq. (mit Grenze zur Analogie bei der Methode 2.ac)); Bonell/Bianca/Bonell, Art. 7 Anm.2.3.2.2.

[335] Diese Konkretisierung sollte im Geiste der UNIDROIT-Principles autonom, systemkonform und international (vgl. Art. 1.6 I) erfolgen, vgl. Bonell/Bianca/Bonell, Art. 7 Anm.2.3.2.2.

[336] Vgl. *Magnus, U.*, Grundsätze, RabelsZ 95, S. 476.

[337] So *Magnus, U.*, Grundsätze, RabelsZ 95, S. 476; *Caemmerer, E. von*/Schlechtriem/Herber, Art. 7 Rn36; Bonell/Bianca/Bonell, Art. 7 Anm. 2.3.2.2; *Herber, R./Czerwenka, B.*, Internationales Kaufrecht, Art. 7 Rn12; *Reinhart, G.*, Kommentar, Art. 7 Rn7.

auftauchenden Definition von allgemeinen Grundsätzen als „verborgene“[338] wurden auch ausdrückliche Regelungen zur Lückenergänzung nach Art. 17 EKG herangezogen. Der allgemeine Charakter dieser Regelungen ließe es als widersinnig erscheinen, sie nicht zur Lückenergänzung im Sinne des Art. 1.6 II heranzuziehen. Die UNIDROIT-Principles sehen eine Lückenergänzung nach ihren ausdrücklichen Grundsätzen dann folgerichtig vor.[339]

b) Herleitung aus mehreren Regelungen

Die zweite Möglichkeit zur Herleitung von Grundsätzen aus den UNIDROIT-Principles besteht darin, einen nicht ausdrücklichen allgemeinen Grundsatz aus mehreren Regelungen zu entnehmen, denen er als „einheitlicher, übergreifender Gedanke“[340] zugrunde liegt. Hier kommt in mehreren Regelungen eine gesetzliche Wertung zum Tragen, die auf die Lücke angewendet wird. Ein Beispiel ist der favor contractus.[341]

c) Verallgemeinerungsfähige Einzelregel

Ähnlich wird bei der dritten Möglichkeit zur Herleitung allgemeiner Grundsätze verfahren. Sie besteht darin, daß nicht aus mehreren Regelungen eine gesetzliche Wertung entnommen, sondern eine Einzelnorm dazu herangezogen wird, aus ihr einen allgemeinen Rechtsgedanken herzuleiten. Ein Beispiel ist Art. 7.4.2, dem ein allgemeiner Gedanke des Haftungsumfanges entnommen werden kann.[342] Diese Art der Ermittlung allgemeiner Grundsätze führt besonders häufig zu „spezifischen Grundsätzen“.

d) Herleitung aus der Gesamtsystematik

Die vierte Methode der Herleitung von allgemeinen Grundsätzen aus dem Regelungswerk selbst besteht darin, dem „Gesamtzusammenhang“ des Gesetzeswerkes einen übergreifenden Gedanken zu entnehmen. Hier kommen die „ungeschriebenen Konstitutionsprinzipen“ zum Tragen, welche „kraft Sachgesetzlichkeit“[343] vorausgesetzt werden. Ein Beispiel für einen solchen Grundsatz ist die Behandlung der objektiven Beweislast.[344] Ein „systematischer“ Grundsatz ist die

---

[338] Vgl. *Dölle, H.*, Bemerkungen, FS Ficker, S. 141.

[339] Kommentar zu den UNIDROIT-Principles, S. 16.

[340] *Magnus, U.*, Grundsätze, RabelsZ 95, S. 478.

[341] Zum favor contractus siehe Teil 1, VIII., 2.aa).

[342] Dazu vgl. Teil 2, Kapitel 1, VI., 4.c) und 4.d).

[343] *Esser, J.*, Grundsatz und Norm, S. 71.

[344] Zur objektiven Beweislast siehe Teil 2, Kapitel 3.

Ausnahme, in der Regel finden sich Anhaltspunkte an einer oder mehreren Artikeln, aus denen ein allgemeiner Grundsatz der UNIDROIT-Principles hergeleitet werden kann.

2. Ermittlung allgemeiner Rechtsgrundsätze außerhalb der UNIDROIT-Principles

Zusätzlich zu diesen vier Methoden, welche sich bei der Herleitung von allgemeinen Grundsätzen aus dem Regelungswerk selbst herausgebildet haben, gibt es noch die Möglichkeit, allgemeine Grundsätze außerhalb der UNIDROIT-Principles selbst aufzufinden.

a) Rechtsvergleichung

Hierzu gehört insbesondere die Möglichkeit, allgemeine Grundsätze mittels funktionaler Rechtsvergleichung zu ermitteln.[345]

aa) Methode der rechtsvergleichenden Herleitung externer Grundsätze

Diese Methode ist nicht unumstritten. Laut Bonell[346] sollen die UNIDROIT-Principles die Aufgabe übernehmen, dies für anderes vereinheitlichtes Recht (etwa die CISG) zu vereinfachen. Finden sich aber in den UNIDROIT-Principles selbst Lücken, so könnte auch für sie wieder auf die mühsamere Methode der funktionellen, topischen Rechtsvergleichung zurückgegriffen werden.[347]
Wichtig ist in diesem Zusammenhang die Frage, ob Rechtsgrundsätze, *die in den UNIDROIT-Principles selbst nicht erkennbar sind,* rechtsvergleichend hergeleitet werden könnten. Es spricht nichts dagegen, die Rechtsvergleichung unterstützend heranzuziehen, wenn ein Grundsatz ohnehin in den UNIDROIT-Principles seinen Niederschlag gefunden hat.

Die Rechtsvergleichung als Grundlage für die Lückenergänzung hat im internationalen einheitlichen Recht verschiedene Beurteilung gefunden. Vielerorts wurde sie abgelehnt, wenn ein Grundsatz im Gesetzeswerk *keine* Aufnahme

---

[345] Für diese Methode vgl. *Bonell, M.J.*, Restatement of Principles, RDI 88, S. 874; *Rabel, E.*, Entwurf, RabelsZ 35, S. 18; *Kropholler, J.*, Einheitsrecht, S. 298, 299; wohl *Dölle, H.*/Wahl, Art. 17 Rn75 et seq.

[346] *Bonell, M.J.*, Restatement of Principles, RDI 88, S. 874.

[347] Auf die Methodik der funktionalen Rechtsvergleichung soll hier nicht näher eingegangen werden. Vgl. hierzu *Ficker, H.*, L'état, Revue Int. de Droit Comp. 10 (1958), S. 710 et seq.; *Bonell, M.J.*, Welthandel, *RabelsZ 78*, S. 484 et seq.; *Zweigert, K./Kötz, H.*, Rechtsvergleichung, S. 33 et seq.

gefunden hat.[348] Andernorts dagegen wurde diese Möglichkeit nicht nur bejaht,[349] sondern sogar als zwingend notwendig empfohlen.[350] Kritikpunkt an der rechtsvergleichenden Methode war vor allem deren mangelnde Praktikabilität. Das Fehlen bereits vorhandener rechtsvergleichender Untersuchungen mache es dem Richter zu schwer, fundierte rechtsvergleichende Erkenntnisse zu gewinnen.[351] Es sei rechtsvergleichend sehr schwer möglich, wirklich transnationale allgemeine Grundsätze zu ermitteln, die „allgemein", also für einen repräsentativen Teil der Privatrechtsordnung, gälten. Die Auswahl der zu vergleichenden Rechtsordnungen sei noch nicht endgültig geklärt.[352] Eine Beschränkung auf die „leicht zugänglichen"[353] Rechtsordnungen, etwa Europas oder der USA, führte zu Einseitigkeit.

Ein weiterer Kritikpunkt war, daß die rechtsvergleichende Methode in der CISG keine Erwähnung gefunden habe.[354] Indes war die Formulierung der UNIDROIT-Principles sowohl von traditionellen als auch von innovativen Denkern beeinflußt,[355] so daß schwierig zu bestimmen ist, inwieweit eine untersuchte Regelung überhaupt von hergebrachten Rechtsordnungen beeinflußt ist. Auf letzteres soll nicht näher eingegangen werden.

Es fragt sich, ob dieser Kritik im Bereich der UNIDROIT-Principles zu folgen ist. Es kann nicht bestritten werden, daß es nicht leicht ist, festzustellen, ob ein allgemeiner Rechtsgrundsatz in „allen Rechtsordnungen der zivilisierten

[348] Vgl. *Magnus, U.*, Grundsätze, RabelsZ 95, S. 476, 493; *Caemmerer, E. von*/Schlechtriem/Herber, Art.7 Rn35; *Enderlein, F./Maskow, D./Strohbach, H.*, Internationales Kaufrecht, Art. 7 Rn2; *Schlechtriem, P.*, Commentary, Art. 7 Rn35.

[349] Vgl. Bonell/Bianca/Bonell, Art.7 Anm.2.3.2.2; *Frigge, B.*, Externe Lücken, S. 74; *Lorenz, W.*, Rechtsvergleichung, JZ 62, S. 271 et seq.; *Schlechtriem, P.*, Commentary, Art. 7 Rn26, der allerdings den Nutzen einschränkt.

[350] *Kropholler, J.*, Ausschluß, RabelsZ 74, S. 38; *Dölle, H.*, Beitrag, *FS Juristentag*, S. 49 et seq.

[351] Vgl. *Schlechtriem, P.*, UN-Kaufrecht, Rn52 Fn80; *Dölle, H.*, Beitrag, *FS Juristentag*, S. 49 et seq.; *Enderlein, F./Maskow, D./Strohbach, H.*, Internationales Kaufrecht, Art. 7 Anm.9.2; *Karollus, M.*, UN-Kaufrecht, III C a); *Caemmerer, E. von*/Schlechtriem/Herber, Art. 7 Rn25. Vgl. auch *Triebel, V./Petzold, E.*, Grenzen, RIW 88, S. 247; vgl. zur Rechtssicherheit des autonomen Rechtes *Firsching, K./Hoffmann, B. von*, Internationales Privatrecht, §2, Rn56. Vgl. auch das Problem von „Zügigkeit versus Gründlichkeit", *Spieckhoff, A.*, Internationales Handelsrecht, RabelsZ 92, S. 116, 124; *Lorenz, W.*, Rechtsvergleichung, JZ 62, S. 271.

[352] Vgl. zu Vorschlägen und Hinweisen *Aubin, B.*, Interpretation, RabelsZ 70, S. 470, 477; *Constantinesco, L.*, Rechtsvergleichung, Bd. III, Nr.47 et seq.(S. 73 et seq.).

[353] *Schlechtriem, P.*, UN-Kaufrecht, Rn52 Fn80.

[354] *Ferrari, F.*, Uniform Interpretation, *GA J Int'l & Comp. L 94*, S. 224.

[355] Vgl. *Bonell, M.J.*, Restatement, S. 33 et seq.

Welt“[356] Geltung hat. Dies gilt insbesondere bei der Beteiligung von Staaten sehr verschiedener Rechtsauffassung. Nach Esser[357] zeigt erst der Schnitt durch mehrere Rechtsfamilien, ob ein Prinzip universale Bedeutung besitzt, zusätzlich müßte dann noch eine Funktionsanalyse des Prinzips in diesen Rechtsordnungen folgen. Auf der anderen Seite bedingen gleiche Problematiken oft gleiche Grundgedanken,[358] so daß häufiger allgemeine Grundsätze eine mehr oder weniger universale Bedeutung haben. Dennoch wird man an der praktischen Durchführbarkeit rechtsvergleichender Untersuchungen im Bereich der Lückenergänzung zweifeln können. Damit ist aber noch nicht begründet, daß diese Methode für die Lückenergänzung nach Art. 1.6 II der UNIDROIT-Principles unzulässig wäre. Sie wurde im international-autonomen Recht schon angewendet.[359] Auch der mangelnde Hinweis auf eine rechtsvergleichende Methodik in den UNIDROIT-Principles ist nicht dahingehend überzeugend. Denn die UNIDROIT-Principles geben zwar Hinweise auf die anzuwendende Methodik der Lückenergänzung,[360] verweisen dann aber nur auf die „zugrunde liegenden“ Prinzipien. Diese könnten, mangels anderer Anhaltspunkte, auch rechtsvergleichend gewonnene sein. Es darf nicht außer Acht gelassen werden, daß, wenn eine Frage als dem sachlichen Anwendungsbereich der UNIDROIT-Principles zugehörig erkannt wurde, es im Sinne des Art. 1.6 I (einheitliche Anwendung, Förderung der Rechtsvereinheitlichung) und des Art. 1.6 II (so weit wie irgend möglich systemkonforme Lückenergänzung) geboten ist, *jede mögliche* Methode (und sei sie auch noch so schwierig) zur Lückenergänzung heranzuziehen.[361] Nur dann kann im Sinne des Art. 1.6 II gewährleistet werden, daß die Lückenergänzung nach nationalem Recht „ultima ratio“ ist. Dies ist ein überzeugendes Argument dafür, die rechtsvergleichende Herleitung grundsätzlich in die Methoden zur Lückenergänzung nach Art. 1.6 II aufzunehmen. Im Gegensatz zur CISG haben die UNIDROIT-Principles mit ihrer Formulierung, „*soweit wie möglich*“ Lückenergänzung nach allgemeinen Grundsätzen zu versuchen, in diesem Bereich ein stärkeres Gebot aufgestellt.

ab) Anforderungen an einen rechtsvergleichend gewonnenen allgemeinen Grundsatz nach Art. 1.6 II der UNIDROIT-Principles

Damit aber rechtsvergleichend hergeleitete Grundsätze als den UNIDROIT-Principles „zugrunde liegend“ gelten können, muß an ihre Qualität und Verbreitung ein bestimmter Anspruch angelegt werden. Diese Anforderungen

---

356 Vgl. *Kötz, H.*, Rechtsgrundsätze, RabelsZ 70, S. 666.

357 *Esser, J.*, Grundsatz und Norm, S. 28, 29.

358 *Esser, J.*, Grundsatz und Norm, S. 361.

359 *Aubin, B.*, Interpretation, RabelsZ 70, S. 462.

360 Kommentar zu den UNIDROIT-Principles, S. 15, 16.

361 So auch *Kropholler, J.*, Ausschluß, RabelsZ 74, S. 381 zu Art. 17 EKG.

werden insbesondere dadurch bestimmt, daß die UNIDROIT-Principles eine spezielle Art von Regelung für den internationalen Handelsverkehr sein sollen.

Die UNIDROIT-Principles stellen einen Kompromiß verschiedener Rechtsordnungen dar. Bei ihrer Ausarbeitung wurde nicht auf die Häufigkeit einer bestimmten Lösung eines Rechtsproblemes abgestellt sondern auf diejenige Lösung, welche am *besten* für den reibungslosen Ablauf des internationalen Handelsverkehrs geeignet erschien.[362] Dies reduziert die Überzeugungskraft des Erfordernisses der „repräsentativen Verbreitung". Oft wird bei der rechtsvergleichenden Methode darauf abgestellt, welche Lösung am weitesten verbreitet ist, bevor diese dann auf das untersuchte Recht angewendet wird.[363] Weite Verbreitung eines Grundsatzes ist für die UNIDROIT-Principles aber nur ein unterstützendes, kein überzeugendes Argument. Hier gilt in besonderem Maße der Gedanke, daß selbst etwas, das nirgendwo als Inlandsrecht gilt, für einen internationalen, den UNIDROIT-Principles unterworfenen Sachverhalt dennoch angemessen sein kann.[364]

Vielmehr wäre es konsequent, bei der rechtsvergleichenden Ergänzung von Lücken die Methode des Komitees für die UNIDROIT-Principles anzuwenden: Einen gleichartigen Kern verschiedener Rechtsordnungen aufzuzeigen und zusätzlich die beste Lösung fürdie Besonderheiten des internationalen Handelsverkehrs zu bestimmen.[365] In der Praxis dürfte dies auf Schwierigkeiten stoßen.

Eine weitere Schwierigkeit ergibt sich durch die Tatsache, daß, ist den UNIDROIT-Principles selbst ein bestimmter Grundsatz nicht zu entnehmen, nicht deutlich erkannt werden kann, ob dieser Grundsatz den Principles „zugrunde liegt". Da die UNIDROIT-Principles bereits das Ergebnis umfangreicher funktional-rechtsvergleichender Arbeiten sind,[366] ist es nur in besonderen Fällen anzunehmen, daß ihnen ein Grundsatz zugrunde liegt, welcher keine Aufnahme gefunden hat.[367] Werden aber externe Grundsätze angewendet, für deren Anwendbarkeit kein Anhaltspunkt innerhalb der Regelungen oder der Systematik der UNIDROIT-Principles besteht, so wird das Ziel der einheitlichen Auslegung nicht gefördert, sondern eher gehindert.[368]

---

[362] Vgl. die Einführung zu den UNIDROIT-Principles, S.VIII.

[363] Vgl. statt aller *Karollus, M.*, UN-Kaufrecht, III C a).

[364] Wegen ihres Anspruchs als „neue, bessere" Regelung des Handelsrechts. Vgl. Kommentar zu den UNIDROIT-Principles, Einleitung.

[365] Vgl. *Berger, K. P.*, Unidroit Prinzipien, ZVglRWiss 95, S. 229, 230.

[366] Vgl. *Berger, K.P.*, Kodifizierung, S. 142 et seq.; *Kessedjian, C.*, Exercice, Rev. crit. dr. in. 95, S. 652.

[367] Vgl. *Magnus, U.*, Grundsätze, RabelsZ 95, S. 476.

[368] Vgl. *Magnus, U.*, Grundsätze, RabelsZ 95, S. 476.

Hier kommt das Argument der repräsentativen Verbreitung wieder zum Tragen. Daher muß gefordert werden, daß ein Grundsatz so verbreitet ist, daß seine Anwendung als besonders überzeugend und beinahe selbstverständlich erscheint.[369]

Zusammenfassend läßt sich sagen, daß die Rechtsvergleichung als Methode der Grundsatzfindung auch für die UNIDROIT-Principles geboten ist.[370] Damit ein solcher Grundsatz als den UNIDROIT-Principles im Sinne des Art. 1.6 II „zugrunde liegend" anerkannt werden kann, müßte er allgemein anerkannt sein und als beste Lösung einer Frage im internationalen Handelsverkehr erscheinen.

ac) Die Rolle der Rechtsvergleichung für die Lückenergänzung allgemein

Im Zusammenhang mit der rechtsvergleichenden Grundsatzgewinnung ist die allgemeine Rolle der Rechtsvergleichung für Auslegung und Lückenergänzung zu betonen. Sie kann als „persuasive authority" herangezogen werden[371] sowie die gemeinsame Bedeutung eines Begriffes oder allgemeinen Grundsatzes vieler Staaten. Dadurch können einzelne Normen der UNIDROIT-Principles, welche sich nicht aus den Principles selbst erklären, überhaupt erst angewendet werden.

Weiterhin kann die Rechtsvergleichung den Inhalt eines in den UNIDROIT-Principles vorhandenen allgemeinen Grundsatzes konkretisieren helfen, indem der Inhalt dieses Grundsatzes in möglichst vielen Staaten untersucht wird.[372] Sie fungiert hier als „Bestätigungshilfe".[373] Überdies wird durch das Heranziehen von ausländischer Rechtsprechung die einheitliche Rechtsanwendung gefördert.[374] Durch den rechtsvergleichenden Blick wird vermieden, zu sehr im Sinne eines nationalen Vorverständnisses zu entscheiden.[375] Nicht zuletzt können sich durch rechtsvergleichende Auslegung eines Begriffes der UNIDROIT-Principles auch neuere Tendenzen des internationalen Handels erkennen lassen, nach

[369] Vgl. auch *Kropholler, J.*, Einheitsrecht, S. 302. Eine Möglichkeit wäre etwa die Anwendung der verbreiteten Beweislastregel, vgl. Teil 2, Kapitel III.

[370] Vgl. *Bydlinski, F.*, Methodenlehre, Methodenlehre, S. 520. Anders generell *Caemmerer, E. von*/Schlechtriem/Herber, Art. 7 Rn35.

[371] Vgl. *Kropholler, J.*, Einheitsrecht, S. 241.

[372] Vgl. *Honnold, J.* , Uniform Words, in: Schlechtriem, Einheitliches Kaufrecht und nationales Obligationenrecht, S. 141 et seq.; vgl. auch Teil 2, Kapitel 1, IV., 5. zum Aufwendungsersatzumfang.

[373] Vgl. *Fickentscher, W.*, Schuldrecht, Bd. IV, S. 217 et seq. Ausführlicher zur Rolle der Rechtsvergleichung in bezug auf Prinzipien: *Esser, J.*, Grundsatz und Norm, Kapitel XVIII.

[374] Vgl. *Diedrich, F.*, Lückenfüllung, RIW 95, S. 358.

[375] Vgl. *Berger, K.P.*, Kodifizierung, S. 175.

denen die UNIDROIT-Principles dann fortgebildet werden.[376] Ob die Rechtsvergleichung, wie teilweise vorgeschlagen, geeignet ist, *vorrangig* zur Lückenergänzung herangezogen zu werden, ohne vorher allgemeine Grundsätze zu ermitteln, und so ein Problem einer „bestimmten Lösung, die sich aufdrängt",[377] zuzuführen, ist fraglich. Art. 1.6 II sieht die Lückenergänzungsmethode nach allgemeinen Grundsätzen für die UNIDROIT-Principles vor. Es ist nicht einsichtig, wieso hiervon abgewichen werden sollte. Überdies ergäben sich auf einer frühen Stufe Schwierigkeiten durch die Anforderungen an die Verbreitung einer Lösung und deren Geeignetheit für den Handelsverkehr. Zur Rechtsvergleichung sind in bezug auf die UNIDROIT-Principles geeignet alle Rechtsordnungen, vor allem die Quellen des Unidroittextes und die besonders berücksichtigten Gesetze.[378] Außer der CISG, die in materiellen Fragen als vergleichbar herangezogen werden kann, und spezifischen Handelsregelungen (etwa der INCOTERMS), waren noch der UCC, das Restatement (Second) of the Law of Contract, das algerische Zivilgesetzbuch von 1975, das 1985 Foreign Economic Contract Law of the People´s Republic of China, das neue niederländische Wetboek von 1992 und das neue Zivilgesetzbuch von Québec von 1994 für die UNIDROIT-Principles von besonderer Wichtigkeit.[379] Im übrigen können auch für die UNIDROIT-Principles verwendetes Einheitsrecht und besonders ausländische Rechtsprechung herangezogen werden.[380] Es soll vorausgeschickt werden, daß im Rahmen dieser Arbeit (größtenteils) keine eigenen rechtsvergleichenden Untersuchungen gemacht wurden, sondern auf vorhandenes Material zurückgegriffen wurde.

b) „Lückenergänzung" aus anderen Konventionen

Die letzte Möglichkeit zur Grundsatzbestimmung außerhalb der UNIDROIT-Principles selbst ist diejenige, andere Konventionen heranzuziehen und somit die Lösung einer Lückenfrage einer flankierenden oder ergänzenden Konvention zu übernehmen (so etwa für die Verjährung das Verjährungsübereinkommen von 1974). Es handelt sich hier allerdings nicht mehr um Lückenergänzung im Sinne des Art. 1.6 II im engeren Sinne sondern um die Anwendung eines anderen Rechtes. Diese Rolle wollen die UNIDROIT-Principles für andere Konventionen übernehmen.[381]

---

376 Vgl. *Reinhart, G.*, Rechtsvergleichung, FS Heidelberg, S. 604 et seq. zu entsprechenden Aufgaben der Rechtsvergleichung im deutschen Recht.

377 Vgl. *Dölle, H.*/Wahl, Art. 17 Rn75; *Bayer, W.*, Auslegung, RabelsZ 55, S. 625.

378 Vgl. für das Heranziehen der Quellentexte *Kropholler, J.*, Einheitsrecht, S. 279.

379 *Bonell, M.J.*, Restatement, S. 32. Rechtsvergleichende Anmerkungen finden sich in dieser Arbeit nur im Rahmen bereits vorhandener Untersuchungen.

380 Vgl. *Kropholler, J.*, Einheitsrecht, S. 278, S. 281 et seq.

381 Zu dieser Möglichkeit etwa *Magnus, U.*, Grundsätze, RabelsZ 95, S. 492, 493.

3. Auslegung des Art.1.6 II im Sinne des Art.1.6 I in bezug auf zugelassene Lückenergänzungsmethoden

Nachdem dargestellt worden ist, welche Ansichten sich zu den Methoden der Grundsatzbestimmung im internationalen Einheitsrecht gebildet haben, kann die Frage erörtert werden, ob sie für die UNIDROIT-Principles anwendbar sind. Denn die Kommentierung zu den UNIDROIT-Principles[382] geht zwar kurz auf die Methodik zur Grundsatzbestimmung ein, erwähnt aber nur deren Herleitung nach ausdrücklichen Regelungen und durch die Erweiterung von Einzelregeln.[383] Auf die Methode, aus der Gesamtsystematik oder Rechtsvergleichung einen allgemeinen Grundsatz zu bestimmen oder aus mehreren Regeln zusammen einen Grundsatz zu extrahieren, wird nicht eingegangen.[384] Überdies wird bisweilen befürwortet,[385] auch Lücken außerhalb des sachlichen Anwendungsbereiches mittels der Lückenergänzungsregelungen zu ergänzen.

Daher soll Art. 1.6 II auf zulässige Lückenergänzungsmethoden hin ausgelegt werden. Die UNIDROIT-Principles bieten mit Art. 1.6 I Auslegungsmaßstäbe, die auch für Art. 1.6 II angewendet werden können.

a) Grammatikalisch

Die Textinterpretation nimmt eine wichtige Rolle in der Auslegung von Einheitsrecht ein.[386]
Die UNIDROIT-Principles bestimmen, daß „Lücken innerhalb des sachlichen Anwendungsbereiches“ „so weit wie möglich“ nach den den UNIDROIT-Principles „zugrunde liegenden allgemeinen Grundsätzen“ ergänzt werden, Art. 1.6 II.

Die Tatsache, daß diese Lückenergänzung „so weit wie möglich“ zu erfolgen hat, zeigt, daß vom grammatikalischen Verständnis des Art. 1.6 II die Anwendung des nationalen Rechtes als „ultima ratio“ zu gelten hat.[387] Eingeschränkt wird dies dadurch, daß die Lückenergänzung nur nach solchen allgemeinen Grundsätzen zu erfolgen hat, die den UNIDROIT-Principles „zugrunde liegen“. Grammatikalisch läßt sich dies so verstehen, daß der Grundsatz für die

---

[382] Kommentar zu den UNIDROIT-Principles, S. 16.

[383] Jedenfalls muß der Hinweis auf „specific provisions“ und „particular rules“ wohl so verstanden werden.

[384] Wenn auch anzunehmen ist, daß letzere mit der Kommentierung über die „specific provisions“ mit gemeint ist.

[385] So etwa *Diedrich, F.*, Lückenfüllung, RIW 95, S. 355 et seq.

[386] Vgl. *Caemmerer, E. von*/Schlechtriem/Herber, Art.7 Rn20.

[387] Statt aller vgl. *Magnus, U.*, Währungsfragen, RabelsZ 89, S. 121.

UNIDROIT-Principles bestimmend sein müßte. Daraus läßt sich schließen, daß er entweder den UNIDROIT-Principles eigen sein muß oder durch allgemeine Anerkennung[388] als selbstverständlich gelten kann.

Zuletzt sollen nur Lücken „innerhalb des sachlichen Anwendungsbereiches" nach allgemeinen Grundsätzen ergänzt werden. Damit ist Überlegungen wie zu Art. 7 II CISG, daß eine teleologische Auslegung dazu führen müßte, daß auch solche Lücken außerhalb des sachlichen Anwendungsbereiches so weit wie möglich nach allgemeinen Grundsätzen gelöst werden müßten, deutlich eine klare Absage erteilt, hierauf wird aber noch eingegangen werden.[389]
Die systematische Auslegung ergibt bezüglich zulässiger Lückenergänzungsmethoden kein Ergebnis.

b) Teleologisch

ba) Teleologische Einbeziehung aller möglichen Lückenergänzungsmethoden

Die teleologische Auslegung ist im besonderen Maße geeignet, den „internationalen Charakter", die „Zwecke" und die „einheitliche Anwendung" (Art. 1.6 I) der UNIDROIT-Principles zu fördern. Die UNIDROIT-Principles haben bezüglich der systemkonformen Lückenergänzung einen besonderen Anspruch. Es wurde gezeigt,[390] wieso die UNIDROIT-Principles besonders weit ausgelegt werden müssen und die Lückenergänzung so weit wie möglich innerhalb der UNIDROIT-Principles selbst zu erfolgen hat. Hinzu kommt, daß nach der Intention der Principles eine Regelung geschaffen werden sollte, die insbesondere für internationale Handelsverträge geeignet ist. Im internationalen Handelsrecht ist aber das Instrumentarium der Interpretation und Lückenergänzung von *nationalen* Rechten oft nicht ausreichend,[391] so daß so weit wie möglich die Lückenergänzung innerhalb der UNIDROIT-Principles nach allen möglichen Methoden versucht werden sollte. Überdies erfordert das Ziel der UNIDROIT-Principles des „policing against unfairness",[392] daß sie, wann immer möglich, angewendet werden, da sonst dieses Ziel nicht verwirklicht werden kann. Dies ist ein hinreichendes Argument dafür, die oben genannten anerkannten Methoden der systemkonformen Lückenergänzung sämtlich auch im Rahmen des Art. 1.6 II UNIDROIT-Principles anzuwenden. Nur dann ist die Lückenergänzung „soweit wie möglich" erfolgt.

---

[388] Vgl. dazu Teil 1, VII., 2.

[389] Zu solche Erwägungen siehe *Diedrich, F.*, Lückenfüllung, RIW 95, S. 355 et seq. Näher hierzu Teil 1, VII., 3.bb).

[390] Siehe etwa Teil 1, I, 2.; Teil 1, II., 3.; Teil 1, IV. 1.

[391] Vgl. *Garro, A.*, Gap-filling role, TLR 95, S. 1154.

[392] Hierzu vgl. etwa *Bonell, M.J.*, Restatement, S. 150 et seq.

bb) Lücken außerhalb des sachlichen Anwendungsbereiches

Aus dem Ziel des Art. 1.6 II könnte auch geschlossen werden, daß *jegliche* Lücke systemkonform zu schließen sei, selbst wenn sie aus dem sachlichen Anwendungsbereich herausfällt. So wird es teilweise für die CISG gefolgert. [393] Es fragt sich aber, ob die teleologische Auslegung des Art. 1.6 II eine solche Schlußfolgerung zuläßt. Eine autonome Auslegung kann zwar erst durch ein Zusammenspiel der Auslegungscanones erfolgen.[394] Daraus aber zu folgern,[395] daß der (behauptete) Zweck eines vereinheitlichten Rechtes die grammatikalische Bedeutung einer Regelung außer Kraft setzen kann, ist dagegen verfehlt. Selbst wenn richtig ist, daß es im Zuge autonomer Auslegung keine zu starke Orientierung im Sinne des common law am Wortlaut geben darf,[396] so liegt doch der Grund für diese Bedenken darin, daß bei einer starken Wortlautorientierung statt der gebotenen extensiven Auslegung[397] der UNIDROIT-Principles dieselben beschränkt werden könnten. Dies heißt aber nicht, daß die Auslegung über den klaren Wortlaut hinaus gehen sollte.
Vielmehr ist die Anerkennung des Wortlautes als Grenze der Auslegung, und sei es der weiten und extensiven Auslegung, die Garantie dafür, daß die Autonomie der UNIDROIT-Principles gewahrt werden kann.[398] Denn als einziger spiegelt der Wortlaut eine Entscheidung der Gesetzgeber der UNIDROIT-Principles bezüglich bestimmter Rechtsfragen deutlich wieder. Wird er nicht beachtet und also contra legem verfahren, so wird diese Entscheidung konterkarriert und damit die Autonomie und Rechtseinheit in Frage gestellt.[399]

So auch hier: Wenn nicht beachtet wird, daß die Lückenergänzung nach allgemeinen Grundsätzen nur *innerhalb* des sachlichen Anwendungsbereiches stattfinden soll, so wird die eigene Entscheidung an Stelle der Regelung der UNIDROIT-Principles gesetzt. Diese Methodik ist der Rechtssicherheit nicht förderlich und damit abzulehnen. Überdies würde eine „teleologische" Ausdehnung des Art. 1.6 II über den Wortlaut hinaus auch in besonderem Maße

---

[393] Vgl. etwa *Diedrich, F.*, Lückenfüllung, RIW 95, S. 355 et seq.

[394] *Diedrich, F.*, Lückenfüllung, RIW 95, S. 355; vgl. *Magnus, U.*, Währungsfragen, RabelsZ 89, S. 116 et seq.

[395] *Diedrich, F.*, Lückenfüllung, RIW 95, S. 355.

[396] Vgl. *Diedrich, F.*, Lückenfüllung, RIW 95, S. 355.

[397] Zur Auslegung der UNIDROIT-Principles siehe Teil 1, V., 1.

[398] Vgl. *Karollus, M.*, UN-Kaufrecht, III C a); *Magnus, U.*, Währungsfragen, RabelsZ 89, S. 123; *Caemmerer, E. von*/Schlechtriem/Herber, Art. 7 Rn20; *Magnus, U.*, Währungsfragen, RabelsZ 89, S. 123.

[399] Vgl. *Kropholler, J.*, Einheitsrecht, S. 264.

dem Verständnis des common law Rechtskreises zuwiderlaufen, welcher sich tendenziell hauptsächlich auf den Wortlaut stützt.[400]

Da nicht zwingend notwendig ist, den Art. 1.6 II über den Wortlaut hinaus auszudehnen, um die UNIDROIT-Principles etwa veränderten Rechtsgegebenheiten anzupassen,[401] sondern vielmehr zu befürchten steht, daß eine solche Auslegung auf Akzeptanzschwierigkeiten stößt, sollte bei der teleologischen Ausdehnung im Einheitsrecht[402] die gebotene Zurückhaltung geübt werden.

Es bleibt also dabei, daß nach Art. 1.6 II nur Lücken innerhalb des sachlichen Anwendungsbereiches der UNIDROIT-Principles erfaßt werden.[403] Die Vorarbeiten zu diesen lassen den gleichen Schluß zu.[404]

Die UNIDROIT-Principles sind, wohl um solche Schwierigkeiten zu vermeiden, mit dem Wortlaut „innerhalb des sachlichen Anwendungsbereiches" noch deutlicher geworden als Art. 7 II CISG mit „geregelten Gegenständen".

c) Historisch

In den Vorarbeiten der UNIDROIT-Principles ist erkennbar, daß Art. 1.6 II erst nach 1992, in der 11. Fassung, also nach bereits mehrjähriger Diskussion um die Principles eingefügt wurde.
Ein viel diskutierter Punkt[405] um die Lückenfüllung war die Stellung und Einbeziehung des nationalen Rechtes. Dies wurde insbesondere dadurch erschwert, daß nicht alle Rechtssysteme den gleichen Standpunkt bezüglich eines Unterschieds zwischen Rechtswahlklausel und einer „contractual incorporation of rules of law" beziehen.[406] Auf der einen Seite sollte der Vereinheitlichungszweck der UNIDROIT-Principles nicht verhindert werden,[407] auf der anderen Seite wurde vermutet, daß viele Materien außerhalb des Anwendungsbereiches der

---

[400] Vgl. Guttenridge „The meaning of legislation must be deduced solely from the word of the statute", zitiert nach Volken/Sarcevic/Volken, S. 40. Diese plain meaning rule wird nicht mehr so strikt verfolgt, es ist aber dennoch anzunehmen, daß eine Ausdehnung einer Lückenergänzungsregel contra legem über den Wortlaut hinaus nicht auf positive Resonanz stieße.

[401] Vgl. *Kropholler, J.*, Einheitsrecht, S. 277.

[402] Vgl. *Kropholler, J.*, Einheitsrecht, S. 277.

[403] Vgl. auch zu Art. 7 II CISG statt aller *Honnold, J.*, Uniform Words, in: Schlechtriem, Einheitliches Kaufrecht und nationales Obligationenrecht, S. 136.

[404] *Studies Unidroit* 1994, P.C. Misc. 19, S. 40,41.

[405] *Studies Unidroit* 1994, P.C. Misc.19, S. 12 et seq.

[406] Vgl. *Studies Unidroit* 1994, P.C. Misc.19, S. 16.

[407] Vgl. *Studies Unidroit* 1994, P.C. Misc.19, S. 13,14.

UNIDROIT-Principles lägen.[408] Letzteres wurde wiederum abgelehnt, insbesondere wurde bestritten, daß die UNIDROIT-Principles nur einen kleinen Teil der lex mercatoria bildeten.[409] Trotz der Tatsache, daß Einigkeit bestand, daß die UNIDROIT-Principles nicht alle Rechtsmaterien regeln, wurde auch nach einiger Diskussion noch nicht entschieden, bestimmte Rechtsfragen außerhalb Art. 3.1 auszuschließen. Dieser Moment der Entsehungsgeschichte der Principles würde eine spezielle Untersuchung erfordern.[410]

Ein anderer Diskussionspunkt war, inwiefern die UNIDROIT-Principles durch externe Lücken „ausgeschlossen" wären.[411] Denn selbst wenn eine Frage außerhalb des sachlichen Anwendungsbereiches läge, wäre doch etwa Art. 1.7 (guter Glaube) auf diese Frage anzuwenden.[412] Im Endeffekt wurde Art. 1.6 II beibehalten, um eine Regel zu haben, was im Falle von externen Lücken geschehen solle, ohne „Lücken", „Grundsätze" oder den genauen Anwendungsbereich weiter zu definieren.[413] Daher ist auch nicht erkennbar, welche Methoden genau zur Grundsatzbestimmung angewendet werden sollen.

d) Rechtsvergleichend

Rechtsvergleichende Aussagen sind für die UNIDROIT-Principles nur bedingt überzeugend.[414] Zwar haben sich die UNIDROIT-Principles an Vorbildern von Lückenergänzungsvorschriften orientiert, insbesondere an Art. 7 II CISG; keinem von ihnen sind sie jedoch vollkommen gleich. Dies ist auch beabsichtigt.[415] Art. 1.6 II ist somit neu und daher autonom zu betrachten. Erwägungen zu ähnlichen Vorschriften können jedoch mangels anderer Hinweise insoweit übernommen werden, als es um allgemeine Problematiken der Lückenergänzung und allgemeiner Grundsätze geht. Bei Art. 7 II CISG befürworteten die Stimmen der Literatur alle oben genannten Methoden (wobei bezüglich der rechtsvergleichenden Methode Uneinigkeit herrschte). Bei Art. 17 EKG war das Bild ähnlich.[416]

---

[408] *Studies Unidroit* 1994, P.C. Misc.19, S. 15.

[409] *Studies Unidroit* 1994, P.C. Misc.19, S. 16.

[410] *Studies Unidroit* 1994, P.C. Misc.19, S. 20.

[411] *Studies Unidroit* 1994, P.C. Misc.19, S. 21 et seq.

[412] *Studies Unidroit* 1994, P.C. Misc.19, S. 21.

[413] Vgl. *Studies Unidroit* 1994, P.C. Misc.19, S. 16.

[414] Zur Rolle der Rechtsvergleichung siehe Teil 1, VII., 2.ac).

[415] Vgl. Kommentar zu den UNIDROIT-Principles, Einleitung.

[416] *Galston, N./Smit, H.*, International Sales, §2, S. 2-1, 2-9/10. Darüber hinaus wird dann ein Vorgehen mit Hilfe der Analogie und des argumentum e contrario befürwortet. Bonell/Bianca/Bonell, Art. 7 Anm.2.3.2.1.; *Reinhart, G.*, Kommentar, Art. 7. Rn6.

Aus diesem Grund ist anzunehmen, daß die Aufzählung von zwei Methoden in der Kommentierung der UNIDROIT-Principles lediglich beispielhaft und nicht ausschließlich sein sollte und daher alle Lückenergänzungsmethoden angewendet werden können.

e) Schlußfolgerung: Zugelassene Lückenergänzungsmethoden

Bei einer Auslegung des Art. 1.6 II ergibt sich, daß die Lückenergänzung extensiv und weit erfolgen sollte. Die Anwendung nationalen Rechtes ist nur möglich, wenn eine Lücke außerhalb des sachlichen Anwendungsbereiches liegt. Daher können alle anerkannten Methoden der Grundsatzermittlung im international vereinheitlichten Recht angewandt werden. Zulässige Methoden sind daher: Die Anwendung von ausdrücklichen, von in einer oder mehreren Regelungen oder von in der Gesamtsystematik zum Ausdruck kommenden Grundsätzen. Ebenso ist die rechtsvergleichende Gewinnung von Grundsätzen, die bestimmten Vorgaben genügen, möglich.

4. Die Beachtung der inneren Systematik der UNIDROIT-Principles

Über die Frage nach der Methodik hinaus ist es wichtig, bei der Lückenergänzung die Gesamtsystematik der UNIDROIT-Principles im Auge zu behalten. Ansonsten könnte der Fall auftreten, daß ausdrückliche Regeln zugunsten von (abweichenden) „Grundsätzen" nicht beachtet werden.
Um ein akzeptanzfähiges Werk für den internationalen Handelsverkehr zu sein, müssen die UNIDROIT-Principles jedoch in sich logisch sein und (möglichst) keine Systembrüche aufweisen.[417] Die Ergänzung einer Lücke darf nicht anderen Regelungen der UNIDROIT-Principles widersprechen.

Ein Beispiel dafür, daß die Systematik ausdrücklicher Regelungen eine bestimmte Art der Lückenergänzung verbietet, findet sich etwa bei der Lücke der Ersatzfähigkeit nicht gezogener Nutzungen im Rahmen des Rückgewährschuldverhältnisses.[418] In Art. 7.3.6 wird auf die Rückgabe tatsächlich entstandener wirtschaftlicher Vorteile abgestellt, so daß ein Ersatz hypothetischer (i.e. nicht gezogener) Nutzungen nach allgemeinen Grundsätzen ausfällt, da sonst Widerspruch zu der ausdrücklichen Regel des Art. 7.3.6 entstünde.

5. Konflikte zwischen verschiedenen Prinzipien

Zuletzt schließt sich die Frage an, wie zu verfahren ist, wenn bezüglich einer Lücke mehrere, widerstreitende Grundsätze existieren.

---

[417] Vgl. *Hyland, R.,* Law of Contract, Am J Comp. L 92, S. 542 „they must be internally consistent".

[418] Vgl. Teil 2, Kapitel 1, V., 2.

Bei der Anwendung allgemeiner Grundsätze wird sich zeigen, daß diese (bis auf den weiten „Guten Glauben“ des Art. 1.7) nicht unbedingt gelten, sondern Einschränkungen erfahren.

Solche Einschränkungen sind häufig Ausdruck anderer allgemeiner Grundsätze der UNIDROIT-Principles, welche mit dem zunächst postulierten Grundsatz kollidieren (ein Beispiel ist etwa die Einschränkung von pacta sunt servanda durch rebus sic stantibus). Es könnten auch Konflikte zwischen ausdrücklichen und impliziten Grundsätzen auftreten (etwa Vertragsfreiheit und Angemessenheit). Ein Beispiel für solche Prinzipienkonflikte findet sich in der CISG bei der Diskussion um die Frage, wer (Veranlasser oder Absender) das Risiko für einen Nichtzugang etwa einer Aufhebungserklärung nach der dem Art. 7.3.2 entsprechenden Regel zu tragen hat.
In den UNIDROIT-Principles wurde nach größerer Diskussion um die beiden möglichen Positionen[419] in Art. 1.9 II das „receipt principle“ gewählt. Daher dient die Diskussion hier nur als Beispiel für einen möglichen Konflikt verschiedener Grundsätze. Einerseits folgen die UNIDROIT-Principles dem Grundsatz der pacta sunt servanda.[420] Danach trüge diejenige Partei das Verlustrisiko, welche die Vertragsaufhebung veranlaßt hat: Das Prinzip der pacta sunt servanda legt ihr die Folgen jeglichen Vertragsbruches auf.[421] Andererseits nehmen die UNIDROIT-Principles auch den Grundsatz der angemessenen Risikoverteilung auf[422] (etwa in den Vorschriften über die öffentlich-rechtlichen Genehmigungen oder Art.7.1.2). Da die Partei, welche die Aufhebungserklärung abschickt, in der Herrschaftsposition über diese Erklärung ist, scheint es vom Standpunkt der angemessenen Risikoverteilung her besser, ihr das Verlustrisiko zuzusprechen.[423]
In einem solchen Prinzipienkonflikt muß eine Rangfolge der allgemeinen Grundsätze festgelegt werden, um eine Ergänzung der Lücke zu ermöglichen. Haben die UNIDROIT-Principles selbst den allgemeinen Grundsätzen eine Rangfolge gegeben, kann dieser gefolgt werden. So kann der gute Glaube als „oberstes“ Prinzip gelten, der selbst die Vertragsfreiheit einschränkt (Ausdruck davon ist etwa Art. 3.10). Geben die UNIDROIT-Principles keine Rangfolge vor, könnte auch auf die Lösung ihrer Vorbilder (beispielsweise CISG, EKG, das niederländische Zivilrecht oder der Code von Québec) zurückgegriffen werden, wenn sich hier ein Vorrang eines bestimmten Grundsatzes erkennen läßt. Da die UNIDROIT-Principles diesen Vorbildern allerdings gerade nicht einfach

---

[419] Vgl. *Hyland, R.*, Law of Contract, Am J Comp. L 92, S. 548, 549.

[420] Vgl. etwa *Studies Unidroit* 87, P.C. Misc. 11, S. 31 und näher hierzu *Ernst, W.* in Basedow S. 130f..

[421] So etwa die Lösung der European („Lando“) Principles Art.1.110 (2).

[422] So auch *Hyland, R.*, Law of Contract, Am J Comp. L 92, S. 548.

[423] So *Hyland, R.*, Law of Contract, Am J Comp. L 92, S. 548. Dieser Lösung folgt etwa das deutsche Recht, §130 I (1) BGB, §§377, 378 HGB.

nachgebildet wurden, ist die Überzeugungskraft dieser Methode fraglich.[424] Letztlich bleibt bei einem nicht gelösten Konflikt zwischen einzelnen allgemeinen Grundsätzen kein eindeutiger Weg, zwischen ihnen zu entscheiden, ohne auf den konkreten Fall Rücksicht zu nehmen.[425] Die Lösung bleibt dem Rechtsanwender vorbehalten. Eine Hilfe bei dieser konkreten Einzelfallentscheidung gibt der Grundsatz der „reasonableness“. Dieses Prinzip kann, wenn andere allgemeine Grundsätze widersprüchlich sind, vom Rechtsanwender herangezogen werden, um einen Fall anhand der tatsächlichen Gegebenheiten des Handels zu entscheiden.

6. Ausnahmen

Nach den oben genannten Methoden kann für eine interne Lücke eine grundsätzliche Ergänzung vorgenommen werden. Allerdings sind in der Praxis die Probleme, welche innerhalb der gleichen Art Lücke auftreten (man denke etwa an die objektive Beweislast), sehr vielfältig. In einigen Fällen kann die Billigkeit es erfordern, andere allgemeine Grundsätze der UNIDROIT-Principles heranzuziehen, um die grundsätzlich gefundene Rechtsfortbildungsmöglichkeit zu modifizieren.[426]

VIII. Grundsätze der Unidroitprinzipien

Nach den oben genannten Methoden lassen sich einige Grundsätze aus den UNIDROIT-Principles entnehmen. Im Folgenden sollen sie, nach den Methoden geordnet, erläutert werden.[427]

1. Ausdrückliche Grundsätze

Die ausdrücklich festgelegten Grundsätze finden sich in dem Kapitel über „allgemeine Bestimmungen“.

a) Vertragsfreiheit

Eine der Leitlinien der UNIDROIT-Principles ist die Vertragsfreiheit, Art. 1.1.[428] Sie wird allen anderen Regelungen vorangestellt und so ihre Wichtigkeit

---

[424] Vgl. auch *Hyland, R.*, Law of Contract, Am J Comp. L 92, S. 548 zur Vergleichbarkeit mit der CISG.

[425] Vgl. ähnlich *Hyland, R.*, Law of Contract, Am J Comp. L 92, S. 544 „There simply is no way to decide between the two positions“, im Fall verschiedener Lösungsmöglichkeiten des Vertragsrechts (Peerless case).

[426] Siehe die Beispiele in Teil 2 mit entsprechenden Literaturnachweisen.

[427] Wobei die Auswahl der Grundsätze nicht ausschließlich ist.

[428] Vgl. *Bonell, M.J.*, Principles, TLR 95, S. 1134.

betont. Eine Erweiterung findet die Vertragsfreiheit in Art. 1.5, nach welchem die Parteien die Bestimmungen der UNIDROIT-Principles abändern oder abbedingen können, sofern es sich nicht um „zwingende Regelungen" handelt.[429]

Die Vertragsfreiheit des Art.1.1 hat zwei Aspekte. Sie bezieht sich einerseits auf die freie Wahl des Vertragspartners, andererseits auf die freie Wahl des Vertragsinhalts (Art.1.1). Sie ist grundsätzlich unbedingt, erfährt aber einige Einschränkungen.

So wird der erste Teil der Vertragsfreiheit, die Wahl des Vertragspartners, von den Gesetzen der Einzelstaaten beeinflußt. Insbesondere wettbewerbsrechtliche, aber auch andere Regelungen begrenzen gem. Art. 1.4 die Vertragsfreiheit unabhängig von der Anwendbarkeit der UNIDROIT-Principles.[430] Dennoch zeigt die Aufnahme der Idee der freien Wahl des Vertragspartners die Entscheidung des Gesetzgebers, keine *eigenen* Einschränkungen im Sinne solcher Regelungen aufzustellen.

Der zweite Teil der Vertragsfreiheit, die freie Wahl des Vertragsinhalts, wird durch die Aufnahme „unabdingbarer" Regelungen begrenzt. Diese Beschränkung durch unabdingbare Regelungen ist Ausdruck des Ziels des „policing against unfairness"[431]. Hier wurde ein Konflikt zwischen widerstreitenden Prinzipien zu Lasten des Grundsatzes der Parteiautonomie entschieden.[432] Denn als oberstes Ziel noch über der Vertragsfreiheit wurde die Erreichung einer weitestgehenden fairen Vertragspraxis gesetzt. Es wird deutlich, daß die UNIDROIT-Principles die Fairneß im internationalen Handel selbst auf Kosten von Teilen der Vertragsfreiheit bewahren wollen.[433] Dazu ist es nötig, daß einige Regelungen nicht abdingbar sind. Eine solche nicht abdingbare Regelung ist insbesondere Art. 1.7 (Guter Glaube).[434]

---

[429] Auf die Frage, inwieweit Regelungen eines Werkes wie der UNIDROIT-Principles überhaupt zwingend sein können, wird hier nicht eingegangen.

[430] Vgl. ausführlicher *Bonell, M.J.*, Restatement, S. 106 et seq. mit weiteren Nachweisen zu der Entwicklung der Marktwirtschaft insbesondere S. 107, Fn4-7.

[431] Vgl. *Bonell, M.J.*, Restatement, S. 150 et seq.

[432] Der wohl als Ausdruck des Art. 1.7 (guter Glaube) gelten kann.

[433] Vgl. *Bonell, M.J.*, Restatement, 109,110, der darauf abstellt, daß es für Parteien und Schiedsrichter gut zu wissen sei, daß ihr Vertrag „fairer" ist, da einige Regelungen nicht abbedungen werden können. Inwieweit eine von den UNIDROIT-Principles postulierte „Unabdingbarkeit" überhaupt möglich ist, wird kritisch betrachtet, vgl. etwa *Giardina, A.*, Les Principes, Rev. dr. int. et comp. 91, S. 39.

[434] Weiter Beispiele sind Teile des Kapitels 3 (Gültigkeit), Art. 5.7 (Preis), Art. 7.4.13 II (vereinbarte Zahlung bei Nichterfüllung). Vgl. *Bonell, M.J.*, Restatement, S. 109 et seq.

b) Formfreiheit, Art. 1.2

Im Zusammenhang mit der Vertragsfreiheit steht der Grundsatz der Formfreiheit. Die Parteien sind grundsätzlich frei, ihren Vertrag nach der ihnen genehmen Form zu schließen, weil die UNIDROIT-Principles keine Schriftform vorschreiben. In der Kommentierung wird die Schriftformfreiheit auf andere Formvorschriften ausgedehnt. Auch eine spätere Abänderung oder Aufhebung des Vertrages ist danach formfrei.[435]

Der Grundsatz der weitgehenden Formfreiheit wurde aufgenommen, um den Gegebenheiten des internationalen Handels gerecht zu werden.[436] Die Parteien können allerdings eigene Formvorschriften in ihren Vertrag aufnehmen, die dann der grundsätzlichen Regelung des Art. 1.2 vorgehen.

c) Pacta sunt servanda, Art. 1.3

Art. 1.3 zeigt die Aufnahme des Grundsatzes der pacta sunt servanda in die UNIDROIT-Principles, eines weithin anerkannten Rechtsprinzips.[437] Ein wirksam geschlossener Vertrag bindet die Parteien, i.e. sie müssen ihre daraus entstehenden Pflichten erfüllen.

In den UNIDROIT-Principles wird, wohl wegen der besonderen Anforderungen von internationalen Verträgen,[438] das Prinzip der pacta sunt servanda in mehreren Fällen wieder durchbrochen. Die signifikantesten Regelungen in diesem Zusammenhang sind diejenigen über die Änderung der Geschäftsgrundlage. Weitere Ausnahmen stellen sind Artt.3.10 (2), 3.10 (3), 3.13, 5.8, 6.1.16, 6.2.3, 7.1.7[439], 7.3.1 und 7.3.3. In manchen Fällen (etwa Art. 3.10 (2) bei grobem Mißverhältnis) hat das Verständnis der UNIDROIT-Principles von dem Grundsatz des guten Glaubens und redlichen Verhaltens den Vorrang vor dem Grundsatz der pacta sunt servanda.

d) Vorrang zwingender Regelungen, Art. 1.4

In Art. 1.4 ist ein „spezifischer", die UNIDROIT-Principles regulierender Grundsatz genannt: Der Vorrang zwingender Regelungen nach Art. 1.4. Alle

[435] Kommentar zu den UNIDROIT-Principles, S. 8.

[436] Kommentar zu den UNIDROIT-Principles, S. 8.

[437] Vgl. *Veytia, H.*, Equity, TLR 95, S. 1201; ICC Award, Case No. 1512. Vgl. auch *Studies Unidroit* 87, P.C. Misc. 11, S. 31.

[438] Vgl. *Veytia, H.*, Equity, TLR 95, S. 1202 und die Anmerkungen 2.a und b der UNIDROIT-Principles zu Art. 6.2.2 (hardship defined).

[439] Hierzu ausführlich *Ernst, W.*, in Basedow, S.138, 139.

Fragen, welche zwingenden Bestimmungen unterliegen, werden mit Art. 1.4 aus ihrer Anwendungsmöglichkeit herausgenommen,[440] bzw. die zwingenden Regelungen gehen den inhaltlichen Vorschriften der UNIDROIT-Principles vor. Art. 1.4 schränkt daher alle anderen Grundsätze der UNIDROIT-Principles ein.

Was „zwingend" ist, behandeln die UNIDROIT-Principles beabsichtigt nicht. Diese Frage wurde dem internationalen Privatrecht überlassen.[441]

e) Guter Glaube, Art. 1.7

Ein fundamentaler Grundsatz der UNIDROIT-Principles und ihrer Regelung des allgemeinen Handels[442] sind der „gute Glauben" und das „redliche Verhalten". Es erscheint nicht unangemessen, Art. 1.7 als obersten Grundsatz der UNIDROIT-Principles zu bezeichnen.[443] Hier findet eine Grundidee ihren Ausdruck: Nicht nur sollen angemessene Regelungen des internationalen Handelsverkehrs gefunden werden, dieser Handelsverkehr soll darüber hinaus so weit wie möglich fair und gerecht sein.[444] Während des ganzen Vertragslebens, inklusive des vorvertraglichen[445] Bereiches, sind die Vertragsparteien in ihrem Verhalten an den Grundsatz des guten Glaubens und des redlichen Verhaltens gebunden. Dieser Gedanke taucht konsequent in einigen Regelungen der UNIDROIT-Principles wieder auf, viele davon sind Ausdruck eines speziellen Aspektes des redlichen Verhaltens (etwa Art. 5.3, 2.16, 3.10, 7.4.8[446]). Der gute Glaube soll ein allgemeiner Verhaltensstandard sein, der sich nicht nur auf die Vertragserfüllung als solche bezieht.[447] Was dagegen „guter Glaube und redliches Verhalten" genau beinhalten, wird nicht definiert.[448] Es wird aber darauf hingewiesen,[449] daß nicht ein Standard der verschiedenen nationalen Systeme anzulegen ist. Solche Maßstäbe sollen nur subsidiär herangezogen werden, um etwa einen Aspekt des guten Glaubens innerhalb der UNIDROIT-Principles

---

440 Vgl. *Bonell, M.J.*, Restatement, S. 110 et seq.

441 Kommentar zu den UNIDROIT-Principles, S. 9.

442 Vgl. *Veytia, H.*, Equity, TLR 95, S. 1198. Vgl. zum Inhalt des guten Glaubens *Bin Cheng*, General Principles, S. 105 et seq.

443 Vgl. die Betonungen des „policing against unfairness" bei *Bonell, M.J.*, Restatement, S. 150 et seq. und die vielen Hinweise der Kommentierung zu den UNIDROIT-Principles auf den guten Glauben.

444 Vgl. *Bonell, M.J.*, Restatement, S. 150 et seq. zum „policing against unfairness".

445 Und des nachvertraglichen, vgl. Teil 2, Kapitel 2, 5.d).

446 Vgl. Kommentar zu den UNIDROIT-Principles, S. 16.

447 Im Gegensatz zum Verständnis des common law, vgl. *Bonell, M.J.*, Restatement, S. 137.

448 Für die CISG vgl. Bonell/Bianca/Bonell, Art. 7 Anm.2.4.1 et seq.

449 Kommentar zu den UNIDROIT-Principles, S. 18.

festzuschreiben. Bei der Inhaltsbestimmung dieses Grundsatzes sollen vielmehr die speziellen Eigenarten des internationalen Handels, insbesondere branchenübliches Verhalten, beachtet werden.[450] Bonell weist darauf hin,[451] daß „good faith“ in den UNIDROIT-Principles nicht subjektiv im Sinne ehrlichen Verhaltens sondern objektiv als „reasonable commercial standards of fair dealing“ ausgelegt werden soll. Mit anderen Worten ist der gute Glaube der UNIDROIT-Principles der gute Glaube des internationalen Handelsverkehrs. Schiedsgerichtsentscheidungen können helfen, den ihn in einem bestimmten Fall näher zu bestimmen.[452] Dennoch wird die Anwendung des „guten Glaubens“ immer mit der Schwierigkeit verbunden sein, daß unter diesem Begriff verschiedene Ideen zusammengefaßt sind.[453]

f) Gebräuche und Gepflogenheiten, Art. 1.8

Art. 1.8 legt fest, daß, soweit vernünftig in einem bestimmten Fall,[454] die Pflichten der Parteien durch Gebräuche bestimmt werden, und zwar durch Bräuche zwischen den Parteien und durch allgemeine Handelsbräuche. Letztere nehmen dabei den Vorrang gegenüber den Regelungen der UNIDROIT-Principles ein,[455] sofern es sich nicht um solche zwingenden Charakters handelt.[456] Außer in Art. 1.8 wird noch häufiger auf die Handelsbräuche verwiesen. Sie können etwa als Alternative zu den Regelungen der UNIDROIT-Principles angewendet werden (vgl. Art. 2.6 III, 2.7, 6.1.1, 6.1.4). Damit sprechen die UNIDROIT-Principles den Handelsbräuchen einen hohen Rang zu. Sowohl die Gebräuche zwischen den konkreten Parteien als auch die international anerkannten[457] Gebräuche der relevanten Branche sind für die Vertragspartner bindend (Art. 1.8).[458]

---

[450] Vgl. *Berger, K. P.*, Unidroit Prinzipien, ZVglRWiss 95, S. 229; Kommentar zu den UNIDROIT-Principles, S. 18.

[451] *Bonell, M.J.*, Restatement, S. 138.

[452] Vgl. auch *Houtte, H. van*, ICC 95, S. 186.

[453] *Honnold, J.*, Uniform Words, in: Schlechtriem, Einheitliches Kaufrecht und nationales Obligationenrecht, S. 141 et seq. zu einer kurzen Analyse bezüglich der CISG. Auf dieses Problem soll im folgenden nicht eingegangen werden.

[454] Dies ist neu in die UNIDROIT-Principles aufgenommen und so nicht in der CISG formuliert.

[455] Vgl. *Bonell, M.J.*, Restatement, S. 116 (Beispiel: Art. 6.1.1 und 6.1.4 für Leistungszeit und -reihenfolge).

[456] So jedenfalls *Bonell, M.J.*, Restatement, S. 117. Vgl. *Honnold, J.*, Uniform Law, S. 178 et seq. zur CISG.

[457] Dies wird als besonders wichtig empfunden, vgl. *Bonell, M.J.*, Restatement, S. 116.

[458] Näher zu den internationalen Handelsbräuchen und ihrem Gebrauch etwa *Schmitthoff, C.*, Trade Usages.

Die UNIDROIT-Principles sind also offen gegenüber etablierten Handelsbräuchen. Jeder Individualkontrakt wird von ihnen mitbestimmt. Dies gibt den UNIDROIT-Principles eine besondere Flexibilität: Über die Anwendung der jeweils gültigen Gebräuche können Verträge nach den wechselnden Anforderungen des Handels beurteilt werden.[459] Handelsbräuche sind zusätzlich eine Möglichkeit, eine Regelung der UNIDROIT-Principles näher zu bestimmen. Sie können in der Frage der Existenz impliziter Pflichten nach Art. 5.2 oder bei Art. 4.3 bei der Bestimmung von „erheblichen Umständen" eine Erkenntnisquelle sein. Überdies können Handelsbräuche den Inhalt einzelner Regelungen qualifizieren, so etwa bei Art. 5.6 (Qualität) und Art. 5.7 I (Preis)[460].

Geeignete Quellen für die Bestimmung internationaler Handelsbräuche sind internationale Schiedsgerichtsentscheidungen,[461] eventuell auch die Listen der Grundsätze der Schiedsgerichtsbarkeit.[462] Wenn Handelsbräuche im Sinne des Art. 1.8 bestehen, welche eine Lücke regeln, braucht insoweit wegen des Vorrangs dieser Bräuche bei der Lückenergänzung nicht auf allgemeine Rechtsgrundsätze zurückgegriffen zu werden. Daher wird in dieser Arbeit in Teil 2 über die Lösung praktischer Fragen nicht auf eventuell vorhandene Handelsbräuche eingegangen, da die Lückenergänzung an allgemeinen Grundsätzen dargestellt werden soll. Es wird also von einer Situation ausgegangen, in welcher keine Handelsbräuche bestehen.

g) Mitteilungen, Art. 1.9

Art. 1.9 regelt die grundsätzliche Handhabung von Mitteilungen. Er ist dispositiv.[463] Interessant ist insbesondere die Leitlinie des Art. 1.9 II bezüglich der *Wirksamkeit* von Mitteilungen. Die UNIDROIT-Principles haben das sogenannte „receipt principle" angenommen, nach dem Mitteilungen wirksam werden, wenn sie dem Empfänger zugehen.[464] Die Kommentierung[465] verdeutlicht, daß „Zugang" für mündliche und schriftliche Mitteilungen verschieden zu verstehen ist. Mündliche Erklärungen gehen zu, wenn sie dem Empfänger oder einer autorisierten Person gegenüber abgegeben werden. Schriftliche Mitteilungen gehen zu, wenn sie in den Bereich des Empfängers kommen.[466]

---

[459] Vgl. *Bonell, M.J.*, Restatement, S. 113.

[460] Weitere Beispiele sind Artt. 6.1.7 I, 6.1.8 I und 7.1.4.

[461] Vgl. *Houtte, H. van*, ICC 95, S. 186.

[462] Vgl. etwa *Schmitthoff, C.*, Trade Usages.

[463] Kommentar zu den UNIDROIT-Principles, S. 23.

[464] Der Kommentar zu den UNIDROIT-Principles, S. 23, Kommentar 2, macht deutlich, daß es sich um eine Leitlinie aller Regelungen der UNIDROIT-Principles handeln soll.

[465] Kommentar zu den UNIDROIT-Principles, S. 23.

[466] Vgl. näher Kommentar zu den UNIDROIT-Principles, S. 23, 24.

h) Existenz impliziter Pflichten, Art.5.2

Ein weiterer Grundsatz[467] der UNIDROIT-Principles ist, nicht nur explizite sondern auch implizite Pflichten anzuerkennen, Art.5.2.[468] Implizite Pflichten werden von einer Reihe von Faktoren bestimmt, die in Art. 5.2 aufgelistet sind.

i) Kooperation, Art. 5.3

Als „Ausläufer" des guten Glaubens haben die UNIDROIT-Principles in Art. 5.3 eine Pflicht zur gegenseitigen Kooperation aufgenommen. Diese Pflicht bringt die Leitidee zum Ausdruck, daß ein Vertrag auch als gemeinsames Projekt verstanden werden soll.[469] So kann die Kooperationspflicht als allgemeiner Grundsatz zur Ergänzung von Lücken herangezogen werden.[470] Kooperation bedeutet hauptsächlich die Verpflichtung, die andere Partei nicht zu behindern, kann aber auch zu einer aktiven Unterstützungspflicht werden.[471] Sie ist durch die Pflichtenbalance des Vertrages begrenzt,[472] welche nicht gestört werden soll.

2. Nicht ausdrückliche allgemeine Grundsätze im Sinne des Art.1.6 II.

a) Nicht ausdrückliche Grundsätze, die in mehreren Regelungen auftauchen

Als wichtige Beispiele für in mehreren Regelungen auftauchende Grundsätze können der favor contractus, das vernünftige Verhalten, die Angemessenheit, der Grundsatz rebus sic stantibus und der angemessenen Risikoverteilung hergeleitet werden.

aa) Favor Contractus

aaa) Herleitung aus Regeln

Ein nicht ausdrücklich geregelter, aber in mehreren Vorschriften zu findender Grundsatz ist derjenige des favor contractus.[473] Sein Inhalt wird von Bonell[474]

---

[467] *Garro, A.*, Gap-filling role, TLR 95, S. 1172.

[468] Vgl. hierzu auch die deutliche Abgrenzung zur engen Interpretation mancher Staaten in den Vorarbeiten, *Studies Unidroit* 87, P.C. Misc.11, S. 2.

[469] Kommentar zu den UNIDROIT-Principles, S. 103.

[470] Vgl. *Garro, A.*, Gap-filling role, TLR 95, S. 1165.

[471] Kommentar zu den UNIDROIT-Principles, S. 103.

[472] Vgl. zur Anwendung Teil 2, Kapitel 2, 7. dab) und 7. dbb).

[473] Vgl. hierzu *Bonell, M.J.*, Restatement, S. 117 et seq.

[474] *Bonell, M.J.*, Restatement, S. 117.

folgendermaßen definiert: Favor contractus ist das Ziel, den Vertrag wann immer möglich aufrechtzuerhalten, damit er nicht vorzeitig aufgehoben oder seine Existenz oder Gültigkeit in Frage gestellt wird.[475] Es wird als Grundsatz der UNIDROIT-Principles anerkannt, den Vertrag, wie er zwischen den Parteien geschlossen wurde, so weit wie möglich anzuerkennen und anzuwenden.[476] Der Grund dafür ist die Ansicht,[477] daß auch im Falle von Unzulänglichkeiten der von den Parteien selbst verfaßte und anerkannte Vertrag die geeignete Grundlage für das Verhalten der Parteien sei und es in deren Interesse liege, daß sie sich an ihren Vertrag halten, anstatt nach Alternativen zu suchen (i.e. andere Vertragspartner etc.).
Das Prinzip des favor contractus kann in sich weiter aufgeteilt werden. So könnteetwa die Heilungsmöglichkeit des Vertrages (Art. 7.1.4) als eigner Grundsatz der UNIDROIT-Principles bezeichnet[478] oder auf den Grundsatz des in favorem validitatis[479] abgestellt werden. Auch ein Verständnis des Art. 1.3 als eine ausdrückliche Formulierung des favor contractus in der Form, daß der Vertrag als bindend angesehen wird, ist möglich.

Der Gedanke des favor contractus kommt in vielen Regelungen der UNIDROIT-Principles zum Ausdruck. Im Rahmen des Vertragsabschlusses ist Art. 2.1 zu nennen (Art und Weise des Abschlusses). Hiernach kann ein Vertrag durch Annahme eines Angebotes oder durch ein Verhalten der Parteien, das ausreicht, ein Einvernehmen darzutun, abgeschlossen werden. Die Möglichkeit, den Abschluß eines Vertrages zu bejahen, ist also sehr weit. Da die UNIDROIT-Principles ein geeignetes Instrument für den internationalen Handelsverkehr sein wollen, ist dies auch notwendig. Denn hier werden Verträge oft erst nach umfangreichem Schriftverkehr und Verhandeln geschlossen, so daß ein konkretes Angebot und eine darauf folgende Annahme nicht immer deutlich wird.[480] Es kommt der favor contractus in der Weise zum Zug, daß in einem solchen Fall des „undeutlichen" Abschlusses ein konkludentes Einverständnis zwischen den Parteien ausreichend zur Annahme eines Vertrages ist.

Der favor contractus liegt auch Art. 2.11 II (geänderte Annahme) und Art. 2.12 (Bestätigungsschreiben)[481] zugrunde. Auch wenn nach Art. 2.11 I eine Antwort

[475] Übersetzt durch die Verfasserin: „The aim of preserving the contract whenever possible, thus limiting the number of cases in which its existence or validity may be questioned or in which it may be terminated before time", *Bonell, M.J.*, Restatement, S. 117.

[476] Vgl. auch *Bonell, M.J.*, Principles, TLR 95, S. 1131.

[477] Vgl. *Bonell, M.J.*, Restatement, S. 118.

[478] So *Garro, A.*, Gap-filling role, TLR 95, S. 1165.

[479] Vgl. *Berger, K. P.*, Unidroit Prinzipien, ZVglRWiss 95, S. 218.

[480] Vgl. Kommentar zu den UNIDROIT-Principles, S. 26.

[481] Vgl. *Bonell, M.J.*, Restatement, S. 119.

auf ein Angebot mit substantiellen Änderungen ein neues Angebot darstellt[482] und somit kein Vertrag zustande gekommen ist, so wird hiervon doch eine Ausnahme gemacht, wenn die Änderungen unwesentlich sind oder nicht beanstandet werden. Hier wird so weit wie möglich ein zustandegekommener Vertrag angenommen. Nur wenn eindeutig (durch Beanstandung) klar ist, daß kein Vertrag zustandekommen sollte, tritt der favor contractus zurück. In Art. 2.12 gibt es eine korrespondierende Regelung für Bestätigungsschreiben: Sind hierin Änderungen enthalten, so werden sie Vertragsinhalt, außer wenn sie wesentlich sind oder der Empfänger widerspricht.
Art. 2.14 zeigt, daß ein Vertrag so früh wie möglich entstehen soll. Hier wird festgelegt, daß selbst dann ein Vertrag bejaht wird, wenn absichtlich Bedingungen offen gelassen werden, sofern diese nur irgendwie bestimmt werden können. Die Kommentierung stellt dann weiter klar,[483] daß dies jedenfalls bei unwichtigen Bestimmungen gilt (handelt es sich um ein Essentialium des Vertrages, so müssen deutliche Anzeichen vorliegen, daß auch ohne seine Aufnahme der Vertrag aufrecht erhalten werden sollte).

Auch Art. 2.22 (kollidierende Geschäftsbedingungen) zeigt den favor contractus, indem festgelegt wird, daß, wenn teilweise die allgemeinen Geschäftsbedingungen der Parteien kollidieren, eventuell übereinstimmende Teile der allgemeinen Geschäftsbedingungen den Vertrag regeln, wenn nicht eine Partei hat den gegenteiligen Willen erklärt.

Bei den Regeln über die Gültigkeit des Vertrages zeigt etwa Art. 3.2 (Wirksamkeit der bloßen Vereinbarung) die Aufnahme des favor contractus. Die bloße Vereinbarung ist ausreichend für den Abschluß, die Änderung und die Aufhebung eines Vertrages. Es wird auf weitere Merkmale wie etwa die „cause", „consideration" etc. verzichtet.[484] Damit kann ein Vertragsabschluß leichter angenommen und nachgewiesen werden. Auch Art. 3.3 (Anfängliche Unmöglichkeit), nach welchem eine anfängliche Unmöglichkeit die Gültigkeit des Vertrages nicht berührt, und Art. 3.13 (Verlust des Anfechtungsrechts), nach welchem bei einer Erfüllung nach dem Willen der anfechtungsberechtigten Partei deren Anfechtungsrecht entfällt, sind Ausdruck des favor contractus.

Bei diesen Regelungen fällt auf, daß der favor contractus nicht über den deutlichen Willen der Vertragsparteien hinausgeht. Bestehen deutliche Anzeichen für einen Parteiwillen, den Vertrag unter bestimmten Umständen nicht aufrechtzuerhalten, so wird hier der favor contractus zurückgenommen.

---

[482] „Mirror-image rule", vgl. *Bonell, M.J.*, Restatement, S. 120, 121.

[483] Kommentar zu den UNIDROIT-Principles, S. 49.

[484] Zu solchen Erfordernissen nationaler Rechte siehe *Bonell, M.J.*, Restatement, S. 126 Fn49, 50.

Im Rahmen der Aufhebung des Vertrages wird der favor contractus deutlich, da die UNIDROIT-Principles die Vertragsaufhebung als letztes Mittel begreifen und an eine fundamentale Nichterfüllung knüpfen.[485] Überdies wird mit Art. 7.1.4 (Nacherfüllung) noch eine Chance geregelt, trotz Nichterfüllung den Vertrag nicht aufzuheben, sondern aufrechtzuerhalten. Diese Möglichkeit besteht sogar trotz Aufhebungserklärung (Art. 7.1.4 II) und ist nicht an den Willen der Gegenpartei sondern an objektive Bedingungen (Art. 7.1.4 I) geknüpft, was den Grundsatz des favor contractus zum Ausdruck bringt.

aab) Herleitung aus Ausnahmen

Die wichtigsten Anzeichen für die Aufnahme des favor contractus als allgemeiner Grundsatz der UNIDROIT-Principles sind jedoch in den Vorschriften zu finden, welche die ausnahmsweise Nichtgeltung des favor contractus formulieren. Denn ihr Ausnahmecharakter bestätigt die Regel. Dies sind die Artikel über hardship, Aufhebung und Nacherfüllung. Die deutlichste Regelung in diesem Bereich ist Art. 6.2.1 (Einhaltung des Vertrages). Sie formuliert, daß der Vertrag einzuhalten ist, auch wenn seine Erfüllung belastend ist, vorbehaltlich der in diesem Kapitel folgenden Bestimmungen. Hier wird der Ausnahmecharakter eines „Entlassens" aus dem Vertrag deutlich dargestellt, und der Grundsatz des favor contractus ist erkennbar.[486] Die Folgen des hardship in Art. 6.2.3 zeigen ebenfalls, daß die UNIDROIT-Principles so weit wie möglich den Grundvertrag aufrechterhalten wollen: Die Folge von hardship ist nicht automatisch die Vertragsauflösung sondern zuerst die Neuverhandlung ohne Zurückhaltung der Erfüllung (Art. 6.2.3 I, II). Erst als letzte Möglichkeit kann ein Gericht den Vertrag aufheben (Art. 6.2.3 IV a) oder anpassen (Art. 6.2.3 IV b). Der Grundsatz des favor contractus durchzieht also die gesamten UNIDROIT-Principles und beeinflußt die Konzeption von Regelungen. Daher ist er ein gutes Beispiel für einen nicht ausdrücklichen allgemeinen Grundsatz der UNIDROIT-Principles, der in mehreren Regelungen zum Ausdruck kommt.

ab) „Reasonableness": Vernünftiges Verhalten, Angemessenheit

Ein weiterer solcher Grundsatz ist derjenige der „reasonableness", des vernünftigen Verhaltens und der Angemessenheit. Auch er wird nicht ausdrücklich festgelegt, kommt jedoch in vielen Vorschriften zum Ausdruck, die auf den Standard der „reasonableness" hinweisen.[487]

---

485 Vgl. *Bonell, M.J.*, Restatement, S. 134.

486 Vgl. Kommentar zu den UNIDROIT-Principles, S. 145, 146. Vgl. auch *Bonell, M.J.*, Restatement, S. 130 et seq.

487 Z.B. Artt. 2.7, 2.12, 2.14, 2.20, 3.5, 3.9, 4.1, 5.3., 5.4, 5.6, 5.8, 6.1.1, 7.1.7, 7.2.2.

Die reasonableness unterstützt in besonderem Maße die Flexibilität der UNIDROIT-Principles. Denn sie ermöglicht es Richtern und Schiedsrichtern, die Lösung eines bestimmten Falles den aktuellen Gegebenheiten der internationalen Wirtschaft anzupassen und die Parteien „reasonably" danach zu beurteilen.[488] Sie stellt damit einen Verhaltensstandard und ein Bewertungskriterium dar, wenn eine besondere Vorschrift fehlt.[489]
Inhaltlich kann die reasonableness in der deutschen Fassung in den eher objektiven Standard der Angemessenheit[490] (in einigen Artikeln auch als „appropriateness" übernommen, etwa Art. 7.4.12) und den an die Parteien gerichteten Standard des vernünftigen Verhaltens[491] aufgeteilt werden.

Der genauere Inhalt des vernünftigen Verhaltens und der Angemessenheit wird in den UNIDROIT-Principles nicht definiert.[492] Aufschluß bietet Art. 1:302 der Principles of European Contract Law.[493] Schiedsgerichtsentscheidungen können ebenfalls bei der Bestimmung dieses Standards helfen.[494]
Da die UNIDROIT-Principles generell auf den internationalen Handelsverkehr bezogen sind und der auch für die Angemessenheit „grundlegende Grundsatz" des guten Glaubens sich auf den spezifischen Standard des internationalen Handelsverkehrs bezieht, ist es naheliegend, auch die Angemessenheit anhand der Richtlinien des Handelsverkehrs zu bestimmen.[495]

ac) Angemessene Risikoverteilung

Die UNIDROIT-Principles haben den Grundsatz der angemessenen Risikoverteilung aufgenommen, ein Grundsatz, der etwa mit dem Grundsatz der pacta sunt servanda in Konflikt geraten kann.

---

488 Vgl. *Hyland, R.*, Law of Contract, Am J Comp. L 92, S. 549; *Berger, K.P.*, Kodifizierung, S. 167 et seq.

489 *Berger, K.P.*, Kodifizierung, S. 166.

490 Z.B. in Art. 2.7, Art. 2.14.

491 Etwa Art. 2.20.

492 Vgl. die Hinweise von *Dölle, H.*/Wahl, Art. 17 EKG, Rn59 et seq. zum Verständnis des „reasonableness" Standards.

493 Vgl. auch *Berger, K.P.*, Kodifizierung, S. 188. Art.1:302 lautet: „Under these Principles reasonableness is to be judged by what persons acting in good faith and in the same situation as the parties would consider to be reasonable. In particular, in assessing what is reasonable the nature and purpose of the contract, the circumstances of the case, and the usages and practices of the trades or professions involved should be taken into account."

494 Vgl. *Houtte, H. van*, ICC 95, S. 187.

495 Vgl. auch *Berger, K.P.*, Kodifizierung, S. 166 et seq. zur Vernünftigkeit und Art. 1:302 der Principles of European Contract Law.

In mehreren Vorschriften wird nicht nur nach Erfüllungspflichten differenziert, sondern es wird für die Anordnung von Rechtsfolgen darauf abgestellt, welche Partei das Risiko für ein bestimmtes Ereignis trägt. Die UNIDROIT-Principles nehmen dabei selbst Risikoverteilungen vor. Beispielsweise wird in den Regelungen bezüglich öffentlich-rechtlicher Genehmigungen (Artt. 6.1.14 et seq.) die Last der Genehmigungseinholung und damit auch die Folgen des Fehlschlagens dieser Pflicht zunächst nach Niederlassung verteilt. Die UNIDROIT-Principles entscheiden also, welche Partei in der „besten Position“[496] ist, eine Genehmigung einzuholen. Es wird nach Risikosphären eingeteilt und erst subsidiär nach dem Grundsatz pacta sunt servanda die Last nach Erfüllungspflicht (wie es etwa auch in Art.5.4 zum Ausdruck kommt) vergeben.

Eine weitere Regelung in diesem Bereich ist Art. 7.1.2. Beruht die Nichterfüllung auf Seiten einer Partei auf einem Ereignis, für welches die andere Partei das Risiko trägt, so verliert die „Nichterfüllung“ ihre Qualifizierung als solche.[497] Die Risikoverteilung zwischen den Parteien bestimmt also, wann eine Nichterfüllung überhaupt angenommen werden kann. Ähnlich ist Art. 7.4.7. Beruht der Schaden auf einem Umstand, für welchen die andere Partei das Risiko trägt, so wird der Schadensersatz herabgesetzt. Auch hier wird die Risikoverteilung zwischen den Parteien zum Maßstab einer Rechtsfolge gemacht.

Eine nicht nur nach Erfüllungspflichten gerichtete Risikoverteilung ist also in die UNIDROIT-Principles als Grundsatz aufgenommen. Wenn sie aus ihnen nicht erkennbar ist, ist die Verteilung des Risikos Sache der Parteien bzw. der Vertragsauslegung.[498]

ad) Venire contra factum proprium

Nicht ausdrücklich, aber implizit haben die UNIDROIT-Principles auch den Grundsatz aufgenommen, daß niemand sich zum eigenen Verhalten in Widerspruch setzen darf. Dieser aus zwei Regelungen verallgemeinerbare Grundsatz und Ausprägung des guten Glaubens ist der des venire contra factum proprium[499] (oder der mißbräuchlichen Rechtsausübung).

In der CISG wird das Prinzip des Verbotes des widersprüchlichen Verhaltens aus Art. 80 CISG hergeleitet.[500] Dieser Vorschrift entspricht in den UNIDROIT-Principles der Art. 7.1.2 und 7.4.7.

---

[496] Vgl. Kommentar zu den UNIDROIT-Principles, S. 136.

[497] Vgl. Kommentar zu den UNIDROIT-Principles, S. 157.

[498] Vgl. Kommentar zu den UNIDROIT-Principles, S. 158, Beispiel 2.

[499] Vgl. *Staudinger, J. von*/Magnus, Art. 7 CISG Rn25, 28.

[500] Vgl. statt aller *Honsell, H.*/Melis, Art. 7 Rn13.

Art. 7.1.2 bezieht sich auf die Nichterfüllung. Beruht die Nichterfüllung einer Partei auf einem Ereignis, das die andere Partei *herbeigeführt* hat, verliert die „Nichterfüllung“ ihre Qualifizierung als solche.[501] Ähnlich ist Art. 7.4.7. Beruht der Schaden auf einem Umstand, den die andere Partei *herbeigeführt* hat, so wird der Schadensersatz herabgesetzt. Hier wird dem Grundsatz Ausdruck verliehen, daß ein an sich bestehender Anspruch wieder (teilweise) entfällt, wenn er durch eigenes Verhalten herbeigeführt wurde.

Beide Regelungen zeigen die Wertung der UNIDROIT-Principles, daß Ansprüche davon abhängig sind, wie sich der Anspruchsinhaber verhalten hat. Hat er die anspruchsbegründenden Ursachen durch „Mißverhalten“ heraufbeschworen, sollen ihm die Regelungen der UNIDROIT-Principles nicht zugute kommen.

ae) Rebus sic stantibus

Der Grundsatz rebus sic stantibus ist das Gegengewicht zu dem Grundsatz pacta sunt servanda: In den Fällen, wo er eingreift, soll der Vertrag nicht aufrechterhalten werden, obwohl dies möglich wäre.[502] Die Möglichkeit zu Einschränkungen von pacta sunt servanda mit Hilfe von rebus sic stantibus besteht in mehreren Rechtsordnungen. Sie war häufig ein Streitpunkt zwischen verschiedenen Rechtstheorien. Es wird in rebus sic stantibus der Ausdruck eines Grundsatzes gesehen, nach welchem für die Aufrechterhaltung eines Vertrages die wesentlichen Vertragsumstände gleichbleiben müssen, um nicht einer Vertragspartei unbillige Opfer aufzuerlegen.[503] In die CISG wurde diese Überlegung nicht aufgenommen. In den UNIDROIT-Principles kommt sie im Kapitel über „hardship“ zum Ausdruck. Rebus sic stantibus stellt ein Beispiel für einen allgemeinen Grundsatz dar, der hier aus einem einzelnen Regelungskomplex entnommen werden kann und dann nur für diesen gilt. Denn obwohl mit Artt. 6.2.1 et seq. das Prinzip der rebus sic stantibus in die UNIDROIT-Principles aufgenommen wurde, stellt die Regelung über hardship eine Ausnahme dar.[504] Mit anderen Worten kann nicht im Falle einer Lücke der Grundsatz der rebus sic stantibus herangezogen werden, ohne die Grenzen des Art. 6.2.2 zu beachten.

b) Nicht ausdrückliche Grundsätze, die in einer Regel zum Ausdruck kommen

Beispiele für Grundsätze, die einer Einzelregelung entnehmbar sind, sind die

[501] Vgl. Kommentar zu den UNIDROIT-Principles, S. 157.

[502] Der Konflikt zwischen beiden Grundsätzen ist ein Beispiel für die Eigenschaft allgemeiner Grundsätze, gegeneinander abwägbar zu sein.

[503] Vgl. *Veytia, H.*, Equity, TLR 95, S. 1203, 1204.

[504] Vgl. *Veytia, H.*, Equity, TLR 95, S. 1205.

speziellen Ausprägungen des guten Glaubens.[505] Art. 1.7, der „grundlegende Grundsatz“, legt fest, daß jederzeit der Standard des redlichen Verhaltens befolgt werden muß. Einzelne Artikel verdeutlichen dies in bestimmten Einzelsituationen.

Zu den aus Einzelregelungen entnehmbaren Grundsätzen gehört auch die Vertraulichkeit des Art. 2.16. Hier wird festgelegt, daß eine bestimmte Art Informationen grundsätzlich als vertraulich zu behandeln ist.[506]

c) Grundsätze nach der Gesamtsystematik der UNIDROIT-Principles

Ein Grundsatz, der nicht ausdrücklich oder implizit zum Ausdruck kommt, aber aus der Systematik der UNIDROIT-Principles folgt, ist derjenige der objektiven Beweislastverteilung, der sich aus der Gestaltung der UNIDROIT-Principles nach dem Regel/Ausnahmeprinzip ergibt. Hier wird aus der Sprachtechnik des Gesetzes, den daraus folgenden Resultaten und aus den der Gesetzestechnik zugrunde liegenden Ideen ein allgemeiner Grundsatz hergeleitet.[507]

3. Weitere Grundsätze

Über die oben genannten hinaus existieren noch eine Reihe weiterer Regelungen, welche als allgemeiner Grundsatz verstanden werden können.[508] Sie ergeben sich aus verschiedenen Regelungen. Dazu gehören etwa die Pflicht zur Schadensminderung in ihrer speziellen Ausprägung des Art. 7.4.8 und die damit zusammenhängende Schadensvermeidungspflicht.[509] Als allgemeine Grundsätze kommen auch eine grundsätzliche Pflicht zum Schadensersatz (Art. 7.4.1), das Zurückbehaltungsrecht (Art. 7.1.3), die Fälligkeit ohne Mahnung,[510] die Zurechnung von Verhalten und Wissen Dritter (Art.3.11), die Währungsbestimmung (Art. 6.1.10), die Zinsregelungen (hier auch die Zinshöhe, Art.7.4.9) und nicht zuletzt das Gebot der einheitlichen Anwendung und der Förderung des internationalen Charakters der UNIDROIT-Principles (Art. 1.6 I)[511] in Betracht.

---

[505] Dazu vgl. *Bonell, M.J.*, Restatement, S. 136 et seq.

[506] Vgl. auch Teil 2, Kapitel 2, 4.a).

[507] Vgl. dazu Teil 2, Kapitel 3, 4.b).

[508] Etwa bei *Magnus, U.*, Grundsätze, RabelsZ 95, S. 480 et seq.

[509] Vgl. *Magnus, U.*, Grundsätze, RabelsZ 95, S. 483, 484.

[510] Zu letzeren vgl. *Magnus, U.*, Grundsätze, RabelsZ 95, S. 483 und 487.

[511] Dazu vgl. *Diedrich, F.*, Lückenfüllung, RIW 95, S. 353.

IX. Grenzen der Lückenergänzung/Externe Lücken

1. Allgemeines

Trotz des Gebotes extensiver Lückenergänzung innerhalb des Systems der UNIDROIT-Principles können sich doch Fragen ergeben, bei denen eine Ergänzung nicht im Wege des Art. 1.6 II nach allgemeinen Grundsätzen möglich ist.[512]

Zuvorderst ist dies der Fall, wenn Lücken nicht mehr im sachlichen Anwendungsbereich der UNIDROIT-Principles liegen.[513] Darüber hinaus gibt es die Grenzen des Möglichen für solche Lücken, welche innerhalb des sachlichen Anwendungsbereiches liegen. Sie werden dann wie externe Lücken behandelt und dem nationalen Recht bzw. IPR überlassen.

Im folgenden soll auf die Grenzen des Möglichen bei der Lückenergänzung und Probleme bei der Behandlung von externen Lücken eingegangen werden.[514]

2. Externe Lücke: Nicht im Anwendungsbereich der Unidroitprinzipien geregelte Frage

Externe Lücken sind alle solchen Probleme, welche nicht in den sachlichen Anwendungsbereich der UNIDROIT-Principles fallen. Sie sind nach dem anwendbaren nationalen Recht zu beurteilen.[515] Der sachliche Anwendungsbereich wurde erläutert, hier eine kurze Zusammenfassung. Außerhalb des Anwendungsbereiches der UNIDROIT-Principles liegen zumindest alle Materien, welche zu den Themenkreisen des Art. 3.1 gehören.[516] Fragen über Rechts- und Geschäftsfähigkeit, die Vertretungsmacht oder die Sitten- und Rechtswidrigkeit gehören also nicht zu den UNIDROIT-Principles und sind daher dem nationalen Recht, bzw. IPR, überlassen. Ebenso fallen alle Probleme, welche zwingenden Regelungen unterliegen, aus dem Anwendungsbereich der UNIDROIT-Principles heraus, Art. 1.4.

3. Bedeutung der Unterscheidung externe/interne Lücke

Die Entscheidung, ob eine interne oder externe Lücke vorliegt, hat für das vereinheitlichte Recht eine große Bedeutung. Nur insoweit, als eine interne Lücke

---

[512] *Studies Unidroit* 1994, P.C. Misc.19, S. 20 et seq.

[513] Zum Ausschluß vom sachlichen Anwendungsbereich siehe Teil 1, IV., 5.

[514] Vgl. allgemein dazu im Bereich der CISG u.a. *Ferrari, F.*, Verhältnis, JZ 98, S. 10 et seq.

[515] Vgl. Kommentar zu den UNIDROIT-Principles, S. 15 „resorting to domestic laws".

[516] Vgl. auch *Kropholler, J.*, Einheitsrecht, S. 302.

bejaht wird, können die UNIDROIT-Principles nach ihrem eigenen Ordnungsprogramm Rechtseinheit im Vertragsrecht schaffen. Die unter IX. 5. erläuterten Probleme, welche die UNIDROIT-Principles vermeiden wollen, können nur bei externen Lücken auftreten. Überdies ist die Einordnung interne/externe Lücke insofern von Bedeutung, als diese Abgrenzung international einheitlich stattfinden sollte, damit nicht die Rechtsfortbildung der UNIDROIT-Principles in einem Staat weiter geht als in einem anderen.

Im übrigen ist es für die UNIDROIT-Principles von Wichtigkeit, daß nicht zu oft das nationale Recht neben ihnen angewendet wird, weil sie im Falle eines Disputes eine neutrale Rechtsordnung anbieten wollen und dieser Zweck durch die Notwendigkeit zusätzlicher Schiedsklauseln konterkarriert würde.[517]

4. Kriterien und Behandlung von dem Anwendungsbereich der Unidroitprinzipien zugeordneten, aber nicht durch Grundprinzipien ergänzbaren Lücken

Im Folgenden soll genauer auf die Tatsache eingegangen werden, daß eine Lükke existiert, welche dem sachlichen Anwendungsbereich der UNIDROIT-Principles zugeordnet werden kann (interne Lücke), deren Ergänzung aber an die Grenzen des Möglichen stößt.

Bereits im Zusammenhang mit Art. 7 II CISG wurde in Fortbildung von Art. 17 EKG die „Grenze des Möglichen" erkannt und in einem solchen Fall der Rückgriff auf nationales Recht für zulässig erachtet.[518] Auch die UNIDROIT-Principles haben es in Art. 1.6 II zur Voraussetzung gemacht, daß die Lückenergänzung nur „soweit wie möglich" stattfinden kann. Da sich Art. 1.6 II auf Lükken außerhalb des sachlichen Anwendungsbereiches gar nicht bezieht, ist folglich von den Gesetzgebern vorausgesehen worden, daß trotz der Tatsache, daß eine Frage in den sachlichen Anwendungsbereich der UNIDROIT-Principles fällt, eine Lückenergänzung nicht möglich sein könnte.

Unter IV.5.2.4. (S.25 et seq.) wurde bereits erwähnt, daß sich dieses Problem insbesondere bei dem Fehlen ganzer Rechtsinstitute stellen wird. Zwar fallen solche nicht automatisch aus dem sachlichen Anwendungsbereich der UNIDROIT-Principles heraus, haben aber die Eigentümlichkeit, daß hier viele Teilfragen eines Komplexes mehreren Lösungen zugänglich sind und spezifische Regelungen notwendig wären. In einem solchen Fall ist es fraglich, ob eine für die Parteien hinreichend konkrete und akzeptanzfähige Lösung über allgemeine Grundsätze erreicht werden kann.

---

517 Vgl. *Studies Unidroit* 1994, P.C. Misc.19, S. 14,15.

518 Zum EKG so auch schon *Kropholler, J.*, Ausschluß, RabelsZ 74, S. 382; vgl. *Bayer, W.*, Auslegung, RabelsZ 55, S. 635.

Als Beispiele dafür, daß bei der Ergänzung eines fehlenden Rechtsinstitutes meist die Grenze des Möglichen erreicht sein wird, soll nachstehend auf die Institute der Verjährung und der Aufrechnung eingegangen werden. Zwar ist schon bestreitbar, daß diese überhaupt in den sachlichen Anwendungsbereich der UNIDROIT-Principles fallen, dies soll aber unterstellt werden, um zu zeigen, daß auch bei Einordnung als intern diese Probleme nicht nach Art. 1.6 II ergänzt werden könnten.

a) Beispiel Verjährung

Die Verjährung von Forderungen ist in den UNIDROIT-Principles nicht ausdrücklich geregelt.

Zunächst müßte untersucht werden, ob die Verjährung in den sachlichen Anwendungsbereich der UNIDROIT-Principles gehört. In den Vorarbeiten oder der Kommentierung zu den UNIDROIT-Principles ist in dieser Frage nicht zu erkennen. Die sachliche Anwendbarkeit könnte bejaht werden, da einige Stimmen etwa für das EKG dieser Ansicht sind.[519] Zur CISG besteht dagegen die Ansicht, daß die Verjährung nicht zu ihrem sachlichen Anwendungsbereich gehört.[520] Dies wurde insbesondere damit begründet, daß bereits ein Übereinkommen über die Verjährung besteht.
Überdies wurde darauf hingewiesen, daß in der CISG keine entsprechenden Regelungen über die Ausschlußfrist des Art. 39 II CISG hinaus bestünden. Dies ist allerdings kein Argument gegen die *sachliche Anwendbarkeit* der CISG, aber eines dafür, daß die autonome Ergänzung der Lücke der Verjährung nicht möglich ist.

Hier soll auf diese Frage nicht weiter eingegangen werden, da es im Folgenden beispielhaft darum gehen wird, daß ohnehin diese Lücke nicht ausfüllbar wäre. Eine Ergänzung über eine Analogie böte sich nicht an, so daß auf allgemeine Grundsätze zurückgegriffen werden müßte. Eine autonome Lückenfülllung nach allgemeinen Grundsätzen stellt sich indes als schwierig heraus. Bezüglich dieses Problems finden sich keine Grundsätze, da die Verjährung in den UNIDROIT-Principles nirgends erwähnt ist. Zwar können Teile der Frage oder in speziellen Fällen auch die Lösung eines Rechtsproblems den UNIDROIT-Principles entnommen werden. Etwa könnte Art. 2.8 mit seinen Angaben zum Fristenbeginn auch auf den Fristbeginn der Verjährung angewendet werden. Auch die Verwirkung von Ansprüchen könnte aus Art. 1.7 und der Angemessenheit heraus bestimmt werden.

---

[519] So für das EKG *Stoll, H., Regelungslücken*, IPRax 93, S. 75. Dagegen *Dölle, H.*/Herber, Art. 8 Rn10.

[520] *Caemmerer, E. von*/Schlechtriem/Herber, Art.7 Rn21; Art. 4 Rn21. Es sei zudem eine bewußte Lücke.

Das Institut der Verjährung hat aber Eigentümlichkeiten (wie etwa eine bestimmte Dauer oder Hemmung und Unterbrechung), welche direkte Regeln erfordern. Hier zeigt sich die Grenze des Möglichen bei der Rechtsfortbildung nach allgemeinen Grundsätzen. Es ließen sich zwar allgemeine Grundsätze mit unscharfen Konturen heranziehen (etwa die Angemessenheit). Konkrete Antworten etwa auf die Frage der Verjährungsunterbrechung lassen sich aber allgemeinen Grundsätzen mit unscharfen Konturen nicht entnehmen.

Als Beispiel, daß die einzelnen Teile des Komplexes Verjährung nicht nach allgemeinen Grundsätzen ergänzt werden können, soll hier die Dauer von Fristen herausgegriffen werden. Wenn in den UNIDROIT-Principles davon die Rede ist (etwa in Art. 2.7, 3.15, oder 5.8), dann wird sie von dem Grundsatz der Angemessenheit bestimmt. Wendete man die Angemessenheit auch für die Dauer von Verjährungsfristen an, müßte ihr Inhalt näher bestimmt werden. Diese Aufgabe fiele dem Richter zu.
Damit er sie aber erfüllen kann, müßten Leitlinien innerhalb oder außerhalb der UNIDROIT-Principles erkennbar sein, was eine angemessene Verjährungsdauer ist. In den UNIDROIT-Principles selbst ist keine solche Leitlinie erkennbar.

Ein rechtsvergleichender Blick könnte helfen. Dabei stellt sich heraus, daß nationale Rechte ganz unterschiedliche Lösungen für angemessen erachtet haben und sich für den internationalen Handel keine bestimmte Lösung aufdrängt. Weder innerhalb noch außerhalb der UNIDROIT-Principles sind also Grundsätze erkennbar, nach denen die Dauer der Verjährung genauer bestimmbar wäre. Der Grundsatz der Angemessenheit reicht nicht aus. Daher ist der Richter mit der Aufgabe, den Grundsatz der Angemessenheit in bezug auf die Verjährung durch Betrachtung der Rechtspraxis mit Inhalt zu füllen, überfordert.[521]

Hier zeigt sich das Kernproblem der Lückenergänzung innerhalb der Grenzen des Möglichen. Bei der Verjährung hätte ein Gericht nicht nur die Aufgabe, eine „billige" Lösung zu erkennen, sondern darüber hinaus noch deren technische Ausgestaltung vorzunehmen. Technischen Fragen zu regeln ist aber aus dem Grund, daß ihre Lösung nicht konkret genug aus der Rechtsprechung zu erkennen ist und/oder national sehr verschieden gehandhabt wird, nicht Aufgabe des Richters sondern des Gesetzgebers. Dies ist auch der überzeugendste Grund, aus welchem verschiedentlich festgestellt wird, daß kaum ein Gericht eine Festlegung der Verjährungsfrist vornehmen „darf".[522] Zusätzlich zu den hier erreichten Grenzen einer akzeptanzfähigen Rechtsprechung würde auch die Rechtssicherheit erheblich beeinträchtigt, wenn Fristen für die Parteien nicht exakt vor-

[521] Vgl. auch *Mann, F.A.*, Schiedsgerichtsbarkeit, ZHR 68, S. 127, 128.

[522] *Kropholler, J.*, Einheitsrecht, S. 303; *Mann, F.A.*, Schiedsgerichtsbarkeit, ZHR 68, S. 127, 128. Einem internationalen, speziell für die Ergänzung auch der UNIDROIT-Principles beauftragten Gericht wäre dies vielleicht möglich.

hersehbar wären.[523] Es bleibt also dabei, daß sich weder direkt noch nach allgemeinen Grundsätzen eine Dauer und Berechnung der Verjährung nach den UNIDROIT-Principles bestimmen läßt.[524] Eine Ergänzung nach Art. 1.6 II bliebe Stückwerk und wäre nur in Bezug auf Einzelfragen (etwa der Verwirkung) eventuell möglich.

Die Verjährung ist international einheitlich im Verjährungsübereinkommen von 1974 geregelt, diese Konvention ist auch bei der Anwendung der UNIDROIT-Principles die angemessene Referenz für die Behandlung von Verjährungsfragen.

b) Beispiel Aufrechnung[525]

Ganz ähnlich sind die Überlegungen bezüglich der Aufrechnung. Es handelt sich auch hier um ein Rechtsinstitut mit einem hohen Komplexitätsgrad, i.e. es werden verschiedene konkrete Fragen berührt.[526]
Den UNIDROIT-Principles oder den Vorarbeiten ist kein Hinweis dazu zu entnehmen, daß sie die Aufrechnung regeln wollten. Es ist daher bereits äußerst fraglich, ob sie zum sachlichen Anwendungsbereich der UNIDROIT-Principles gehört. Da die Aufrechnung zumindest bei Forderungen aus einem einzelnen, von den UNIDROIT-Principles geregelten Vertrag als mit diesem Vertrag zusammenhängend betrachtet werden und daher zu den Regelungen des „allgemeinen Vertragsrechtes" gezogen werden könnte, ist es zumindest nicht ganz ausgeschlossen, zunächst nach einer Möglichkeit der autonomen Lückenergänzung zu suchen.

Dies stößt aber auf unüberwindliche Schwierigkeiten. Da die Aufrechnung in den UNIDROIT-Principles nicht erwähnt ist, ist kein allgemeiner Grundsatz festzustellen, der sich auf sie anwenden ließe. Auch die Rechtsvergleichung führt zu keinem Ergebnis, da die Aufrechnung ganz verschieden geregelt ist.[527]
Wie bereits bei der Verjährung ist die Aufrechnung so komplex, daß sie sich nicht durch allgemeine Erwägungen zufriedenstellend ergänzen läßt. Daher ist die Aufrechnung, selbst wenn sie als zum sachlichen Anwendungsbereich der

---

[523] Vgl. *Kropholler, J.*, Einheitsrecht, S. 303 Fn23.

[524] Vgl. *Diedrich, F.*, Lückenfüllung, RIW 95, S. 362.

[525] Zur externen Ergänzung der Lücke der Aufrechnung in der CISG nach dem IPR vgl. *Frigge, B.*, Externe Lücken, S. 97 et seq., deren Überlegungen für die UNIDROIT-Principles übernommen werden können.

[526] Z.B. die Art aufrechenbarer Forderungen, Voraussetzungen, Geltendmachen, Fristen etc.

[527] Vgl. *Frigge, B.*, Externe Lücken, S. 78.

UNIDROIT-Principles gehörig aufgefaßt wird,[528] eine Lücke, die wie die Verjährung aufgrund ihrer Komplexität und ihrer divergierenden Regelung in der Welt nicht autonom ergänzt werden kann. Die allgemeinen Grundsätze reichen dazu nicht aus. In der CISG war die Sachlage bereits genauso. Daher wurde festgestellt, daß die Fragen der Aufrechnung schon nicht zum Anwendungsbereich[529] der CISG gehören oder *zumindest* eine autonome Lückenergänzung nicht möglich ist.

c) Schlußfolgerung: Kriterien einer nicht ergänzbaren Lücke im sachlichen Anwendungsbereich

Diese Beispiele mögen genügen, um zu erkennen, bei welcher Art Lücke, sei sie auch intern, die Grenzen des Möglichen erreicht sind.

Die Rechtsfortbildung scheitert an den praktischen[530] und theoretischen Grenzen des Rechtsfortbildungsauftrages der Jurisprudenz. Die Ergänzung eines Rechtsinstitutes oder anderer komplexer Lücken erfordert konkrete technische Regelungen. Höchstens einige Einzelfragen können auch nach allgemeinen Grundsätzen unscharfer Kontur gelöst werden. Einzelheiten solcher Lücken erfahren national verschiedene Beurteilung, so daß Richter mittels vergleichender Umschau und Orientierung an den Notwendigkeiten des Handelsverkehrs dennoch keine Lösung für sie erkennen könnten. Beispielsweise die Rechtsinstitute Verjährung und Aufrechnung, Abtretung, Schuldübernahme etc. sind in nationalen Rechten ganz verschieden geregelt und werden daher auch in Praxis und Rechtsprechung verschieden gehandhabt. Die Billigkeit drängt hier nicht die eine Lösung mehr auf als eine andere. Eine Lückenergänzung nach allgemeinen Grundsätzen würde in diesen Fällen zum Ratespiel.[531] Der Richter stößt an seine Grenzen. Dies wird wohl auch von den Gerichten angenommen werden, die schon bei der „normalen" Lückenergänzung bei zu extensiver Auslegungsanforderung dem nationalen Recht zuneigen.[532] Auch theoretisch sind die Grenzen der Rechtsfortbildung erreicht. Technische Regelungen nach Art. 1.6 II zu ergänzen, dürfte, da sie keine erkennbare Leitung haben,[533] an die Grenzen der

---

[528] Vgl. *Frigge, B.*, Externe Lücken, S. 86, zu Aufrechnung von Schadensersatzforderungen aus einem Vertrag in der CISG.

[529] *Stoll, H.*, Ergänzung, FS Ferid, S. 495; anders offenbar *Frigge, B.*, Externe Lücken, S. 86, die aber wegen Unmöglichkeit der autonomen Lückenergänzung zum IPR kommt. Unscharf bleibt *Frigge, B.*, Externe Lücken insofern, als bei der Unmöglichkeit der Lückenergänzung einer internen Lücke dennoch keine „externe" Lücke vorliege, da externe Lücken allein solche außerhalb des sachlichen Anwendungsbereiches seien.

[530] Vgl. *Studies Unidroit* 1994, P.C. Misc.19, S. 24.

[531] *Magnus, U.*, Währungsfragen, RabelsZ 89, S. 121.

[532] Vgl. dazu *Velden, F. van der*, Interpretation, Congress, S. 41.

[533] Vgl. *Magnus, U.*, Währungsfragen, RabelsZ 89, S. 121.

internationalen Akzeptanzfähigkeit stoßen. Denn hier setzt der Richter für ein Problem Lösungen fest, die weder dem positiven Recht noch mangels allgemeinen Konsenses der Rechtspraxis entnommen werden können. Deshalb ist das Handeln des Gesetzgebers und nicht des Richters gefordert. Überdies würde eine solche Handlungsweise die Rechtssicherheit beeinträchtigen,[534] da die Parteien nicht vorhersehen könnten, für welche der möglichen Ausgestaltungen eines komplexeren Rechtsproblems sich der Richter entscheiden würde.

Probleme, die in den UNIDROIT-Principles nicht erfaßt wurden und deren Ausgestaltung keinen internationalen Konsens gefunden hat und die daher vielfältigen Lösungen zuzuführen wären, sind also, selbst wenn man sie in den sachlichen Anwendungsbereich der UNIDROIT-Principles mit einbezieht, entweder nach entsprechenden Übereinkommen (Verjährung) oder nach dem nationalen Recht zu ergänzen. Hier sind die Grenzen des Möglichen erreicht.

5. Ergänzung einer externen Lücke

Liegt eine Frage außerhalb des sachlichen Anwendungsbereich der UNIDROIT-Principles oder wird ihre Lösung nach den allgemeinen Grundsätzen für unmöglich gehalten, so ist es fraglich, wie sie behandelt werden soll.

a) Behandlung von externen Lücken

Nach ganz überwiegender Ansicht[535] kommt nationales Recht zur Anwendung. Dies wird zwar von Art. 1.6 II nicht vorgegeben, ist aber notwendige Konsequenz und wird von der Kommentierung vorausgesetzt.[536] Die anwendbare Rechtsordnung wird dann durch das IPR bestimmt.[537]

Eine teilweise andere Lösung befürwortet Stoll[538] für die CISG. Er unterscheidet bei Lücken nicht nur zwischen externen und internen (bei ihm Rest und Teilfragen)[539], sondern befürwortet darüber hinaus noch eine Bestimmung der „Wichtigkeit" dieser Fragen. Die unwichtigen „Randfragen" sollten ohne den Umweg über das IPR direkt dem materiellen Recht des Forumstaates unterstellt werden. Da Art. 1.6 II nicht mehr unmittelbar wie Art. 7 II CISG auf das internationale Privatrecht verweist, erscheint dieser Weg vom Wortlaut her als möglich.

---

[534] Zur Bedeutung der Rechtssicherheit im internationalen Handel *Grigera Naón, H.*, UN-Convention, S. 89, 92.

[535] Vgl. statt aller *Staudinger, J. von*//Magnus, Art. 7 CISG Rn57 et seq.

[536] Kommentar zu den UNIDROIT-Principles, S. 15 „before resorting to domestic laws".

[537] Vgl. *Staudinger, J. von*//Magnus, Art. 7 CISG Rn58.

[538] *Stoll, H.*, Ergänzung, FS Ferid, S. 498 et seq.

[539] Vgl. *Stoll, H.*, Ergänzung, FS Ferid, S. 497.

Es wird sich aber als schwierig erweisen, einen internationalen Konsens zu finden, welche Materien „unwichtig" sind. Da die Gerichte verschiedener Staaten im Zuge der „Unwichtigkeit" unterschiedliche Probleme als Randfragen einordnen könnten, ist dieser Weg im Blick auf eine einheitliche Rechtsanwendung nicht einzuschlagen.[540] Auch eine Entwicklung von besonderen Kollisionsregeln für das Einheitsrecht scheitert an praktischen Schwierigkeiten.[541] Überdies läßt sich kein Grund für die Annahme erkennen, daß eine Lösung von „Randfragen" automatisch nach nationalem Recht den „allgemeinen Grundsätzen" im Sinne des Art.17 EKG oder 7 II CISG entspräche.[542]

b) Probleme

Bei der Annahme von externen Lücken sollte Zurückhaltung herrschen. Denn wenn eine Frage als externe Lücke eingeordnet wird, ergeben sich all die Probleme, welche die UNIDROIT-Principles vermeiden helfen sollten.[543] Die Verschiedenheit nationaler Rechte, welche die Gefahr des forum shopping heraufbeschwört,[544] trägt nicht zur Rechtssicherheit im internationalen Handelsverkehr bei. Ebenso sorgt die Tendenz der Richter, vor allem auf die materiellrechtliche (und nicht die international-privatrechtliche[545]) Seite von Problemen zu achten, zu einer Beeinträchtigung des internationalen Handelsverkehrs durch autonomiefeindliche Auslegung.[546] Das sogenannte „Heimwärtsstreben" der Gerichte,[547] die Tendenz, nach dem Vorbild des eigenen Rechtes zu entscheiden, trägt noch mehr zur Rechtsunsicherheit bei. Zusätzlich bietet auch das Kollisionsrechte mangels Vorhersehbarkeit seiner Anwendung und detaillierter Regelungen keine verläßliche Alternative.[548]

---

[540] Vgl. auch *Staudinger, J. von*/Magnus, Art. 7 CISG Rn59; *Caemmerer, E. von*/Schlechtriem/Herber, Art. 7 Rn15.

[541] Vgl. dazu *Staudinger, J. von*/Magnus, Art. 7 CISG Rn60.

[542] *Stoll, H.*, Ergänzung, FS Ferid, S. 498.

[543] Vgl. auch Teil 2, Kapitel 3, 3.bc) in bezug auf das Beispiel der objektiven Beweislast. Vgl. zu den Unzulänglichkeiten der Lösung über IPR im internationalen Handelsrecht etwa *Schlesinger, R./Gündisch, H.*, Rechtsgrundsätze, RabelsZ 64, S. 4 et seq. m.w.N.

[544] Vgl. auch *Diedrich, F.* , RIW 95, S. 355.

[545] Vgl. *Kegel, G.*, Internationales Privatrecht, §2.I. zum Vorrang der international-privatrechtlichen vor der materiellrechtlichen Seite.

[546] Vgl. *Berger, K. P.*, Unidroit Prinzipien, ZVglRWiss 95, S. 221, 222, der hier etwa auf die Rechtsprechung des Bundesverfassungsgerichtes (z.B. BVerfGE 86, 122, Abschlußzwang) abstellt.

[547] *Langen, E.*, Transnationales Recht, I.Teil, Rn10. Er tritt daher für vom Richter entwickelte transnationale Regeln ein.

[548] Vgl. *Berger, K. P.*, Unidroit Prinzipien, ZVglRWiss 95, S. 222.

Überdies kommt es bei der Anwendung des IPR auf Lücken zu der Folge, daß auf einige Vertragsfragen die UNIDROIT-Principles, auf andere das nationale Recht angewendet wird[549] und somit eventuell zu einer Nichtanerkennung vereinbarter Rechtsinstitute (z.B. Eigentumsvorbehalt, Registerpfandrecht). Dies ist der Rechtssicherheit des Handels und dem Grundsatz der Parteiautonomie nicht dienlich.

Mit einer Rechtswahlklausel kann zwar einigen dieser Schwierigkeiten aus dem Weg gegangen werden. Wenn aber statt einer „neutralen" Rechtsordnung die lex contractus der Händler angewendet wird, so entsteht das Problem, daß Neulinge und schwächere Parteien in der schlechteren Position sind. Das „policing against unfairness", welches die UNIDROIT-Principles intendieren, wäre konterkarriert. Auch können sich manche Vertragsparteien nicht auf eine anzuwendende Rechtsordnung einigen.[550] Als alternative Lösungsmöglichkeit wird vorgeschlagen, die „semper ubique et ab omnibus" geltenden allgemeinen Grundsätze anstatt eines nationalen Rechtes anzuwenden.[551] Dies bliebe aber bei Fragen, welche von vornherein mangels genügend konkreter Natur solcher Grundsätze keiner Lösung zugeführt werden konnten, erfolglos. Viele externe Lücken sind aber gerade auch solche komplexen Probleme (etwa die Stellvertretung). Überdies erscheint die Wahrscheinlichkeit, daß dieses Verfahren von ordentlichen Richtern angewendet wird, gering. Für Zurückhaltung bei dem Auffinden externer Lücken spricht auch, daß die UNIDROIT-Principles ein „allgemeines" Vertragsrecht darstellen sollen und damit eigene Grundbegriffe und Regeln (eine Art eigenen „allgemeinen Teil") für das gesamte Vertragsleben aufstellen. Bei der Annahme einer externen Lücke müßte für die Lücke nationales Recht angewendet werden, das auch seine Begriffe selbst bestimmt. Diese weichen im Zweifel von dem Inhalt der „neuen"[552] Begriffe der UNIDROIT-Principles ab. Das hat in besonderem Maße zur Folge, daß für die Beurteilung des Vertrages kein gemeinsamer Überbau an Grundlehren und -begriffen[553] besteht. Dies führt zu einer unerwünschten Rechtsunsicherheit.

Bei der Ergänzung von externen Lücken bieten sich also einige Probleme, welche oft nicht vermeidbar sind. Wenn sie aber durch ein extensives Ausschöpfen der Analogie und der allgemeinen Grundsätze vermieden werden können, sollte dieser Weg gewählt werden.[554]

---

[549] Von einer eigentlichen dépeçage kann bei den UNIDROIT-Principles nicht gesprochen werden, da sie nicht das Vertragsstatut darstellen.

[550] Vgl. *Schlesinger, R./Gündisch, H.*, Rechtsgrundsätze, RabelsZ 64, S. 6, 7.

[551] Vgl. *Schlesinger, R./Gündisch, H.*, Rechtsgrundsätze, RabelsZ 64, S. 4 et seq. m.w.N.

[552] Vgl. Kommentar zu den UNIDROIT-Principles, Einleitung.

[553] Vgl. *Stoll, H.*, Ergänzung, FS Ferid, S. 496.

[554] So auch *Staudinger, J. von*/Magnus, Art. 7 CISG Rn61.

X. Zusammenfassung

Eine Lücke in den UNIDROIT-Principles tritt auf, wenn eine Rechtsfrage oder – materie weder durch ausdrückliche Regelung noch durch Auslegung lösbar ist. Nach Art. 1.6 II sind diese lacunae in interne, dem sachlichen Anwendungsbereich der UNIDROIT-Principles unterfallende, und externe Lücken zu unterteilen. Nur interne Lücken können im Sinne des Art. 1.6 II durch allgemeine Grundsätze ergänzt werden.

Bei der Lückenergänzung ist folgendermaßen vorzugehen: Zunächst muß bestimmt werden, ob die nicht ausdrücklich geregelte Frage dem offensichtlichen oder impliziten[555] Anwendungsbereich der UNIDROIT-Principles zugehört. Ist dies nicht der Fall, ist die Lösung des Rechtsproblemes gemäß dem internationalen Privatrecht anwendbaren nationalen Recht zu suchen. Die sich daraus ergebenden Probleme und Art. 1.6 II[556] lassen es als angemessen erscheinen, die Annahme von externen Lücken so weit wie möglich zu begrenzen. Ist dagegen eine interne Lücke aufgetreten, so muß nach Art. 1.6 II versucht werden, sie innerhalb des Regelungssystems der UNIDROIT-Principles zu ergänzen. Damit dem Ziel der Rechtsvereinheitlichung und einheitlichen Anwendung der UNIDROIT-Principles genüge getan werden kann, müssen bei der Lückenergänzung alle verfügbaren, erfolgversprechenden und praktikablen Möglichkeiten ausgeschöpft werden. Dazu gehört zunächst die Lückenergänzung durch Analogie und ähnliche methodische Mittel. In einem zweiten Schritt erfolgt die Lückenergänzung nach den UNIDROIT-Principles zugrunde liegenden allgemeinen Grundsätzen.

Als allgemeine Grundsätze im Sinne des Art. 1.6 II sind nicht nur ganz allgemein formulierte Programmsätze sondern auch konkretere Regeln zu verstehen, wenn sie einen verallgemeinerungsfähigen Gedanken, eine Leitlinie, enthalten. Solche allgemeine Grundsätze können in den UNIDROIT-Principles ausdrücklich vorhanden sein, mehreren oder einzelnen Regelungen als zugrunde liegender Gedanke entnommen werden oder sich aus der Gesamtsystematik der UNIDROIT-Principles ergeben. Auch rechtsvergleichend gewonnene allgemeine Grundsätze können, sofern sie genügend verbreitet und für den internationalen Handelsverkehr besonders geeignet sind, herangezogen werden. Kann nach allgemeinen Grundsätzen eine interne Rechtsfrage nicht gelöst werden, etwa deshalb, weil ihre Komplexität zu hoch ist, um sie nach Grundsätzen zu ergänzen, so bleibt auch bei einer internen Lücke nur die Anwendung nationalen Rechtes.

---

[555] „Heimlich mitgeregelten“, vgl. *Magnus, U.*, Währungsfragen, RabelsZ 89, S. 120.

[556] „Soweit wie möglich“, Art. 1.6 II.

Die gefundenen allgemeinen Grundsätze sind für die Ergänzung einer Lücke, sofern sie noch nicht konkret genug sind, vom Rechtsanwender durch Auslegung im Sinne des Art. 1.6 I und durch rechtsvergleichende Umschau (insbesondere bei anderen Gerichtsentscheidungen) mit Inhalt zu füllen. Dieser Inhalt und damit die Lückenergänzung wächst dadurch „aus der Praxis und mit der Praxis“.[557] Im Grunde bleibt es Aufgabe des Rechtsanwenders, die Lückenergänzung nach allgemeinen Grundsätzen zu beleben und daraus folgend eine konkrete Rechtsregel aufzustellen.[558] Diese Rechtsregeln können in Ausnahmefällen durch eine andere Ergänzungsmöglichkeit ersetzt werden.[559]

---

557 *Esser, J.*, Grundsatz und Norm, S. 248.

558 Vgl. *Schlesinger, R./Bonassies, P.*, Fonds commun, Rev. int. dr. comp. 63, S. 517 et seq.

559 Siehe die Beispiele in Teil 2 mit entsprechenden Literaturnachweisen.

Teil 2: Praktische Anwendung des Art. 1. 6 II an einigen Beispielen

B) TEIL 2 KAPITEL 1: Rückgewährschuldverhältnisse

Das erste Beispiel, an welchem die Lückenergänzung dargestellt wird, soll zeigen, wie Einzelfragen eines geregelten Komplexes behandelt werden können, bei denen weniger der sachliche Anwendungsbereich als vielmehr die konkrete Ausgestaltung einzelner Probleme fraglich ist. Untersucht werden Lücken, welche innerhalb der (allgemein in Art. 7.3.6 geregelten) Materie „Rückgewährschuldverhältnisse" auftreten können.

I. Einführung: Rückgewährschuldverhältnis in den UNIDROIT-Principles

Die UNIDROIT-Principles sehen in ihrem siebenten Kapitel mehrere Rechtsbehelfe im Falle von Vertragsverletzungen vor. Einer davon ist die Vertragsaufhebung.[560] Sie wird in den Artt.7.3.1 bis 7.3.6 normiert. Die Regel des Art.7.3.6., alles „Geleistete" zurückzuverlangen und alles „Erhaltene" zurückzugewähren, ist zum Teil dem Art. 81 II CISG nachgebildet, der ebenfalls das Recht auf Rükkerhalt alles Geleisteten postuliert. Dieses Verhältnis wird als Rückgewährschuldverhältnis bezeichnet.

Wie die Rückgewähr im Grundsätzlichen vorgenommen wird, ist in Art. 7.3.6 ausdrücklich normiert. Einige Einzelfragen bleiben jedoch offen. Dazu zählen diejenigen nach dem Erfüllungsort des Rückgewährschuldverhältnisses bei beweglichen Sachen, nach der Kostentragung für den Rückabwicklungsanspruch sowie nach der Möglichkeit eines Aufwendungsersatzes und nach einem Anspruch wegen pflichtwidrig nicht gezogener Nutzungen. Eine weitere nicht geklärte Frage ist, ob und wie Schadensersatzansprüche aus der Verletzung des Rückgewährschuldverhältnisses entstehen, insbesondere bei der Verschlechterung der Sache nach der Aufhebung.[561]

In Weiterentwicklung zu Art. 81 II EKG („Nutzungen und Vorteile") und Art. 84 II CISG („Vorteile") wird in Art. 7.3.6 normiert, daß alles „Erhaltene" zurückzugewähren sei. Die Regelung ist somit allgemein gehalten. Eine Lösung der oben genannten Probleme kann ihr nicht ausdrücklich entnommen werden, es liegen also Lücken vor.

---

[560] Eine rechtsvergleichende Untersuchung zum Institut der Vertragsaufhebung findet sich bei *Treitel, G.*, Remedies.

[561] Weitere nicht geregelte Punkte sind etwa die Aufrechenbarkeit der Geldforderungen, vgl. *Weber, R.*, Vertragsverletzungsfolgen, *BTJP*, S. 186, und eine Modifizierung des Rückgewährschuldverhältnisses bei Ersatzlieferung.

Alle diese Fragen gehörten auch schon in den Bereich der ungeklärten Punkte der CISG und des EKG, so daß es im Zusammenhang mit Verträgen über bewegliche Sachen noch einmal notwendig werden kann, sich bei Anwendbarkeit der UNIDROIT-Principles mit diesen Lücken zu beschäftigen. Überdies werden einige der Fragen auch bei Nichtkaufverträgen (als Beispiel wurde meist der internationale Bauvertrag gewählt) relevant. Im Folgenden muß festgestellt werden, ob es sich um interne oder externe Lücken handelt und sich allgemeine Grundsätze finden lassen, die zur Ergänzung der Lücken geeignet sind. Da für alle folgenden Fragen des Rückgewährschuldverhältnisses gemeinsam geltend, sollen der sich gleich anschließenden Untersuchung vier Punkte vorausgeschickt werden. Erstens gehören die untersuchten Probleme nicht zu den durch Art. 3.1 ausdrücklich ausgeschlossenen Materien. Zweitens sind sie alle ein Teil des von den Parteien wählbaren Rechtsbehelfes Vertragsaufhebung. Im Sinne einer Rechtsvereinheitlichung und vor allem der Rechtssicherheit ist es für die Vertragsparteien wichtig, von vornherein zu wissen, wie dieser Rechtsbehelf von den Gerichten und Schiedsrichtern ausgestaltet werden wird.[562] Bei all diesen Lücken ist daher ein Rückgriff auf die für die Handeltreibenden nicht vorhersehbaren Regeln des internationalen Privatrechts und des nationalen Rechts nicht sinnvoll. Auch sollen durch die UNIDROIT-Principles die nationalen Regeln bis auf Art. 1.4 so weit wie möglich ausgeschlossen erden,[563] so daß keine zu hohen Anforderungen an die sachliche Anwendbarkeit gestellt werden sollten. Drittens ist die Vertragsaufhebung kraft Gesetzes mit derjenigen durch eine Partei, die in der Behandlung in manchen nationalen Rechten getrennt werden, gleichgestellt.[564] Viertens ist die Vertragsaufhebung kein ausschließlicher Rechtsbehelf. Durch Art.7.3.5 II wird gezeigt, daß die Vertragsaufhebung Schadensersatzansprüche nicht ausschließt.[565] Die UNIDROIT-Principles folgen also, wie bereits CISG und EKG, dem Grundsatz, daß Schadensersatz und Vertragsaufhebung nicht alternative sondern kumulative Rechtsbehelfe sind, ein dem Einheitsrecht bereits bekannter Grundsatz.[566]

---

[562] So ähnlich auch *Hellner, J.*, UN-Convention, FS Riesenfeld , S. 76.

[563] Kommentar zu den UNIDROIT-Principles, S. 3 „subject only to the application of those rules of domestic law which are mandatory...“.

[564] Statt aller *Stötter, V.*, EKG, Art.78 Denkschrift (S. 353).

[565] So auch *Garro, A.*, Gap-filling role, TLR 95, S. 1188; vgl. auch Kommentar zu den UNIDROIT-Principles, S. 157.

[566] Vgl. *Garro, A.*, Gap-filling role, TLR 95, S. 1188, der dies für die UNIDROIT-Principles feststellt; *Dölle, H.*/ Weitnauer, Art. 78 Rn7; *Beß, J.*, Haftung S. 133, S. 109; *Leser, H.-G.*, Vertragsaufhebung in: Schlechtriem, S. 227, *Leser, H.-G.*, Vertragsaufhebung in: Kolloquium, S. 6; so ist es laut *Leser, H.-G.*, Vertragsaufhebung in: Schlechtriem, S. 227 auch im anglo-amerikanischen und französischen Recht. Zu einer möglichen Modifizierung der Schadensersatzregelungen bei gleichzeitiger Vertragsaufhebung siehe *Leser, H.-G.*, Vertragsaufhebung, in: Schlechtriem, S. 251,252.

Bevor auf die oben genannten Lücken eingegangen wird, ist es zunächst sinnvoll, die allgemeine Funktion und Natur des Rückgewährschuldverhältnisses und seine Regelung in den UNIDROIT-Principles zu betrachten. Denn diese beeinflußt auch die Schlußfolgerungen bezüglich einzelner Fragen.

Eine Auseinandersetzung mit dem Rückgewährschuldverhältnis als solchem kann im Rahmen dieser Arbeit nur in Kurzfassung geschehen.

Das Rückgewährschuldverhältnis, seine Basis und seine Wirkung ist schon in den nationalen Rechten umstritten, und überdies haben die verschiedenen Nationen verschiedene dogmatische Grundlagen für die Restitution gewählt.[567] Die Rechtsnatur des Rückgewährschuldverhältnisses, die Rechtsbehelfe nach einer Lösung vom Vertrag und vor allem deren Verhältnis untereinander ist bereits mehrfach in Frage gestellt und beleuchtet worden.[568]

Beispielsweise im deutschen Recht hat sich die Auffassung durchgesetzt, die Vertrags"auflösung" beende nicht den ganzen Vertrag als solchen. Vielmehr bleibe der Vertrag erhalten, bekäme vielmehr einen neuen Inhalt.
Diese Auffassung ist nicht universell in allen Rechtsordnungen zu finden.[569] Im Einheitsrecht aber wird sie ebenfalls vertreten: Für die CISG bzw. das EKG wurde verschiedentlich festgestellt, daß, dogmatisch gesehen, der Primärvertrag in ein Abwicklungsverhältnis „umgesteuert"[570] wird. Der Lehre vom „Vertragsrahmen" folgen offenbar auch diejenigen, welche das Rückgewährverhältnis als „Austauschverhältnis mit umgekehrten Vorzeichen" bezeichnen.[571]

Diese Auffassung kann den UNIDROIT-Principles zugrunde gelegt werden.[572] Ein Anhaltspunkt hierfür findet sich in Art. 7.3.5 [573]. Dieser legt fest, daß durch die Aufhebung die Erfüllungspflicht zwar erlischt, andere Vertragsbestimmungen, die noch wirksam sein sollen,

---

[567] Zu diesem Problem ausführlicher: *Englard, I.*, Restitution, Encyclopaedia of Comparative Law, Band 10, Kapitel 5.

[568] Eingehend insbesondere *Leser, H.-G.*, Vertragsaufhebung in: Schlechtriem, S. 238-248; *Leser, H.-G.*, Lösung, FS Wolf, S. 373 et seq.

[569] Beispielsweise (mindestens bis 1968) nicht im französischen Recht, *Landfermann, H.-G.*, Auflösung, S. 78. Eingehender *Treitel, G.*, Remedies, S. 382 et seq.

[570] *Caemmerer, E. von*/Schlechtriem/Leser, vor Artt.81-84 Rn8, Art.81 Rn10; *Leser, H.-G.*, Rücktritt, S. 159.

[571] *Dölle, H.*/Weitnauer, Art. 78 Rn6; ähnlich *Leser, H.-G.*, Vertragsaufhebung in: Schlechtriem, S. 225.

[572] Vgl. hierzu auch *Studies Unidroit* 86, Study L, Document 36, S. 8.

[573] In Anlehnung an Art. 81 II CISG.

oder Bestimmungen über die Beilegung von Streitigkeiten (Art.7.3.5 III) weiter gelten sollen: Der Vertrag geht nicht gänzlich unter.[574] Also wird ein Vertrag nach Vertragsaufhebung nicht in seiner Gesamtheit aufgehoben,[575] sondern der Vertragsrahmen[576] besteht weiter. Die Aufhebungserklärung eines Vertrages läßt sich, wie in EKG und CISG[577], als ein Gestaltungsrecht begreifen,[578] da sie einseitig ist und nur bei wesentlicher Nichterfüllung[579] abgegeben werden kann (Art.7.3.1). Die Pflicht zur Erfüllung wird aufgehoben. An die Stelle der Erfüllungspflichten treten Ersatzansprüche.[580] Daneben bestehen auch einige vertragliche Pflichten fort, und die Rückabwicklung findet im Rahmen des ursprünglichen Vertrages nach eigenen Regeln statt.[581] Als Beispielsfall für die untersuchten Lücken wurde nach Möglichkeit der internationale Bauvertrag gewählt, die Ausführungen sind aber auch auf alle anderen Vertragsarten, bei denen es um Restitution geht, anwendbar. Im Bauvertrag ist die Vertragsaufhebung mit anschließender Rückgewähr zwar eine ungewöhnliche aber statthafte Alternative der Vertragsbeendigung.[582] Dies mag unerwünscht erscheinen,[583] wurde aber durch die Fassung der Artt. 7.3.1 et seq. ermöglicht. Es fragt sich, wie mit diesen Artikeln im Falle eines Bauvertrages umzugehen ist.[584]

II. Erfüllungsort des Rückgewährschuldverhältnisses

Zunächst soll die Lücke ergänzt werden, an welchem Ort die Rückgewährpflicht zu erfüllen ist. Es handelt sich hierbei um das Beispiel einer internen Lücke,

---

[574] Vgl. auch *Studies Unidroit* 90, Study L Doc. 48, Draft and Comment, S. 9 „The contract, however, is not cancelled...".

[575] Dies gilt trotz der verwirrenden Terminologie von „Aufhebung, „to bring the contract to an end".

[576] *Schlechtriem, P.*, UN-Kaufrecht, Rn330; *Karollus, M.*, UN-Kaufrecht, S. 1656; ähnlich *Beß, J.*, Haftung S. 110.

[577] Zum EKG *Dölle, H.*/Weitnauer, vor Art.78 Rn1; zur CISG *Leser, H.-G.*, Vertragsaufhebung, in: Schlechtriem, S. 233.

[578] Dazu ausführlich zum EKG *Leser, H.-G.*, Vertragsaufhebung, in: Kolloquium, S. 14-15. Seine Überlegungen können für die UNIDROIT-Principles übernommen werden.

[579] Was darunter für die UNIDROIT-Principles zu verstehen ist, ist noch nicht geklärt, Beispiele finden sich in Art.7.3.1 selbst.

[580] *Leser, H.-G.*, Lösung, FS Wolf, S. 374

[581] So *Leser, H.-G.*, Vertragsaufhebung in: Schlechtriem, S. 226.

[582] Vgl. *Locher, H.*, Baurecht, Rn44; *Schlechtriem, P.*, UNIDROIT-Principles, FS Craushaar, S. 166.

[583] Vgl. *Schlechtriem, P.*, UNIDROIT-Principles, FS Craushaar, S. 166, S. 165 et seq..

[584] Zur Vertragsaufhebung im internationalen Bauvertrag siehe auch *Stokes, Mc Neill*, Construction, S. 133 et seq.

welche grundsätzlich durch Analogie ergänzt werden kann. Das Problem des Erfüllungsortes wird sich bei der Rückgewähr von beweglichen Sachen stellen.

1. Allgemeines

Das Problem stellt sich insbesondere bei Verträgen, welche die Verschiebung beweglicher Sachen zur Folge haben. Verträgen über unbewegliche Sachen stellt sich das Problem weniger, da praktische Gründe einen Erfüllungsort vorgeben. Ist allerdings für Teilgegenstände eines Vertrages über unbewegliche Sachen eine Rückgabe an einem anderen Ort möglich (etwa für Bauteile), so gelten auch hierfür nachstehende Erwägungen.

Der Erfüllungsort für Sekundärpflichten ist in den UNIDROIT-Principles nicht ausdrücklich geregelt. Es findet sich aber eine Vorschrift für den Erfüllungsort der Primärpflichten in Art. 6.1.6. Hiernach sind Zahlungsverpflichtungen am Niederlassungsort des Gläubigers (Art.6.1.6.1 a)), sonstige Verpflichtungen am Niederlassungsort des Schuldners (Art.6.1.6.1 b)) zu erfüllen.

Der Kommentar zu den UNIDROIT-Principles empfiehlt,[585] diese Regel für den Erfüllungsort des Rückgewährschuldverhältnisses im Rahmen der Lückenergänzung nach Art. 1.6 II analog heranzuziehen. Dies ist jedoch nur möglich, wenn die Frage nach dem Erfüllungsort des Rückgewährschuldverhältnisses in den sachlichen Anwendungsbereich der UNIDROIT-Principles fällt und die Ähnlichkeit dieser Problematik mit der Frage nach dem Erfüllungsort des Primärschuldverhältnisses eine analoge Anwendung des Art. 6.1.6 rechtfertigt.

2. Sachliche Anwendbarkeit der UNIDROIT-Principles

Der sachliche Anwendungsbereich der UNIDROIT-Principles ist eröffnet, wenn der Erfüllungsort für Rückgewährpflichten ein Teil der von den UNIDROIT-Principles erfaßten Materie ist. Ausdrücklich geregelt in Art. 6.1.6, obschon dieser Artikel unter der Überschrift „Erfüllung im Allgemeinen" steht, ist der Erfüllungsort für die Rückgewähr offenbar nicht, denn davon geht die Kommentierung aus, wenn sie eine Analogie empfiehlt.[586] Die Frage des Erfüllungsort könnte schon deswegen in den sachlichen Anwendungsbereich der UNIDROIT-Principles fallen, weil sie zu einem umfassend geregelten Komplex innerhalb dieser Principles gehört. Da die Rückgewähr und die Folgen der Vertragsaufhebung ausdrücklich geregelt sind, gehören Fragen, die ein Teil hiervon sind, zu dem sachlichen Anwendungsbereich der Principles.[587]

[585] Kommentar zu den UNIDROIT-Principles S. 15.

[586] Kommentar zu den UNIDROIT-Principles, S. 15.

[587] Vgl. Kommentar zu den UNIDROIT-Principles, S. 15.

Geregelt ist die Vertragsaufhebung in Artt. 7.3.5 und 7.3.6. Zu untersuchen ist somit, ob der Erfüllungsort als ein Teil dieses Rechtsverhältnisses anzusehen ist. Dies ist anzunehmen. Der Erfüllungsort der normierten Pflicht folgt unmittelbar aus der geregelten Verpflichtung: Jede Verpflichtung muß an einem bestimmten Ort erfüllt werden.
Dennoch wird er bisweilen gesondert (etwa im Europäischen Übereinkommen über den Zahlungsort von Geldschulden) oder in einem allgemeinen Teil (BGB) geregelt und nicht unmittelbar mit der Verpflichtung verknüpft.
Die Literatur zum Einheitsrecht, insbesondere zu CISG und EKG, läßt aber den Schluß zu, daß hier der Erfüllungsort als Teil des zu erfüllenden Rechtsverhältnisses gesehen wird. So gehen die Stimmen, welche die Frage nach dem Erfüllungsort der Rückgewährschuld stellen, jeweils im Rahmen des Inhalts des Rückgewährschuldverhältnisses auf den Erfüllungsort ein.[588] Die sachliche Anwendbarkeit der CISG und des EKG in bezug auf den Erfüllungsort des Rückgewährschuldverhältnisses wurde konsequent nicht bestritten. Es bestand vielmehr Einigkeit darüber, daß eine Lücke vorliegt, die nach den allgemeinen Grundsätzen im Sinne des 17 EKG[589] bzw. Art. 7 II CISG[590] gelöst werden mußte. Es kamen lediglich divergierende Auffassungen auf, ob und welche anderen Bestimmungen analog angewendet werden sollen. Der Rückgriff auf nationales Recht war für den Erfüllungsort jedenfalls nicht maßgeblich,[591] ja der Anwendungsbereich wurde „selbstverständlich" darauf ausgedehnt.[592]

Dies kann für die UNIDROIT-Principles mangels anderer Anhaltspunkte übertragen werden, da die entsprechenden Regelungen ganz ähnlich sind. Damit ist der Erfüllungsort als Teil des geregelten Rückgewährschuldverhältnisses anzusehen, ein Teil der Folgen der Aufhebung.[593] Folglich fällt diese Lücke in den sachlichen Anwendungsbereich der UNIDROIT-Principles.[594]

Ein weiteres Argument stützt diese Ansicht. Der Erfüllungsort der Primärverpflichtung wird in den UNIDROIT-Principles im Zusammenhang mit der Verpflichtung zur Primärerfüllung und ihren Modalitäten geregelt. Dies heißt, daß

---

588 *Honsell, H.*, Art. 81 Rn21; *Herber, R./Czerwenka, B.*, Internationales Kaufrecht, Art.81 Rn12; *Dölle, H.*/Weitnauer, Art.78 Rn6; *Schlechtriem, P.*, UN-Kaufrecht, Rn331; *Caemmerer, E. von*/Schlechtriem/Leser, Art.81 Rn17; vgl. *Schlechtriem, P.*, Lückenfüllung, IPRax 81, S. 113, 114.

589 BGHZ 78, 260.

590 *Schlechtriem, P.*, OLG Düsseldorf, EWIR 93, 1075.

591 Im Gegensatz zum prozessualen Erfüllungsort, vgl. *Schack, H.*, Klägergerichtsstand, IPRax 87, S. 215 et seq.

592 *Schlechtriem, P.*, UN-Kaufrecht, Rn42.

593 Vgl. *Schack, H.*, Klägergerichtsstand, IPRax 87, S. 215.

594 Vgl. *Studies Unidroit* 1994, P.C. Misc. 19, S. 47.

die „Erfüllung im Allgemeinen“ von den UNIDROIT-Principles auch erfaßt wird soll. Es ist daher nicht einsichtig, daß die Erfüllung von Sekundärschulden von dem Anwendungsbereich ausgenommen sein sollte. Die Tatsache, daß im Kommentar zu Art. 1.6 II ausdrücklich eine Lösung der Frage nach dem Erfüllungsort der Rückgewähr nach Analogie empfohlen wird,[595] bestätigt, daß auch der Kommentator davon ausging, daß diese Frage jedenfalls in den sachlichen Anwendungsbereich der UNIDROIT-Principles fallen soll.

Der materiellrechtliche Erfüllungsort der Rückgewährverpflichtung gehört zu den Folgen der Vertragsaufhebung und ist somit eine interne Lücke.[596] Im weiteren muß nun untersucht werden, wie die Lücke konkret ergänzt werden kann. Hier stellt sich insbesondere die Frage, ob und in welchen Fällen die

Regel über den Erfüllungsort des Primärschuldverhältnisses analog auf den Erfüllungsort des Rückgewährschuldverhältnisses anzuwenden ist.[597]

3. Analoge Anwendbarkeit des Art. 6.1.6

Bei der Lückenergänzung bietet es sich zunächst an, analog anwendbare Regelungen zu ermitteln.[598] Für den Fall des Erfüllungsorts der Rückgewähr wird dies auch von dem Kommentar zu den UNIDROIT-Principles empfohlen.[599]

Die UNIDROIT-Principles weisen bezüglich des Leistungsortes eine Besonderheit auf. Art. 6.1.6 stellt eine grundsätzliche Regelung des Erfüllungsortes sowohl von Geldschulden als auch von jeder anderen Verpflichtung auf. Hierdurch werden einige Problematiken vermieden, denn die differenzierte Bestimmung des Leistungsortes in EKG und besonders der CISG erschwerte die Ergänzung dieser Lücke.[600]

a) Ergänzungsvorschläge im Rahmen von EKG und CISG

Für die gleichartige Lücke in EKG und CISG wurden einige Ergänzungsvorschläge gemacht.

---

[595] Kommentar zu den UNIDROIT-Principles S. 15.

[596] Vgl. *Kindler, P.*, CISG, JBitR 92, S. 109; *Schack, H.*, Klägergerichtsstand, IPRax 87, S. 216; deutlich hierzu besonders für das EKG *Schlechtriem, P.*, Lückenfüllung, IPRax 81, S. 114; bezüglich der *Schlechtriem, P.*, UN-Kaufrecht, Rn42.

[597] Zur Frage, ob eine Analogie zur Lückenfüllung gehört, siehe Teil 1, V., 2.; a.A. offenbar *Dölle, H.*, Bemerkungen, FS Ficker, S. 140.

[598] Vgl. Teil 1, V., 2.

[599] Kommentar zu den UNIDROIT-Principles S. 15.

[600] *Caemmerer, E. von*/Schlechtriem/Leser, Art.81 Rn17.

aa) EKG

Für das EKG wurde überwiegend angenommen, daß Art.59 I EKG jedenfalls für die Rückzahlung des Kaufpreises „spiegelbildlich" oder analog[601] angewendet werden sollte.[602]
Eine Entscheidung des BGH[603] zog diesbezüglich die Schwierigkeit mit sich, daß ein nach dem EKG geschuldeter Schadensersatz grundsätzlich dort zu leisten sei, wo die entsprechende Vertragspflicht hätte erfüllt werden müssen.[604]
Für eine echte analoge Anwendung des Art. 59 I EKG (grundsätzlicher Erfüllungsort der Niederlassung des Gläubigers) sei dann aber kein Raum, vielmehr wurde ein allgemeiner Grundsatz gewonnen, daß die Sekundärpflichten an dem Ort zu erfüllen seien, an welchem die Primärpflichten zu erfüllen waren, ohne daß erneut ein Erfüllungsort bestimmt werden müsse. Begründet wurde dies mit einer grundsätzlichen Entscheidung des EKG für den Sitz des Verkäufers, insbesondere für die Schadensersatzverpflichtung.[605] Die Plausibilität dieser Entscheidung ist bestritten worden, insbesondere deshalb, weil der Erfüllungsort für die Rückgewähr der Ware im Sinne des Art.59 I 2.HS EKG nicht richtig bestimmt worden sei.[606]
Dieses Problem entfällt bei der Anwendung der UNIDROIT-Principles, da diesen weder ein irgendwie gearteter Vorrang einer Parteiniederlassung entnommen werden kann,[607] noch ein besonderer Erfüllungsort bei Warenkauf festgelegt ist. Vielmehr stellt Art. 6.1.6 eine grundsätzliche Entscheidung für einen Erfüllungsort dar, der abhängig von der *Natur* der jeweiligen Pflicht ist. Hierbei ist keine Entscheidung für einen Vorrang der Sachl- vor der Geldleistung getroffen worden.[608] Es handelt sich vielmehr um eine echte „Grundregel",[609] die ohne Parteivereinbarung immer eingreifen soll.

---

[601] *Dölle, H.*/Weitnauer, Art. 78 Rn6; *Enderlein, F./Maskow, D./Strohbach, H.*, Internationales Kaufrecht, Art. 82 Rn6.3; *Huber, U.*, Einheitliches Gesetz, DB 75, S. 1590, für die „entsprechende" Anwendung *Soergel, H.-T.*/Lüderitz Art.78EKG Rn6; *Weber, R.*, Vertragsverletzungsfolgen, *BTJP*, S. 186.

[602] *Mertens, H.-J./Rehbinder, E.*, Internationales Kaufrecht, Art. 78 Rn6; *Dölle, H.*/Weitnauer, Art.78 Rn6; *Schwenzer, I.*, Battle of Forms, IPRax 88, S. 214; *Soergel, H.-T.*/Lüderitz, Art.78 EKG Rn6; unklar *Stötter, V.*, EKG, Art.78 Rn4.

[603] BGHZ 78, S. 257 et seq.

[604] BGHZ 78, S. 260.

[605] BGHZ 78, S. 261.

[606] Vgl. *Schlechtriem, P.*, OLG Düsseldorf, EWIR 93, S. 1076; *Schlechtriem, P.*, Lückenfüllung, IPRax 81, S. 115.

[607] Vgl. Kommentar zu den UNIDROIT-Principles, S. 123 „The importance of the parties respective places of business ...".

[608] Für das EKG nahm dies *Schack, H.*, Klägergerichtsstand, IPRax 87, S. 267/271 an.

[609] Vgl. Kommentar zu den UNIDROIT-Principles, S. 122 „The general rule is ...".

ab) CISG

In der Literatur zur CISG wird dem Problem des Erfüllungsortes von Sekundärpflichten überwiegend ebenfalls durch eine Analogie zu den Artt. 31 und 57 I CISG begegnet. Hierbei wird teilweise ausdrücklich von einer Analogie,[610] „spiegelbildlichen Anwendung"[611] oder Umkehrung[612] gesprochen, teilweise wird ein „Grundsatz"[613] aus Art. 57 I CISG gewonnen, nach welchem Geldschulden am Niederlassungsort des Gläubigers bezahlt werden müssen. Andernorts wiederum wird dies mit der Existenz und „Althergebrachtheit" des Grundsatzes im Einheitsrecht untermauert, daß Geldschulden grundsätzlich Bringschulden sind.[614] Wegen der gleitenden Grenzen zwischen Analogie und allgemeinen Grundsätzen[615] ist eine Unterscheidung zwischen beiden Meinungen unwesentlich.

Nach nahezu einhelliger Ansicht war daher die CISG der Ort der Niederlassung des Käufers grundsätzlich Erfüllungsort der Rückzahlung des Kaufpreises,[616] also eine echte spiegelbildliche Anwendung des Art. 57 CISG geboten.

b) UNIDROIT-Principles

Nachdem schon in EKG und CISG die Lösung dieser Frage also über eine Analogie gefunden worden ist, ergibt sich kein Anhaltspunkt dafür, dies bei den UNIDROIT-Principles anders zu halten. Vielmehr wird eine solche Vorgehensweise empfohlen.[617]

Die Sachlage bei der Problematik des Sekundärerfüllungsortes jedenfalls ist im Sinne einer Gesetzesanalogie mit dem Primärerfüllungsort vergleichbar:

---

[610] *Leser, H.-G.*, Vertragsaufhebung in: Schlechtriem, S. 242; *Schlechtriem, P.*, Commentary, Art. 81 Rn17.

[611] *Caemmerer, E. von*/Schlechtriem/Leser, Art.81 Rn17; *Piltz, B.*, Entwicklungen, NJW 96, S. 1105.

[612] *Soergel, H.-T.*/Lüderitz, Art. 78 EKG Rn6, Art. 81 CISG Rn7.

[613] *Schlechtriem, P.*, OLG Düsseldorf, EWIR 93, S. 1075, zu OLG Düsseldorf.

[614] Vgl. *Schlechtriem, P.*, Lückenfüllung, IPRax 81, S. 115.

[615] Vgl. Teil 1, V., 2.b).

[616] So *Caemmerer, E. von*/Schlechtriem/Leser, Art. 81 Rn18;*Neumayer, K./Ming, C.*, Kommentar, Art. 81 Nr.4; *Piltz, B.*, Internationales Kaufrecht, §5 Rn292; *Staudinger, J. von*/Magnus, Art.81Rn19; *Honsell, H.*/Weber, Art.81 Rn21; *Schlechtriem, P.*, UN-Kaufrecht, Rn331; unter Berufung auf BGHZ 78, 257 et seq. zum EKG anders wohl *Herber, R./Czerwenka, B.*, Internationales Kaufrecht , Art.81 Rn12; a.A. auch *Jan, S.-L.*, Erfüllungsverweigerung, S. 218.

[617] Kommentar zu den UNIDROIT-Principles, S. 15.

Es handelt sich um Pflichten der Parteien, die aus dem Vertragsverhältnis entstehen, und deren entsprechenden Erfüllungsort.[618] Wenn die Erfüllungsmodalitäten im allgemeinen geregelt sind und die Situation vergleichbar ist (Erfüllung einer Pflicht), so ist eine Analogie die angemessene Lösung. Dies gilt insbesondere deshalb, weil man sich trotz Diskussion um eine detailliertere Regelung über den Erfüllungsort für eine „Grundregel" entschied.[619]

Der Erfüllungsort für die Rückgewähr einer Sache bestimmt sich demnach in den UNIDROIT-Principles grundsätzlich analog der Grundregel des Art. 6.1.6. Geldschulden sind demnach Bringschulden, Sachschulden Schick- oder Holschulden.[620]

4. Ausnahmen

Wird bei der Lückenergänzung eine grundsätzliche Vorschrift gefunden, ist damit noch nicht gesagt, daß sie für alle Fälle der untersuchten Lücke gelten soll. Von dieser Regel könnten Ausnahmen zu machen sein, insbesondere wenn dies aus dem Vertrag entnehmbar ist.[621]
Dies könnte beim Erfüllungsort für das Rückgewährschuldverhältnis bisweilen der Fall sein. So wurde von den Stimmen, die für EKG und CISG grundsätzlich eine analoge Anwendung der Regelungen für den Erfüllungsort der Primärverpflichtung auf das Rückgewährschuldverhältnis annahmen, diese aber im folgenden für einige Fälle in Frage gestellt.

a) Parteivereinbarung

Nach dem den UNIDROIT-Principles zugrunde liegenden Grundsatz des Vorrangs des Parteiwillens, Art.1.1, können die Parteien einen anderen Erfüllungsort als den des Art. 6.1.6 wählen. Diese Vereinbarung kann bei der Rückabwicklung als „Vertragsbedingung, die nach der Aufhebung noch wirksam sein soll", Art. 7.3.5 II, bestehen bleiben.[622] Allerdings muß sich die Parteivereinbarung ausdrücklich oder konkludent auch gerade auf das Rückgewährschuldverhältnis beziehen, denn sonst greift Art. 7.3.5. II nicht („noch wirksam sein soll").

---

[618] Denn der Vertrag bleibt auch im Rahmen der Rückgewährschuldverhältnisses erhalten; siehe unter Teil 2, Kapitel 1, I.

[619] Vgl. Report on the Meeting from 28-30 November 85, Unidroit 86, P.C. – Misc. 8, S. 10.

[620] Vgl. *Garro, A.*, Gap-filling role, TLR 95, S. 1188. Dieses Ergebnis legt auch die Illustration auf S. 191 der UNIDROIT-Principles nahe, welche ein Beispiel für den Ablauf einer Rückgewähr darstellt.

[621] Vgl. auch die Vorform, „unless circumstances indicate otherwise", des Art. 6.1.6, Report on the Meeting from 28-30 November 85, Unidroit 86, P.C. – Misc. 8, S. 10.

[622] So *Schlechtriem, P.*, UN-Kaufrecht, Rn331.

b) Vereinbarung für die Primärschuld

Für das EKG ist zum einen problematisiert worden, ob nicht eine Vereinbarung eines Versendungskauf es rechtfertigen würde, für die Rückabwicklung „spiegelbildlich" anzunehmen, daß die Rückgewährverpflichtung in Abweichung zu Art. 23 EKG eine Bringschuld statt einer Hol- oder Schickschuld darstelle.[623] Für die UNIDROIT-Principles könnte diese Frage so erweitert werden, daß untersucht wird, ob immer, wenn für die Primärverpflichtung ein bestimmter Erfüllungsort gewählt wurde, dieser auch für die Sekundärschuld anwendbar ist.

Kann solches aus der Parteivereinbarung entnommen werden, gilt das unter 4.1. Gesagte. Ist dies nicht der Fall, findet sich in den UNIDROIT-Principles kein Anhaltspunkt, etwa die Sachschuld als Bringschuld aufzufassen.[624] Im Gegenteil soll diese nach Art. 6.1.6 eine Holschuld oder Schickschuld, Erfüllungsort jedenfalls die Niederlassung des Schuldners sein. Art. 6.1.6 ist eine allgemeine Regelung des Erfüllungsortes, die sich auch auf einen Versendungskauf bezieht.[625] Ist keine gesonderte Vereinbarung getroffen, bleibt es bei der Grundregel, daß der Erfüllungsort einer Verpflichtung allein von der Natur der Pflicht als Geldschuld oder andere Schuld abhängig gemacht wird.

c) Erfüllungsort für die Rückgewähr einer Geldleistung bei Rückgewährpflicht einer vertragstreuen Partei

Die analoge Anwendung der Regeln für die Erfüllung des Primärschuldverhältnisses könnte als Problem empfunden werden, wenn es um die Rückgewähr einer Geldleistung geht und der vertragstreue Teil die Geldleistung zurückzugewähren hat.[626]

In den UNIDROIT-Principles ist die Leistung einer Geldschuld als Bringschuld ausgestaltet (Art. 6.1.6 I a)).[627] So war es auch schon im EKG (Art.59 I), in der CISG (57 I a)) und im Europäischen Übereinkommen über den Zahlungsort von Geldschulden, Art. 1 I.[628]

---

[623] Angerissen bei *Schlechtriem, P.*, Lückenfüllung, IPRax 81, S. 115.

[624] Ebenso für das EKG *Schlechtriem, P.*, Lückenfüllung, IPRax 81, S. 115.

[625] Für den Normalfall eines Versendungskaufs ist ohnehin eher eine Schickschuld als eine Bringschuld anzunehmen, da dies dem üblichen Fall eines Versendungskaufs entspricht. Vgl. *Schlechtriem, P.*, UN-Kaufrecht, Rn331.

[626] Offenbar für die Annahme einer Holschuld bzgl. des Geldes *Schlechtriem, P.*, UN-Kaufrecht, Rn331.

[627] Ähnlich wie im englischen und US-amerikanischen Recht, vgl. *Caemmerer, E. von*, Zahlungsort, FS Mann, S. 4.

[628] Vgl. dazu *Klingsporn, B.*, Zahlungsort, WM 71, S. 1264.

Geldschulden sind in den UNIDROIT-Principles grundsätzlich Bringschulden, Art. 6.1.6 I a). Wendet man Art. 6.1.6 I a) analog an, ist die Geldzahlung an der Niederlassung des ehemaligen Schuldners zurückzugewähren. Wird nun dem vertragstreuen Teil seine Rückgewährverpflichtung als Bringschuld auferlegt, könnte dies wegen des höheren Risikos der Bringschuld als ungerechtfertigt empfunden werden.

Dem ist nicht zu folgen. Der Grundsatz „Geldschulden sind Bringschulden" hat keinen Bezug auf die Verhaltensweise oder Vertragstreue einer Partei. Er ist allein von der Natur der Leistung abhängig und ist eine grundsätzliche Entscheidung über die Behandlung von Geldschulden[629]. Er soll immer dann eingreifen, wenn keine Parteivereinbarung den Erfüllungsort festlegt.[630] Die Regel des Art. 6.1.6 I a) entspringt praktischen Bedürfnissen und hat sich in mehreren modernen Kodifikationen durchgesetzt[631] (die nationalen Rechte dagegen zeigen Uneinheitlichkeit[632]). Diese praktischen Bedürfnisse bestehen unabhängig von der Vertragstreue einer Partei. Daher ist es nicht gerechtfertigt, sie im Fall der Rückgewähr mit dem Verhalten einer Partei zu verknüpfen und diese Entscheidung zu umgehen. Das Risiko für den vertragstreuen Teil ist auch nicht so groß, daß eine Abweichung gerechtfertigt wäre.[633] Der Rückzahlunganspruch bleibt gewöhnliche Geldschuld[634], und es bleibt bei einer Analogie zu Art. 6.1.6.[635]

d) Rückgewähr der Sache bei Aufhebung durch vertragstreuen Gläubiger

Bei der Rückgewähr einer Sache besteht ein entsprechendes Problem. Hebt ein vertragstreuer Gläubiger den Vertrag auf, könnte die analoge Anwendung des Art. 6.1.6 unbillig sein.

Problematisch erscheint, ob dem vertragsuntreuen Schuldner bei analoger Anwendung des Art. 6.1.6 zugestanden werden soll, die Sachrückgabeverpflichtung

---

[629] Vgl. Kommentar zu den UNIDROIT-Principles, S. 122 „The second rule is specific to monetary obligations". Vgl. zur CISG Schlechtriem, EwiR 93, S. 1075 zu OLG Düsseldorf.

[630] Vgl. Kommentar zu den UNIDROIT-Principles, S. 122.

[631] Vgl. *Caemmerer, E. von,* Zahlungsort, FS Mann, S. 3; *Klingsporn, B.*, Zahlungsort, WM 72, S. 1264 et seq.

[632] So *Klingsporn, B.*, Zahlungsort, WM72, S. 1263; im deutschen Recht z.B. ist die Geldschuld nach §270 BGB Schickschuld, im englischen Bringschuld, vgl. *Caemmerer, E. von,* Zahlungsort, FS Mann, S. 4.

[633] Vgl. für die Sachschuld unter Teil 2, Kapitel 1, II., 4.d).

[634] Vgl. *Rabel, E.*, Entwurf, RabelsZ 35, S. 55.

[635] So auch zur CISG bezüglich der Preiszahlung *Leser, H.-G.*, Vertragsaufhebung in: Schlechtriem, S. 242; vgl. *Schack, H.*, Klägergerichtsstand, IPRax 87, S. 216.

am Ort der eigenen Niederlassung zu erfüllen.[636] Denn dies würde den vertragstreuen Gläubiger mit den damit verbundenen Risiken belasten, die bei Sachrückgabe gravierender sind als bei Geldschulden.[637] Die daraus resultierende Frage ist, ob es bei der objektiven Risikoverteilung des Art. 6.1.6 bleiben, oder ob der Veranlasser des Vertragsbruchs für die Folgen seines Verhaltens einstehen soll.[638]
Problematisiert wurde dies am Beispiel der Vertragsaufhebung durch den vertragstreuen Verkäufer in der CISG.[639] Die Literaturstimmen zu EKG und CISG, welche das Problem des vertragstreuen Verkäufers ansprechen, halten eine Belastung der vertragsuntreuen Partei für möglich.[640] Es wird vorgeschlagen,[641] die Aufhebungsumstände zu berücksichtigen und die Bestimmung der Erfüllungsorte je nach vertragsbrüchiger Partei festzulegen. Ihre Rückgewährpflichten wären Bringschulden.[642] Ein anderer Vorschlag ist eine Ergänzung der Rückgewährpflichten durch die Regelungen der Schadensersatzpflicht des Käufers.[643]

Es sei ein Teil der Schadensersatzpflicht, die Sachen an den Wohnort des Gläubigers „zurückzuschaffen".[644]

Letztere Annahme ist befremdlich, weil eine Rückgabepflicht ausdrücklich im Rückabwicklungsverhältnis formuliert wird und so ein Teil dieses Verhältnisses ist. Der Schadensersatz ist zwar kumulativ dazu anwendbar, jedoch sind die Pflichten nicht austauschbar. Vielmehr dienen die Regelungen des Schadensersatzes zum Ausgleich des verfehlten Vertragszieles, während das Rückgewährschuldverhältnis dagegen zur Rückgewähr empfangener Leistungen anhält.[645]

---

[636] So aber *Leser, H.-G.*, Vertragsaufhebung in: Schlechtriem, S. 254.

[637] Holschuld, Transportrisiko etc., vgl. *Schlechtriem, P.*, Lückenfüllung, IPRax 81, S. 115 und *Ziegler, U.*, Leistungsstörungen, S. 198.

[638] Die Frage wird auch angesprochen bei *Schlechtriem, P.*, UN-Kaufrecht, Rn331; *Dölle, H.*/Weitnauer, vor Art. 84 Rn10; angerissen bei *Leser, H.-G.*, Vertragsaufhebung in: Schlechtriem, S. 242.

[639] Vgl. *Dölle, H.*/Weitnauer Art. 78 Rn6; *Schlechtriem, P.*, UN-Kaufrecht Rn331; *Leser, H.-G.*, Vertragsaufhebung in: Schlechtriem, S. 242; *Caemmerer, E. von*/Schlechtriem/Leser, Art. 81 Rn20; *Staudinger, J. von*//Magnus, Art. 57 Rn23; Problematik angerissen bei *Weber, R.*, Vertragsverletzungsfolgen, *BTJP*, S. 190.

[640] Oder schlagen vertragliche Sonderregelungen vor, *Weber, R.*, Vertragsverletzungsfolgen, *BTJP*, S. 190.

[641] So *Schlechtriem, P.*, UN-Kaufrecht, Rn331.

[642] *Schlechtriem, P.*, UN-Kaufrecht, Rn331.

[643] *Dölle, H.*/Weitnauer, Art.78 Rn6.

[644] *Dölle, H.*/Weitnauer, vor Art. 84 Rn10.

[645] Gegen die Anwendung der Schadensersatzregelungen auf die Rückgabeverpflichtung auch *Leser, H.-G.*, Vertragsaufhebung in: Kolloquium, S. 18.

Im Ergebnis wird eine Bringschuld bezüglich der Sache angenommen.[646]

Es fragt sich nun, ob dem zu folgen ist. Das Problem besteht darin, ob Art. 6.1.6 eine wertungsfreie, ausnahmslos anzuwendende Grundsatzentscheidung darstellt, oder ob diesem Artikel bezüglich der Sachschuld auch eine Risikoverteilung zu entnehmen ist. Die Rückgewähr einer Sache ist mit Risiken verbunden, so wie die Erfüllung einer Sachprimärschuld. Ist der Schuldner vertragstreu, wird dies schon durch die analoge Anwendung des Art. 6.1.6 angemessen berücksichtigt. Es könnte angenommen werden, daß zwar nicht ausdrücklich, aber ansonsten wie in der CISG[647] von dem Grundfall des vertragstreuen Schuldners der Sachrückgabeschuld ausgegangen wurde. Ist ein ungewöhnlicher Fall des vertragstreuen Gläubigers gegeben, könnte im umgekehrten Fall auch eine Umkehr des Erfüllungsorts angemessen sein.

Der Kommentar zu den UNIDROIT-Principles[648] zeigt jedoch, daß bedacht wurde, daß die grundsätzliche Regel des Art. 6.1.6 I nicht immer angemessen[649] ist, aber dennoch eine Lösung für den Fall einer fehlenden Parteivereinbarung getroffen werden mußte. Dem ist zu entnehmen, daß Art. 6.1.6 I auch in Fällen greifen sollte, wo eine andere Lösung angemessener scheint. Das gilt auch für eine Analogie. Grundsätzlich müßte es also bei der Lösung des Art. 6.1.6 I analog bleiben. Ein wichtiger Grundsatz der UNIDROIT-Principles kann jedoch eine Ausnahme gebieten: der Grundsatz von Treu und Glauben, Art. 1.7. Dieser führt unter Umständen dazu, daß berücksichtigt werden muß, wer die Rückabwicklung veranlaßt hat.[650] Es fällt auf, daß die Vertreter einer Bringschuld keine absolute Theorie aufstellen, sondern ihre These als „möglicherweise" eingreifend darstellen. Nähere Ausführungen fehlen. Da festgestellt wurde, daß Art. 6.1.6 eine generelle Lösung für den Erfüllungsort darstellen soll, kann eine solche These für die UNIDROIT-Principles nur eingreifen, wenn nach den Umständen des konkreten Falles *ausnahmsweise* im Sinne des Art. 1.7 eine Abweichung geboten ist. Eine solche Situation ist aber nicht grundsätzlich gegeben, wenn ein vertragstreuer Gläubiger den Vertrag aufhebt, denn dies gehört unter die „not always the most satisfactory"[651] Fälle. Es müssen noch besondere Umstände hinzutreten, um Art. 1.7 eingreifen zu lassen. Daher bleibt es insgesamt bei der analogen Anwendung des Art. 6.1.6.[652]

---

[646] Weitnauer und Schlechtriem, a.a.O., sehen dies als „kann" bzw. „denkbare" Ausnahme.

[647] Zur CISG deutlich die Formulierung des Art. 82.

[648] Kommentar zu den UNIDROIT-Principles, S. 122.

[649] „Not always the most satisfactory", Kommentar zu den UNIDROIT-Principles, S. 122.

[650] So *Leser, H.-G.*, Vertragsaufhebung in: Schlechtriem, S. 252.

[651] Kommentar zu den UNIDROIT-Principles, S. 122.

[652] Vgl. zur CISG *Leser, H.-G.*, Vertragsaufhebung in: Schlechtriem, S. 254.

III. Kostentragung

Eine andere Lücke innerhalb des Art. 7.3.6 tut sich auf, wenn es darum geht, wer die Kosten der Erfüllung der Rückgewährschuld zu tragen hat. Die Rückgewähr von Sachen, beweglichen oder unbeweglichen, ist teilweise mit erheblichen Kosten verbunden.

Zunächst käme eine Lösung über Analogie in Frage. Für die Kostentragung der Rückgewährverpflichtungen könnten sich die gleichen Überlegungen wie zum Erfüllungsort heranziehen lassen. Dies bedeutete eine analoge Anwendung des Art. 6.1.11, welcher die Kostentragung für die Erfüllungspflichten regelt. Denkbar wäre auch, die Kosten der Rückabwicklung als Schaden im Sinne des Art. 7.4.2 I zu sehen. Schließlich gäbe es die Möglichkeit, die Rückgewährschuld als solche um die Kosten zu mindern.

1. sachliche Anwendbarkeit der UNIDROIT-Principles

Für den sachlichen Anwendungsbereich gilt, daß unabhängig von der Einordnung der Kostentragung für die Rückgewähr als Schadensersatz oder als Folge der Vertragsaufhebung der sachliche Anwendungsbereich der UNIDROIT-Principles eröffnet sein könnte.

Eine solche Ersatzpflicht gehört, wenn man sie aus der Vertragsaufhebung herleitet, zu deren Rechtsfolgen. Diese Folgen sind im Kapitel „Aufhebung" in den Artt. 7.3.1 bis 7.3.6 geregelt. Es muß davon ausgegangen werden, daß diese Regelung die Folgen der Vertragsaufhebung möglichst umfassend beschreiben wollte.[653] Die Kostentragung gehört zu dieser Regelungsmaterie, ähnlich wie dies bei dem Erfüllungsort der Fall war.[654]

Sieht man die Kosten als Teil des erstattungsfähigen Schadens an, gilt ähnliches für den Schadensersatz. Dieser ist im Abschnitt „Schadensersatz" in den Artt. 7.4.1 bis 7.4.13 geregelt worden. Die Regelungen sind vielfältig und umfassen mehrere Einzelheiten: den Umfang des Schadensersatzes, seine Voraussetzungen, eine Schadensminderungspflicht, Zinsen etc. Daher ist die Materie des Schadensersatzes umfassend von den UNIDROIT-Principles geregelt.[655] Wenn die Kosten der Rückgewähr ein Teil des ersatzfähigen Schadens nach Art. 7.4.1 et seq. sind, so gehören sie zum Anwendungsbereich der UNIDROIT-Principles.

---

[653] Dies legt schon der weit gefaßte Wortlaut nahe („whatever it has supplied...(or) received"), vgl. auch Kommentar zu den UNIDROIT-Principles, S. 190-192.

[654] Siehe unter Teil 2, Kapitel 1, II., 2.

[655] Vgl. Kommentar zu den UNIDROIT-Principles, S. 194 („general right to damages").

Die Kostentragung nach Vertragsaufhebung ist damit unabhängig von ihrer Einordnung in das Rückgewährschuldverhältnis oder den Schadensersatz Teil eines geregelten Komplexes und des sachlichen Anwendungsbereichs der UNIDROIT-Principles. Daher bleibt jetzt zu untersuchen, ob eine Ergänzung dieser Lücke durch eine analoge Anwendung des Art. 6.1.11 erfolgen soll, oder ob die Kosten ein Teil des Schadensersatzes sind. Im zweiten Fall bestünde keine echte Lücke, da die Kosten der Rückgewähr nach der Auslegung einer ausdrücklichen Regel verteilbar wären. Darauf soll es aber zunächst nicht ankommen, da der Text keine klare Lösung vorgibt und mehrere Lösungsmöglichkeiten vorstellbar sind.[656]

2. Verteilung der Kosten für die Rückgewähr in den UNIDROIT-Principles

Zur CISG und zum EKG gibt es Stimmen, welche die analoge Anwendung der Regeln für die Kostentragung des Primäranspruchs erwägen.[657] Die Kosten der Rückgewähr stellten keinen Teil eventuell abziehbarer Aufwendungen dar.[658] Sie seien dann von beiden Parteien hinsichtlich ihrer eigenen Rückgewährpflicht zu tragen.

Die weitaus häufiger vertretene Ansicht sieht dagegen die Kosten der Rückgabe als ersatzfähigen Schaden an.[659]

a) Rückgewährkosten als Schaden im Sinne des Art. 7.4.2

Dagegen könnte eingewandt werden, daß Schadensersatz und Rückgewähr vermischt würden. Dies ist aber nicht einsichtig, da der Schadensersatz über Art. 7.3.5 II zusätzlich zur Rückgewährschuld greift. Wenn die Regeln des Schadensersatzes die Kosten der Rückgewähr erfassen, ist Art.7.4.1 anwendbar, ohne daß eine Lücke besteht. Die Kosten der Rückgewähr entstünden als Schaden im Sinne des Artt. 7.4.1 et seq.[660] Greifen die Regeln der 7.4.1. et seq. nicht ein, so muß ein anderer Weg beschritten werden.

---

[656] Vgl. *Staudinger, J. von*/Magnus, Art. 7 CISG, Rn39.

[657] Vgl. Schlechtriem , EwiR 93, S. 1075, zu OLG Düsseldorf.

[658] Vgl. *Gravson, R./Cohn/Gravson*, Uniform Laws, Art. 81 EKG, S. 100.

[659] *Schlechtriem, P.*, UN-Kaufrecht, Rn331; *Honsell, H.*/Weber, Art.81 Rn22; *Caemmerer, E. von*/Schlechtriem/Leser, Art.81 Rn19; *Herber, R./Czerwenka, B.*, Internationales Kaufrecht, Art. 81 Rn14; *Enderlein, F./Maskow, D./Strohbach, H.*, Internationales Kaufrecht , Art. 81 Anm.6.3; Bonell/Bianca/*Tallon, D.*, Civil Law Art. 81 Nr. 2.6; *Staudinger, J. von*/Magnus Art. 81 Rn17; *Soergel, H.-T.*/Lüderitz Art. 78 CISG Rn2; *Neumayer, K./Ming, C.*, Kommentar, Art. 81, Nr.6; *Piltz, B.*, Internationales Kaufrecht, §5 Rn293; *Reinhart, G.*, Kommentar, Art. 81 Rn6; *Weber, R.*, Vertragsverletzungsfolgen, *BTJP* S. 186; *Heuzé, V.*, Vente, S. 323.

[660] Vgl. gegen die Anwendung der Schadensersatzregeln auf Rückgewährverpflichtungen *Leser, H.-G.*, Vertragsaufhebung in: Kolloquium, S. 18.

Fraglich ist daher zunächst, ob die Rückgewährkosten zum Schaden im Sinne des Art. 7.4.2 gehören. Art. 7.4.2 ist weit formuliert. Er soll jeglichen Schaden erfassen, welcher als Folge der Nichterfüllung eintritt (7.4.2 I Satz 1).[661] Die Vertragsaufhebung und die Rückgewährschuld entstehen erst nach einer Nichterfüllung (Art. 7.3.1) und sind daher Folgen einer Nichterfüllung. Die durch die entstehenden Pflichten folgenden Kosten der Rückgewähr gehören also unmittelbar zu dem, was aus der Nichterfüllung eintritt.[662] Es ist deshalb nicht einsichtig, wieso sie kein Schaden im Sinne des Art. 7.4.2 sein sollen.[663] Sie sind daher, wenn die Artt. 7.4.1. et seq. eingreifen, als Teil des Schadens anzusehen.

Für eine analoge Anwendung des Art. 6.1.11 ist bei einem zum Schadensersatz führenden Vertragsbruch folglich kein Raum. Greifen die Regeln des Schadensersatzes ein, sind die Kosten der Rückabwicklung von der vertragsbrüchigen Partei zu tragen. In einem solchen Fall liegt keine Lücke vor, die Kosten der Rückgewähr fallen unter den ausdrücklich geregelten Schadensersatz.

b) Kostentragung im Falle einer Nichtanwendbarkeit der Schadensregeln

Es gibt allerdings auch Fälle, in welchen die Schadensersatzregelungen gar nicht eingreifen. Auch dann muß die Frage nach der Kostentragung für die Rückgewähr gelöst werden. Die Schadensersatzpflicht kann etwa aufgrund force majeure wegfallen, Art. 7.1.7 (bzw. Art. 79 I CISG). So greifen die Regeln der 7.4.1 et seq. nicht.[664] Die force majeure-Regel des Art.7.1.7 IV läßt die Aufhebung, nicht aber den Schadensersatz zu. Es bleibt in einem solchen Fall bei den Regeln der Vertragsaufhebung, die auf einer anderen Stufe stehen als der Schadensersatz.[665] Hier besteht eine Lücke, da die Frage nicht ein Teil des unmittelbar geregelten Schadensersatzes, sondern eine nicht ausdrücklich gelöste Folge der Vertragsaufhebung ist. Wie beim Erfüllungsort ist eine grundsätzliche Lösung dieser Frage dann durch Analogie zu den Regelungen des Primärschuldverhältnisses möglich,[666] i.e. Kostentragungspflicht kann durch analoge Anwendung des Art.

---

661 Vgl. Kommentar zu den UNIDROIT-Principles, S. 195.

662 Im Gegensatz zu den Aufwendungen oder entgangenen Nutzungen, welche nur mittelbare Folgen der Nichterfüllung sind.

663 Die Kosten der Rückabwicklung nach Vertragsbruch entstehen auch normalerweise adäquat kausal und vorhersehbar (alles andere wäre eine Frage des konkreten Falles).

664 *Honsell, H.*/Honsell, H., Art. 81 Rn22; Bonell/Bianca/*Tallon, D.*, Civil Law, Art.81 Rn6; *Caemmerer, E. von*/Schlechtriem/Leser Art. 81 Rn19; *Staudinger, J. von*//Magnus, Art. 81 CISG Rn17; für die Anwendung des Art. 79 CISG auf die Rückgewähr auch *Herber, R./Czerwenka, B.*, Internationales Kaufrecht Art. 81 Rn14.

665 Vgl. *Leser, H.-G.*, Vertragsaufhebung in: Kolloquium, S. 18.

666 Zur Argumentation vgl. Teil 2, Kapitel 1, II., 3.

6.1.11 bestimmt werden. Beide Parteien tragen ihre Kosten selbst. Die Problematik, ob der vertragsbrüchige Teil zu „bestrafen“ ist, ergibt sich nicht, da dann kein Fall der force majeure vorläge und die Regelungen des Schadensersatzes greifen.

IV. Ersatz von Aufwendungen bei Vertragsaufhebung wegen Nichterfüllung

Die Verpflichtung zur Rückgewähr alles Erhaltenen bringt die Frage mit sich, ob diese Schuld durch eigene Kosten, welche mit der Sache zu tun haben, modifiziert werden kann oder ob eine Ersatzpflicht bezüglich solcher Kosten innerhalb des Rückgewährschuldverhältnisses besteht.

Da der Begriff „Verwendung“ in nationalen Rechten verschiedene Inhalte hat, wird für solche Kosten hier der Begriff „Aufwendung“ verwendet. Er wird in dem Sinne gebraucht, daß Aufwendung alles umfaßt, was an Kosten zusammen mit dem zurückzugewährenden Vorteil entstanden ist.

Aufwendungen können verschiedener Art sein. Zunächst werden solche betrachtet, die unmittelbar notwendig waren, um einen Vorteil zu gewinnen. Darunter fallen Erhaltungs- und Verbesserungskosten, welche auf die zurückzugewährende Sache verwendet wurden. Mit ihnen soll sich dieses Kapitel beschäftigen. Zusätzlich entstehen dem Rückgewährpflichtigen manchmal aber auch noch durch andere Umstände Kosten, welche seine Bereicherung entfallen lassen. Dieser Aspekt wird hier nicht vertieft.

Es ist nicht ausdrücklich geklärt, wie sich Aufwendungen der zur Rückgewähr verpflichteten Partei einordnen lassen. Die Schwierigkeit ist, ob immer volle Herausgabe des aus dem Vertrag Erhaltenen geschuldet wird, oder ob und wie sich diese Pflicht durch eigene Kosten modifiziert.

1. Allgemeines

Für die Frage nach einem Ersatz von Aufwendungen kommt es auf den *Zeitpunkt* an, in dem sie getätigt wurden. Diesbezüglich sollen im Folgenden sowohl solche Aufwendungen, welche vor Vertragsaufhebung gemacht wurden, als auch solche, die zwischen Vertragsaufhebung und Rückgewähr entstanden sind, Gegenstand des Kapitels sein. Da es sich bei getätigten Aufwendungen nicht um Pflichtverletzung handelt, ergeben sich aus den unterschiedlichen

---

[667] *Honsell, H.*/Honsell, Art. 81 Rn22; Bonell/Bianca/*Tallon, D.*, Civil Law Art.81 Rn2.6; *Caemmerer, E. von*/Schlechtriem/Leser Art. 81 Rn19; *Staudinger, J. von*/Magnus Art. 81 CISG Rn17; für die Anwendung des Art. 79 auf die Rückgewähr auch *Herber, R./Czerwenka, B.*, Internationales Kaufrecht Art.81 Rn14.

Zeitpunkten lediglich einige Unterschiede bezüglich der Behandlung des aufwendenden Rückgewährschuldners wegen eingetretener Bösgläubigkeit.[668]

Die Bestimmung, wie ein Aufwendungsersatz stattzufinden hat, hängt davon ab, ob die Rückgewähr einer Sache geschuldet wird und möglich ist. Kann Restitution in natura erfolgen, kommt ein Ersatzanspruch in Frage, da ein „Abzug" von Kosten nicht möglich ist. Ist die Rückgabe in Natur unmöglich, so könnten bei einem Anspruch eigene Kosten von dem nach Art. 7.3.6 I (2) geschuldeten Wertersatz abgezogen werden. Die Problematik des Aufwendunsgersatzes läßt sich an dem Beispiel des internationalen Bauvertrages aufzeigen. Konstruiert sei der Fall eines aufgehobenen Bauvertrags über die Errichtung einer Hotelanlage mit verschiedenen Teilen. Ein Hotelgebäude wird bereits fertiggestellt, bevor die Anlage insgesamt erbaut ist. Der Bauherr erhält und verbessert es auf seine Kosten. Der Vertrag wird später aufgrund einer Nichterfüllung durch den Bauunternehmer aufgehoben, und die Rückgewährpflicht tritt ein. Es ist fraglich, ob der Bauherr die Kosten, welche ihm durch die Verbesserung und Erhaltung des fertiggestelten Teils des Hotelgebäudes entstanden sind, von dem Bauunternehmer zurückverlangen (bei Rückgabe der Anlage) bzw. bei dem wahrscheinlicheren Wertersatz nach Art. 7.3.6 I (2) wegen eines solchen Anspruches mit dem Wertersatz aufrechnen oder den Aufwendungswert direkt abziehen kann.

2. Sachliche Anwendbarkeit der UNIDROIT-Principles

Um durch Lückenergänzung nach Art. 1.6 II beantwortet werden zu können, muß die Frage nach einem Aufwendungsersatz in den sachlichen Anwendungsbereich der UNIDROIT-Principles fallen.

a) Allgemeines

Die Folgen der Vertragsaufhebung und die Rückgewähr sind umfassend in den UNIDROIT-Principles geregelt worden. Probleme, die zu diesem Regelungskomplex gehören, sollen daher nach Art. 1.6 II ergänzt werden, soweit dies möglich ist.[669] Es fragt sich, ob Aufwendungen so wie Erfüllungsort und Kosten als mit diesem Komplex mitgeregelt angesehen werden können. Generell erscheint dies angemessen. Die vorliegende Schwierigkeit wird immer dann auftreten, wenn eine Vertragsaufhebung erfolgt und der Umfang der Rückgewährschuld bestimmt werden muß. Einerseits kann die Aufwendung so verstanden werden, daß sie selbst im Sinne des Art. 7.3.6 „geleistet" ist und die andere Vertragspartei so zum Ersatz verpflichtet ist.

---

[668] Der Begriff „Bösgläubigkeit" wird in dem Sinne gebraucht, daß der Aufwendende von der Rückgewährlage wußte bzw. wußte, daß eine Vertragsaufhebung droht.

[669] Vgl. *Studies Unidroit* 1994, P.C. Misc. 19, S. 47.

Andererseits könnte eine Lösung auch so gefunden werden, daß die Aufwendungen von der eigenen Rückgewährschuld abgezogen werden, weil sie das zurückzugewährende „Erhaltene“ schmälern. Gleich welchem Lösungsweg man hier folgt, es handelt sich um eine Frage nach dem Umfang der Schuld des Art. 7.3.6, also um eine diesem Regelungskomplex zugehörige Frage, die nicht ausdrücklich geregelt ist.

Ein Rückgriff auf das nationale Recht für den Ausgleich nach Auflösung wurde konsequent auch schon für EKG und CISG als nicht möglich bezeichnet.[670]

Wie in den UNIDROIT-Principles war schon im EKG das Rückgewährschuldverhältnis umfassend geregelt, ohne alle Einzelfragen zu erfassen. Aus den Motiven geht hervor, daß man von einer detaillierteren Regelung absah.[671] Es wurde davon ausgegangen, Art. 17 reiche aus, die nicht ausdrücklich geregelten Fragen einer Lösung zuzuführen, so auch die Aufwendungen.[672]

Es gab aber auch einige Gegenstimmen. Die Möglichkeit, lückenergänzend tätig zu werden, war beim Aufwendungsersatz schon in der CISG ungeklärt. Es wurde bestritten, daß die genaue Bemessung des Umfangs der Rückgewähr eine Frage sei, die sich aus Prinzipien des Einheitsrechts ergänzen lasse. Die Bemessung wurde als zu schwierig bezeichnet und als Folge auf das nationale Recht verwiesen.[673] Damit wird aber über eine wichtige Unterscheidung hinweggegangen. Es verkürzt das Problem des Aufwendungsersatzes, voreilig auf die Bemessung des *Umfangs* desselben hinzuweisen. Zunächst ist einmal festzustellen, ob *überhaupt* ein Aufwendungsersatz geschuldet wird und ob dieser zur Bemessung des Vorteils gehört. Die Frage nach dem konkreten Umfang ist, sofern eine Ersatzpflicht festzustellen ist, eine *zusätzliche*, die danach untersucht werden muß. Die schwierige Lösbarkeit dieser Folgefrage ist noch kein Argument für die generelle Anwendbarkeit nationalen Rechts in bezug auf den Aufwendungsersatz.

Daher ist dieser Komplex nicht von vornherein aus dem sachlichen Anwendungsbereich zu verweisen.

---

[670] *Schlechtriem, P.*, UN-Kaufrecht, S. 103; *Reinhart, G.*, Kommentar, Art.84 Rn5; *Mertens, H.-J./Rehbinder, E.*, Internationales Kaufrecht, Art.81 EKG Rn7.

[671] Vgl. *Studies Unidroit* 86, Study L, Document 36.

[672] *Riese, O.*, Haager Konferenz, RabelsZ 65, S. 86; vgl. auch *Staudinger, J. von*//Magnus, Art. 81 CISG Rn5.

[673] Bonell/Bianca/*Tallon, D.*, Civil Law, Art. 84 Anm.2.2. Wird bezüglich der Berechnung der Rückgewährschuld auf das nationale Recht verwiesen, so könnten die Aufwendungen von der Rückgewährschuld abgezogen werden. Diese werden nämlich häufig direkt in die Bemessung des „Nettovorteils“ hereingezogen. Vgl. statt aller *Reinhart, G.*, Kommentar, Art. 84 Rn6.

Fällt vielmehr der Aufwendungsersatz als solcher unter den Anwendungsbereich der UNIDROIT-Principles, so ist die Frage nach dessen Umfang zunächst innerhalb des sachlichen Anwendungsbereichs zu ergänzen. Erst wenn dies sich als unmöglich herausstellt, muß auf das nationale Recht zurückgegriffen werden. Dies ist aber kein Argument dafür, die Frage von vornherein aus dem sachlichen Anwendungsbereich auszuklammern.[674]

Bisweilen wurde auch angeführt, daß zwingende Regelungen für den Aufwendungsersatz die sachliche Anwendbarkeit der UNIDROIT-Principles ausschlössen.[675] Für alle Fragen über Verwendungen/Aufwendungen gehen in der Tat, wie bei jeder Rechtsfrage, zwingende nationale Regelungen nach Art. 1.4 den UNIDROIT-Principles vor. Dies ist aber kein Argument für die grundsätzliche Nichtanwendbarkeit der UNIDROIT-Principles, hier greift lediglich eine Vorrangsregel ein. Falls keine zwingenden Regelungen vorliegen, können wieder die UNIDROIT-Principles eingreifen.

Der Komplex Aufwendungsersatz gehört also in den sachlichen Anwendungsbereich der UNIDROIT-Principles.[676]

b) Aufwendung ist kein „Erhaltenes“ im Sinne des Art. 7.3.6

Eine Lösungsmöglichkeit für den Aufwendungsersatz könnte sich schon aus der Inhaltsbestimmung des Begriffs „Erhaltenes“ des Art. 7.3.6 ergeben. Selbiger wird ausführlich bei der enger damit zusammenhängenden Frage des Nutzungsersatzes ausgelegt.[677] Dem Ergebnis soll hier vorgegriffen werden: Es wird sich herausstellen, daß mit dem Ausdruck „Erhaltenes“ im Art. 7.3.6 aus dem Vertragsgegenstand gewonnene Nettovorteile gemeint sind.

Ausgehend von dem Begriff Nettovorteile oder „true value“ im Kommentar zu Art. 7.3.6 I (2)[678] könnte der Gedanke aufkommen, daß Aufwendungen als Kosten und Auslagen den herauszugebenden Vorteil mindern, da sie sich negativ auf das „Erhaltene“ auswirken.[679] Es könnte sich also schon mit der Auslegung

---

[674] Vgl. Teil 1, IV., 5.bd).

[675] Für eine Regelung über den Schadensersatz in diesem Fall *Weber, R.*, Vertragsverletzungsfolgen, *BTJP*, S. 188.

[676] Unter den sachlichen Anwendungsbereich von EKG und CISG zählen die Frage nach dem Verwendungsersatz auch: *Canaris, K.W.*/Koller, vor §373 HGB, zu Art. 81 EKG, Rn568; *Mertens, H.-J./Rehbinder, E.*, Internationales Kaufrecht, Art. 81 Rn5; *Beß, J.*, Haftung S. 115; *Dölle, H.*/Weitnauer, Art. 81 Rn11.

[677] Siehe unter Teil 2, Kapitel 1, V., 2.

[678] Vgl. Kommentar zu den UNIDROIT-Principles, S. 191.

[679] *Weber, R.*, Vertragsverletzungsfolgen, *BTJP*, S. 188.

des Art. 7.3.6 ergeben, daß „Kosten“ auf die Sache von der Rückgewährschuld abzugsfähig, i.e. kein „Erhaltenes“ bzw. kein Teil des „Erhaltenen“ wären.

In der Tat wird in Art. 84 II CISG und Art. 81 II EKG der dem „Erhaltenen“ in Art. 7.3.6 korrespondierende Begriff „Vorteil“ häufig so verstanden, daß schon aus dem Verständnis des Wortes „Vorteil“ ein Abzug der ausgewiesenen Kosten und Auslagen folgt.[680] Nur der nach einem Abzug der Aufwendungen verbleibende Wert wäre „Vorteil“ im Sinne des Art. 84 CISG.[681]

Dies ist nach der hier vertretenen Auffassung bei näherer Betrachtung so nicht der Fall. Bei der Rückgewähr von Gegenständen kommt eine Minderung ohnehin nicht in Frage, nur ein Erstattungsanspruch wäre denkbar. Art. 7.3.6 bestimmt, daß aus dem Vertragsgegenstand erhaltene Vorteile zurückzugewähren sind. Darauf beschränkt sich die durch bloße Auslegung gewonnene Bedeutung. Es wird nicht angedeutet, daß eigene Kosten auf die Sache von diesen zurückzuerstattenden Vorteilen seien. Aus dem Wortlaut des Art. 7.3.6 ergibt sich, daß das „Erhaltene“ zurückzugewähren ist. „Erhaltenes“ ist aber grammatikalisch das aus dem Vertrag Erhaltene,[682] nicht ein Posten nach Abzug von eigenen Kosten. Hier ist vom Grundfall des Art. 7.3.6 I auszugehen: der Naturalrestitution. Der Wertersatz, für den Fall ihrer Unmöglichkeit eingeführt, greift subsidiär ein und ist nicht geeignet, die generelle Behandlung von Aufwendungen zu bestimmen. Ohnehin wird beim Wertersatz zwar auf den „true value“ abgestellt, dieser value mindert sich aber nach der Kommentierung zunächst nur durch die Gebrauchsfähigkeit des Geleisteten, nicht durch zusätzliche Kosten.[683]

Es fällt auch auf, daß bei obengenannter verkürzender Aussage des generellen Abzugs von Aufwendungen bei der Rückgewährschuld der Sache nach allgemeine Grundsätze zugrunde gelegt werden.[684] Hier wird aus einem Grundsatz im Sinne des Art. 1.6 II ein „Abzug“ der Aufwendungen gefolgert, nicht bereits aus der Auslegung des Begriffs „Erhaltenes“. Aus Art. 84 II CISG bzw. Art. 81 II EKG wird ein diesen zugrunde liegender allgemeiner Grundsatz des

[680] *Staudinger, J. von*/Magnus, Art. 84 Rn17; *Reinhart, G.*, Kommentar, Art. 84 Rn7; *Honsell, H.*/Weber, Art. 84 Rn16; *Soergel, H.-T.*/Lüderitz, Art. 84 CISG, Rn3; wohl auch *Weber, R.*, Vertragsverletzungsfolgen, *BTJP*, S. 188.

[681] *Reinhart, G.*, Kommentar, Art. 84 Rn7; *Staudinger, J. von*/Magnus, Art. 84 Rn17; wohl auch *Enderlein, F./Maskow, D./Strohbach, H.*, Internationales Kaufrecht, Art. 84 Anm.5.1.

[682] Vgl. Kommentar zu den UNIDROIT-Principles, S. 191 „supplied under the contract“. Vgl. *Treitel, G.*, Remedies, S. 387.

[683] Vgl. Kommentar zu den UNIDROIT-Principles, S. 191, 192.

[684] Vgl. *Honsell, H.*/Weber, Art. 84 Rn16 („Nettovorteile ... auszugleichen“); *Weber, R.*, Vertragsverletzungsfolgen, *BTJP*, S. 188 („dem Grundsatz der Vorteilsausgleichung entspricht ...“); *Caemmerer, Ernst von*/ Schlechtriem/Leser Art. 84 Rn20 („entspricht nicht der Intention des Übereinkommens...“).

Bereicherungsausgleiches gewonnen. Aus ihm könnte folgen, daß zu diesem Ausgleich auch gehört, daß Auslagen erstattet oder abgezogen werden müssen.[685]

Gestützt wird diese Ansicht auch durch die Behandlung von Ausgleich und Rückgewähr in der Kommentierung. Der Kommentar zu den UNIDROIT-Principles[686] trennt nämlich zwischen „Erhaltenem", das grundsätzlich zurückzugewähren ist, und finanziellen Erwägungen, die einen Ausgleich dann wieder entfallen lassen (in einer Konstellation ähnlich der aufgedrängten Bereicherung).

Zudem wäre eine Aussage, daß „Kosten" von dem Erhaltenen des 7.3.6 abzuziehen sind, zu unklar. Denn es würde nicht deutlich, aus welchem Grundsatz dies folgt, und somit würde eine konkrete Berechnung schwierig.

Aus der Auslegung des Begriffs „Erhaltenes" folgt also nicht schon der Aufwendungsabzug bzw. Ersatzanspruch.

c) Aufwendung ist kein „Geleistetes" im Sinne des Art. 7.3.6

Auch eine Auslegung des Begriffs „Geleistetes" des Art. 7.3.6 („whatever..supplied") hilft nicht weiter. Es ist nur das zurückzugewähren, was *aus dem Vertrag* gewonnen wurde.[687] Das zurückzugewährende „Geleistete" ist spiegelbildlich zu dem Begriff „Erhaltenes" auszulegen. Sonst täten sich Wertungswidersprüche bei der Bemessung der Rückgewährschuld der „leistenden" und „erhaltenden" Partei auf. Dies ist im Sinne einer einheitlichen Auslegung des Einheitsrecht zu vermeiden. Auf der anderen Seite entspricht dies aber der Vorstellung, daß nur zurückzugewähren ist, was aus dem Vertrag geleistet wurde. „Geleistet" („supplied") und zurückzugewähren im Sinne des Art. 7.3.6 ist daher nur, was in Zusammenhang mit den Vertragspflichten steht. Dazu gehören die Aufwendungen auf einen Gegenstand aber gerade nicht. Sie werden typischerweise erst nach Erhalt des Gegenstandes gemacht und stehen in keinem Zusammenhang mit den Vertragspflichten mehr. Da die Aufwendungen nicht im Zusammenhang mit der Erfüllung des Vertrages stehen,[688] sind sie nicht schon durch Auslegung in die Rückgewährschuld miteinzubeziehen.[689]

---

[685] Vgl. beispielsweise *Staudinger, J. von*/Magnus, Art. 84 Rn26.

[686] Kommentar zu den UNIDROIT-Principles, S. 192.

[687] Vgl. Kommentar zu den UNIDROIT-Principles, S. 191; *Staudinger, J. von*/Magnus, Art. 81 Rn10.

[688] Vgl. *Staudinger, J. von*/Magnus, Art. 81 Rn10.

[689] Auf die genaue Grenze zwischen Auslegung und Lückenergänzung nach allgemeinen Grundsätzen kommt es allerdings auch nicht genau an, vgl. *Soergel, H.-T.*/Lüderitz, Art. 7 CISG, Rn8.

Die Frage nach der Abzugsfähigkeit der Aufwendungen ist nach der hier vertretenen Auffassung eine zusätzliche Überlegung zu der Rückgewähr, für deren Behandlung sich allgemeine Grundsätze finden lassen müßten.[690]

3. Verbleibende Fragen

Es verbleibt die Frage, ob Aufwendungen im Rückgewährschuldverhältnis von der eigenen Rückgewährschuld abzugsfähig sind, bzw. über den Begriff des „Geleisteten" hinaus von der anderen Vertragspartei nach allgemeinen Grundsätzen ersetzt werden müssen. Die folgende Untersuchung wird sich in zwei Abschnitte teilen: Das erste Problem ist dasjenige, ob *überhaupt* Aufwendungen ersetzt werden sollen, und wenn ja, aus welchen allgemeinen Grundsätzen dies herzuleiten ist. Die zweite Frage, in der Herleitung nicht genau von der ersten zu trennen, ist dann, in welchem *Umfang* die Aufwendungen berücksichtigt werden sollen. Die Schwierigkeit hier ist, ob nur zum Erhalt der Sache in einem ordnungsgemäßen Zustand notwendige Aufwendungen (sie sollen als „Erhaltungsaufwendungen" bezeichnet werden) oder ob auch Aufwendungen, welche über die bloße Erhaltung der Sache hinausgehen (im weiteren in Anlehnung an nationale Rechte als „nützliche" oder „Luxusaufwendungen" bezeichnet), zu erstatten sind.

4. Ergänzung dieser Fragen nach allgemeinen Grundsätzen

Um die Lücke des Aufwendungsersatzes zu ergänzen, finden sich innerhalb der UNIDROIT-Principles allgemeine Grundsätze. Zusätzlich könnten rechtsvergleichend gewonnene Grundsätze aufschlußreich sein.

a) Gedanke des tatsächlichen Bereicherungsausgleichs des Art. 7.3.6

Ein allgemeiner Grundsatz, welcher Art.7.3.6 zu entnehmen sein und den Aufwendungsersatz rechtfertigen könnte, ist der des tatsächlichen Bereicherungsausgleiches.[691] Er ähnelt dem Gedanken der restitutio in integrum.[692] Dem Inhaber einer Sache darf hiernach bei Vertragsaufhebung keinerlei Gewinn verbleiben.[693]

---

[690] Diese Auffassung ist eine der zwei möglichen zur Behandlung der Aufwendungen in bezug auf den Begriff der „benefits" und erscheint aufgrund des Wortlauts der UNIDROIT-Principles angemessen. Vgl. *Englard, I.*, Restitution, Encyclopaedia, S. 144.

[691] *Studies Unidroit* 90, Study L Doc. 48, Draft and Comment, S. 10.

[692] So in der Schweiz, in Frankreich und im englischen law of equity, siehe Teil 2, Kapitel 1, IV., 5.b).

[693] Vgl. *Canaris, K.W.*/Koller, vor §373 HGB, Art. 81 EKG, Rn568; *Studies Unidroit* 90, Study L Doc. 48, Draft and Comment, S. 10.

aa) Historische und rechtsvergleichende Herleitung dieses Grundsatzes

Ein solcher Grundsatz wurde dem EKG und der CISG entnommen. Für die dem Art. 7.3.6 ähnlichen Art. 81 II EKG und 84 II CISG wurde geäußert, daß diese dem Gedanken des bereicherungsrechtlichen Ausgleiches unberechtigt zugeflossener Vorteile dienen.[694] Daraufhin wird in Anlehnung an andere bereicherungsrechtliche Regelungen gefolgert, daß die Rückgewährschuld einem Ausgleich aller und nur tatsächlich durch den aufgehobenen Vertrag erfolgten Bereicherung anstrebt. Auch in einigen nationalen Rechten wird angenommen, daß das Recht der Rückgewähr auf der Idee der ungerechtfertigten Bereicherung beruhe, wenn sie auch nicht unbedingt im Zusammenhang mit dem Bereicherungsrecht geregelt wird.[695] Beispielsweise
wird im US-amerikanischen Recht die Idee des „unjust enrichment“ als die „unifying idea in the law of restitution“ bezeichnet.[696]

Historisch und rechtsvergleichend liegt es also nahe, daß der Gedanke des Bereicherungsausgleiches auch Art. 7.3.6 der UNIDROIT-Principles zugrunde liegen könnte.

ab) Auslegung des Art. 7.3.6: Ermittlung und Inhalt dieses Grundsatzes

Der Ausgleich „whatever supplied under the contract“ dient nach der Kommentierung dem Ziel, den „value received“ auszugleichen.[697] Dieser erhaltene Wert wird auf den „true value“ begrenzt.[698] Es liegt daher nahe, unter dem „true value“ nur den zurückbleibenden „Rest“ von Bereicherung nach einem Aufwendungsersatz zu verstehen. Auch die Tatsache, daß bei Unmöglichkeit der Rückgewähr Wertersatz geschuldet wird (Art. 7.3.6 I (2)) zeigt, daß die Funktion des Art. 7.3.6 ein bestimmter Ausgleich sein soll: Derjenige der Wertentwicklungen durch den aufgehobenen Vertrag. Die Annahme, daß auch Art. 7.3.6 der Rückgängigmachung der tatsächlichen Bereicherung dient, wird systematisch durch Art. 7.4.2 I unterstützt. Hier wird festgelegt, daß bei der Berechnung des Schadensersatzes der infolge der Nichterfüllung entstandene Vorteil berücksichtigt werden muß, weil der Schadensersatz die andere Partei nicht „bereichern“

---

[694] Beispielsweise *Staudinger, J. von*/Magnus, Art. 84 Rn2; Bonell/Bianca/*Tallon, D.*, Civil Law, Art. 84 Rn2.2; vgl. *Stötter, V.*, EKG, Art. 81, Denkschrift; vgl. *Caemmerer, E. von*/Schlechtriem/Leser, Art. 84 Rn16; *Heuzé, V.*, Vente, S. 323.

[695] So in der Schweiz, *Honsell, H.*/Honsell, H., ZGB, Art.208 OR Rn2.

[696] So *Palmer, G.*, History, Encyclopaedia, 3-26, S. 42 m.w.N.

[697] Vgl. Kommentar zu den UNIDROIT-Principles, S. 191.

[698] Vgl. Kommentar zu den UNIDROIT-Principles, S.191, S. 192.

darf.[699] Die UNIDROIT-Principles berücksichtigen also, daß durch die Nichterfüllung keine Bereicherung entstehen darf. Es wäre systemwidrig, dies im Fall der Vertragsaufhebung zu durchbrechen.[700]

In einem zweiten Schritt fragt es sich, welchen Inhalt der Grundsatz der tatsächlichen Bereicherung hat. Diesbezüglich zeigt die Kommentierung ein wirtschaftliches Verständnis des Art. 7.3.6. Es werden Konstellationen ähnlich der deutschen „aufgedrängten Bereicherung“ innerhalb der Rückgewähr berücksichtigt. In solchen Fällen entfällt die grundsätzliche Rückgabepflicht.[701] Hieraus läßt sich entnehmen, daß die UNIDROIT-Principles in Art. 7.3.6 dem Grundgedanken des tatsächlichen Bereicherungsausgleiches einen Inhalt in der Art zumessen, daß eine *wirtschaftliche* Bereicherung der Parteien bestehen muß. Der Inhalt des Bereicherungsausgleichsgrundsatzes wird in wirtschaftlicher Weise bestimmt. Auch in den Vorläufern des Art. 7.3.6 beeinflußt dieser Grundsatz den Umfang der Rückgewähr. In Literaturstimmen zum EKG kommt zum Ausdruck, daß der dem Art. 7.3.6 entsprechende Artikel 81 EKG eine „Gesamtbetrachtung“ gebiete, welche eine tatsächliche Vermögensentwicklung berücksichtigt.[702] Daher seien „geleistete“ Gegenstände, denen für die andere Vertragspartei kein tatsächlicher finanzieller Gegenwert entspricht, nicht zu erstatten.[703] Die andere Partei wird in einem solchen Fall nicht als tatsächlich bereichert gesehen. Auch der in der Literatur zu CISG und EKG auftauchende Gedanke, Erhaltungsaufwendungen von dem zurückzugewährenden Nettovorteil „abzuziehen“,[704] entspringt dem Grundsatz des tatsächlichen Bereicherungsausgleichs. Erhaltungsaufwendungen müßten nach diesem Prinzip schon deswegen erstattet werden, weil sie den Umfang der tatsächlichen Bereicherung der zurückgewährenden Partei mindern. Daher wäre es konsequent, daß eine solche Bereicherung auch nicht durch Aufwendungen der anderen Partei eintreten darf (i.e. in Form eigener ersparter Aufwendungen oder einer Wertsteigerung der Sache).[705] Der Gedanke des tatsächlichen, wirtschaftlichen Bereicherungsausgleichs ist also Ziel und Grundsatz[706] der Rückgewähr.

---

[699] Kommentar zu den UNIDROIT-Principles, S. 197 „...damages must not enrich the aggrieved party...“.

[700] Vgl. Beispiel 5, Kommentar zu den UNIDROIT-Principles, S. 197.

[701] Vgl. dazu auch unter 6.1.b); Kommentar zu den UNIDROIT-Principles, S. 192.

[702] Vgl. *Mertens, H.-J./Rehbinder, E.*, Internationales Kaufrecht, Art. 81 Rn7.

[703] Kommentar zu den UNIDROIT-Principles, S. 192.

[704] Vgl. hierzu oben, Teil 2, Kapitel 1, IV., 2.b).

[705] Die Konstellation der „aufgedrängten Bereicherung“ muß ausdrücklich gesondert berücksichtigt werden.

[706] Dies ist nicht klar zu trennen, vgl. *Soergel, H.-T.*/Lüderitz, Art. 7 Rn8.

ac) Auswirkung dieses Grundsatzes auf den Aufwendungsersatz

Die Betonung auf den Ausgleich der „wirtschaftlichen“ Bereicherung hat auch Folgen für die Frage nach den Aufwendungen. Stellen diese einen tatsächlichen wirtschaftlichen Vorteil der anderen Partei dar, können sie nicht aus dem Rückgewährschuldverhältnis herausfallen. Es darf durch Aufwendungen keine wirtschaftliche Bereicherung nach oder durch Rückgewähr entstehen, denn sie soll gerade durch das Rückgewährschuldverhältnis abgeschöpft werden.

Bereicherung träte aber ein, wenn eine Partei die Erhaltungsaufwendungen der anderen Partei in Form der einwandfreien Sache „übernähme“, ohne sie zu erstatten. Denn dann hätte sie auf Kosten der Besitzerpartei eingespart, was ihr normalerweise an Kosten entstanden wäre, um die Sache bis zum Rückgewährzeitpunkt in einwandfreiem Zustand zu erhalten.[707] In ähnlicher Weise entstünde eine Bereicherung durch die erstattungslose Übernahme von sonstigen wertsteigernden Aufwendungen.[708]

Zusammengefaßt legt der Grundgedanke des Ausgleichs aller tatsächlichen Bereicherungen unter Beachtung der aus dem Vertrag entstandenen wirtschaftlichen Verhältnisse eine Abzugsfähigkeit jeglicher Bereicherung beider Vertragsparteien nahe. Diese bestünde in einer Minderung des „true value“ und damit in einer Minderung des geschuldeten Ersatzes wegen Erhaltungsaufwendungen und anderer bereichernder Aufwendungen.[709]

b) Gleichbehandlung

Auch andere allgemeine Grundsätze lassen Rückschlüsse bezüglich des Aufwendungsersatzes zu.
In der Literatur zum Einheitsrecht wird bezüglich der Aufwendungen etwa der Grundsatz der Gleichbehandlung der Parteien herangezogen.[710] Wie oben schon dargelegt, hat der Besitzer einer Sache diese so zurückzugeben, daß ihm keinerlei Vorteile mehr verbleiben. Dem folgend wird argumentiert, es entspräche dem Gleichbehandlungsgrundsatz, im Gegenzug die andere Partei zu verpflichten, zumindest notwendige Verwendungen zu ersetzen, bzw. sie abzuziehen.[711]

---

[707] Für eine Einordnung als ersparte Aufwendungen auch *Mertens, H.-J./Rehbinder, E.*, Internationales Kaufrecht, Art. 81 Rn7.

[708] Ähnlich *Canaris, K.W.*/Koller, vor §373 HGB, Art. 81 EKG, Rn568.

[709] Vgl. *Beß, J.*, Haftung S. 115; *Honsell, H.*/Weber, Art. 84 Rn17; *Dölle, H.*, Bemerkungen, FS Ficker, S. 149; *Mertens, H.-J./Rehbinder, E.*, Internationales Kaufrecht, Art. 81 Rn5; *Schlechtriem, P.*, Commentary, Art. 84 Rn20; *Neumayer, K./Ming, C.*, Kommentar, Art. 84, Nr.4. Vgl. auch *Piltz, B.*, Internationales Kaufrecht, §5, Rn290.

[710] *Beß, J.*, Haftung S. 115; vgl. auch *Kropholler, J.*, Einheitsrecht, S. 300.

[711] *Beß, J.*, Haftung S. 115

Es ist fraglich, ob dem für die UNIDROIT-Principles gefolgt werden kann. Nach dem Gleichbehandlungsgrundsatz soll jedem unter gleichen Voraussetzungen die gleiche Behandlung zugemessen werden.[712] Im internationalen Einheitsrecht, welches für viele Länder gelten soll, gleichviel, ob sie dem Verkäufer oder dem Käufer[713] mehr Rechte einräumen, muß in besonderer Weise darauf geachtet werden, die Vertragsteile unparteiisch und gleich zu behandeln.[714] Somit könnte dieser Gedanke auch über seine „externe" Geltung als allgemeiner Grundsatz der UNIDROIT-Principles herangezogen werden.

Der Gleichbehandlungsgrundsatz findet sich aber auch im System der UNIDROIT-Principles selbst wieder. Art. 2.22 (battle of forms) beispielsweise kann entnommen werden, daß den allgemeinen Geschäftsbedingungen beider Parteien bei gleichen Umständen gleiche Wirkung beigemessen wird.[715] Zusätzlich können die Regelungen über das grobe Mißverhältnis (Art. 3.10 dahingehend ausgelegt werden, daß sie deshalb eingefügt wurden, weil hier das Gleichgewicht zwischen den Parteien gestört wurde und daher eine ungerechte Ungleichbehandlung stattfinden müßte.[716] Auch die Festlegung eines „angemessenen" Preises, Art. 5.7, folgt dem Gedanken, daß Gleiches mit Gleichem vergolten werden muß, hier Leistung mit angemessenem Preis.[717] Dies sind Beispiele dafür, daß der Gleichbehandlungsgrundsatz in verschiedenen Normen der UNIDROIT-Principles wiederzufinden ist. Da diese verschiedene Rechtsthemen regeln, ist anzunehmen, daß der Gleichbehandlungsgrundsatz einen allgemeinen Grundsatz im Sinne des Art. 1.6 II darstellt.

Es würde den Rahmen dieser Arbeit sprengen, auf den Inhalt dieses Grundsatzes umfassend einzugehen.[718] Mit seiner Hilfe ist es jedenfalls möglich, Gerechtigkeitserwägungen in einen Begriff zu fassen[719] und Maximen für die Behandlung

---

[712] Vgl. zur Gleichheit im Recht *Zippelius, R.*, Rechtsphilosophie, §16 m.w.N.

[713] Bei anderen Handelsverträgen ist es ebenso, etwa können die Auffassungen der Rechte von Bauherr und Bauunternehmen variieren.

[714] Vgl. *Hellner, J.*, UN-Convention, FS Riesenfeld , S. 85.

[715] Insbesondere, da die „last-shot doctrine" in die UNIDROIT-Principles keinen Eingang gefunden hat, vgl. Kommentar zu den UNIDROIT-Principles, S. 62,63.

[716] Vgl. besonders das „unjustifiable advantage", Kommentar zu den UNIDROIT-Principles, S. 78.

[717] Dieser Grundsatz wird in Art. 5.7 II sogar eventuellen Vertragsbestimmungen vorangestellt, nach welchen eine Partei den Preis festzulegen hat (dies darf nicht offensichtlich unangemessen sein).

[718] Eine sozialphilosophische Untersuchung von Gleichheit und Gerechtigkeit findet sich etwa bei Jürgen *Ritsert, J.*, Gerechtigkeit und Gleichheit, Münster 1997, vgl. auch *Hueck, G.*, Grundsatz, Fn631.

[719] So *Zippelius, R.*, Rechtsphilosophie, S. 270.

von Vertragsparteien aufzustellen. Der Gleichbehandlungsgrundsatz fordert nicht, daß für beide Seiten unter allen Umständen gleiche Regeln aufgestellt werden müssen.[720] Jedoch soll, kurz gefaßt, wesentlich Gleiches unter gleichen Voraussetzungen nicht ungerechtfertigt ungleich behandelt werden.[721] Der Gleichheitssatz ist dann auch geeignet, solche Gerechtigkeitserwägungen wie diejenige einer „gerechten Lastenverteilung im Rückabwicklungsverhältnis"[722] zu tragen. Der Gleichbehandlungsgrundsatz ist ein althergebrachter und weithin respektierter allgemeinen Rechtsgrundsatz.[723] Für seine Inhaltsbestimmung ist eine Betrachtung seiner historischen Entwicklung interessant.[724]

Damit ein Aufwendungsersatz stattfinden kann, gilt für beide Parteien gleichermaßen die Voraussetzung, daß zuvor eine Vertragsaufhebung erfolgt ist. Aus dieser ergibt sich, daß beide Parteien gleichermaßen alles Erhaltene und Geleistete zurückzugewähren haben. Dazu gehören die Aufwendungen nicht.[725] Die Partei, welche Aufwendungen gemacht hat, wird aber verpflichtet, alle ihr aus der Sache entstandenen Vorteile zurückzugewähren, sofern diese wirtschaftlich wertvoll für die andere Partei sind. Hier entstünde eine Situation der Ungleichbehandlung, wenn einer Partei im Gegenzug die Vorteile verblieben, welche ihm wirtschaftlich durch Aufwendungen der anderen Partei entstanden sind. Denn diese entstehen auf seiner Seite nur durch die Aufhebung des Vertrags: Wäre ein Bauvertrag etwa nicht aufgehoben, so verblieben die Aufwendungen beim Bauherren. Es handelt sich also um wirtschaftliche Vorteile, welche zwar nicht durch den Vertrag selbst entstanden (also nicht „Erhaltenes" oder „Geleistetes" sind), aber durch die Aufhebung verschoben worden sind. Die Aufwendungen sind damit spiegelbildlich zu dem „Erhaltenen" zu sehen: Sie sind das durch die Vertragsaufhebung „Verlorene". Der Gleichbehandlung der Parteien, etwa der im Beispiel genannten Bauherrn und Bauunternehmer, ist es dann dienlich, dem Bauunternehmer, wenn er von dem Bauherren das „Erhaltene" (als Wertersatz) zurückerhält, die Verpflichtung aufzuerlegen, im Gegenzug dem Bauherren den Abzug des „Verlorenen" zu gestatten. Ansonsten verbliebe dem Bauunternehmer durch die Vertragsaufhebung einseitig ein Vorteil.

---

720 Vgl. *Hellner, J.*, UN-Convention, FS Riesenfeld , S. 85.

721 Zum Gleichbehandlungsgrundsatz genauer: *Hueck, G.*, Grundsatz, Der Grundsatz der gleichmäßigen Behandlung im Privatrecht.

722 *Mertens, H.-J./Rehbinder, E.*, Internationales Kaufrecht, Art. 81 Rn4.

723 Er findet sich beispielsweise im römischen Recht (aequitas),vgl. *Zippelius, R.*, Rechtsphilosophie, S. 108, und bei Aristoteles als Prinzip des gerechten Ausgleichs, vgl. *Zippelius, R.*, Rechtsphilosophie, S. 109.

724 Schon z.B. Aristoteles bezog ihn auf den Warenkauf, vgl. *Zippelius, R.*, Rechtsphilosophie, S. 109.

725 Vgl. unter Teil 2, Kapitel 1, IV., 2.b) und 2.c).

Da die Rückgewähr im Gegensatz zum Schadensersatz ein zunächst neutrales, verschuldensunabhängiges Institut ist, gibt es keinen Grund , die Parteien bezüglich der aus der Vertragsaufhebung entstandenen Vorteile ungleich zu behandeln, obwohl ihre Voraussetzungen gleich sind.[726] Aus der Anwendung des Gleichbehandlungsgrundsatzes auf das Rückgewährschuldverhältnis folgt daher, daß eine grundsätzliche Erstattungspflicht bezüglich aller Aufwendungen besteht, welche eine wirtschaftliche Bereicherung darstellen. Diese Erstattung kann in Form eines Abzugs des Aufwendungswertes von dem „true value" geschehen.

c) Grundsatz der Erstattung von Kosten im Interesse der anderen Partei

Als weiterer allgemeiner Grundsatz, der für eine Erstattung von Aufwendungen spricht, kann der herangezogen werden, daß alle Kosten, welche im Interesse der anderen Partei entstanden sind, von dieser im Gegenzug ersetzt werden müssen.

So wurde für das EKG von Literaturstimmen als allgemeine Regel festgestellt, daß jeder, der im Interesse der anderen Partei Aufwendungen macht, diese ersetzt verlangen könne und zwar ohne Unterschied der Aufwendungsart.[727] Kosten, die im Interesse der anderen Partei entstehen, müßten ersetzt werden. Dies gelte auch im Rückgewährschuldverhältnis.[728]

Auch in den UNIDROIT-Principles gibt es einige Regelungen, aus denen sich ein solcher Grundsatz herleiten ließe. Art. 6.1.5 III bestimmt beispielsweise, daß bei vorzeitiger Erfüllung solche Kosten, welche dem Gläubiger durch die vorzeitige Erfüllung zusätzlich entstehen, vom Schuldner zu tragen sind. Die vorzeitige Erfüllung wird allein im Interesse des Schuldners zugelassen, ist aber als ungewöhnlich zu betrachten.[729] Sie darf nur abgelehnt werden, wenn der Gläubiger ein berechtigtes Interesse an einer Erfüllung zum festgelegten Zeitpunkt hat (Art. 6.1.5 I). Die Tatsache, daß Bedingungen für eine Ablehnung vorzeitiger Erfüllung gestellt werden, läßt darauf schließen, daß bisweilen der Gläubiger kein Interesse an einer solchen Erfüllung zeigt. Dennoch ist sie zulässig. Im Gegenzug soll der Gläubiger nicht mit den Kosten belastet werden, die ihm allein im Interesse der anderen Partei entstehen.

Die deutlichere Regel in diesem Zusammenhang ist Art. 7.4.8 II (Schadensminderungspflicht). Die Schadensminderungspflicht obliegt der Partei, welche die

---

[726] So auch *Kropholler, J.*, Ausschluß, RabelsZ 74, S. 382 zum EKG.

[727] *Dölle, H.*/Weitnauer, Art. 81 Rn11.

[728] *Dölle, H.*/Weitnauer, Art. 81 Rn11.

[729] Vgl. auch Report on the Meeting from 28-30 November 85, Unidroit 86, P.C. – Misc. 8, S. 7, wo die vorzeitige Erfüllung in der Regel noch nicht erlaubt sein sollte.

Leistungsstörung nicht veranlaßt hat. Die Schäden, welche ihr aus der Störung entstehen, sollen auch von ihr gering gehalten werden. Diese auch aus dem guten Glauben und redlichen Verhalten (Art.1.7) folgende Pflicht soll so weit gehen, daß Schäden, welche hätten vermieden werden können, nicht ersetzt werden.[730] Durch diese Konstruktion wird der „nicht schuldigen" Partei eine Pflicht auferlegt, welche der Sache nach ausschließlich im Interesse der schadensersatzpflichtigen Partei liegt. Denn diese wäre nach den üblichen Regeln zum Ersatz aller Schäden verpflichtet, die vorhersehbar waren. Art. 7.4.8 II legt folgerichtig fest, daß die daraus resultierenden „Schadensminderungskosten" von der nichterfüllenden Partei zu erstatten sind.[731] Art. 7.4.8 II wird im Kommentar zu den UNIDROIT-Principles so erläutert, daß die Schadensminderung nicht zu Lasten der „nicht schuldigen" Partei gehen darf („must not...cause loss to that party").[732] Der Grund dafür wird nicht erklärt. Es ist anzunehmen, daß hier Gerechtigkeitserwägungen zugrunde liegen, nach denen es nicht als angemessen empfunden wird, die schadens-minderungspflichtige Partei auf den Kosten „sitzenzulassen", welche doch ausschließlich im Interesse der schadensersatzpflichtigen Partei entstanden sind. In den UNIDROIT-Principles läßt sich also ein allgemeiner Grundsatz herleiten, daß alle solche Kosten, welche nicht zu den Kosten der eigenen Erfüllung (vgl. Artt.6.1.11, 6.1.15 I) gehören und ausschließlich im Interesse der anderen Partei entstehen, ersetzt werden müssen. Die Aufwendungen, welche auf eine Sache gemacht werden, fallen nach der Aufhebungserklärung unter diesen Grundsatz: Nach der Aufhebung sind sie nachträglich als lediglich im Interesse der Partei entstanden zu sehen, welche die Sache zurückerhält. Diese Partei ist dann zur Kostenerstattung (bzw. Wertersatzminderung) verpflichtet, wenn die Aufwendungen auch wirklich in ihrem Interesse sind, i.e. wirtschaftlich für sie brauchbar.[733]

d) Treu und Glauben, Art. 1.7

Auch allgemeine Erwägungen zu Treu und Glauben sprechen für dieses Ergebnis.[734] Etwa argumentiert für das EKG Dölle,[735] daß die Rückgewähr der „justitia commutativa" unterstellt sei und daraus ein Aufwendungsersatz folge. Darauf geht Wahl[736] dann genauer ein, indem er erläutert, daß es ein Teil des Gebotes

---

[730] Kommentar zu den UNIDROIT-Principles, S. 206.

[731] In einem Beispiel werden Erhaltungspflichten und -kosten für einen Bau angeführt, der noch fertiggestellt wird. Kommentar zu den UNIDROIT-Principles. S. 207, Beispiel 1.

[732] Kommentar zu den UNIDROIT-Principles, S.207.

[733] Vgl. *Dölle, H.*/Weitnauer, Art. 81 Rn11.

[734] Ohne hier eine umfangreiche rechtsvergleichende Analyse dieses Begriffes vornehmen zu wollen.

[735] *Dölle, H.*, Bemerkungen, FS Ficker, S. 147.

[736] *Dölle, H.*/Wahl, Art. 17 EKG Rn114.

von Treu und Glauben sei, daß ein Verkäufer, dessen Schlechtleistung eine Aufwendung erforderlich machte, diese auch erstatten müsse (dies könne auf andere Vertragstypen übertragen werden). Die ausgleichende Gerechtigkeit fordere weiterhin einen Ausgleich nutzlos gewordener Kosten, deren Wert der anderen Partei zugute komme.[737] In einer Lage, in welcher die eine Partei durch ihr Verhalten zurechenbar eine Aufwendung veranlaßt hat, verstieße es gegen Treu und Glauben,[738] die Kosten der anderen Partei aufzubürden.

e) Erhaltungspflicht für Gegenstände

Ein weiteres Argument für die Ersatzpflicht zumindest hinsichtlich der Erhaltungsaufwendungen wird in CISG und EKG häufig daraus hergeleitet, daß die Vertragspartei, welche sich im Besitz der Sache befindet, diese nach dem Gesetz ausdrücklich erhalten muß. [739] Es wird in Art. 85 CISG und Art. 91 EKG dann auch normiert, daß der erhaltungspflichtigen Partei die Kosten zu ersetzen sind. In Analogie hierzu wird gefolgert, daß Erhaltungsaufwendungen immer zu erstatten sind.[740] In den UNIDROIT-Principles ist dieses Argument für den Aufwendungsersatz so nicht verwendbar. Denn im Gegensatz zu EKG und CISG ist hier eine Erhaltungspflicht für Ware mit Kostenverteilung nicht ausdrücklich angeordnet. Das heißt zwar noch nicht, daß es unter der Geltung der UNIDROIT-Principles eine solche Erhaltungspflicht nicht gibt.[741] Jedoch wird die ausdrücklich normierte Erhaltungspflicht für Gegenstände in CISG und EKG bezüglich des Aufwendungsersatzes *analog* herangezogen, um den Aufwendungsersatz zu begründen. Da in den UNIDROIT-Principles diese Pflicht nicht ausdrücklich bestimmt ist, kann dieses Argument nicht verwendet werden.

f) Zwischenergebnis

Nach den allgemeinen Grundsätzen des Ausgleichs wirtschaftlicher Bereicherung, der Gleichbehandlung, der Kostenerstattung und Treu und Glauben ist den UNIDROIT-Principles wie oben hergeleitet zu ergänzen, daß grundsätzlich bei der Rückgewähr ein Ausgleich für getätigte Aufwendungen zu bejahen ist. Im

---

[737] Vgl. *Dölle, H.*, Bemerkungen, FS Ficker, S. 147.

[738] Dies soll hier angenommen werden, ohne eine umfangreiche rechtsvergleichende Analyse des Begriffes „Treu und Glauben" vorzunehmen, die für eine endgültige Bestätigung notwendig wäre.

[739] Statt aller siehe *Honsell, H.*/Weber, Art. 84 Rn17.

[740] Vgl. beispielsweise *Honsell, H.*/Weber, Art. 84 Rn17; *Herber, R./Czerwenka, B.*, Internationales Kaufrecht, Art. 84 Rn8.

[741] Sie könnte sich aus der allgemeinen Sorgfaltspflicht herleiten lassen, und die Kosten hierfür könnten nach oben analysiertem Grundsatz, daß Aufwendungen im Interesse der anderen Partei von selbiger erstattet werden müssen, auch der Partei zufallen, deren Sache erhalten wurde.

Beispielsfall des aufgehobenen Bauvertrages ist eine Minderung der Wertersatzschuld des Bauherren angezeigt. Ob dieser Ausgleich grund-sätzlich über Erstattungspflicht erreicht wird, oder ob Aufwendungen mit der Rückgewährschuld der aufwendenden Partei aufgerechnet oder von dem Wertersatz abgezogen werden können, soll nicht weiter untersucht werden.[742]

5. Umfang des Aufwendungsersatzes

Der Umfang des Aufwendungsersatzes ist damit noch nicht bestimmt. Dann bleibt für den Beispielsfall die Frage, ob unter den Aufwendungsersatz nur die Erhaltung des Gebäudes oder auch dessen Verbesserung fällt.

Bei der Herleitung des Aufwendungsersatzes als solchem wurde bereits deutlich, welchen Umfang dieser haben kann, wenn man die allgemeinen Grundsätze heranzieht: Der Ersatz von wertsteigernden Aufwendungen. Dennoch soll hier der Umfang des Aufwendungsersatzes noch einmal deutlich hergeleitet werden, da in CISG und EKG manche Stimmen die Frage dem nationalen Recht überlassen wollen,[743] bzw. diesbezüglich unterschiedliche Meinungen bestehen. Unter IV. 2. wurde festgestellt, daß der Aufwendungsersatz in den sachlichen Anwendungsbereich der UNIDROIT-Principles fällt. Dies gilt in gleicher Weise für dessen Umfang. Die Ergänzung dieser internen Lücke könnte sich in einem zweiten Schritt mangels konkreter Anhaltspunkte in allgemeinen Grundsätzen allerdings als unmöglich erweisen.[744]

a) Umfang des Aufwendungsersatzes nach allgemeinen Grundsätzen der UNIDROIT-Principles

Die Grundsätze des tatsächlichen Bereicherungsausgleichs, der Gleichbehandlung und der Erstattungspflicht für Kosten im Interesse der anderen Partei lassen Schlußfolgerungen bezüglich des Umfanges des Aufwendungsersatzes zu.

Da diese Grundsätze oben bereits eingehend beleuchtet wurden, soll hier nur kurz zusammengefaßt werden.[745] Der Grundsatz des Ausgleiches tatsächlicher Bereicherung zeigt, daß eine Betrachtungsweise der Rückgewährschuld vom Standpunkt des Bereicherungsausgleiches her angebracht ist. Da die Rückgewähr den Ausgleich aller durch den Vertrag entstandenen Vorteile anstrebt, ist es angebracht, solche Vorteile auch dann auszugleichen, wenn sie durch Auf-

---

[742] Die Frage der Aufrechenbarkeit von Forderungen muß wohl dem nationalen Recht überlassen werden, vgl. *Frigge, B.*, Externe Lücken, S. 97-106.

[743] Beispielsweise Bonell/Bianca/*Tallon, D.*, Civil Law, Art.84 Anm2.2.

[744] Vgl. so etwa Bonell/Bianca/*Tallon, D.*, Civil Law, Art. 84 Anm.2.2.

[745] Siehe unter Teil 2, Kapitel 1, IV., 4. (S. 136 et seq.).

wendungen entstanden sind. Ein Vorteil verbleibt der anderen Partei, wenn nach einer wirtschaftlichen Betrachtungsweise die Aufwendung von Nutzen ist. Dies kann bei Erhaltungsaufwendungen und nützlichen Aufwendungen der Fall sein, bei Luxusaufwendungen ist es weniger wahrscheinlich. Nach dem Gedanken der Gleichbehandlung ist es ebenfalls angebracht, wirtschaftliche Vorteile, welche durch Aufwendungen entstanden, auszugleichen. Zuletzt ist der Grundsatz der Erstattung von Kosten, die im Interesse der Gegenpartei entstanden, anzulegen. Hiernach folgt ein Aufwendungsersatz, wenn diese als im Interesse der anderen Partei getätigt gelten können. Im Interesse der anderen Partei liegen nach der Vertragsaufhebung alle wertsteigernden, wirtschaftlich nützlichen Aufwendungen. Nach allgemeinen Grundsätzen der UNIDROIT-Principles ist demnach eine Leitlinie bezüglich des Umfangs des Aufwendungsersatzes erkennbar. Alle wirtschaftlichen, tatsächlichen Vorteile müssen ausgeglichen werden; daraus folgt eine Ersatzfähigkeit jedenfalls von Erhaltungsaufwendungen und nützlichen Aufwendungen. Der Ersatz von Luxusaufwendungen ist eine Frage des konkreten Falles.

b) Rechtsvergleichende Ergebnisse[746]

Unterstützend und eventuell klärend könnte auch durch Rechtsvergleichung erkennbar werden, wie der Umfang des geschuldeten Aufwendungsersatzes zu berechnen ist.[747] Zu einer rechtsvergleichenden Untersuchung bietet sich die Behandlung des Aufwendungsersatzes in den gesetzlichen und vertraglichen Rückgewährschuldverhältnissen an. Ebenfalls möglich ist eine Untersuchung des allgemeinen Bereicherungsrechts, denn auch hier werden Aufwendungen in Bezug zu zurückzugebenden Gegenständen thematisiert. Dies gilt trotz der Tatsache, daß außerhalb der Regelung des Art. 7.3.6 kein Bereicherungsausgleich stattfindet, da die dinglichen Rechte aus dem sachlichen Anwendungsbereich der UNIDROIT-Principles ausgeschlossen sind.[748] Ein Vergleich ist dennoch hilfreich. Dies gilt insbesondere, da das Rückgewährschuldverhältnis des Art. 7.3.6 auf einem bereicherungsrechtsähnlichem Ausgleichsgedanken beruht.[749]

Wandlung und andere Vertragsaufhebungsgründe werden nicht unterschieden, denn diese sind in den UNIDROIT-Principles gleichgestellt.[750]

---

[746] Zurückgegriffen wird im folgenden rechtsvergleichenden Abschnitt auf die Untersuchungen zur CISG von *Dölle, H.*, Bemerkungen, FS Ficker, S. 146-149 von 1967 und auf die Beiträge von *Englard, I.*, Restitution, Encyclopaedia, S. 144 et seq. und *Letowska, E.*, Unjust Enrichment, Encyclopaedia, Band 10, Kapitel 4, die nicht mehr gesondert zitiert werden.

[747] Zur Rolle der Rechtsvergleichung siehe Teil 1, VII., 2.ac).

[748] Vgl. *Schwenzer, I.*, Battle of Forms, IPRax 88, S. 214.

[749] Vgl. dazu auch *Treitel, G.*, Remedies, Encyclopaedia, S. 143; *Studies Unidroit* 90, Study L Doc. 48, Draft and Comment, S. 10.

[750] Vgl. *Stötter, V.*, EKG, Art.78 CISG, Denkschrift.

ba) EKG und CISG

Die Frage nach einer Ersatzfähigkeit von Aufwendungen stellte sich auf ähnliche Weise schon in EKG und CISG. Beide regelten Rückgewährschuldverhältnisse und bestimmten, daß nach Vertragsaufhebung erhaltene Vorteile zurückzugewähren sind, schwiegen aber bezüglich eines Aufwendungsersatzes. Demzufolge waren die Meinungen geteilt. Relative Einigkeit bestand noch darin, daß Aufwendungen überhaupt erstattet werden sollen.[751] Die angeführten Gründe entsprangen größtenteils allgemeinen Überlegungen zu Bereicherungsausgleich und Erhaltungspflicht der Ware sowie zum Gebot von Treu und Glauben.[752] Dagegen war die Frage nach dem Umfang des Aufwendungsersatzes umstritten. Das Spektrum reichte von einem möglichen Ersatz aller bereichernden Aufwendungen[753] über den Ersatz nur der Erhaltungsaufwendungen[754] bis zu der Ansicht, diese Frage solle allgemein dem nationalen Recht überlassen bleiben.[755] Gegen letztere Ansicht wird wiederum ins Feld geführt, die Anwendung nationalen Rechtes sei durch die CISG ausgeschlossen.[756] Rechtsvergleichend gibt insgesamt eine Analyse der einheitsrechtlichen Vorläufer ein unklares Bild. Allenfalls ist eine mehrheitliche Tendenz ersichtlich, mindestens Erhaltungsaufwendungen zu erstatten.

bb) Deutschland

Aufwendungen nach vertraglichem Rücktritt sind nach §347 (2) BGB zu ersetzen. Der Verweis des §347 BGB auf §994 II BGB ergibt, daß nur ein Ersatz der Erhaltungsaufwendungen in Frage kommt.[757] §994 II BGB verweist zusätzlich auf das Recht der Geschäftsführung ohne Auftrag, so daß nach §683 (1) BGB solche notwendigen Aufwendungen ersetzt werden können, die dem Geschäftsherren sowohl objektiv nützlich sind als auch seinem wirklichen oder mutmaßlichen Willen entsprechen. Dies wird bei notwendigen Aufwendungen meist der Fall sein. Ist diese Voraussetzung nicht gegeben, so verweist §684 (1) BGB auf

---

[751] So *Canaris, K.W.*/Koller, vor §373 HGB, Art. 81 EKG, Rn568; *Weber, R.*, Vertragsverletzungsfolgen, *BTJP*, S. 188; *Dölle, H.*/Weitnauer, Art. 81 Rn11.

[752] Vgl. *Dölle, H.*/Wahl, Art. 17 Rn114.

[753] *Dölle, H.*/Weitnauer, Art. 81 Rn11; *Dölle, H.*, Bemerkungen, FS Ficker, S. 147-149; *Canaris, K.W.*/Koller, vor §373 HGB, Art. 81 EKG, Rn568; wohl *Mertens, H.-J./Rehbinder, E.*, Internationales Kaufrecht, Art. 81 Rn5.

[754] *Kropholler, J.*, Einheitsrecht, S. 300; *Staudinger, J. von*//Magnus, Art. 84 Rn26; *Honsell, H.*/Weber, Art. 84 Rn16, 22; *Herber, R./Czerwenka, B.*, Internationales Kaufrecht, Art. 84 Rn8; die Luxusaufwendungen ausklammernd *Dölle, H.*/Wahl, Art.17 Rn114.

[755] Bonell/Bianca/*Tallon, D.*, Civil Law, Art. 84 Anm.2.2.

[756] *Herber, R./Czerwenka, B.*, Internationales Kaufrecht, Art. 84 Rn8.

[757] Vgl. Palandt/Heinrichs, Einführung zu §§347-349, Rn6.

das Bereicherungsrecht. Für nützliche Verwendungen ist §996 BGB maßgebend, der aber keinen Ersatzanspruch vorsieht. Nach §997 I BGB besteht ein Wegnahmerecht. Diese strenge Regelung stößt teilweise auf Kritik,[758] und es wird gefordert, daß für nützliche Verwendungen das Bereicherungsrecht eingreifen soll. Im Bereicherungsrecht muß zwischen zwei Situationen unterschieden werden. Zum einen kann der Aufwendende selbst einen Anspruch auf Rückgewähr der Bereicherung geltend machen. Hier ist sehr strittig, ob und inwieweit Aufwendungen ersetzt werden. Tendenziell sollen Erhaltungsaufwendungen und wertsteigernde Aufwendungen bei Gutgläubigkeit ersetzbar sein. Im einzelnen ist dies Gegenstand verschiedener Meinungen.[759]

Die der Rückgewähr nach Vertragsaufhebung ähnliche Situation ist, daß der Aufwendende einem Rückgabeanspruch ausgesetzt ist. Hier hat ein gutgläubiger Besitzer weitgehende Ansprüche, da seine eigene Bereicherung gemindert wird (vgl. §818 III BGB). Der bösgläubige Besitzer dagegen wird auf das Eigentümer-Besitzer-Verhältnis verwiesen. Dazu gilt das oben für die vertraglichen Rückgewährschuldverhältnisse Gesagte. Für eine Herleitung rechtsvergleichender Grundsätze läßt sich aus dem deutschen Recht eine Ersatzpflicht im Rückgewährschuldverhältnis bei anderen als notwendigen Aufwendungen nicht bestimmen. Die Frage ist zu weitgehend umstritten. Dagegen läßt sich eine Tendenz erkennen, Erhaltungsaufwendungen normalerweise zu ersetzen.

bc) Schweiz

Im Schweizer Recht kann der Kauf wegen eines Mangels rückgängig gemacht werden. Ähnlich der deutschen Wandlung, ist hier ein Rechtsbehelf gegeben, der zu einem Rückgewährschuldverhältnis führt. Die Folgen der Wandlung sind in Art. 208 I und II OR unter Verweis auf Art. 195 OR geregelt. Ziel des Rückgewährschuldverhältnisses ist eine restitutio in integrum.[760] Der Verkäufer muß den Kaufpreis einschließlich Zinsen rückerstatten.[761] Überdies sind die Aufwendungen zu ersetzen. Hier umfaßt die Ersatzpflicht sowohl Erhaltungs- als auch nützliche Aufwendungen.[762]

---

[758] Vgl. *Soergel, H.-T.*/Schmidt, §347 Rn6, Rn10.

[759] Vgl. *Erman, W.*/Westermann, vor §812 BGB Rn14; *Staudinger, J. von*//Gursky, vor §§994 BGB Rn3; für Ersatz auch bei Fahrlässigkeit *Medicus, D.*, Bürgerliches Recht, Rn894. Nach einem engen Verständnis von Verwendungsersatz sind nur Erhaltungsaufwendungen zu ersetzen, BGHZ 41, S. 157 (161), nach einem weiten Verständnis auch andere Vermögensaufwendungen, die einer Sache zugute kommen, vgl. *Wolf, M.*, Verwendungsersatzansprüche, AcP 66, 193 et seq. Auch die aufgedrängte Bereicherung ist ein Problem. Vgl. dazu MK/Lieb, §812 Rn265 et seq.

[760] *Honsell, H.*/Honsell, H., ZGB, Art. 208 OR, Rn1.

[761] *Honsell, H.*/Honsell, H., ZGB, Art. 208 OR, Rn2.

[762] *Honsell, H.*/Honsell, ZGB, Art.195 OR Rn4.

Dies gilt aber nur für den gutgläubigen Besitzer. Der weitgehende Aufwendungsersatz steht unter dem Vorbehalt von Treu und Glauben des Art. 2 ZGB.

Der Rückerstattungsanspruch ist kein Bereicherungsrecht, wird diesem als ähnlich verstanden.[763] Im Bereicherungsrecht des Art. 65 I OR (und auch in dem Eigentümer-Besitzer-Verhältnis der Artt. 938 et seq. ZGB) wird nur der Ersatz von notwendigen und nützlichen Aufwendungen geschuldet. Die Kosten von nützlichen und wertsteigernden Aufwendungen werden beim gutgläubigen Besitzer voll ersetzt. Der bösgläubige Besitzer erhält nur die notwendigen Verwendungen, Art. 65 I OR, ein Wegnahmerecht besteht. Im Schweizer Recht werden also notwendige und nützliche Aufwendungen ersetzt.

bd) Frankreich[764]

Im französischen Recht wird der Aufwendungsersatz nach kaufrechtlichem Rücktritt gemäß Art. 1646 code civil geschuldet. Eine rémise en état, oder Wiederherstellung des vorherigen Zustandes, wird angestrebt.[765]
Erhaltungsaufwendungen (dépenses oder impénses[766] nécessaires) werden grundsätzlich ersetzt, andere verschieden behandelt. „Nützliche" Aufwendungen (dépenses utiles) werden ersetzt, wenn und soweit sie den Wert der Sache erhöht haben.[767] Luxusaufwendungen (dépenses voluptuaires) sind nicht ersatzfähig. Es besteht jedoch ein Wegnahmerecht. Die Rechtslage im Bereicherungsrecht ist nach Ferid/Sonnenberger so, daß bei der Bereicherungsklage ein Aufwendungsersatz bei Werterhöhung geschuldet wird.[768] Nach Englard und Landfermann werden im allgemeinen Bereicherungsrecht gemäß Art. 1381 code civil nur notwendige und nützliche Aufwendungen ersetzt. Für solche, die notwendig waren, um den Besitz zu erlangen, wird nach Ansicht einiger ebenfalls bei Gutgläubigkeit Ersatz geschuldet. Wegen des Wortlauts des Art. 1381 cc, „nützliche" Verwendungen zu ersetzen, die traditionell[769] Verbesserungsaufwendungen sind, wird hier ebenfalls auf die tatsächliche Wertsteigerung abgestellt. In Frankreich läßt sich also eine Tendenz erkennen, wertsteigernde Aufwendungen zu ersetzen.

---

[763] *Honsell, H.*/Honsell, H., ZGB, Art. 208 OR Rn2.

[764] Gestützt wird sich an dieser Stelle auf die Untersuchungen von *Landfermann, H.-G.*, Auflösung und *Englard, I.*, Restitution, Encyclopaedia.

[765] *Ferid, M./Sonnenberger, H.*, Frz. Zivilrecht, 1 F 941.

[766] *Landfermann, H.-G.*, Auflösung, S. 80, 81.

[767] *Landfermann, H.-G.*, Auflösung, S. 81.

[768] *Ferid, M./Sonnenberger, H.*, Frz. Zivilrecht, 1 F 941.

[769] So *Englard, I.*, Restitution, Encyclopaedia, S. 149.

be) Schweden

Im schwedischen Recht kann ein Vertrag vergleichbar mit der deutschen Wandlung aufgelöst werden. Nach Art. 55 Kaufgesetz sind Erhaltungsaufwendungen zu ersetzen, und dies auch deshalb, weil der Käufer erhaltungspflichtig ist (ähnlich: Artt. 85 et seq. CISG) und diese Kosten ihm nicht aufgebürdet werden sollen. Nach den allgemeinen Grundsätzen einer Geschäftsführung ohne Auftrag können auch andere zweckmäßige und dem Verkäufer nützliche Aufwendungen ersetzt werden.[770]

bf) Italien[771]

Im italienischen Recht ist die Auflösung des Vertrags rückwirkend, Art. 1458 codice civile. Daher werden bezüglich eines Aufwendungsersatzes die Regelungen über den Besitzer herangezogen, da das Eigentum nie gewechselt hat. Auch im Bereicherungsrecht wird nach Art. 2040 codice civile auf das Eigentümer-Besitzer-Verhältnis verwiesen. Dann wird zwischen gutgläubigem und bösgläubigem Besitzer unterschieden. Es besteht in jedem Fall nach Art. 1150 codice civile Anspruch auf Ersatz für Aufwendungen bei außergewöhnlichen Ausbesserungen. Gewöhnliche Erhaltungsaufwendungen werden dann ersetzt, wenn der Besitzer die Früchte herauszugeben hat. Darüber hinaus werden Aufwendungen, die den Wert gesteigert haben(nützliche Aufwendungen), ersetzt, wenn diese Wertsteigerung im Zeitpunkt der Herausgabe noch wirkt (Art. 1159 cc). Der gutgläubige Besitzer erhält den gegenwärtigen Wert, der bösgläubige den zugefügten Wert oder die Ausgaben. Bezüglich Stukturveränderungen gibt Art. 1150 V cc in Verbindung mit Art. 936 cc ein Wegnahmerecht.

bg) Großbritannien[772]

Im englischen Recht ist die Diskussion über den Aufwendungsersatz gering, weil es kein generelles Recht auf Restitution, allerdings die Konzeption der ungerechtfertigten Bereicherung im Sinne ungerechtfertigter Vermögensverschiebungen gibt.[773] Wenn die „consideration" für einen Vertrag nicht völlig fehlt, besteht nur ein Anspruch auf die Zahlung von Geld, nicht die

---

[770] Almén-Eklund, Om Köp och byse av lös egendom, Kommentar till lagan dem 20. Juli 1905 (4. Auflage 1960), S. 741 N47, zitiert nach *Dölle, H.*, Bemerkungen, FS Ficker, S. 146.

[771] Gestützt wird sich auf die Untersuchungen von *Treitel, G.*, Remedies, Encyclopaedia, Band 7, Kapitel 16, und *Englard, I.*, Restitution, Encyclopaedia, Band 10, Kapitel 5, die nicht mehr im einzelnen zitiert werden.

[772] Gestützt wird sich auf die Untersuchungen von *Treitel, G.*, Remedies, Encyclopaedia, Band 7, Kapitel 16, und *Englard, I.*, Restitution, Encyclopaedia, Band 10, Kapitel 5, die nicht mehr im einzelnen zitiert werden.

[773] Vgl. *Goff and Jones*, Restitution, S. 12, S. 15.

Vertragsaufhebung.[774] Überdies wird die Rechtsfolge von dem Vertragsaufhebungsgrund, der Vertragsart und dem Verschulden abhängig gemacht. Daher wird der Aufwendungsersatz eher im Zusammenhang mit Vertragsverletzungen und dem folgenden Schadensersatz oder dem Deliktsrecht erörtert. Die vertragsverletzende Partei muß der anderen die „reliance damages" ersetzen, welche vernünftig waren. Ebenso gibt es einen eventuellen deliktischen Anspruch. Generell werden im englischen common law keine Aufwendungen ersetzt.[775] Im law of equity dagegen gibt es die Möglichkeit, die Wiederherstellung des status quo ante zu verlangen.[776]

bh) USA[777]

In den USA ist es ähnlich wie in Großbritannien. Es wird seltener mit Vertragsaufhebung, dahingegen häufig mit Schadensersatzansprüchen und Deliktsansprüchen operiert. Im anglo-amerikanischen Recht ist die Vertragsaufhebung als solche auch ohne Gerichtsentscheidung möglich.[778] Der Aufwendungsersatz bei Vertragsaufhebung wird daher kaum erörtert. Dies liegt auch daran, daß ein Konzept einer Rückgabepflicht der Kaufsache dem common law, insbesondere dem UCC, unbekannt ist: Ein Rückforderungsrecht für die Sache besteht grundsätzlich nur bei schuldhafter Vertragsverletzung.[779]

Ein Aufwendungsersatz wird nur in engen Grenzen anerkannt, ja bisweilen ausdrücklich abgelehnt.[780] Entscheidender Gesichtspunkt ist, daß der Eigentümer ähnlich wie im englischen Recht keine unerwünschten Aufwendungen ersetzen müssen soll.[781] In den letzten Jahren[782] gab es eine neue Tendenz zum Ersatz von tatsächlicher Bereicherung, welche an die Idee des „unjust enrichment" angelehnt war. Im Fall eines fehlgeschlagenen Kaufvertrages über Land hat der Käufer beispielsweise ein Recht auf Ersatz des Wertes der Verbesserungen. Wenn diese den Wert des Landes überschreiten, besteht eventuell ein Anspruch

---

[774] *Goff and Jones,* Restitution, S. 412.

[775] Vgl. die FIBROSA-Rule, zitiert nach *Englard, I.*, Restitution, Encyclopaedia, S. 265, wonach nach einer Vertragsaufhebung wegen frustration keinerlei Aufwendungen ersetzt wurden.

[776] *Goff and Jones,* Restitution, S. 413.

[777] Gestützt wird sich auf die Untersuchungen von *Treitel, G.*, Remedies, Encyclopaedia, und *Englard, I.*, Restitution, Encyclopaedia, die nicht mehr im einzelnen zitiert werden.

[778] Vgl. *Treitel, G.*, Remedies, Encyclopaedia, S. 119.

[779] Vgl. *Honnold, J.*, Uniform Law, Rn444.

[780] City of Barnsdall v. Curnutt, 198 Okla.3, 174 P2d 596 (1946).

[781] *Schindler, K.-H.*, Bereicherung, AcP 165, S. 509.

[782] Der vorliegenden Untersuchungen.

auf Schadensersatz wegen „reliance loss“. Ist der Vertrag wegen einer Verletzung durch den Verkäufer aufgelöst worden, so werden generell Aufwendungen für Verbesserungen ersetzt. Der Umfang hängt von dem gewählten Rechtsbehelf ab. Verletzt der Käufer den Vertrag, werden Verbesserungsaufwendungen im allgemeinen nicht ersetzt. In den Vereigten Staaten werden also wie in Großbritannien die Rechtsfolgen an Vertragsart und Umstände der Aufhebung geknüpft.

bi) Bereicherungsrecht osteuropäischer Staaten[783]

In der ehemaligen DDR wurden nach §33 Zivilgesetzbuch die notwendigen Aufwendungen ersetzt, wenn keine positive Kenntnis des nicht berechtigten Besitzes vorlag. In Ungarn werden nach §363 des Zivilgesetzbuches notwendige und nützliche Aufwendungen ersetzt, allerdings nicht Kosten des täglichen Lebens. In Polen wird zwischen gutgläubigem und bösgläubigem Besitzer unterschieden, abstellend auf die Erkennbarkeit der Rückgewährpflicht. Eine gutgläubige Partei kann notwendige Aufwendungen ersetzt verlangen, zusätzlich alle anderen Aufwendungen, welche zum Rückgewährzeitpunkt noch einen Wert haben. Es besteht ein Wegnahmerecht. Eine bösgläubige Partei kann ebenso die wertsteigernden und notwendigen Aufwendungen ersetzt verlangen, ein Wegnahmerecht besteht allerdings nicht. In Rumänien können notwendige und nützliche Aufwendungen ersetzt werden, für Luxusaufwendungen besteht ein Wegnahmerecht. In der ehemaligen Sowjetunion wurde in Art. 155 des Zivilgesetzbuches eine Erstattungspflicht für notwendige Aufwendungen normiert, welche nach der Entdeckung des unrechtmäßigen Besitzes entstanden. In dem jetzigen Gesetzbuch gibt es eine solche Regelung nicht mehr. Im ehemaligen Jugoslawien wurden notwendige und nützliche Aufwendungen ersetzt, wobei die Nützlichkeit aus der Sicht derjenigen Partei bestimmt wurde, welche die Sache zurückverlangen konnte. Dadurch wurde die Rückgewährschuld gemindert. Im Fall der Bösgläubigkeit konnten nur Aufwendungen ersetzt verlangt werden, deren Wertsteigerung noch andauerte.

bk) Ergebnis der Rechtsvergleichung

Die Behandlung der Aufwendungen in den nationalen Rechten ist unterschiedlich, so daß allgemeine Grundsätze durch Rechtsvergleichung nicht hergeleitet werden können. Es läßt sich allenfalls eine Tendenz erkennen, sowohl einem gutgläubigen als auch einem bösgläubigen Besitzer die Erhaltungsaufwendungen zuzugestehen.[784]

---

[783] Zurückgegriffen wird auf die Ausführungen von *Letowska, E.*, Unjust Enrichment, Encyclopaedia, S. 61 et seq. zum allgemeinen Bereicherungsrecht. Es liegt keine Untersuchung zur vertraglichen Restitution vor.

[784] So auch *Kropholler, J.*, Einheitsrecht, S. 300. Vgl. auch *Kropholler, J.*, Ausschluß, RabelsZ 74, S. 382.

Bei anderen als Erhaltungsaufwendungen sind die Meinungen der nationalen Rechte, sogar innerhalb der einzelnen nationalen Rechte, so geteilt, daß sich kein allgemeiner Grundsatz erkennen läßt. Oft werden nützliche oder Luxusaufwendungen nicht ersetzt.[785] Es läßt sich höchstens eine verbreitete Tendenz erkennen, daß solche Aufwendungen erstattungsfähig sind, die den Wert der Sache gesteigert haben. Ebenso gilt häufig der Gedanke der restitutio in integrum. Dies läßt sich dem Grundsatz des Ausgleichs aller tatsächlichen wirtschaftlichen Bereicherung vergleichen.

c) Zusammenfassung

Da die Rechtsvergleichung keine allgemeinen Grundsätze liefert, bleibt es bei der Anwendung der Grundsätze der UNIDROIT-Principles.
Zusammenfassend läßt sich festhalten, daß die Lücke bezüglich des Aufwendungsersatzes nach Art. 1.6 II dahingehend ergänzt werden kann, daß Aufwendungen, welche die andere Partei wirtschaftlich bereichern, zu erstatten sind.

6. Einschränkung durch den Grundsatz venire contra factum proprium

Diese grundsätzliche Ergänzungsmöglichkeit kann jedoch in manchen Fällen eingeschränkt sein.
Insbesondere kommt dies wegen des Grundsatzes venire contra factum proprium in Betracht.

Das widerspruchsfreie Verhalten als Rahmen jeglicher Ansprüche ist ein allgemeiner Grundsatz der UNIDROIT-Principles.[786] Dies zeigt etwa Art.7.4.8. II, nach welchem Schadensminderungskosten nur im „vernünftigen“ Rahmen erstattungsfähig sind.[787] Dieser Gedanke ist als allgemein gültiger Grundsatz auch bei der Bemessung des Umfangs des Aufwendungsersatzes zu berücksichtigen.

Wann sich ein Rückerstattungsverlangen von Aufwendungen als venire contra factum proprium darstellt, ist im Einzelnen eine Frage des konkreten Falles. Grundsätzlich muß zwischen Erhaltungs- und anderen Aufwendungen unterschieden werden. Im Rahmen der Rechtsvergleichung wird deutlich, daß die Erstattungspflicht von Aufwendungen in nationalen Rechten vom Umfang her häufig von der „Gutgläubigkeit“ der aufwendenden Vertragspartei abhängig gemacht wird. Es fragt sich, inwieweit dies innerhalb der UNIDROIT-Principles berücksichtigt werden kann.

---

785 Vgl. *Kropholler, J.*, Ausschluß, RabelsZ 74, S. 382.

786 Vgl. Teil 1, VIII., 2.ad).

787 Vgl. auch *Dölle, H.*/Weitnauer, Art. 81 Rn11.

Im Beispielsfall bedeutet dies, ob eine Aufwendungserstattung nur als angemessen erscheint, wenn der Bauherr „gutgläubig“ ist. „Gutgläubig“ kann eine Vertragspartei nur sein, wenn sie nicht die Aufhebung des Vertrages bereits *vorhersehen* konnte[788] und im Zeitraum *vor Vertragsaufhebung* handelt. Im Zeitraum zwischen Vertragsaufhebung und Rückgewähr oder bei Vorhersehbarkeit der Aufhebung bestand für die aufwendende Partei die Möglichkeit, zu erkennen, daß der Verkäufer mit Aufwendungen nicht einverstanden sein könnte.[789] Grundsätzlich wird nämlich die andere Vertragspartei (ähnlich wie bei Art. 7.4.8 II) annehmen dürfen, daß der Inhalt des Rückgewähranspruches nicht verändert wird. Ohne Rücksprache werden die Aufwendungen in einer bekannt unsicheren Situation getätigt. Dann ist die „Gutgläubigkeit“ im Zeitpunkt der Aufwendung zu verneinen.

Dies gilt jedenfalls für nützliche und Luxusaufwendungen.[790] Dagegen spricht einiges für die Annahme, daß Erhaltungsaufwendungen in jedem Fall ersetzt werden können. Dies folgt aus dem allgemeinen Verhaltensmaßstab einer vernünftigen Person (des vernünftigen Handeltreibenden). Dieser Maßstab ist ein allgemeiner Grundsatz der UNIDROIT-Principles.[791] Eine notwendige Folge dieses allgemeinen Verhaltensmaßstabes ist es, daß sich beide Vertragsparteien in ihrem eigenen Verhalten auf ihn einstellen, i.e. mit einem vernünftigen Verhalten der anderen Partei rechnen dürfen.[792]

Aufwendungen, welche die zurückzugebende Sache erhalten, sind normalerweise einem vernünftigen Handeltreibenden nützlich. Damit kann die Vertragspartei, welche sie tätigt, auch bei Vorhersehbarkeit der Vertragsaufhebung rechnen. Sowohl in dem Zeitpunkt vor einer vorhersehbaren Vertragsaufhebung als auch im Zeitraum zwischen Vertragsaufhebung und Rückgewähr kann sie also mit dem Verhaltensmaßstab einer vernünftigen Person rechnen und somit Erhaltungsaufwendungen tätigen. Die Kostenerstattung in einem solchen Fall zu versagen, bedeutete, der aufwendenden Vertragspartei zuzumuten, sich nicht mehr auf den allgemeinen Grundsatz der vernünftigen Person verlassen zu können. Erhaltungsaufwendungen sind also in jedem Fall zu erstatten, wenn keine positive Kenntnis ihrer Unerwünschtheit vorliegt. Im Fall wertsteigernder Aufwendungen ist dies eine Frage des Einzelfalles.

Zusammenfassend schlagen sich bezüglich des angemessenen Aufwendungsersatzes die allgemeinen Grundsätze der Angemessenheit und der vernünftigen

---

788 Vgl. *Beß, J.*, Haftung S. 116.

789 Vgl. *Beß, J.*, Haftung S. 116; *Dölle, H.*, Bemerkungen, FS Ficker, S. 149.

790 Ähnlich *Dölle, H.*, Bemerkungen, FS Ficker, S. 149.

791 Vgl. Teil 1, VIII, 2.ab); *Soergel, H.-T.*/Lüderitz, Art. 7. CISG Rn8.

792 Vgl. *Canaris, K.W.*/Koller, vor §373 HGB, Art. 17 EKG, Rn343.

Person derart nieder, daß bei Kenntnis der Aufhebungslage grundsätzlich nur Ersatz für die Erhaltungsaufwendungen verlangt werden kann.[793] Bei positiver Kenntnis der Unerwünschtheit besteht kein Anspruch auf Aufwendungsersatz.[794]

7. Lösungsmöglichkeit im Schadensersatz

Von Autoren zur CISG wird vorgeschlagen, einen Aufwendungsersatz bei Vertragsaufhebung über das Institut des Schadensersatzes zu erreichen, da dieses Institut mit dem Ziel des Verlustausgleichs flexibler und bestimmter sei.[795] Es wird allerdings zugegeben, daß der Schadensersatz hier aufgrund seiner „Schuldzuweisung" an die vertragsverletzende Partei nicht „paßt".[796]
Der Schadensersatz ist neben der Rückabwicklung anwendbar, so daß frustrierte Aufwendungen, die nach Schadensrecht einen Ersatzanspruch begründen,[797] neben der Rückgewähr geltend gemacht werden können, Art. 7.3.5 II.

Wird jedoch kein Schadensersatz geltend gemacht, sondern allein die Abwicklung nach Art. 7.3.6 gewählt, ist es nicht nötig, die Schadensersatzregelungen entsprechend auf den Aufwendungsersatz anzuwenden. Die Rückabwicklungsregelungen der UNIDROIT-Principles sind als lex specialis zu den Schadensersatzregelungen zu sehen. Der Schadensersatz sollte lediglich eine „lückenfüllende" Funktion haben, wenn ein vollständiger Vorteilsausgleich nicht über das Rückgewährschuldverhältnis allein erreicht werden kann.[798] Insoweit als die Lücke des Aufwendungsersatzes schon im Rückgewährschuldverhältnis selbst ausreichend ergänzt werden kann, braucht auf den Schadensersatz nicht zurückgegriffen zu werden. Als Begründung für die Anwendung des Schadensersatzes wird hauptsächlich herangezogen, daß eine Bemessung des Aufwendungsersatzes nicht genügend scharf nach systemimmanenten Grundsätzen entwickelt werden könnte.[799] Dies ist, wie gezeigt, aber nicht der Fall. Zugegeben sei, daß hier eine Nahtstelle zwischen Schadensersatz und Rückabwicklung liegt.[800] Dies ist aber praktisch von keiner großen Bedeutung, da bei einer Vertragsaufhebung nach Artt. 7.3.1 et seq. meist zusätzlich ein Schadensersatzanspruch gegeben

---

793 Vgl. auch *Kropholler, J.*, Ausschluß, RabelsZ 74, S. 382.

794 Für das EKG ganz ähnlich *Dölle, H.*/Wahl, Art. 17 Rn114; vgl. *Kropholler, J.*, Einheitsrecht, S. 300.

795 *Caemmerer, E. von*/Schlechtriem/Leser, Art. 84 Rn21.

796 *Caemmerer, E. von*/Schlechtriem/Leser, Art. 84 Fn57.

797 Vgl. etwa *Staudinger, J. von*//Magnus, Art. 74 Rn21 und 53; *Caemmerer, E. von*/Schlechtriem/Stoll, Art. 74 Rn18; *Weber, R.*, Vertragsverletzungsfolgen, *BTJP*, S. 192.

798 Vgl. *Weber, R.*, Vertragsverletzungsfolgen, *BTJP*, S. 170.

799 *Caemmerer, E. von*/Schlechtriem/Leser, Art. 84 Rn21.

800 Vgl. *Caemmerer, E. von*/Schlechtriem/Leser, Art. 84 Rn21.

sein wird. Dann kann die der Vertragsverletzung ausgesetzte Vertragspartei Schadensersatz nach Artt. 7.4.1 et seq. für ihre frustrierten Aufwendungen verlangen.[801] Aber auch im Rückgewährschuldverhältnis allein besteht ein solcher Anspruch, ohne auf den Schadensersatz zurückzugreifen.

8. Ergebnis

Nach allgemeinen Grundsätzen im Sinne des Art. 1.6 II sind Erhaltunsaufwendungen in jedem Fall zu erstatten. Nützliche und Luxusaufwendungen sind insoweit, als sie den Verkäufer tatsächlich wirtschaftlich bereichern, ebenfalls zu erstatten. Letzteres gilt nach dem Grundsatz des redlichen Verhaltens nur, wenn die aufwendende Partei die Vertragsaufhebung nicht vorhersehen konnte.

Wie es schon für EKG und CISG angenommen wurde,[802] folgen also auch die UNIDROIT-Principles nicht der „romanistischen"[803] Dreiteilung in „notwendige, nützliche und luxuriöse" Aufwendungen.[804] Die Aufwendungen in den UNIDROIT-Principles sind vielmehr auf das Interesse der anderen Partei an den Aufwendungen und auf deren tatsächliche wirtschaftliche Bereicherung hin zu untersuchen und entsprechend zu behandeln. Der Rechtsgedanke des §818 III BGB ist im Einheitsrecht fremd und grundsätzlich nicht anzuwenden.[805]
Auf den Beispielsfall angewendet heißt dies, daß der Bauherr dem Anspruch auf Wertersatz nach Art. 7.3.6 I (2) jedenfalls die Erhaltungsaufwendungen abziehen kann, andere Aufwendungen (Verbesserungen) nur insoweit, als sie dem Bauunternehmer nützlich sind. Dies ist dann der Fall, wenn sie den Wert des Objektes steigern.

V. Ersatzanspruch wegen vor Vertragsaufhebung möglicher und nicht gezogener Nutzungen

Eine ähnliche im Rückgewährschuldverhältnis offen gebliebene Frage ist, ob ein „Rückerstattungs"anspruch wegen pflichtwidrig nicht gezogener Nutzungen besteht. Da die Rückgewähr den Primärvertrag in einen Rückgewährvertrag „mit umgekehrten Vorzeichen" umgestaltet,[806] fragt es sich, ob bestimmte Nutzungen

[801] Vgl. *Staudinger, J. von*/Magnus, Art. 84 Rn26; Art. 74 Rn53.

[802] Vgl. *Vischer, F.*, Lausanner Kolloquium, Kolloquium, S. 182.

[803] *Vischer, F.*, Lausanner Kolloquium, Kolloquium, S. 182.

[804] Insofern offenbar a.A. *Dölle, H.*/Wahl, Art. 17 Rn114, der beim Verwendungsersatz ausdrücklich nur die Luxusaufwendungen ausklammert.

[805] Statt aller *Herber, R./Czerwenka, B.*, Internationales Kaufrecht, Art. 84 Rn5; *Dölle, H.*/Weitnauer, Art. 81 Rn10; *Mertens, H.-J./Rehbinder, E.*, Internationales Kaufrecht, Art. 81 Rn8.

[806] Vgl. oben Teil 2, Kapitel 1, I. (S. 113 et seq.).

in der Zeit zwischen Erfüllung und Vertragsaufhebung entstanden und zu ersetzen wären.

Eingeschlossen in die Rückgewähr des „Erhaltenen und Geleisteten" sind alle Nutzungen, wie sie im deutschen Recht in den §§99 und 100 BGB (Früchte) auftauchen. Ebenso fallen natürliche wie zivile Früchte sowie Gebrauchsvorteile unter „alles Erhaltene".[807] Bezüglich ziviler Früchte wird diese Erstattungspflicht durch die Möglichkeit des Geldwertersatzes in Art. 7.3.6. I Satz 2 verdeutlicht. Bei der „Rückgewähr" nicht gezogener Nutzungen geht es darum, ob über den Ersatz der tatsächlichen Früchte auch die *hypothetischen* zu einem Wertersatzanspruch führen. Das Problem besteht darin, ob Ersatz für etwas geschuldet wird, was die andere Partei nicht erhalten hat, aber hätte erhalten sollen. Diesbezüglich muß zwischen zwei Zeitpunkten unterschieden werden. Zum einen ist fraglich, ob hypothetische Nutzungen „zurückgewährt" werden sollen, die zwischen Überlassung der Sache und Vertragsaufhebung hätten gezogen werden können. Die untenstehenden Ausführungen beziehen sich hierauf.
Zum anderen könnte man problematisieren, inwieweit eine Nutzungspflicht im Zeitraum zwischen Vertragsaufhebung und Rückgewähr besteht. Dies ist eine Frage der Verletzung von Pflichten des Rückgewährschuldverhältnisses und wird mit den unter Abschnitt VI zu behandelnden Grundsätzen zu lösen sein.

Betrachtet man den Zeitraum vor Vertragsaufhebung, muß im weiteren nach dem Veranlasser der Vertragsaufhebung unterschieden werden. Zum einen kann die Vertragsaufhebung von dem Teil verschuldet sein, welcher die Nutzungen nicht gezogen hat. Dann kann für den Anspruchsinhaber die Regelung des Schadensersatzes (unter den Voraussetzungen des Art. 7.4.4 und 7.4.3) eingreifen und eventuell in Form der „profits deprieved" (entgangener Gewinn, Art.7.4.2) ein Ersatzanspruch für hypothetische Nutzungen bestehen. Der Partei, die der Vertragsverletzung ausgesetzt ist, steht nämlich ein Anspruch wegen Wertverlustes zu.[808] Dieser kann laut Enderlein/Maskow/Strohbach „in die Nähe nicht gezogener Vorteile" rücken.[809] Fraglich und eine Lücke ist dagegen die Situation, in welcher die Partei, welche die Nutzungen nicht gezogen hat, *nicht* die Vertragsaufhebung verschuldet hat. Ob sie nach den Regelungen der Rückgabe von „Erhaltenem" auch das hypothetische Erhaltene herauszugeben hat oder ob sich ihr eigener Schadensersatz durch das Unterlassen der Nutzungsziehung mindert, soll hier untersucht werden.

Beispiele, für welche die Ergänzung dieser Lücke wichtig wäre, lassen sich in allen Verträgen finden, in denen der Primärgläubiger eine nutzbare Sache erhält.

---

807 Vgl. dazu zur CISG *Caemmerer, E. von*/Schlechtriem/Leser, Art. 84 Rn17-19.

808 *Enderlein, F./Maskow, D./Strohbach, H.*, Internationales Kaufrecht, Art. 84 Anm.4.1.

809 *Enderlein, F./Maskow, D./Strohbach, H.*, Internationales Kaufrecht, a.a.O.

Dabei können Nutzungsmöglichkeiten in Form von Früchten entstehen (etwa bei einem Kaufvertrag oder bei einem Vertrag über Pacht oder Miete von Gegenständen),[810] oder die Nutzungsmöglichkeit ist Vertragsgegenstand (etwa bei einem Lizenzvertrag).

Als Beispielsfall wird der internationale Bauvertrag gewählt. Hier läßt sich folgendes konstruieren: Ein Bauunternehmer stellt für einen Bauherren eine Fertigungsanlage im Zusammenhang mit einer Recyclinganlage her. Letztere wird einige Zeit vor der gesamten Anlage fertiggestellt und könnte in Betrieb gehen und bereits Gewinn erzielen. Der Bauherr entscheidet sich gegen eine solche Nutzung. Der Vertrag wird später wegen Verschuldens des Bauunternehmers aufgehoben, und die Rückgewährpflicht tritt ein. Der Bauherr hat nunmehr die Anlage zurückzugeben bzw. Wertersatz nach den Grundsätzen des Art. 7.3.6 I (2) zu leisten. Der Bauunternehmer verlangt eine Summe für das, was mit der Recyclinganlage vor Vertragsaufhebung bereits hätte verdient werden können, da dieser Verdienst ihm als Früchte der Sache nach Vertragsaufhebung hätte zurückgewährt werden müssen. Fraglich ist, ob ihm ein solcher Anspruch wegen pflichtwidrig nicht gezogener Nutzungen zuzugestehen ist.

1. Sachlicher Anwendungsbereich

Die Frage, ob der Ersatz für die nicht gezogenen Nutzungen in den sachlichen Anwendungsbereich der UNIDROIT-Principles fällt, ist ähnlich zu beurteilen wie beim Aufwendungsersatz.[811] Eine solche Ersatzpflicht gehört, wenn es um eine mögliche „Rückgewähr“ im Rahmen des Art. 7.3.6 geht, zu den Folgen der Vertragsaufhebung. Diese sollten von den UNIDROIT-Principles umfassend in Art. 7.3.6 geregelt werden.[812] Das Rückgewährschuldverhältnis wurde in Art. 7.3.6 weit ausgestaltet. Ein Rückgriff auf das nationale Recht für den Ausgleich nach Auflösung wurde konsequent auch schon für EKG und CISG als nicht möglich bezeichnet.[813]

Fraglich ist aber, ob die nicht gezogenen Nutzungen ein Teil der Rückgewähr sind. In der CISG gibt es ähnliche Regelungen zur Rückgewähr, und die Frage nach den nicht gezogenen Nutzungen tauchte ebenfalls als Lücke auf. In der Literatur zur CISG ergibt sich das Problem, daß, wird von einem Nutzungsersatz

---

[810] Sofern ein solcher Vertrag die Kriterien eines internationalen Handelsvertrages erfüllt, sind die UNIDROIT-Principles anwendbar.

[811] Behandelt in Teil 2, Kapitel 1, IV.

[812] Dies legt schon der weit gefaßte Wortlaut nahe („whatever it has supplied...(or) received“), vgl. auch Kommentar zu den UNIDROIT-Principles, S. 190-192. Vgl. *Studies Unidroit* 1994, P.C. Misc. 19, S. 47.

[813] *Schlechtriem, P.*, UN-Kaufrecht, S. 103; *Reinhart, G.*, Kommentar, Art.84 Rn5; *Mertens, H.-J./Rehbinder, E.*, Internationales Kaufrecht, Art.81 EKG Rn7.

im Schadensersatz gesprochen, die oben gemachten Unterscheidungen in zeitlicher und persönlicher Hinsicht (nach der vertragsverletzenden Partei) nicht immer deutlich werden.[814] Dem sachlichen Anwendungsbereich der CISG wurde die Lücke jedenfalls unterstellt. Wird das Problem in CISG und EKG in Kommentaren oder Literaturbeiträgen angesprochen, so unter Art. 17 EKG[815] oder im Zusammenhang mit der Vorteilsausgleichung im Rückgewährschuldverhältnis.[816] Implizit oder explizit wird damit angenommen, die Frage nach Ersatzleistung für nicht gezogene Nutzungen sei ein Teil der Folgen der Vertragsaufhebung. Teilweise wird auch mit der Auslegung des Begriffs Vorteil argumentiert. Die Bemessung der „benefits“ in der CISG wird dagegen bisweilen dem nationalen Recht überlassen, um Schwierigkeiten zu umgehen.[817] Dies ist aber noch kein Argument dafür, daß diese Frage schon aus dem sachlichen Anwendungsbereich des Einheitsrechtes herausfiele, sondern bedeutet nur, daß die Grenzen des Möglichen eventuell erreicht sind.

Im weiteren spricht die Einbeziehung aller Vorteile in das Rückgewährschuldverhältnis dafür, daß auch die „normalerweise zu gewinnenden Vorteile“[818] zusammen mit der Rückgewähr der tatsächlich gewonnenen Vorteile zu behandeln sind.[819] Art. 7.3.6 unterscheidet nicht wie Artt. 82 I und 84 CISG zwischen Rückgewähr und Vorteilsausgleichung. Es wird ein einheitliches Rückgewährschuldverhältnis geschaffen, welches alle Folgen nach einem aufgelösten Kaufvertrag regelt.

Es handelt sich also um eine interne Lücke im Rückgewährschuldverhältnis. Sie müßte sich nun nach den allgemeinen Grundsätzen im Sinne des Art.1.6 II ergänzen lassen. Die Bestimmung von allgemeinen Grundsätzen bezüglich der nicht gezogenen Nutzungen muß in zwei Schritten erfolgen. Die erste Stufe der Lückenergänzung ist die Auslegung.[820] Zum einen muß daher zunächst durch

---

[814] Vgl. *Herber, R./Czerwenka, B.*, Internationales Kaufrecht, Art. 81 Rn15, der offenbar auf die Nutzungspflicht nach Vertragsaufhebung abstellt.

[815] *Dölle, H.*, Bemerkungen, FS Ficker, S. 147.

[816] *Staudinger, J. von*/Magnus, Art. 84 Rn19; *Reinhart, G.*, Kommentar, Art. 84 Rn5; *Enderlein, F./Maskow, D./Strohbach, H.*, Internationales Kaufrecht, Art. 84 Rn4.1; *Dölle, H.*/Weitnauer, Art. 81Rn8; *Soergel, H.-T.*/Lüderitz, Art. 81 EKG Rn5; *Mertens, H.-J./Rehbinder, E.*, Internationales Kaufrecht, Art. 81 Rn7; *Canaris, K.W.*/Koller, vor §373 HGB, Art. 81 EKG Rn567; vgl. *Herber, R./Czerwenka, B.*, Internationales Kaufrecht, Art. 81 Rn17.

[817] Bonell/Bianca/*Tallon, D.*, Civil Law, Art. 84 Anm.2.2.

[818] *Dölle, H.*, Bemerkungen, FS Ficker, S. 147.

[819] Vgl. zum zusammenhängenden Anwendungsbereich auch Teil 2, Kapitel 1, IV., 2..

[820] Vgl. Teil 1, V., 1.

Auslegung des Begriffs „Erhaltenes“[821] festgestellt werden, welchen Inhalt der Art. 7.3.6 hat und ob nicht gezogene Nutzungen sich dann durch Auslegung unter diesen Artikel fassen lassen. Ist dies nicht der Fall, so muß als zweiter Schritt nach einer Möglichkeit zur Lückenergänzung im Rückgewährschuldverhältnis nach allgemeinen Grundsätzen gesucht werden.

2. Auslegung des Begriffes „Erhaltenes“ im Art. 7.3.6 / Inhaltsbestimmung des Art. 7.3.6: Der Zusammenhang der Rückgewährschuld mit dem konkreten Vertragsgegenstand

Erste Erkenntnisse bezüglich der Nutzungspflicht können sich aus einer Auslegung[822] des Begriffs „Erhaltenes“ des Artikels 7.3.6 ergeben. Durch diese Inhaltsbestimmung läßt sich eventuell auch eine Leitlinie des Art. 7.3.6 ermitteln: der grundsätzlich angestrebte Rückgewährumfang.

Die Auslegung der UNIDROIT-Principles hat nach Art. 1.6 I zu erfolgen, also unter Berücksichtigung des internationalen Charakters und der einheitlichen Anwendung. Hier soll nicht weiter die Problematik erörtert werden, wie diese Auslegung methodisch genau zu erfolgen hat.[823] Zurückgegriffen wird auf die von Kropholler,[824] Melis[825] und Herber[826] empfohlenen Auslegungsmethoden zum Einheitsrecht.

a) Historische Auslegung

Die entstehungsgeschichtliche Literatur der UNIDROIT-Principles zeigt, daß die Regeln über die Restitution zunächst etwas anders als die jetzigen aussehen sollten,[827] jedoch von Anfang an intendiert war, daß alles „Erhaltene“ zurückgewährt werden sollte. Im ersten Entwurf wurde die Restitution von anderen als Geldleistungen dann bezüglich einzelner Arten von Vertragsverhältnissen erläutert;[828] dies zeigt, daß das „Erhaltene“ nur im Zusammenhang mit dem

[821] Der Klarheit wegen soll im folgendem nur von „Erhaltenen“ gesprochen werden. Das „Geleistete“ hat dann spiegelbildlich dazu den gleichen Inhalt.

[822] Zu den Auslegungscanones im internationalen Einheitsrecht siehe *Kropholler, J.*, Einheitsrecht, S. 258 et seq.

[823] Hier kann insbesondere auf die Literatur zu Art. 7 I CISG hingewiesen werden, der dem Art. 1.6 I ähnlich ist.

[824] *Kropholler, J.*, Einheitsrecht.

[825] *Honsell, H.*/Melis, Art. 7 CISG, Rn11.

[826] *Caemmerer, E. von*/Schlechtriem/Herber, Art. 7 CISG, Rn19-26.

[827] Vgl. *Studies Unidroit* 86, Study L, Document 36, S. 2, 3.

[828] *Studies Unidroit* 86, Study L, Document 36, S. 10 et seq.

Primärvertrag gesehen werden kann. Hypothetisch Erhaltenes wird hier nicht erwähnt. Im weiteren wird die Rückgabe des „Erhaltenen“ nicht auf den genauen Inhalt hin analysiert, es wird aber erwähnt, daß durch die Restitution der status quo ante wiederhergestellt werden soll.[829] Dies schließt die „Rückgewähr“ hypothetischer Nutzungen aus.

b) Grammatikalische Auslegung

Besondere Aufmerksamkeit ist der grammatikalischen Auslegung zu widmen. Sie gewährt in besonderem Maße die Möglichkeit, durch die Orientierung am Einheitstext auch einheitliches Recht zu schaffen.[830] Der Wortlaut von Einheitsrecht ist das Ergebnis eines Prozesses von Vorschlägen, welche in verschiedener Weise von nationalen Vorstellungen beeinträchtigt sind. Er stellt dabei den von allen Seiten als am besten empfundenen Kompromiß dar.[831] Daher ist es auch angemessen, ihm besondere Bedeutung zuzumessen [832] und somit die Ergebnisse der grammatikalischen Auslegung besonders wichtig zu nehmen. Aufgrund dieser Bedeutung ist die ablehnende Haltung mancher Autoren gegenüber einer Inhaltsbestimmung über die wörtliche Auslegung der Vorteilsausgleichungregeln nicht einsichtig. Einheitsrecht, auch die UNIDROIT-Principles, ist autonom auszulegen. Dennoch ist es hilfreich, das Verständnis anderer, ähnlicher Regelungen vergleichend heranzuziehen, um eine Bedeutung klarer herauszustellen.[833] Hier ist besonders ein Vergleich mit den Vorläufern der UNIDROIT-Principles EKG und CISG sinnvoll. Dabei soll nicht der rechtsvergleichenden Auslegung vorgegriffen werden. Unterschiede und Gemeinsamkeiten zwischen den Inhalten des Art. 7.3.6 und der Regelungen seiner Vorläufer können jedoch klärend wirken, um den Inhalt des Art. 7.3.6 genauer zu bestimmen.

Nach dem Wortlaut des Art. 7.3.6 ist „whatever..received“, also alles „Erhaltene“, zurückzugewähren. Der übliche Gebrauch des Wortes „Erhaltenes“ in der juristischen und sonstigen[834] Sprache läßt darauf schließen, daß damit tatsächlich Erhaltenes gemeint ist;[835] eine Interpretation, die hypothetische Nutzungen ausschließt.

---

[829] *Studies Unidroit* 92, C.D. (71) 18, S. 22.

[830] Vgl. *Kropholler, J.*, Einheitsrecht, S. 264.

[831] Vgl. *Hellner, J.*, UN-Convention, FS Riesenfeld , S. 78.

[832] *Hellner, J.*, UN-Convention, FS Riesenfeld , S. 78 spricht von „paramount importance...much more so than with a national statute...“

[833] Vgl. *Kropholler, J.*, Einheitsrecht, S. 265.

[834] Da die UNIDROIT-Principles auch für Nichtjuristen verständlich sein sollten, ist hierauf besonderer Wert zu legen, vgl. *Bonell, M.J.*, Restatement, S. 16.

[835] Vgl. *Honsell, H.*/Weber, Art. 84 Rn12.

Die grammatikalische Auslegung der Art. 84 II CISG und 81 II EKG ging konsequent dahin, daß nur Nettovorteile in den Umfang der Rückgewähr eingeschlossen sind.[836]

Vergleicht man den Wortlaut von CISG und Art. 7.3.6, spricht dessen Formulierung gegen den Ersatz hypothetischer Nutzungen. Im Gegensatz zu Artt. 84 II CISG und 81 II EKG formuliert Art. 7.3.6 nicht, daß „Vorteile“ zurückzugewähren sind sondern „Erhaltenes“. Bei dieser Wortwahl („received“) ist noch mehr als bei „Vorteil“ naheliegend, daß es sich um real in das Vermögen der anderen Partei Übergegangenes handeln muß. „Received“ ist nicht, was erhalten sein *könnte*. Eine kleine Stütze findet dieses Verständnis des Art. 7.3.6 auch in dem üblichen Gebrauch des Wortes „Rückgewähr“, der dahin geht, daß nur etwas zurückgewährt werden kann, was vorher gewährt wurde.

Die Wortlautinterpretation des Art. 7.3.6 geht also dahin, daß mit „Erhaltenes“ nur tatsächlich Erhaltenes gemeint ist. Damit ist der Inhalt des Art. 7.3.6 nach grammatikalischen Verständnis das, was in der Literatur zur CISG oft als „Nettovorteil“ bezeichnet wird. Da die UNIDROIT-Principles auch speziell für Nichtjuristen verständlich sein sollten,[837] kann schon daraus gefolgert werden, daß die nicht gezogenen Nutzungen aus dem Bereich der Rückgewähr herausfallen.

c) Systematische Auslegung

Systematisch steht Art. 7.3.6 im Zusammenhang mit der Rückgewähr empfangener Leistungen. Diese sind Teil des „Austauschverhältnisses mit umgekehrtem Vorzeichen“.[838] Die „Spiegelbildlichkeit“ des Rückgewährschuldverhältnisses muß daher auch für Artikel 7.3.6 gelten, um Wertungswidersprüche mit den anderen Regelungen der Artt. 7.3. et seq. zu vermeiden. Spiegelbildlich zurückgewährt werden kann aber etwas hypothetisch Gewährtes nicht.

Erwähnt werden soll , daß sich systematisch ein Zusammenhang der Rückgewährschuld mit dem Vertragsinhalt[839] ergibt und zwar aus dem Zusammenhang des Art. 7.3.6 I mit dem Art. 7.3.6 II. Letzterer modifiziert die Rückgabever-

[836] *Staudinger, J. von*/Magnus, Art.84 Rn19; *Weber, R.*, Vertragsverletzungsfolgen, *BTJP*, S. 188; vgl. *Dölle, H.*/Weitnauer, Art.81Rn8; *Soergel, H.-T.*/Lüderitz, Art. 81 EKG Rn5; *Mertens, H.-J./Rehbinder, E.*, Internationales Kaufrecht, Art.81 Rn7; *Canaris, K.W.*/Koller, vor §373 HGB, zu Art. 81 EKG Rn567.

[837] *Bonell, M.J.*, Restatement, S. 16.

[838] Vgl. Teil 2, Kapitel 1, I..

[839] Vgl. *Staudinger, J. von*/Magnus, Art. 81 Rn10. Für eine Beachtung des konkreten Vertragsgegenstands bei der Rückgewähr in anderem Zusammenhang siehe *Staudinger, J. von*/Kaduk, §346 Rn44.

pflichtungen bei Vertragserfüllung über längere Zeit. Hier hat also die Art des Vertrages beeinflußt, wie die Rückgewähr zu erfolgen hat. Dieser Zusammenhang ergibt sich allerdings deutlicher bei der teleologischen Auslegung.

d) Teleologische Auslegung

Sie ist laut Kropholler[840] von besonderer Bedeutung für die Auslegung von Einheitsrecht, denn sie bietet die Möglichkeit, die verschiedenen Regeln auf den zu lösenden Lebenssachverhalt hin geeignet zu interpretieren. Die Grenze zur Gewinnung allgemeiner Grundsätze ist bei der teleologischen und rechtsvergleichenden Auslegungsmethode fließend und nicht einwandfrei zu ziehen.[841]

Hierauf kommt es aber nicht entscheidend an. Es geht um eine nicht gelöste Frage.[842] Ob nun eine Leitlinie den UNIDROIT-Principles als „Ziel" durch teleologische Auslegung entnommen wird oder ob diese Leitline als „Grundsatz" eines Artikel bezeichnet wird, bleibt dem Rechtsanwender überlassen. Hier soll auf die teleologische Auslegung abgestellt werden, die gewonnene Erkenntnis läßt sich aber auch als Grundsatz dem Art. 7.3.6 entnehmen.

Bei der teleologischen Auslegung zeigt sich der Zusammenhang zwischen Rückgewährschuld und Vertragsgegenstand.[843] Der Zweck des Art. 7.3.6 ist es, den aufgehobenen Vertrag rückgängig zu machen. Dabei soll die Rückabwicklung „spiegelbildlich" zur Primärerfüllung stattfinden.[844] „Spiegelbildlich" kann die Rückabwicklung nur stattfinden, wenn sie sich an dem „Vorbild" orientiert. Dieses bietet der Vertragsgegenstand, der den Umfang der Primärerfüllungspflicht festlegt.[845] Der Inhalt des Rückgewährschuldverhältnisses wird auch in CISG und EKG als „spiegelbildliche" Abwicklung tatsächlich erhaltener Vorteile aus dem

Primärvertrag empfunden und somit ein hypothetischer Nutzungsersatz abgelehnt.[846] Wird der Vertrag in ein Rückgewährschuldverhältnis umgesteuert,

---

[840] *Kropholler, J.*, Einheitsrecht, S. 261.

[841] Vgl. *Soergel, H.-T.*/Lüderitz, Art. 7 CISG, Rn8.

[842] Vgl. *Staudinger, J. von*//Magnus, Art. 7 CISG, Rn39.

[843] Vgl. auch Kommentar zu den UNIDROIT-Principles, S. 190: „... whatever it has supplied *under the contract*". (Hervorhebung durch Verfasserin)

[844] Vgl. *Dölle, H.*/Weitnauer, Art. 78 Rn6; *Leser, H.-G.*, Vertragsaufhebung, in: Schlechtriem, S. 225. Vgl. auch *Staudinger, J. von*//Kaduk, §346 BGB Rn39.

[845] Vgl. *Heuzé, V.*, Vente, S. 322: „La résolution ... remet en cause également les effets passés du contrat".

[846] Vgl. *Dölle, H.*/Weitnauer, Art. 78 Rn6; *Leser, H.-G.*, Vertragsaufhebung, in: Schlechtriem, S. 225.

bleibt das Vertragsverhältnis erhalten. Ein Ausgleich der *aus ihm* erhaltenen Vorteile soll stattfinden.[847] Kurz gesagt ist Ziel des Rückgewährschuldverhältnisses daher, Vorteile *aus dem aufgehobenen Vertrag* abzuschöpfen.[848] Auch rechtsvergleichend ergibt sich, daß oft „the very performance bargained for under the contract" zurückzugewähren ist, wozu hypothetische Nutzungen nicht gehören.[849] Die Kommentierung[850] unterstützt dieses Ergebnis. Nur was unmittelbar aus dem Vertrag erhalten wurde, soll also auch im Rahmen des Rückgewährschuldverhältnisses als „whatever received" zurückverlangt werden dürfen. Für die tatsächlichen Nutzungen besteht darüber Einigkeit, daß sie aus dem Vertragsgegenstand selbst gewonnener Vorteil sind und damit ersetzt werden müssen.[851]

Zusammenfassen läßt sich dies folgendermaßen: Innerhalb des Art. 7.3.6 ist das zurückzugewähren, was die Erfüllung der anderen Partei ausmachte und was aus dieser Erfüllung weiter gewonnen wurde.[852]

Daraufhin schließt sich die Frage an, ob die Nutzungs*möglichkeit* nach Kauf[853] eine aus der Erfüllung selbst gewonnene Leistung der anderen Vertragspartei darstellt.

Eine hypothetische Nutzung ist aus der Erfüllung gerade nicht entstanden. „Erhalten" ist bei *einer Sachleistung als Vertragsgegenstand* nur etwas, wenn die Nutzungsmöglichkeit tatsächlich ausgeübt und verwertet wurde. Denn nur dann wird diese dem Vermögen der anderen Partei zugeführt und wurde aus dem aufgehobenen Vertrag gewonnen.[854] Die Nutzungsmöglichkeit ist ein bloßer Nebeneffekt des Besitzes an der Sache und stellt in sich noch keinen von der anderen Vertragspartei erhaltenen Vorteil dar. Ist sie allerdings selbst Vertragsgegenstand, so ist sie aus der Erfüllung erhalten und daher ein Wertersatz zuzugestehen. Für die teleologische Auslegung ist noch von Bedeutung, daß die UNIDROIT-Principles deutlich festlegen, daß ein Ersatz des „true value"

---

[847] Vgl. Kommentar zu den UNIDROIT-Principles, S. 190: „...whatever supplied under the contract...".

[848] Vgl. *Weber, R.*, Vertragsverletzungsfolgen, *BTJP*, S. 185.

[849] Vgl. *Treitel, G.*, Remedies, S. 387.

[850] Vgl. Kommentar zu den UNIDROIT-Principles, S. 190: „...supplied under the contract...", S. 192.

[851] Vgl. *Weber, R.*, Vertragsverletzungsfolgen, *BTJP*, S. 180.

[852] Vgl. auch *Treitel, G.*, Remedies, Encyclopaedia, S. 143.

[853] Der hier einstweilen als Beispiel dienen soll.

[854] Vgl. dazu *Batsch, K.L.*, Bereicherungshaftung, NJW 72, S. 613, 614 für §812 BGB im Zusammenhang mit der allgemeinen Nutzungsmöglichkeit als „Etwas" im Sinne des §812 BGB.

geschuldet wird, wenn die Wertersatzmöglichkeit des Art. 7.3.6 I (2) eingreift. „True value", insbesondere da dieser nach dem tatsächlich erhaltenen Wert zu bestimmen ist, beinhaltet aber gerade keine hypothetischen Werte. Aus der Zweckbestimmung des Art. 7.3.6 läßt sich schließen, daß hypothetische Nutzungen nicht „zurückgewährt" werden sollen. Sie gehören nicht zum Inhalt des Art. 7.3.6.

e) Argumentum a majore ad minus

Ein Instrument zur Inhaltsbestimmung einzelner Regelungen im Einheitsrecht ist das Argument a majore ad minus. Die Kommentierung des Art. 7.3.6, laut gesetzgeberischer Intention ein Teil des Werks selbst,[855] macht deutlich, daß „Erhaltenes" ersetzt werden soll. Die Bedeutung dieses Begriffes sieht die Kommentierung[856] in der Klarstellung, daß grundsätzlich nur *tatsächliche* Vorteile ersetzt werden sollten. Dies zeigt sich an den gewählten Beispielen. In einem zu Art. 7.3.6 gewählten Beispielsfall sind etwa tatsächliche Vorteile aus einem Vertrag entstanden. Sie waren jedoch für die Partei, welche sie im Sinne des Art. 7.3.6 „erhalten" hat, wertlos (es handelte sich um einen der deutschen Konstruktion der aufgedrängten Bereicherung ähnlichen Fall). Daher sollte dieses Erhaltene in Konsequenz des Verständnisses des „true value" nicht zurückgewährt werden, weil kein *finanzieller* Vorteilentstanden war. A majore ad minus läßt sich aus diesem Beispiel schließen, daß, wenn schon bei tatsächlich erhaltenen Vorteilen wegen „Wertlosigkeit" kein Ersatz geschuldet wird, erst recht keine hypothetischen finanziellen Vorteile ersetzt werden sollen. Allein letzteres wäre bei nicht gebrauchten Nutzungsmöglichkeiten der Fall.

f) Ergebnis der Auslegung des Art. 7.3.6

Nach einer Auslegung des Art. 7.3.6 wird deutlich, daß mit dem Ersatz des „Erhaltenen" und „Geleisteten" nur tatsächliche Vorteile, der „true value" ersetzt werden soll. Zu erstatten ist nur, was in Erfüllung des Vertrags[857] gewonnen wurde. Da die hypothetischen Nutzungen gerade nicht aus der Erfüllungsleistung der anderen Partei, nämlich überhaupt nicht gezogen wurden, sind sie auch nicht „zurückzugewähren". Für eine Ersatzpflicht müßten besondere Regelungen bestehen.

---

[855] *Bonell, M.J.*, Restatement, S. 44.

[856] Kommentar zu den UNIDROIT-Principles, S. 192. Deutlich ist insbesondere das Beispiel 4, das einen Fall darstellt, in welchen keine Ersatzzahlung geleistet werden soll. Die hier gewählte Konstellation ähnelt der aufgedrängten Bereicherung im deutschen Recht. Das Problem der pflichtwidrig nicht gezogenen Nutzungen wird nicht erwähnt.

[857] Vgl. *Staudinger, J. von*//Magnus, Art. 81 Rn10.

3. Ergänzung nach allgemeinen Grundsätzen

Das gleiche Ergebnis läßt sich auch nach allgemeinen Grundsätzen erzielen. Diese dürften ohnehin nicht der gefundenen Auslegung widersprechen, damit es nicht zu einer „Korrektur" des gesetzgeberischen Willens über allgemeine Grundsätze kommt.[858]

a) Allgemeiner Grundsatz des Ausgleichs tatsächlicher Bereicherung

Art. 7.3.6 liegt der Grundsatz des tatsächlichen Bereicherungsausgleichs zugrunde.[859] Dieser Grundsatz müßte sich mit den hypothetischen Nutzungsansprüchen vereinbaren lassen. Eine *hypothetische* Nutzungsberechnung stellt nicht Teil eines umfassenden *Ausgleichs* tatsächlicher Bereicherung dar. Tatsächliche Bereicherung ist nicht eingetreten, kann daher auch nicht ausgeglichen werden..

Die Intention des Art. 7.3.6, der Bereicherungsausgleich, hat bezüglich der nicht gezogenen Nutzungen die Konsequenz, daß die Rückgewährschuld begrenzt wird. Zusätzlich zu dieser Ausgleichspflicht tatsächlicher, wirtschaftlicher Bereicherung soll offenbar den Vertragsparteien keine weitere Ausgleichspflicht auferlegt werden.[860] Da die hypothetischen Nutzungen nicht unter den Umfang der Ausgleichsschuld fallen, könnte sich allein aus einer *zusätzlichen* Verhaltenspflicht ein Ersatz herleiten lassen.

Dies entspricht auch dem Inhalt des allgemeinen Grundsatzes des unjust enrichment der lex mercatoria, nach welchem nur die tatsächlich gezogenen Nutzungen ersetzt werden müssen.[861]
Der Grundsatz des tatsächlichen Bereicherungsausgleiches stützt daher das durch die Auslegung gewonnene Ergebnis.[862] Ein Ersatz hypothetischer Nutzungen widerspräche der Regelung für das Rückgewährschuldverhältnis des Art. 7.3.6.

---

[858] Vgl. *Schlechtriem, P.*, UN-Kaufrecht, Rn47. Vgl. auch Teil 1, IV., 5.c).

[859] *Studies Unidroit* 90, Study L Doc. 48, Draft and Comment, S. 10. Vgl. unter Aufwendungsersatz Teil 2, Kapitel 1, IV., 4.a).

[860] Vgl. *Staudinger, J. von*//Magnus, Art. 84 Rn2; Art. 84 Rn19; *Herber, R./Czerwenka, B.*, Internationales Kaufrecht, Art. 84 Rn5; *Karollus, M.*, UN-Kaufrecht, S. 154; *Reinhart, G.*, Kommentar, Art. 84 Rn5.

[861] Beispiele für diesen Grundsatz: Lena Goldfields v. Sovjet Government, Studyt, Nr.24; §§1431 et seq. österr. AGBGB; Art. 6:212 niederl. Zivilgesetzbuch; rechtsvergleichender Überblick bei *Staudinger, J. von*//*Lorenz, W.*, Rechtsvergleichung, BGB, Vorbemerkung. zu §§812 et seq., Rn7 et seq.; vgl. den Ultrasystems Inc. v. Iran Award, CTR 2, S. 100, 111 und *Englard, I.*, Restitution, Encyclopaedia, S. 3 et seq.

[862] Hier fällt besonders die fließende Grenze zwischen Auslegung und Grundsätzen auf.

b) Allgemeiner Grundsatz der Schadensvermeidungspflicht

Einige Autoren zu CISG und EKG fordern eine entsprechende Anwendung der Schadensminderungspflicht auf das Rückgewährschuldverhältnis und gelangen so *im Rückgewährschuldverhältnis* zu einem hypothetischen Nutzungsersatz.[863]

Dies ist auf Kritik gestoßen. Teilweise wird die Ausdehnung der Schadensminderungspflicht auf andere Rechtsbehelfe ausdrücklich abgelehnt.[864] Teilweise wird sie ausdrücklich auf den Schadensersatz beschränkt.[865] Insbesondere eine Ausdehnung des Prinzips auf den Erfüllungsanspruch wird als zu wenig klar empfunden. Über solche Argumente hinaus würde eine Anwendung des allgemeinen Grundsatzes der Schadensminderungspflicht auf das Rückgewährschuldverhältnis mit dem Inhalt der Restitution nach Art. 7.3.6, dem realen Bereicherungsausgleich, kollidieren. Hier träte ein, was eigentlich vermieden werden soll: Der gesetzgeberische Wille, einem Schuldverhältnis einen bestimmten Inhalt zu geben, würde über einen allgemeinen Grundsatz „korrigiert".[866] Dies ist nicht zulässig.

Der allgemeine Grundsatz der Schadensvermeidungspflicht könnte aber innerhalb des Rechtsinstitutes Schadensersatz, das über Art. 7.3.5 II neben der Rückgewähr anwendbar ist, eine Pflicht der benachteiligten Partei begründen, Nutzungen zu ziehen.

c) Rechtsvergleichende Betrachtung der Behandlung nicht gezogener Nutzungen[867]

Möglicherweise lassen sich auch rechtsvergleichend Grundsätze erkennen, wie nicht gezogene Nutzungen zu behandeln sind. Zur Rechtsvergleichung bieten sich die Regelungen zur Vertragsaufhebung an. Wandlung und andere Vertrags-

---

[863] *Caemmerer, E. von*/Schlechtriem/Leser, Art. 84 Rn22; *Schlechtriem, P.*, Commentary, Art. 84 Rn22. Lesers und Schlechtriems Hinweis auf *Jan, S.-L.*, Erfüllungsverweigerung, S. 223 geht allerdings fehl, da *Jan, S.-L.*, Erfüllungsverweigerung die Schadensminderungspflicht ausdrücklich dem Schadensersatz zuordnet (S. 298) und diese im übrigen auch nicht entsprechend sondern direkt anwendet (vgl. S. 223, 224). Wie Leser auch *Weber, R.*, Vertragsverletzungsfolgen, *BTJP*, S. 189.

[864] *Herber, R./Czerwenka, B.*, Internationales Kaufrecht, Art. 77 Rn3; *Enderlein, F./Maskow, D./Strohbach, H.*, Internationales Kaufrecht, Art. 77 Rn1; *Weber, R.*, Vertragsverletzungsfolgen, *BTJP*, S. 206; *Honnold, J.*, Uniform Law, Rn419.

[865] *Jan, S.-L.*, Erfüllungsverweigerung, S. 298; *Caemmerer, E. von*/Schlechtriem/Stoll, Art. 77 Rn8.

[866] Vgl. *Schlechtriem, P.*, UN-Kaufrecht, Rn47.

[867] In diesem rechtsvergleichenden Teil wird auf die Untersuchungen von *Englard, I.*, Restitution, Encyclopaedia, und *Treitel, G.*, Remedies, Encyclopaedia zurückgegriffen.

aufhebungsgründe werden nicht unterschieden, denn diese sind in den UNIDROIT-Principles gleichgestellt.[868] Da das Rückgewährschuldverhältnis des Art. 7.3.6 auf einem bereicherungsrechtsähnlichem Ausgleichsgedanken beruht,[869] ist auch eine Analyse der allgemeinen Bereicherungsdogmatik möglich.[870]

ca) CISG und EKG

In der Literatur zu EKG und CISG wurde bisweilen angesprochen, wie pflichtwidrig nicht gezogene Nutzungen zu behandeln seien.

Die Stimmen zur CISG lehnen zumeist ein Ersatz der nicht gezogenen Nutzungen ab.[871] Dies wird damit begründet, daß die Rückgewähr von „Vorteilen" sich nur auf *reale* Vorteile bezieht, die CISG also nur den *Nettovorteil* ersetzen will.[872] Fiktiver Nutzungsersatz scheide aus.[873] Dieses Ergebnis stützt sich auf die grammatikalische Interpretation des Art. 84 CISG, der eine allgemeine Wirkung für den Inhalt des Rückgewährschuldverhältnisses entnommen wird. Andernorts nehmen Kommentatoren dagegen eine Ersatzpflicht bei nicht gezogenen Nutzungen an.[874] Dieses Ergebnis kann ergänzend zu der Interpretation des Art. 84 CISG aus der Schadensminderungspflicht des Art. 77 CISG hergeleitet werden.[875] Teilweise betrachtet man auch innerhalb der Schadensersatzregelungen die hypothetische Nutzung als eventuelln erstattungsfähigen Schaden,[876] dies ist eine Frage außerhalb der Rückgewähr.

---

[868] Vgl. *Stötter, V.*, EKG, Art.78 CISG, Denkschrift.

[869] Vgl. dazu *Treitel, G.*, Remedies, Encyclopaedia, S. 143.

[870] Vgl. auch Teil 2, Kapitel 1, IV., 5.b).

[871] *Staudinger, J. von*//Magnus, Art. 84 CISG, Rn19; *Enderlein, F./Maskow, D./Strohbach, H.*, Internationales Kaufrecht, Art. 84 Rn4.1; *Herber, R./Czerwenka, B.*, Internationales Kaufrecht, Art. 84 Rn5; *Piltz, B.*, Internationales Kaufrecht, §5 Rn290; *Karollus, M.*, UN-Kaufrecht, S. 154; *Reinhart, G.*, Kommentar, Art. 84 Rn5; *Schlechtriem, P.*, UN-Kaufrecht, Rn333; *Honsell, H.*/Weber, Art. 84 Rn15; *Vischer, F.*, Lausanner Kolloquium, Kolloquium, S. 182; *Ziegler, U.*, Leistungsstörungen, S. 199.

[872] *Staudinger, J. von*//Magnus, Art. 84 Rn19; *Weber, R.*, Vertragsverletzungsfolgen, *BTJP*, S. 188.

[873] *Staudinger, J. von*//Magnus, Art. 84 Rn19.

[874] *Caemmerer, E. von*/Schlechtriem/Leser, Art.84 Rn22.; *Weber, R.*, Vertragsverletzungsfolgen, *BTJP*, S. 188, 189; *Jan, S.-L.*, Erfüllungsverweigerung, S. 223.

[875] *Caemmerer, E. von*/Schlechtriem/Leser, Art. 84 Rn22; *Weber, R.*, Vertragsverletzungsfolgen, *BTJP*, S. 189.

[876] *Enderlein, F./Maskow, D./Strohbach, H.*, Internationales Kaufrecht, Art. 84 Rn4.1; *Herber, R./Czerwenka, B.*, Internationales Kaufrecht, Art. 84 Rn5.

In der Literatur zum EKG gibt es mit ähnlichen Argumenten Befürworter[877] und Gegner[878] des Ersatzes bei nicht gezogenen Nutzungen. Nach Beß[879] und Riese[880] ist Inhalt des Rückgewährschuldverhältnisses des EKG die Herausgabe des nach wie §100 BGB oder §818 I BGB Bestimmten. §818 I BGB schließt hypothetische Nutzungen nicht ein.

Das Gesamtbild der Literatur zum EKG und zur CISG ergibt also, daß im Rückgewährschuldverhältnis nach einer mehrheitlichen Ansicht kein hypothetischer Nutzungsersatz geschuldet wird. Bei denjenigen Autoren, welche eine Ersatzpflicht bei nicht gezogenen Nutzungen annehmen, zeigt sich größtenteils,[881] daß sie diese ebenfalls nicht aus dem *Rückgewähr-schuldverhältnis* herleiten sondern aus Schadensersatzregelungen.

cb) Deutsches Recht

Im deutschen Recht wird zwischen Rückgewährschuldverhältnis und Bereicherungsrecht unterschieden.

Das gesetzliche Rückgwährschuldverhältnis wird in §§346 et seq. BGB geregelt. Vertragliche Rückgewährschuldverhältnisse, etwa die Wandlung (§467 (1) BGB) und gesetzliche wie der Rücktritt (§327 (1) BGB), verweisen auf diese Regelungen. Nach den §§346 et seq. BGB ist „das Erlangte" herauszugeben. Für die Nutzungsherausgabe bei Rückgewähr ist §347(1) und (2) BGB maßgeblich.

Hier wird auf die Regelungen des Eigentümer-Besitzer-Verhältnisses verwiesen, und zwar auf diejenigen, welche nach Rechtshängigkeit eingreifen. Damit ist schon bei Empfang der Sache eine verschärfte Haftung normiert. Nach §987 II BGB wird somit auch ein Ersatz bei pflichtwidrig nicht gezogenen Nutzungen geschuldet.[882] Dieses Ergebnis wird teilweise als unpassend empfunden.[883] Ein Blick auf §987 II BGB zeigt, daß hier nicht gezogenen Nutzungen allein vom bösgläubigen Besitzer geschuldet werden sollen. §347 BGB wird daher von großen Teilen der Literatur so ausgelegt, daß er nicht bei dem gutgläubigen

877 So offenbar *Dölle, H.*, Bemerkungen, FS Ficker, S. 147.

878 *Dölle, H.*/Weitnauer, Art. 81Rn8; *Mertens, H.-J./Rehbinder, E.*, Internationales Kaufrecht, Art. 81 Rn7; *Canaris, K.W.*/Koller, vor §373 HGB, Art. 81 EKG Rn567.

879 *Beß, J.*, Haftung S. 112.

880 *Riese, O.*, Haager Konferenz, RabelsZ 65, S. 86.

881 Ausnahme: *Caemmerer, E. von*/Schlechtriem/Leser, Art. 84 Rn22, der eine entsprechende Heranziehung ausdrücklich formuliert.

882 So Palandt/Heinrichs, Einführung zu §§347-349 BGB, Rn4; BGH, NJW 84, 2938 m.w.N.

883 Vgl. Palandt/Heinrichs, §347 Rn7-9.

Rücktrittsberechtigten eingreift.[884] Dies wird aus einem Rechtsgedanken des §327 (2) BGB hergeleitet: Wer den Rücktrittsgrund nicht zu vertreten hat, soll vor der verschärften Haftung des §347 BGB geschützt werden.[885] Hier bliebe es dann allein beim Bereicherungsrecht.[886]

Im Bereicherungsrecht haftet der gutgläubige Vertragspartner nicht wegen nicht gezogener Nutzungen. Diesbezüglich besteht in der Literatur zum §818 I BGB zwar keine Einstimmigkeit,[887] eine große Mehrheit spricht aber gegen den Ersatz für nicht gezogene Nutzungen.[888] Dies soll selbst dann gelten, wenn die Nutzung schuldhaft unterlassen wurde.[889] Dafür wird der Gedanke des Nettovorteils angebracht: Im Bereicherungsrecht sei nur der Ausgleich ungerechtfertigter *objektiv erlangter* Vermögensvorteile beabsichtigt.[890] Gestützt wird diese Ansicht von einem „obersten Grundsatz" der Bereicherungshaftung, entwickelt aus §818 III BGB, nach dem in der Regel keine Vermögensminderung über den Betrag der Bereicherung hinaus beim Schuldner eintreten darf.[891]

cc) Anglo-amerikanisches Recht

Im US-amerikanischen Law of Restitution ist die ungerechtfertigte Bereicherung die zugrundeliegende Idee des Rechtsinstitutes Rückgewähr. Alle Vorteile sollen zurückgegeben werden, welche „unjust...to retain" wären.[892]
Es ist anzunehmen, daß unberechtigt nicht gezogene Nutzungen nicht dazu gezählt werden. Sie können nicht „retained" (behalten) werden, weil sie nie erhalten wurden.

---

[884] RGZ 130, 119(123); vgl. BGHZ 53, 144(148 et seq.); Palandt/Heinrichs, §347 Rn3; *Staudinger, J. von*/Otto, §327 Rn31.

[885] MK/*Janßen*, §347 Rn24.

[886] MK/*Janßen*, §347 Rn25. Der ganze Komplex ist umstritten, vgl. *Staudinger, J. von*/Magnus, Vorbemerkungen zu §§246 et seq. BGB, Rn14, 15 m.w.N; deutlich gegen jegliche Anwendung bereicherungsrechtlicher Grundsätze bei den §§346 et seq. BGB *Staudinger, J. von*/Kaduk, §346 Rn53.

[887] Vgl. *Fickentscher, W.*, Schuldrecht, Rn1162 zur ausnahmsweisen Haftung.

[888] RGZ 72, 152/153; RGRK/Heimann-Trosien, §818 Rn7; BGH 35, 356; Palandt/Thomas, §818 Rn9; *Erman, W.*/Westermann, §818 Rn9; *Fickentscher, W.*, Schuldrecht, Rn1162; *Staudinger, J. von/Lorenz, W.*, Rechtsvergleichung, §818 Rn11; *Ziegler, U.*, Leistungsstörungen, S. 200.

[889] Palandt/Thomas, §818 Rn9.

[890] Palandt/Thomas, §818 Rn2; *Erman, W.*/Westermann, §818 Rn9.

[891] Vgl. *Staudinger, J. von/Lorenz, W.*, Rechtsvergleichung, §818 Rn33.

[892] Vgl. *Palmer, G.*, History, Encyclopaedia, 3-26, S. 42.

cd) Französisches Recht

Im französischen Recht ist nach der Vertragsaufhebung eine restitutio in integrum anzustreben.[893] Damit ist eine Gebühr für die tatsächliche Nutzung einer Sache zu zahlen, und die Früchte sind herauszugeben.[894]

ce) Bereicherungsrecht osteuropäischer Staaten[895]

In Ungarn wird im Bereicherungsrecht eine Pflicht zur Nutzung in Form einer Erstattungspflicht erst nach der Zeit des Bekanntwerdens der Rückgewährschuld bejaht. Hier kann die hypothetische Nutzung vor Rückgewähr also nicht zu dem vorher Erhaltenen gehören. In Polen gibt es keinen Ersatz theoretisch möglicher Nutzungen. In Rumänien gehören Vorteile, welche durch Nachlässigkeit nicht gezogen wurden, zu der Rückgewährschuld. In der ehemaligen Sowjetunion wird wie in Ungarn ein Ersatz nicht gezogener Nutzungen erst ab dem Zeitpunkt des Bekanntwerdens der Rückgewährlage geschuldet (sogar tatsächlich gezogene Früchte werden davor nicht ersetzt). Im ehemaligen Jugoslawien werden solche Nutzungen, welche die entreicherte Partei hätte ziehen können, ersetzt.

cf) Ergebnis der Rechtsvergleichung

Die oben in aller Kürze untersuchten Rechtsordnungen zeigen, daß bezüglich nicht gezogener Nutzungen keine Einigkeit besteht. Manche Staaten bejahen eine Ersatzpflicht des „Nettovorteils“, andere nicht. Rechtsvergleichend läßt sich also kein allgemeiner Grundsatz ermitteln.

4. Ergebnis

Im Ergebnis ist ein hypothetischer Nutzungsersatz, wenn die Nutzungsmöglichkeit nicht Vertragsgegenstand ist, mit Inhalt und Grundsätzen des Rückgewährschuldverhältnisses unvereinbar. Ist die Nutzungsmöglichkeit selbst Vertragsgegenstand, so ist sie aus der Erfüllung erhalten und daher ein Wertersatz zuzugestehen. Im Rückgewährschuldverhältnis ist folglich grundsätzlich kein hypothetischer Nutzungsersatz geschuldet. Da die Pflicht zur Rückgewähr mithin eine Nutzungspflicht nicht beinhaltet, kann für die Unterlassung vor der Vertragsaufhebung auch nicht von einer Verletzung der Rückgewährpflicht gesprochen werden.[896] Für den Beispielsfall bedeutet dies, daß der Bauunternehmer keine

---

[893] *Ferid, M./Sonnenberger, H.*, Frz. Zivilrecht, 1 F 941.

[894] *Landfermann, H.-G.*, Auflösung, S. 80.

[895] Zurückgegriffen wurde auf die Untersuchung von *Letowska, E.*, Unjust Enrichment, Encyclopaedia, S. 62 et seq.

[896] Vgl. aber *Herber, R./Czerwenka, B.*, Internationales Kaufrecht, Art. 84 Rn15.

Ansprüche wegen der theoretischen Gewinne aus der Recyclinganlage hat. Schadensersatzansprüche bleiben nach Maßgabe des Art. 7.3.5 II unberührt.

VI. Schadensersatz für Verschlechterung oder Untergang der Sache nach Vertragsaufhebung

Die Rechtsfolgen der Vertragsaufhebung und die Rückgewähr werden in Art. 7.3.5 und Art. 7.3.6 UNIDROIT-Principles geregelt. Ist die Rückgabe des Erhaltenen von vornherein unmöglich, so ist Ersatz des „true value" geschuldet.[897] Wenn keine Schäden an der zurückzugebenden Sache entstehen, ist dies unproblematisch. Es kann aber nach Eintreten der Rückgewährverpflichtung und vor tatsächlicher Rückgewähr ein Schaden an der zurückzugebenden Sache entstehen.[898] Es fragt sich dann, ob im Falle des Wertersatzes der „true value" nicht mehr vorhanden ist bzw. keine Rückgewähr eines Gegenstandes mehr geschuldet wird oder ob trotz des Schadens eine Ersatzpflicht in voller Höhe der Rückgewährschuld besteht. Darüber hinaus ist es fraglich, ob zusätzlich noch eigenständige Schadensersatzansprüche wegen einer Verschlechterung oder eines Untergangs der Rückgewährsache geltend gemacht werden können. Dieses Problem kann sich bei jeder Art von Vertrag stellen, in welchem eine bewegliche oder unbewegliche Sache als erhaltener Vertragsgegenstand zurückgewährt werden sollte. Als Beispiel diene ein Bauvertrag, bei welchem das angefangene oder sogar fertiggestellte Bauwerk wegen einer Vertragsverletzung des Bauunternehmers diesem zurückgegeben werden sollte und das Bauwerk nach der Vertragsaufhebung zerstört wird. Es fragt sich, ob eine Verpflichtung zum Wertersatz dennoch eingreift (Art. 7.3.6 I (2)). Als zusätzliche Schwierigkeit kann hinzukommen, daß durch die Störung des Rückgewährschuldverhältnisses der Schadensposten des entgangenen Gewinnes entsteht. Ein Beispiel ist der entgangene Weiterveräußerungsgewinn bei Untergang des Rückggewährgegenstandes. Hier ist problematisch, ob nach den Schadensregelungen wegen Nichterfüllung (auch verspätetete Erfüllung ist Nichterfüllung im Sinne des Art.7.1.1) der entgangene Gewinn ersetzt werden muß.

1. Das Problem als Lücke

a) Nichtregelung

Es wird nicht ausdrücklich geregelt, wer für eine Verschlechterung oder den Verlust von Sachen nach Vertragsaufhebung verantwortlich ist und was in einem solchen Fall geschehen soll. Fraglich ist, ob sich auch durch Auslegung keine Lösung dieses Problems finden läßt. Dieses Problem ist ein Beispiel dafür,

[897] Vgl. Kommentar zu den UNIDROIT-Principles, S. 191.

[898] Wobei keine Aufhebungssperre wegen Untergang oder Beschädigung der Sache besteht. So Schlechtriem, Abstandnahme, S.169.

daß sich erst nach Untersuchung und Auslegung der UNIDROIT-Principles erkennen läßt, daß überhaupt eine Lücke vorliegt.

Bei einer Betrachtung des Zusammenhangs zwischen Art. 7.3.6 I (2) und Art. 7.3.6 I (1) (Wertersatz statt Naturalrestitution) läßt sich erkennen, daß sich Art. 7.3.6 I wegen der Formulierung von Satz 1 („Bei Vertragsaufhebung") nur auf den Zeitpunkt der Vertragsaufhebung selbst, nicht auf den Zeitraum danach bezieht.[899] Eine Verschlechterung oder ein Untergang empfangener Gegenstände vor Vertragsaufhebung ist demnach in Art. 7.3.6 I (2) geregelt. Dies berührt aber nicht die Situation nach Erklärung der Vertragsaufhebung. Art. 7.3.6 soll das eintretende Recht auf Rückgewähr klären.[900] Situationen, welche nach der Aufhebungserklärung eintreten, werden nicht erfaßt. Solches legt die Kommentierung zu Art. 7.3.6 I (2)[901] nahe, wenn sie diesen als anwendbar auf Situationen beschreibt, „where the return of goods *has* become impossible", und zwar zur Zeit des Entstehens der Rückgewährsituation. Art. 7.3.6 erfaßt also nicht das Problem des Untergangs einer Sache nach Vertragsaufhebung. Es könnte sich aber innerhalb des Schadensersatzes eine entsprechende Regelung finden lassen. Die Schadensersatzregelungen greifen „bei jeder Nichterfüllung" ein, Art. 7.4.1. Diese allgemeine Formulierung könnte darauf hindeuten, daß sie sich auch auf Verletzungen des Rückgewährschuldverhältnisses direkt anwenden ließe. Bei genauerer Betrachtung zeigt aber etwa die Formulierung des Art. 7.4.4 („...haftet nur...bei Vertragsschluß...vorhergesehen"), daß der Schadensersatz sich nur auf die Verpflichtungen des Primärschuldverhältnisses bezieht. Denn nur dessen Verletzungsfolgen können „bei Vertragsschluß" vorhersehbar sein, Verletzungen eines Rückgewährschuldverhältnisses sind bei Vertragsschluß noch nicht absehbar. Auch die systematische Betrachtung anderer Artikel der UNIDROIT-Principles zeigt, daß die Konzeption der Nichterfüllungsregeln sich nur auf die Nichterfüllung der ursprünglichen Vertragspflichten bezieht. Beispiele sind etwa Art. 7.1.7 IV (Recht auf Vertragsaufhebung vorbehalten - dies wäre nach Vertragsaufhebung sinnlos) und Artt. 7.3.1 et seq. (Folgen der Vertragsaufhebung, welche nach Vertragsaufhebung nicht mehr so anwendbar sein können). Besonders aber die Formulierung des Art.7.1.1, daß Nichterfüllung nur Nichterfüllung von „Vertragspflichten" ist, läßt darauf schließen, daß die Verletzung von Sekundärpflichten wie etwa der Rückgewähr nicht erfaßt sind.[902]

---

899 Auch der Kommenar zu den UNIDROIT-Principles, S. 192, läßt diesen Schluß zu, ist allerdings etwas vage.

900 Vgl. Kommentar zu den UNIDROIT-Principles, S. 190: „...this article provides for a right..."

901 Kommentar zu den UNIDROIT-Principles, S. 192.

902 Vgl. für das Verständnis des Art. 74 CISG *Rosenberg, M.*, Vienna Convention, Aust. Bus LR 92, S. 446.

Die Kommentierung zu den UNIDROIT-Principles macht deutlich, daß Regelungen über die Nichterfüllung von Primärpflichten[903] zwar auf die Rückgewähr anwendbar sein sollen, jedoch nur „with appropriate adaptations". Hier wird also eine Analogie oder eine Anwendung von allgemeinen Grundsätzen befürwortet, aber keine direkte Anwendbarkeit des Schadensersatzes vorausgesetzt. Vielmehr wird gesondert bestimmt, daß dessen Vorschriften nur in geeigneter Weise anzuwenden seien. Damit wird deutlich, daß die Regelungen über die Nichterfüllung von den UNIDROIT-Principles als der Sache nach auf die primären Vertragspflichten bezogen empfunden werden. Zuletzt spricht die Tatsache, daß oben[904] die Kosten der Rückgewähr ohne weiteres in diesen Schadensersatz aufgenommen werden konnten, dagegen, daß der Schadensersatz auch die Verletzung von allen Rückgewährpflichten immer direkt erfasse.[905] Denn dieser Schaden ist nicht erst „im Rahmen der Rückabwicklung"[906] entstanden. Der Schadensposten „Kosten der Rückabwicklung" entstand vielmehr dadurch, daß überhaupt ein Rückabwicklungsverhältnis durch Vertragsaufhebung hervorgerufen wurde, und ist somit kausal auf die Nichterfüllung zurückzuführen. Die Rückabwicklungskosten gehören also noch zu dem durch die Verletzung der primären Vertragspflichten entstandenen Schaden.[907]

Ein Schaden an der Sache nach Vertragsaufhebung dagegen ist je nach Fallage meist nicht mehr kausal auf die Veranlassung der Vertragsaufhebung zurückzuführen, sondern entsteht selbständig im Rückgewährschuldverhältnis. Für diese Situation müssen eigene, angemessene Ergänzungsmöglichkeiten gefunden werden, direkt zum Schadensersatz gehören sie nicht.[908]

Es soll noch einmal betont werden, daß sich die ausdrücklichen Regeln des Schadensersatzes aus oben genannten Gründen nur auf die Folgen einer Verletzung von Primärpflichten beziehen, nicht von Rückgewährpflichten, welche nicht mehr kausal darauf zurückzuführen sind.[909]

---

[903] Kommentar zu den UNIDROIT-Principles, S. 192.

[904] Siehe Teil 2, Kapitel 1, III., 2.b).

[905] So aber wohl *Honsell, H.*/Weber, Art. 81 Rn9.

[906] *Honsell, H.*/Weber, Art. 81 Rn9.

[907] Siehe Teil 2, Kapitel 1, III., 2.

[908] Es sind allerdings auch Fallkonstellationen denkbar, in welchen die Verletzung der Rückgewährpflicht und die daraus folgende eventuelle Haftung ein noch aus der Verletzung der Primärpflichten entstehender Schaden ist. Beispielsweise könnte es vorkommen, daß für den schlechterfüllende Bauunternehmer erkennbar war, daß durch die verwendete unzureichende Bausubstanz jederzeit das gesamte Bauwerk zerstört werden könnte, auch nach Vertragsaufhebung. Damit könnte auch ausreichende Kausalität im Sinne des Art. 7.4.3 gegeben sein.

[909] Vgl. *Herber, R./Czerwenka, B.*, Internationales Kaufrecht, Art. 81 Rn13.

Für die Haftung innerhalb des Rückgewährschuldverhältnisses gibt es im Gegensatz zu EKG und CISG (Art. 82 CISG, Art. 79 EKG) in den UNIDROIT-Principles keine Sonderregeln, obwohl die Kommentierung des Art. 7.3.6 I in Anlehnung daran ausgestaltet ist.[910] Denn in dem Kommentar wird festgestellt, daß bei Unmöglichkeit der Rückgabe ein Wertersatz geschuldet wird, also nicht das Recht zur Vertragsaufhebung entfällt. Auch dies ist allerdings bezüglich der vorliegenden Frage nicht maßgeblich, da diese Sonderregeln nicht eine Verletzung des Rückgewährschuldverhältnisses erfassen, sondern von vornherein das Aufhebungsrecht modifizieren.[911] Weder Schadensersatz- noch Rückgewährregelungen erfassen also den Untergang des Rückgewährgegenstandes nach Vertragsaufhebung. Die Frage ist damit eine Lücke im Sinne des Art. 1.6.II.

b) Rückwirkendes Entfallen des Rückgewährschuldverhältnisses?

Es könnte aus dem Untergang der Rückgewährsache gefolgert werden, daß die Rückgewährsituation nachträglich durch die veränderte Lage wieder entfällt.

Dies ist allerdings, abgesehen von Fällen des Art. 6.2.2,[912] nicht einsichtig. Durch Art. 7.3.6 ist der Primärvertrag bereits in ein Abwicklungsverhältnis umgewandelt worden, das die Primärpflichten entfallen und neue Pflichten entstehen läßt und von anderer Art als das Primärverhältnis ist. Daher bleibt die neue Situation auch erhalten, wenn der Vertragsgegenstand sich verschlechtert. Die Wirkungen der Vertragsaufhebung entfallen nicht nachträglich.[913] Dies wäre auch deshalb nicht sinnvoll, weil in den UNIDROIT-Principles durch die *Erklärung* der Vertragsaufhebung das Primärschuldverhältnis in ein Abwicklungsverhältnis umgestaltet wird, das nicht rückwirkend einfach wieder entfällt. Die Kommentierung zu den UNIDROIT-Principles spricht bei Unmöglichkeit der Rückgabe lediglich einen Wertersatz zu,[914] die Vertragsaufhebung entfällt also nicht rückwirkend.

Auch in den Vorarbeiten zu den UNIDROIT-Principles wird deutlich, daß die Vertragsaufhebung keine Rückwirkung haben sollte.[915]

---

910 Kommentar zu den UNIDROIT-Principles, S. 192.

911 Vgl. BGH, NJW-RR 88, S. 761.

912 Dazu vgl. Schlechtriem, Abstandnahme, S.175.

913 So auch vgl. *Dölle, H.*/Weitnauer, Art. 79 Rn13; *Caemmerer, E. von*/Schlechtriem/Leser, Art. 82 Rn13; *Staudinger, J. von*//Magnus, Art. 82 Rn14; *Piltz, B.*, Internationales Kaufrecht, §5 Rn169; OLG Hamm zum EKG in Schlechtriem/Magnus, Art. 33 Rn13; a.A. *Huber, U.*, Uncitral, RabelsZ 79, 494, dessen Meinung bei den UNIDROIT-Principles aber, da sie keine Regelung zum Entfallen des Rechts zur Vertragsaufhebung enthalten, nicht einschlägig ist.

914 Kommentar zu den UNIDROIT-Principles, S. 192.

915 Zwei der vielfältigen Beispiele finden sich in *Studies Unidroit* 86, Study L, Document 36, S. 8: „Termination...has no retroactive effect“, und *Studies Unidroit* 92, C.D. (71) 18, S. 23.

Das Rückgewährschuldverhältnis mit seinen Pflichten bleibt also erhalten, diese können aber nicht mehr im Sinne des Art. 7.3.6 erfüllt werden. Es ist nun zu überlegen, wie die ungeregelte Situation nach Vertragsaufhebung zu behandeln ist, was der Terminus „whatever reasonable“ hier bewirken kann.[916]

2. Sachliche Anwendbarkeit der UNIDROIT-Principles

Um die Lücke nach Art. 1.6 II ergänzen zu können, müßte der Schadensersatz für Verschlechterung nach Vertragsaufhebung in den sachlichen Anwendungsbereich der UNIDROIT-Principles fallen.

In der Literatur zur CISG und zum EKG wird dieses Problem innerhalb des Rückgewährschuldverhältnisses[917] angesprochen. Die sachliche Anwendbarkeit des jeweiligen Übereinkommens wird hierbei nicht bestritten, vielmehr darauf abgestellt, die Frage sei nach den allgemeinen Grundsätzen zu ergänzen.[918]

Dem ist auch für die UNIDROIT-Principles zu folgen. Bei dieser Lücke geht es um die Störung eines von den UNIDROIT-Principles umfassend geregelten Verhältnisses. Auch die Pflichten, welche aus dem Rückgewährschuldverhältnis entstehen, sind erfaßt. Die Regelung des Art. 7.3.6 I etwa zeigt, daß die Unmöglichkeit der Rückgabe der Sache als Rechtsfrage bedacht und in den sachlichen Anwendungsbereich mit aufgenommen wurde.[919]

Da das Rückgewährschuldverhältnis als solches nicht von der Verschlechterung berührt wird und erhalten bleibt, gehören auch die Folgen einer Störung dieses Verhältnisses zu dem geregelten Komplex Rückgewähr. Die Frage muß folglich innerhalb der Regelungssystematik dieses Verhältnisses mit gelöst werden.

Dieses Ergebnis drängt sich auch wegen des Zieles der Rechtsvereinheitlichung auf. Die Folgen einer Verletzung eines geregelten Verhältnisses können, wenn man Rechtseinheit erreichen will, nicht von den UNIDROIT-Principles losgelöst betrachtet werden. Im Sinne der Rechtsvereinheitlichung und des Gebotes der extensiven Anwendung des Art. 1.6 II[920] ist es also geboten, das Problem soweit möglich nach den allgemeinen Grundsätzen zu lösen.

---

[916] Vgl. Schlechtriem, Abstandnahme, S.176.

[917] *Mertens, H.-J./Rehbinder, E.*, Internationales Kaufrecht, Art. 81 Rn9; *Dölle, H.*/Weitnauer, Art. 79 Rn13; *Canaris, K.W.*/Koller, vor §373 HGB, Art. 81 EKG Rn569;

[918] *Dölle, H.*/Weitnauer, Art. 79 Rn13.

[919] Insbesondere zeigt dies auch der Kommentar zu den UNIDROIT-Principles, S. 192. Vgl. *Studies Unidroit* 94, P.C. Misc. 19, S. 47.

[920] Vgl. etwa Teil 1, VII., 3.

Zuletzt ist die Verletzung des Primärschuldverhältnisses der Gegenstand eines gesonderten Abschnittes (Abschnitt 7). Es ist also davon auszugehen, daß die UNIDROIT-Principles einen geregelten Komplex auch bezüglich dessen Störungen erfassen wollen. Daher kann bei Verletzung dieser Pflichten die Haftung im Rückgewährschuldverhältnis dem Regelungskomplex „Rückgewährschuldverhältnis" zugeordnet werden, und die UNIDROIT-Principles sind sachlich anwendbar.[921] Da die Haftung im Primärschuldverhältnis ausführlich dargelegt und das Rückgewährschuldverhältnis umfassend geregelt ist, sollte eine Analyse beider Komplexe zur Lösung des Problems ausreichen, ohne mangels allgemeiner Grundsätze auf das nationale Recht zurückgreifen zu müssen.[922]

3. Beurteilung in EKG und CISG

Die Frage, ob und wonach Schadensersatz geschuldet wird, wenn Pflichten aus dem Rückgewährschuldverhältnis verletzt werden, war schon in der Literatur zu CISG und EKG unklar und umstritten. Meist wurde darauf abgestellt, ob man für das Rückgewährschuldverhältnis nach Vertragsaufhebung eine besonderer Gefahrenverteilung bejahen kann[923] oder ob es allein auf die Schadensersatzpflicht an sich ankommt.[924]

Im einzelnen gab es verschiedene Meinungen: Bisweilen wurde darauf hingewiesen, daß das Rückgewährschuldverhältnis besondere Gefahrverteilungsregeln enthielte (Artt. 82 II, 84, 85 CISG et seq.).[925] Der nach den Gefahrverteilungsregeln zur Rückgewähr Verpflichtete habe auch für die Rückgewähr einzustehen. Könne er diese Pflicht nicht erfüllen, so hafte er wegen Verletzung der Rückgewährschuldverhältnisses analog den Schadensersatzregelungen für die Nichterfüllung.[926] Ebenso werden die allgemeinen Gefahrtragungsregeln entsprechend angewendet.[927] Es wird aber erkannt, daß diese Regeln schon dann nicht passen, wenn eine Vertragsaufhebung durch den Verkäufer stattfindet.[928] Hier wird dann darauf hingewiesen, daß es zusätzlich notwendig sei, aus den

---

[921] Vgl. *Schlechtriem, P.*, Uniform Sales Law, S. 108.

[922] Vgl. *Herber, R./Czerwenka, B.*, Internationales Kaufrecht, Art. 81 Rn17; *Soergel, H.-T.*/Lüderitz, Art. 81 Rn5; für eine Lösung nach allgemeinen Grundsätzen auch *Dölle, H.*/Weitnauer, Art. 79 Rn13; *Honsell, H.*/Weber, vor Artt. 81-84 Rn1; *Staudinger, J. von*/Magnus, vor Art. 81 Rn5; *Stötter, V.*, EKG, Art. 78 Anm.7.

[923] Vgl. *Leser, H.-G.*, Vertragsaufhebung, in Schlechtriem, S. 244 et seq. Ähnliche Fragen bestehen im deutschen Recht.

[924] Vgl. *Herber, R./Czerwenka, B.*, Internationales Kaufrecht, Art. 81 Rn16.

[925] *Honsell, H.*/Weber, Art. 82 Rn13.

[926] *Honsell, H.*/Weber, Art. 82 Rn13.

[927] Vgl. *Caemmerer, E. von*/Schlechtriem/Leser, Art. 82 Rn8 m.N.

[928] Vgl. *Caemmerer, E. von*/Schlechtriem/Leser, Art. 82 Rn8.

allgemeinen Grundsätzen eine parteineutrale Regelung abzuleiten. Insbesondere wird auch auf eine allgemeine Einstandspflicht für die Ware hingewiesen.[929] Diese Ansicht läßt sich mangels Gefahrtragungsregeln in den UNIDROIT-Principles so nicht übernehmen, einige Gedanken sind aber auch auf diese übertragbar.

In anderen Literaturstimmen wurde darauf abgestellt, daß nach einem Entfallen der Primärleistungspflichten (und dies ist in den UNIDROIT-Principles ausdrücklich angeordnet, Art. 7.3.5. I) nicht mehr von „Gefahrtragung" im Sinne des Kaufrechts gesprochen werden könne.[930] Dennoch sei jede Partei für ihre Rückleistungspflicht verantwortlich. Ginge die Ware „ohne Verschulden" des Käufers unter, behielte er seinen Rückzahlungsanspruch. Das Verschulden wird nicht näher,[931] dafür aber die Regelungen über den Schadensersatzes der Primärerfüllung entsprechend herangezogen.[932] Wenn die Rückleistung entsprechend den Vorhersehbarkeitsregeln oder force majeure entschuldigt sei, bleibe der Anspruch auf die „Gegenrückleistung" bestehen. Ansonsten entfalle er.[933] Hierfür wird Art. 92 EKG herangezogen, was dem Verkäufer eine hinterlegerähnliche Stellung gäbe.[934]

Schließlich wird der Standpunkt vertreten, daß den Rückgewährschuldparteien eine Pflicht auferlegt sei, alles zu unterlassen, was das Rückgewährschuldverhältnis beeinträchtigen könnte.[935] Diese Pflicht und damit das Rückgewährschuldverhältnis[936] könne auch verletzt werden. Die Rechtsfolgen dieser Verletzung werden dann direkt[937] oder dem Gedanken nach entsprechend den Regeln über den Schadensersatz bestimmt. Das heißt, daß eine Entlastung nur nach den

---

[929] Vgl. *Caemmerer, E. von*/Schlechtriem/Leser, Art. 82 Rn13; *Karollus, M.*, UN-Kaufrecht, S. 149.

[930] *Dölle, H.*/Wahl, Art. 17 Rn105.

[931] *Dölle, H.*/Wahl, Art. 17 Rn105.

[932] *Dölle, H.*/Wahl, Art. 17 Rn106; *Dölle, H.*/Stoll, Art. 74 Rn44; vgl. *Dölle, H.*/Weitnauer, Art. 79 Rn13.

[933] So ist wohl *Dölle, H.*/Wahl, Art. 17 Rn105 zu verstehen.

[934] *Dölle, H.*/Wahl, Art. 17 Rn105.

[935] *Mertens, H.-J./Rehbinder, E.*, Internationales Kaufrecht, Art. 81 Rn9; *Beß, J.*, Haftung S. 113; vgl. „zu vertreten" bei *Weitnauer, H.*, Vertragsaufhebung, FS Heidelberg, S. 112; *Riese, O.*, Haager Konferenz, RabelsZ 65, S. 83; wohl auch *Dölle, H.*/Weitnauer, Art. 79 Rn13.

[936] Vgl. *Herber, R./Czerwenka, B.*, Internationales Kaufrecht, Art. 81 Rn15; *Canaris, K.W.*/Koller, vor §373 HGB, zu Art. 81 EKG, Rn569.

[937] *Honsell, H.*/Weber, Art. 81 Rn9; *Schlechtriem, P.*, Uniform Sales Law, S. 108; *Mertens, H.-J./Rehbinder, E.*, Internationales Kaufrecht, Art. 81 Anm9; *Dölle, H.*/Stoll, Art. 74 Rn44; *Weitnauer, H.*, Vertragsaufhebung, FS Heidelberg, S. 112.

Regeln über force majeure möglich ist.[938] Hat der Käufer den Untergang der Sache zu vertreten, so wird er dem Verkäufer gegenüber schadensersatzpflichtig. Zuweilen werden die Regelungen über die Situation vor der Aufhebung auch „grundsätzlich“ analog angewendet.[939] Tatsächlich soll das Aufhebungsrecht aber nur im Fall des Art. 82 II a) CISG erhalten bleiben. Ansonsten wird die Durchführung der Vertragsaufhebung als gescheitert betrachtet.[940] Diese Ansicht ähnelt der Kommentierung der UNIDROIT-Principles, welche die Regelungen vor Vertragsaufhebung „with appropriate adaptations“ angewendet wissen will.[941] Die Ansätze bleiben im Ergebnis gleich: Die Regelungen über den Schadensersatz im Primärschuldverhältnis sollen angewendet werden.[942] Im weiteren bestehen dann auch Uneinigkeiten über den Haftungs*umfang* bei einer Verletzung des Rückgewährschuldverhältnisses. Teilweise soll die Haftung des Rückgewährverpflichteten auf die Sache selbst zu beschränken sein, so daß nur deren Wertminderung zu berücksichtigen sei.[943] Andere Autoren[944] fordern eine umfassende Haftung oder beschränken die Vorhersehbarkeitsregel auf die Vermeidbarkeit des Hinderungsgrundes.[945] Unwesentliche Veränderungen sollen nach der Wertung der Regelungen über die Vertragsaufhebung (Art. 79 II EKG) nicht zu beachten sein.[946]

4. Ergänzung der Lücke nach den UNIDROIT-Principles

Die obenstehenden Erläuterungen zur Behandlung dieser Frage in EKG und CISG haben die Uneinigkeit über die dogmatische Herleitung einer Ersatzpflicht gezeigt gezeigt.

Grundsätzlich wird auf die Schadensersatzverpflichtung im Primärschuldverhältnis verwiesen. Wie unter I.1.1. hergeleitet, beziehen sich diese Regelungen jedoch nur auf solche Schäden, welche durch eine Verletzung der ursprüngli-

---

938 Vgl. *Weitnauer, H.*, Vertragsaufhebung, FS Heidelberg, S. 112.

939 *Enderlein, F./Maskow, D./Strohbach, H.*, Internationales Kaufrecht, Art. 82 Anm.1.3.

940 Im Ergebnis unklar *Enderlein, F./Maskow, D./Strohbach, H.*, Internationales Kaufrecht, Art. 82 Anm.1.3.; für Rückwirkung *Huber, U.*, Uncitral, RabelsZ 79, S. 495.

941 Kommentar zu den UNIDROIT-Principles, S. 192.

942 Vgl. *Dölle, H.*/Stoll, Art. 74 Rn44: „Art. 17 gebietet, ...grundsätzlich [die Rückgewähr] denselben Schadensersatzregeln zu unterstellen wie das Primärschuldverhältnis“. Offenbar für keinerlei Einschränkungen der Rechte des Käufers aber *Reinhart, G.*, Kommentar, Art.82 Rn3.

943 *Mertens, H.-J./Rehbinder, E.*, Internationales Kaufrecht, Art. 81 Rn9.

944 *Beß, J.*, Haftung S. 113; *Dölle, H.*/Weitnauer, Art. 79 Rn13.

945 *Herber, R./Czerwenka, B.*, Internationales Kaufrecht, Art. 81 Rn15.

946 *Mertens, H.-J./Rehbinder, E.*, Internationales Kaufrecht, Art. 81 Rn9.

chen Vertragspflichten entstehen. Die Kommentierung legt nahe, solche Regeln „with appropriate adaptations“ anzuwenden.[947] Daraus läßt sich entnehmen, daß durch Abwägung etc. untersucht werden soll, ob die Regeln über das Primärschuldverhältnis zu der Situation des Rückgewährschuldverhältnisses passen. Eine solche Vorgehensweise ist jedoch nur möglich, wenn den UNIDROIT-Principles allgemeine Grundsätze entnommen werden: Nur sie sind abwägbar.[948] Der Hinweis auf Art. 7.2.2, der „with appropriate adaptations“ anwendbar sei, zeigt, daß davon ausgegangen wird, daß die Regeln über die Primärerfüllungspflichten nicht ohne weiteres auf die Rückgewährpflichten anwendbar sind, ansonsten ginge der Hinweis auf die „appropriate adaptations“ ins Leere. Überdies wird, da der Kommentar die Regel des Art. 7.2.2 nur beispielhaft anführt[949] und es sich um eine Regelung handelt, welche bei Nichterfüllung eingreift, verdeutlicht, daß auch andere Regeln bei Nichterfüllung der Rückgewährpflicht „with appropriate adaptations“ anwendbar sein sollen.

So werden die Regeln *dem Gedanken nach* angewendet, so weit es für die Rückgewähr als angemessen erscheint. Daher können allgemeine Grundsätze des Rückgewährschuldverhältnisses oder allgemeine Grundsätze der gesamten UNIDROIT-Principles (etwa die Angemessenheit) herangezogen werden, um die Möglichkeit der „appropriate adaptations“ auszuschöpfen.

Im Folgenden wird untersucht, ob und welche allgemeinen Grundsätze, die für die Verletzung der Rückgewähr herangezogen werden können, dem Schadensrecht und dem Rückgewährschuldverhältnis zugrunde liegen.

a) Rückgewähr als Pflicht

Bei der Rückgewährpflicht könnte es sich um eine Verpflichtung handeln, die wie eine Vertragspflicht zu behandeln ist; es muß sich um eine Leistungspflicht im Sinne der Art. 5.1 und 5.2 handeln. Nur dann kann sie „verletzt“ werden und eine Haftung für „Nichterfüllung“ im Sinne des Artt. 7.1.1 et seq. eintreten.

Es ist also wichtig, ob die Verpflichtung des Art. 7.3.6 als Quasivertragspflicht der Parteien zu verstehen ist. Wie bereits erläutert und inzwischen weitgehend anerkannt, erlischt der Vertrag nicht mit der Vertragsaufhebung, sondern wird in ein Abwicklungsverhältnis umgewandelt. Die primären Vertragspflichten erlöschen, das Rückgewährschuldverhältnis ist aber dennoch kein „pflichtenloser Raum“, wie schon die Weitergeltung von einzelnen Vertragspflichten zeigt (Art. 7.3.5 II,III).

---

[947] Kommentar zu den UNIDROIT-Principles, S. 192.

[948] Vgl. dazu Teil 1, VI., 3.

[949] Kommentar zu den UNIDROIT-Principles, S. 192.

Vielmehr stellt es ein Schuldverhältnis mit neuem Inhalt dar: Die Primärpflichten wandeln sich um zu Rückgewährpflichten, und diese bestehen vor allem in der Rückgewähr von allem aus dem Vertrag Erhaltenen und Geleisteten. Es wird das alte Schuldverhältnis mit neuen Pflichten *vertraglicher Natur* umgebildet.[950] Dieses Ergebnis wird auch von der Kommentierung zu den UNIDROIT-Principles unterstützt.[951] Dort heißt es, daß die Regeln über die Erfüllung in Natur (Art. 7.2.2) mit entsprechenden Änderungen auf die Rückgewährschuld anwendbar seien. Es werden also Regeln über zu erfüllende Pflichten angewendet.

Die Pflicht zur Rückgewähr muß somit als eine durchsetzbare Leistungspflicht angesehen werden. In den UNIDROIT-Principles gibt es verschiedene Arten von Pflichten, die auch verschieden behandelt werden. Daher muß noch untersucht werden, welcher Art die Pflicht des Art. 7.3.6 ist.

Die UNIDROIT-Principles unterscheiden zwischen einer Pflicht zur Erfolgserzielung (Art. 5.4 I) und einer Pflicht zum Einsatz aller Kräfte (Art. 5.4 II). Diese Unterscheidung bezieht sich, wie Art. 5.5 zeigt, auf im Vertrag festgelegt Pflichten. Die Pflicht zur Rückgewähr als durch Gesetz angeordnete Pflicht paßt daher so nicht in das Bestimmungsschema hinein. Jedoch sind in den UNIDROIT-Principles mehrere Pflichten gesetzlich festgelegt. Es sind fast ausschließlich Pflichten zur Erfolgserzielung.[952] Ist eine Pflicht als Pflicht zum Einsatz aller Kräfte konzipiert, ist dies eine Ausnahme. Daher ist die Pflicht zur Rückgewähr, auch in Anlehnung an die Primärerfüllungspflicht, als Pflicht zur Erfolgserzielung zu begreifen.[953] Die Rückgewähr nach der Vertragsaufhebung wird vom Gesetz zwingend angeordnet und steht nicht im Belieben der Parteien. Sie zu verlangen, stellt ein „Recht" der Vertragsparteien dar.[954] Ein „Recht" ist aber wertlos, wenn ihm nicht eine „Pflicht" der anderen Partei korrespondiert, deren Verletzung Rechtsfolgen nach sich zieht. Folglich muß es eine Sanktion ihrer Nichterfüllung geben. Die Verpflichtung aus Art. 7.3.6 ist daher eine durchsetzbare Pflicht zur Erfolgserzielung.[955]

---

[950] So auch *Honsell, H.*/Weber, Art. 81 Rn4; *Schlechtriem, P.*, UN-Kaufrecht, S. 102; *Weber, R.*, Vertragsverletzungsfolgen, *BTJP*, S. 182; *Piltz, B.*, Internationales Kaufrecht, §5 Rn285; *Caemmerer, E. von*/Schlechtriem/Leser, vor Artt. 81-84 Rn7 et seq.; *Staudinger, J. von*//Magnus, Art. 81 Rn2.

[951] Kommentar zu den UNIDROIT-Principles, S.192.

[952] Vgl. Art. 6.1.b): „...muß...in einem Zug erfüllen..."; Art. 6.1.6: „...hat...zu erfüllen..."; 6.1.11: „...hat...die Kosten zu tragen..."

[953] Vgl. *Dölle, H.*/Stoll, Art. 74 Rn47.

[954] Vgl. Kommentar zu den UNIDROIT-Principles, S. 190 („...right...to claim...").

[955] Vgl. statt aller *Honsell, H.*/Weber, vor Artt. 81-84 Rn10; *Leser, H.-G.*, Lösung, FS Wolf, S. 374; *Schlechtriem, P.*, UN-Kaufrecht, Rn331.

b) Allgemeiner Grundsatz der Sorgfaltspflicht

Bevor Grundsätze über den Umfang etc. der Haftung gesucht werden, muß zunächst klargestellt werden, ob nach allgemeinen Grundsätzen überhaupt eine Haftung bei der Verletzung der Rückgewährpflicht zu bejahen ist. Denn sie wird nicht ausdrücklich angeordnet.

Hier ist der Grundsatz der allgemeinen Sorgfaltspflicht maßgeblich. Nach diesem Grundsatz könnte eine allgemeine Einstandspflicht für die erhaltene Sache, auch im Rückgewährverhältnis, zu bejahen sein.[956] Sie führte dazu, daß eine Verschlechterung der Sache zu verhindern wäre und die verantwortliche Partei bei Verletzung dieser Pflicht schadensersatzpflichtig werden könnte..

Eine allgemeine Sorgfaltspflicht wird bei der CISG verschiedentlich aus der Rückgewährpflicht im Zusammenhang mit den Erhaltungspflichten des Art. 86 CISG hergeleitet,[957] bzw. die besonderen Regeln der Artt. 85 et seq. CISG werden als Konkretisierung einer allgemeinen Sorgfaltspflicht im Sinne des Art. 7 II CISG gesehen.[958]

Auf die UNIDROIT-Principles ist dies nicht ohne weiteres übertragbar. Spezielle Sorgfaltspflichten bezüglich erhaltener Sachen sind in den UNIDROIT-Principles nicht ausdrücklich normiert. Stattdessen wurde die allgemeine Kooperationspflicht in Art. 5.3 zu einem allgemeinen Verhaltensgrundsatz der UNIDROIT-Principles. Diese Kooperationspflicht war in CISG und EKG noch nicht ausdrücklich festgelegt. Dennoch wurde sie in der Literatur zur CISG bisweilen (unter anderem) aus der Erhaltungspflicht für die Ware des Art. 85 CISG abgeleitet.[959] Im Umkehrschluß ist anzunehmen, daß die Kooperationspflicht der UNIDROIT-Principles eine Sorgfaltspflicht bezüglich zurückzugewährender Ware umfaßt. Auch unabhängig von der Pflicht zur Kooperation wurde in der CISG angenommen, daß eine Partei, welche die tatsächliche Obhut über Güter der anderen innehat (dies ist bei einer Rückgewährverpflichtung der Fall),[960] zu zumutbarer Fürsorge und Schadensvermeidung verpflichtet ist.[961] Dieser Gedanke ist auf die UNIDROIT-Principles übertragbar, insbesondere da er Treu und Glauben entspricht. Nach der erklärten Aufhebung des Vertrages kennen in

---

956 Vgl. *Caemmerer, E. von*/Schlechtriem/Leser, Art. 82 Rn13; *Soergel, H.-T.*/Lüderitz, Art. 81 Rn9; *Karollus, M.*, UN-Kaufrecht, S. 149.

957 *Soergel, H.-T.*/Lüderitz, Art. 81 Rn9; *Herber, R./Czerwenka, B.*, Internationales Kaufrecht, Art. 81 Rn6; *Staudinger, J. von*//Magnus, Art. 82 Rn15.

958 *Reinhart, G.*, Kommentar, Art. 84 Rn1.

959 Etwa *Staudinger, J. von*//Magnus, Art. 7 Rn47.

960 Dingliche Verhältnisse bleiben hier außer Betracht.

961 *Magnus, U.*, Grundsätze, RabelsZ 95, S. 484.

der Regel beide Parteien ihre Rückgewährpflicht. Es wäre nicht einsichtig, wieso dennoch eine Vertragspartei nach Belieben mit der zurückzugebenden Sache sollte verfahren dürfen; genauso wie der Verkäufer nicht mit einer bereits konkretisierten verkauften Sache sorglos umgehen kann, ohne sich einem Schadensersatzanspruch auszusetzen. Es ist daher angemessen, dem Inhaber einer Rückgewährsache eine Sorgfaltspflicht dafür aufzuerlegen.[962] Der allgemeine Grundsatz der Sorgfaltspflicht führt also dazu, daß die Partei, welche im Besitz einer zurückzugewährenden Sache ist, diese sorgfältig behandeln und erhalten muß.[963]

c) Grundsätzliche Haftung bei Verletzung der Rückgewährpflicht

Grundsätzlich besteht also eine vertragsähnliche Pflicht zur Rückgewähr, die auch eine Sorgfaltspflicht bezüglich des Rückgewährgegenstandes beinhaltet.

ca) Anwendbarkeit der Grundsätze des Schadensersatzes

Hier schließt sich die Frage an, nach welchen Regeln die Haftung im Rückgewährschuldverhältnis zu behandeln ist. Der auch von der Kommentierung[964] vorgeschlagene Weg ist der über eine Anwendung der Schadensersatzregelungen „with appropriate adaptations". Die erste Schwierigkeit besteht darin, ob gleich bei der Anwendung der Haftungsgrundsätze der Schadensersatzregelungen eine solche Anpassung vorgenommen werden muß, i.e. ob die Schadensersatzregelungen grundsätzlich für die Rückgewährsituation geeignet sind. In der Literatur zur CISG wird teilweise bestritten, daß die Schadensersatzregelungen in diesem Fall herangezogen werden können.[965] Der Schadensersatz sei als umfassender Rechtsbehelf konzipiert, dessen Umfang eine volle Entschädigung des aus der Nichterfüllung resultierenden Schadens gewährt. Die Rückgewährpflicht sei dagegen auf die Rückgabe einer Sache beschränkt. Die Nichtanwendbarkeit der Grundsätze des Schadensersatzes ist aber nicht notwendige Folge aus einem solchen Verständnis des Haftungsumfangs.. Es spricht nichts dagegen, zunächst die Schadensregelungen grundsätzlich anzuwenden und festzustellen, wie nach den UNIDROIT-Principles der Haftungsumfang in der Regel vorgesehen ist. Die Kommentierung läßt dann die Möglichkeit offen, eventuell eine Abweichung aufgrund der Interessenlage und der Beschränkung des Rückgewährschuldverhältnisses vorzunehmen.[966] Vielmehr sind die Regelungen über den Schadensersatz die einzigen, welche sich eignen, im Sinne der Kommentierung entsprechend angewendet zu werden. Sie behandeln als einzige die Haf-

[962] Vgl. *Leser, H.-G.*, Rücktritt, S. 176 et seq.

[963] Vgl. auch *Piltz, B.*, Internationales Kaufrecht, §5 Rn289.

[964] Kommentar zu den UNIDROIT-Principles, S. 192.

[965] Vgl. *Leser, H.-G.*, Vertragsaufhebung, in: Kolloquium, S. 18.

[966] Vgl. zu diesem Problem unten Teil 2, Kapitel 1, VI., 4.db).

tung bei Pflichtverletzungen, und nur sie zeigen Leitlinien der UNIDROIT-Principles auf, wie eine solche Haftung behandelt werden kann. Wenn man sie nicht, „auch nicht nach allgemeinen Grundsätzen“,[967] für anwendbar hält, so bleibt für eine Bestimmung der Haftung nach Vertragsaufhebung nur der Weg über die Rechtsvergleichung oder, sollte dies nicht möglich sein,[968] der Rekurs auf nationales Recht.

Konsequent will so für das EKG Leser das nationale Recht anwenden.[969] Er begründet seine Ansicht vor allem mit dem verschiedenartigen Ansatz der Rechtsbehelfe Schadensersatz (nach Leser ein umfassender Ausgleich auf höherer Stufe) und Vertragsaufhebung (nach ihm ein beschränkter Ausgleich auf niedrigerer Stufe) und befürwortet allein den Weg über die Rechtsvergleichung.[970] Dagegen ist einzuwenden, daß den unterschiedlichen Ansätzen der Schadensersatzregelungen und der Vertragsaufhebung wird gerade Rechnung getragen wird, indem die Schadensersatzregelungen nicht als solche sondern nach allgemeinen Grundsätzen angewendet werden. Denn diese allgemeinen Grundsätze sind in einem ersten Schritt zu ermitteln und in einem zweiten Schritt auf die veränderte Situation nach Vertragsaufhebung anzupassen. Sie sind nicht von der Rückgewährsituation als losgelöst zu sehen. Die Grundsätze des Schadensrechtes werden also der Rückgewährsituation angepaßt, nicht umgekehrt, so daß der Charakter des Rückgewähr-schuldverhältnisses nicht verändert wird. Auch in der internationalen Schiedsgerichtsbarkeit ist schon seit langem anerkannt, daß es „allgemeine Grundsätze“ hinsichtlich des Schadensersatzumfangs geben kann. [971] Den UNIDROIT-Principles liegt dann der in Artt. 7.4.1 et seq. postulierte Umfang des Schadensersatzes als Ersatz des positiven Interesses „zugrunde“.[972] Es bleibt also dabei, dem Rat des Kommentars der UNIDROIT-Principles folgend, „with appropriate adaptations“ die Regeln über die Primärpflicht anzuwenden und zu untersuchen, ob sich allgemeine Grundsätze des Schadensrechts finden lassen, welche die Haftung nach Vertragsaufhebung regeln können.[973]

---

[967] Vgl. *Leser, H.-G.*, Vertragsaufhebung, in: Kolloquium, S. 18.

[968] Und dies ist immer, besonders im praktischen Rechtsleben, fraglich.

[969] *Leser, H.-G.*, Vertragsaufhebung, in: Kolloquium, S. 18.

[970] Zur Überzeugungskraft der Rechtsvergleichung für die UNIDROIT-Principles siehe Teil 1, VII., 2.ac).

[971] Vgl. Schiedsspruch vom 29.11.102 zwischen den USA und Rußland, Recueil des arbitrages internationaux II, S. 285.

[972] Vgl. Schiedsspruch vom 29.11.102 zwischen den USA und Rußland, Recueil des arbitrages internationaux II, S. 285.

[973] Vgl. *Dölle, H.*/Stoll, Art. 74 Rn44: „Art.17 gebietet, ...grundsätzlich [die Rückgewähr] denselben Schadensersatzregeln zu unterstellen wie das Primärschuldverhältnis.“

cb) Grundsatz der verschuldensunabhängigen Haftung

Der erste und wohl „grundlegendste“[974] allgemeine Grundsatz der Haftung in den UNIDROIT-Principles ist, daß sie sowohl die verschuldete als auch die nichtverschuldete Nichterfüllung erfassen.[975] Das „principle of fault“ wurde nicht aufgenommen.[976] Es besteht ein verschuldensunabhängiges Garantiehaftungssystem. Entschuldigungsgründe werden in den Artt. 7.1.2, 7.1.3 und 7.1.7 gesondert definiert, von ihnen abgesehen ist das System der UNIDROIT-Principles eines der Garantiehaftung. Für jede nicht entschuldigte Pflichtverletzung wird in den UNIDROIT-Principles daher Schadensersatz nach den Regeln der Artt. 7.4.1 et seq. geschuldet. Hiervon sind sowohl die Schlechterfüllung als auch die vollständige Nichterfüllung erfaßt. Dies ist eine grundsätzliche Leitlinie der UNIDROIT-Principles, für die man sich in Abgrenzung zu anderen Haftungssystemen[977] entschied. Für die Verletzung des Rückgewährschuldverhältnisses ist es daher zunächst gleichgültig, ob die Unmöglichkeit der Rückgewähr „schuldlos“ eintrat.[978] Es ist nicht einsichtig, wieso hier die Leitlinie der Garantiehaftung unterbrochen werden sollte. Diese Idee führt dazu, daß bei der Verletzung der Pflicht zur Rückgewähr ohne Rücksicht auf den Grund der Verletzung ein Schadensersatz zugesprochen werden muß. Dieses Ergebnis wird von Art. 7.3.6 I (2) unterstützt: Hier wird bei Unmöglichkeit der Rückgabe eine Verpflichtung zum Wertersatz konstituiert.[979] Eine Unmöglichkeit der Rückgabe läßt also die Ersatzpflicht nicht etwa entfallen.

cc) Vorhersehbarkeit und Kausalität

Zwei weitere Regeln bestimmen das Recht auf Schadensersatz in den UNIDROIT-Principles: Die Vorhersehbarkeit, Art. 7.4.4, und die Bestimmtheit, Art. 7.4.3. Es fragt sich, ob sie als Grundsätze des Haftungssystems verstanden werden können. Die Begrenzung der vertraglichen Haftung nach dem Prinzip der Vorhersehbarkeit ist eine verbreitete Erscheinung sowohl im Zivilrechtskreis

---

[974] Falls man bei allgemeinen Grundsätzen von solchen Unterscheidungen überhaupt noch sprechen kann.

[975] Art. 7.1.1, vgl. Kommentar zu den UNIDROIT-Principles, S. 156; vgl. auch *Studies Unidroit* 87, P.C. Misc. 10, S. 5.

[976] Vgl. hierzu *Bin Cheng*, General Principles, S. 218 et seq.

[977] In vielen nationalen Rechten besteht etwa ein verschuldensabhängiges System.

[978] Zu den Entschuldigungsgründen später unter Teil 2, Kapitel 1, VI., 4.cd).

[979] Kommentar zu den UNIDROIT-Principles, S. 192.

als auch in den common law countries. Sie[980] kommt in verschiedener Weise zum Tragen. Die genaue Regelung in den UNIDROIT-Principles von Vorhersehbarkeit einerseits und Bestimmtheit andererseits weicht dabei von der Lösung einzelner nationaler Rechte ab. Hier entschied man sich also dafür, die Haftung zu begrenzen und dafür eine bestimmte Lösung vorzuschlagen. Die Kommentierung selbst spricht bei der Haftungsbegrenzung von einem „principle“.[981]
Da die Haftungsbegrenzung rechtsvergleichend und in den UNIDROIT-Principles selbst als allgemeiner Grundsatz verstanden wird, können Artt. 7.4.4 und 7.4.3 als Leitlinie für die Haftung bei einer Pflichtverletzung verstanden werden. Diese sind auch auf das Rückgewährschuldverhältnis anzuwenden.

An dieser Stelle soll nicht der genaue Umfang der Vorhersehbarkeit und der Bestimmtheit dargestellt werden.[982] Abgestellt wird auf das Verhalten einer vernünftigen Person.[983] Eines ist jedoch anzumerken: Wendet man die Leitlinien der Vorhersehbarkeit und der Kausalität des Schadens auf das Rückgewährschuldverhältnis an, so geht es nicht darum, ob die Rückgewähr als solche vorhersehbar war. Vielmehr ist darauf abzustellen, ob der aus der Unmöglichkeit der Rückgabe resultierende Schaden vorhersehbar war. Daher ist die Forderung von Herber/Czerwenka,[984] die Vorhersehbarkeitsregel im Rückgewährschuldverhältnis so auszulegen, daß bei einer Verletzung der Rückgabepflicht der *Hinderungsgrund* vermeidbar gewesen sein muß, abzulehnen. Denn dies würde bedeuten, daß die Nichterfüllbarkeit der Rückgewähr vermeidbar gewesen sein müßte. Dann bezöge man aber die Rückgewähr *als solche* in die Vorhersehbarkeitsregel mit ein und nähme somit eine „entschuldigte“ Nichterfüllung angenommen. Das widerspräche dem Haftungsprinzip der Garantiehaftung und entspräche im übrigen nicht dem Sinn der Vorhersehbarkeitsregel.[985]

---

980 In den nationalen Rechten taucht dieser Grundsatz in verschiedener Ausgestaltung auf. Vgl. dazu *Treitel, G.*, Remedies, Encyclopaedia, S. 59 et seq. Die „causation“ oder „directness“ kommt noch als zusätzliches Kriterium hinzu, wird aber in nationalen Rechten bisweilen mit der Vorhersehbarkeit vermischt.

981 So auch der Kommentar zu den UNIDROIT-Principles, S. 200 (principles of limitation of harm).

982 Vgl. dazu rechtsvergleichend *Treitel, G.*, Remedies, Encyclopaedia, S. 62-75 und die Kommentierungen zu den entsprechenden Artikeln in CISG und EKG.

983 Kommentar zu den UNIDROIT-Principles, S. 200.

984 So aber *Herber, R./Czerwenka, B.*, Internationales Kaufrecht, Art. 81 Rn15.

985 Vgl. dazu auch Kommentar zu den UNIDROIT-Principles, Art. 7.4.4, S. 201, welcher deutlich von den „consequences of non-performance“ spricht und nicht von der Nichterfüllung als solcher.

cd) Entschuldigungsgründe, insbesondere force majeure

Es entspricht jedoch althergebrachten Grundsätzen der Gerechtigkeit,[986] die Unfähigkeit einer Partei, einen Fehler zu vermeiden, zu beachten. Auch in den UNIDROIT-Principles wird die Garantiehaftung durch einige besondere Entschuldigungsgründe durchbrochen. Da hier die Leitlinien der Haftung angewendet werden sollen, besteht kein Grund, nicht auch die Entschuldigungsgründe als Grundidee anzusehen. Die UNIDROIT-Principles haben sich dafür entschieden, in den normierten Fällen grundsätzlich keine Haftung zu bejahen.[987]

Garantiehaftung, Artt. 7.4.4 und 7.4.3 und die Entschuldigungsgründe machen das System des Schadensersatzes in den UNIDROIT-Principles aus. Insgesamt ergibt sich eine spezifische, den UNIDROIT-Principles eigene Leitlinie der Behandlung der Nichterfüllung. Diese Idee ist als allgemeiner Grundsatz im Sinne des Art. 1.6 II anwendbar.[988] Nur einen Teil dieser Regelungen anzuwenden bedeutete, die Haftung systemwidrig zu erweitern. Die Entschuldigungsgründe greifen daher auch im Rückgewährschuldverhältnis. Liegt demnach eine Verschlechterung oder der Untergang der zurückzugewährenden Sache nach Vertragsaufhebung an Gründen, wie sie in den Artt. 7.1.2, 7.1.3 oder 7.1.7 normiert sind, so wird die Unmöglichkeit der Rückgewähr entschuldigt, und die Rechte der Vertragsparteien bleiben im vollen Umfang bestehen. Insbesondere force majeure, Art. 7.1.7, kann hier je nach Fallgestaltung einschlägig sein.[989]

d) Umfang der Haftung im Rückgewährschuldverhältnis

Die allgemeinen Grundsätze des Schadensrechtes, auf das Rückgewährschuldverhältnis angewendet, ergeben, daß nach dem System der Garantiehaftung vorbehaltlich der Entschuldigungsgründe jeder vorhersehbare und kausale Schaden ersetzt werden muß.[990]

Im Folgenden soll untersucht werden, wie der Umfang dieser Haftung aussehen muß. Hier geht es um die Frage, ob ein Schadensersatz wegen Nichterfüllung mit allen Konsequenzen geschuldet wird, oder ob aufgrund von „appropriate adaptations“ eine Begrenzung vorzunehmen ist.

---

[986] Vgl. *Bin Cheng*, General Principles, S. 218, 219.

[987] Vgl. *Herber, R./Czerwenka, B.*, Internationales Kaufrecht, Art. 81 Rn10; *Leser, H.-G.*, Vertragsaufhebung, in: Kolloquium, S. 17; *Weitnauer, H.*, Vertragsaufhebung, FS Heidelberg, S. 112.

[988] Vgl. Teil 1, VI., 2. zu den spezifischen Grundsätzen.

[989] Vgl. auch *Dölle, H.*/Stoll, Art. 74 Rn44; *Beß, J.*, Haftung S. 113; *Leser, H.-G.*, Vertragsaufhebung, in: Kolloquium, S. 17.

[990] Dies ist ein „general principle“, vgl. *Studies Unidroit* 1996, C.D. (75) 8, S. 4.

da) Allgemeiner Umfang der Schadensersatzpflicht in den UNIDROIT-Principles

Um eine Abweichung des Haftungsumfangs bei Verletzung des Rückgewährschuldverhältnisses nachweisen zu können, sollte zunächst deutlich gemacht werden, welcher Haftungsumfang bei Pflichtverletzungen dem Grundsatz nach in den UNIDROIT-Principles vorgesehen ist.

Grundsätzlich ist in den UNIDROIT-Principles kausal entstehender und vorhersehbarer Schaden zu ersetzen. Das allgemeine Schadensrecht kennt für den Schadensersatz grundsätzlich drei Schadensberechnungsarten:[991] Das Erfüllungsinteresse, i.e. die Position, als ob der Vertrag erfüllt worden wäre; das Vertrauensinteresse, i.e. die Position, als ob der Vertrag nie geschlossen worden wäre; und das sogenannte Rückgewährinteresse, i.e. die Rückgewähr des Geleisteten. Letzerer Punkt wird in einigen Rechtsordnungen unter die vorherigen gefaßt. Alle drei Schadensberechnungsarten (nach Treitel[992] „expectation, reliance and restitutionary interests") werden in verschiedenen Rechtsordnungen in unterschiedlichen Zusammenhängen gebraucht. Ein Unterschied wird nicht nur zwischen Schadensberechnungsweisen gemacht sondern zusätzlich zwischen zwei verschiedenen Schadensarten:[993] Dem damnum emergens (eigentlicher Verlust) und dem lucrum cessans (entgangener Gewinn).

Die UNIDROIT-Principles legen Schadensberechnung und die Art des Schadensersatzes in Art. 7.4.2 fest. Es wird „full compensation", volle Entschädigung des durch die Nichterfüllung entstandenen Schadens geschuldet einschließlich sowohl des resultierenden Verlustes als auch des entgangenen Gewinns (Art. 7.4.2 I). In dem Kommentar zu den UNIDROIT-Principles wird ausdrücklich darauf hingewiesen, daß die Möglichkeit, den Haftungsumfang je nach Umständen des Falles zu begrenzen (i.e. beispielsweise auf das negative Interesse), *nicht* besteht.[994] Daraus läßt sich schließen, daß der Schadensumfang in den UNIDROIT-Principles nach dem Erfüllungsinteresse bestimmt wird („loss...suffered as a result of non-performance")[995] und sowohl das damnum emergens als auch das lucrum cessans erfaßt.

---

[991] Vgl. dazu *Treitel, G.*, Remedies, Encyclopaedia, S.1 et seq.

[992] *Treitel, G.*, Remedies, Encyclopaedia, S. 27 et seq.

[993] Eine Unterscheidung, die in vielen Rechtsordnungen des Zivilrechtskreises vorgenommen wird. Im common law dagegen gehören beide zum Erfüllungsinteresse.

[994] Kommentar zu den UNIDROIT-Principles, S. 196.

[995] Vgl. auch Kommentar zu den UNIDROIT-Principles, S. 196: „...if the contract had been properly performed..."

Es wurde eine Entscheidung (ähnlich dem common law) getroffen, welche eine einheitliche Konzeption von Nichterfüllung (inklusive verspäteter Erfüllung) und dem darauf folgenden Schadensersatzanspruch darstellt.[996]

Da die verschiedenen Rechtsordnungen die Schadensberechnung verschieden angehen, ist eine Entscheidung des Einheitsrechtes für eine bestimmte Schadensberechnung eine Grundsatzentscheidung vor dem Hintergrund unterschiedlicher Möglichkeiten. Daher muß Art. 7.4.2 der UNIDROIT-Principles (wie schon Art. 74 CISG) als Leitline gelten, die als allgemeiner Grundsatz im Sinne des Art. 1.6 II angewendet werden kann.[997] Die Haftung auf das damnum emergens und lucrum cessans entspricht auch allgemein anerkannten Grundsätzen.[998]

Es sollte nicht vorschnell von dieser Leitlinie abgegangen werden, insbesondere deshalb nicht, weil nach der Kommentierung ausdrücklich eine „Berechnung des Schadens nach den Umständen" vermieden werden sollte.[999] Der volle Schadensausgleich stellt ein Strukturprinzip der UNIDROIT-Principles dar, nach welchem jede Pflicht (auch beispielsweise eine stillschweigende im Sinne des Art. 5.2) behandelt werden muß.[1000]

Da es sich bei der Verletzung der Rückgewährpflicht um eine echte Pflichtverletzung vergleichbar mit Art. 7.1.1 handelt,[1001] muß generell dieser Haftungsumfang gelten. Es würde dann bei Verschlechterung der Sache nicht nur Wertersatz sondern Schadensersatz wegen Nichterfüllung geschuldet.

db) Haftungsumfang im Rückgewährschuldverhältnis

Es ist nun die Frage, ob die besondere Konstellation der Rückgewährschuld dennoch ein Abweichen von dieser Grundsatzentscheidung rechtfertigt. Dies sei nach der Ansicht einiger Literaturstimmen zur CISG der Fall.[1002] Das Rückgewährschuldverhältnis sei ein umgestaltetes Vertragsverhältnis, aus welchem eine neue Pflicht zur Rückgabe entstehe. Daraus könne gefolgert werden, daß diese Pflicht von vornherein so beschränkt sei, daß über die Rückgabepflicht an der Sache selbst hinausgehende Pflichten bezüglich des Vermögens der anderen

---

[996] Vgl. *Treitel, G.*, Remedies, Encyclopaedia, S. 55.

[997] Vgl. zu den spezifischen Grundsätzen Teil 1, VI., 2.

[998] *Zimmermann, R.*, Konturen, S. 482.

[999] Kommentar zu den UNIDROIT-Principles, S. 196.

[1000] Vgl. auch *Magnus, U.*, Grundsätze, RabelsZ 95, S. 484.

[1001] Vgl. oben Teil 2, Kapitel 1, VI., 4.a).

[1002] Etwa *Mertens, H.-J./Rehbinder, E.*, Internationales Kaufrecht, Art. 81 Rn9.

Partei, die in der Primärerfüllungskonstellation zum Ersatz von entgangenem Gewinn etc. führten, zu verneinen seien. Die Sache selbst bliebe Maßstab der Haftung.

In diesem Zusammenhang muß der Wertung des Art. 7.3.6. I besondere Aufmerksamkeit gelten. Für die in diesem Artikel festgeschriebene Rückgabepflicht wird im Kommentar explizit darauf hingewiesen, daß, wenn die Rückgewähr unmöglich ist, Wertersatz geleistet werden muß.[1003] Die Ersatzpflicht bezieht sich auf den tatsächlichen Wert der Sache („true value").[1004] Hieraus könnte geschlossen werden, daß die Wertersatzpflicht auf den tatsächlichen Wert der Sache beschränkt ist und diese Idee auf den Untergang der Sache nach Erklärung der Vertragsaufhebung anwenden.

Dies wäre aber nicht folgerichtig. Art. 7.3.6 I geht von einer Situation aus, in der schon bei Erklärung der Vertragsaufhebung eine Rückgabe der Sache unmöglich ist. Hier wird lediglich geregelt, wie bei einem solchen Gegenstandsverlust zu verfahren ist. Die Situation, in welcher eine bereits entstandene Rückgewährschuld nicht erfüllt wird, ist davon zu unterscheiden. Denn hier sind im Gegensatz zu der Situation vor Vertragsaufhebung bereits Sorgfaltspflichten und Rückgabepflichten entstanden.

Es ist daher nicht von vornherein im Rahmen der Haftung nach Vertragsaufhebung lediglich der erhaltene Sachwert zu ersetzen, d.h. Wertersatz zu leisten. Daher sollte auch die Verletzung der Rückgabepflicht, unabhängig von deren spezifischem Inhalt, in vollem Umfang anhand der Grundsätze des Schadensrechts behandelt werden. Hier ist eine besondere Berechnung nach den „Umständen" nicht vorgesehen. Da die Regulierungen der UNIDROIT-Principles Grundsatzentscheidungen für den Schadensersatz wegen Nichterfüllung darstellt, ist eine Beschränkung auf den Wert der Sache nicht zulässig. Denn dies würde eine Beschränkung der Haftung wegen einer Pflichtverletzung auf den „loss incurred" ohne die „gains deprieved" darstellen, was den UNIDROIT-Principles aber größtenteils fremd ist.

Es gibt jedoch zwei Artikel der UNIDROIT-Principles, Artt. 3.18 und 2.15, welche keinen Ersatz des positiven Interesses vorsehen, sondern eine besondere Ersatzpflicht des negativen Interesses kennen. Sie könnten auf das Rückgewährschuldverhältnis bezogen werden, wenn sie einen verallgemeinerungsfähigen Gedanken enthalten.[1005]

[1003] Kommentar zu den UNIDROIT-Principles, S. 191, S. 192: „In such cases (return of goods impossible)...must make allowance for the value...".

[1004] Nicht etwa der eventuell bezahlte.

[1005] Vgl. Teil 1, VI., 2.c.

Art. 3.18 ist systematisch als besondere Regelung für die Anfechtung zu sehen, welche nicht verallgemeinert werden kann.[1006] Art. 2.15 ist eine Vorschrift, welche für eine Pflichtverletzung konzipiert ist, die außerhalb des Vertragsrahmens steht, denn er bezieht sich auf die vorvertragliche Pflicht zum Handeln in gutem Glauben. Alle Pflichten *innerhalb* des Vertragsrahmens dagegen werden im Sinne des Art. 7.4.1 behandelt und unterschiedslos den gleichen Rechtsfolgen unterworfen. Die Erfüllung der Rückgewährschuld ist eine solche Pflicht, welche innerhalb des Vertragsrahmens (mag er auch zu einem Rückgewährschuldverhältnis umgestaltet sein) liegt. Art. 2.15 kann daher nicht angewendet werden.

Der Haftungsumfang bei einer Verletzung der Rückgewährpflicht bestimmt sich also nach den allgemeinen Grundsätzen der Schadensberechnung.

e) Rechtsvergleichende Behandlung der Haftung nach Vertragsaufhebung

Die Rechtsvergleichung könnte zusätzlich Grundsätze liefern, ob bei einer Haftung nach Vertragsaufhebung voller Schadensersatz geleistet werden soll.

Im deutschen Recht bleibt nach herrschender Meinung der Rücktritt wirksam, und der Käufer ist nach §§347, 989, 467 BGB haftbar.[1007] Werkverträge werden nach §634 IV BGB ebenso behandelt.
Im englischen Recht ergibt sich das Problem nicht, weil zwar eine Sorgfaltspflicht für die erhaltenen Sachen besteht, eine Rückgabepflicht erhaltener Waren aber nicht bejaht wird.[1008]
Für die osteuropäischen Staaten[1009] läßt sich sagen, daß zumindest im allgemeinen Bereicherungsrecht, wo auch eine „ausgleichende“ Rückgewährschuld entsteht, bei Verletzung dieser Schuld im allgemeinen das Risiko einer dann ersatzpflichtigen Partei zugeschrieben wird. In Bulgarien und der ehemaligen Tschechoslowakei haftet bei Wegfall des Rechtsgrunds (eine Situation ähnlich der Vertragsaufhebung) die entreicherte Partei. In der ehemaligen DDR hatte der gutgläubige Besitzer das Risiko ab Bekanntwerden der Bereicherungslage inne, in Ungarn besteht eine deliktische Haftung nach Kenntnis der Rückgabelage. Ebenso wird in Polen nach Bekanntwerden der Rücktrittslage eine Haftung bejaht, in Rumänien ebenso ab Kenntnis der Rückgabelage. In den letztgenannten Rechtsordnungen haftet die bereicherte Partei bei Verletzung der Rückgewähr-

---

1006 Der Kommentar, S. 87, hebt ihn auch deutlich von den „normalen” Schadensersatzregelungen ab. Vgl. auch *Studies Unidroit* 90, C.D. 69, Doc.24, S. 22.

1007 RGZ 71, 276. Vgl. *Treitel, G.*, Remedies, S. 388 et seq.

1008 *Treitel, G.*, Remedies, Encyclopaedia, S. 145.

1009 Zurückgegriffen wird hier auf die Untersuchung von *Letowska, E.*, Unjust Enrichment, Encyclopaedia.

schuld. Es wird aus der hier verwendeten Untersuchung aber nicht ersichtlich, ob die Haft ungsbemessung anders erfolgen soll, als sonst in diesen Rechtsordnungen üblich. Rechtsvergleichend lassen sich also keine eindeutigen Ergebnisse finden, eine Tendenz besteht allerdings, den Rückgewährschuldner voll haften zu lassen.

5. Zwischenergebnis

Da eine Beschränkung der Haftung bei Pflichtverletzungen innerhalb des Vertragsrahmens von den UNIDROIT-Principles nicht vorgesehen ist, haftet die rückgabeverpflichtete Partei bei einer Nichterfüllung der Rückgewährpflicht auf vollen Schadensersatz wegen Nichterfüllung im Sinne der Grundsätze des Schadensrechtes.

6. Angemessenheit

Diese grundsätzliche Regel könnte aber in besonderen Situationen durchbrochen werden, in welchen eine volle Schadensersatzpflicht des Rückgewährpflichtigen nicht angemessen erscheint. Dies wäre eine Folge des Grundsatzes der Angemessenheit. Die Angemessenheit ist ein allgemeiner Grundsatz im Sinne des Art.1.6 II,[1010] der die gesamten UNIDROIT-Principles durchzieht und unter dessen Vorbehalt sämtliche Pflichten stehen. Für das Rückgewährschuldverhältnis wird seine Anwendbarkeit durch Art. 7.3.6 I (2) unterstrichen: Ist die Rückgabe unmöglich, so ist nur bei Angemessenheit Schadensersatz zu leisten.

Im Folgenden sollen drei Situationen untersucht werden, in denen eine angemessene Verkürzung des Haftunsumfangs eingreifen könnte.

a) Verschlechterung beruht nicht auf einer Handlung des Sachinhabers

Eine unangemessene Schadensersatzsituation könnte sich beispielsweise ergeben, wenn die Verschlechterung der Rückgabesache nicht auf einer Handlung des Sachinhabers beruht, ohne daß force majeure bejaht werden kann.[1011]

Gegen eine solche Haftungsbegrenzung spricht, daß eine Regel wie Art. 82 II CISG fehlt, nach der eine Unmöglichkeit unbeachtlich ist, wenn die Verschlechterung nicht auf einer Handlung des Käufers beruht. Diese ist zwar nach

---

[1010] Vgl. Teil 1, VIII., 2.ab).

[1011] Vgl. *Piltz, B.*, Internationales Kaufrecht, §5 Rn174. Aus Art. 3.11 I und Art. 7.4.7 läßt sich dabei der allgemeine Grundsatz ableiten, daß hier auch nicht durch die Angestellten des Käufers die Verschlechterung herbeigeführt sein darf, da ihm deren Verhalten als eigenes zuzurechnen ist.

Vertragsaufhebung noch relevant,[1012] ohne eine Regelung wie Art. 82 CISG aber muß die Haftung daher allein anhand der Schadensgrundsätze erfolgen. Denn hier ist nicht ersichtlich, wieso über die Situation des Art. 7.1.7 hinaus ein Anlaß zu einer Beschränkung der Schadensersatzpflicht bestehen sollte. Vielmehr verbietet es der Grundsatz der UNIDROIT-Principles, nach dem eine verschuldensunabhängige Garantiehaftung zu bejahen ist, eine Haftungsbegrenzung aufgrund besonderer „Umstände“ anzunehmen. Es würde eine Verschuldenshaftung darüber konstruiert, daß die rückgabeverpflichtete Partei für die Verschlechterung im Sinne einer eigenen Handlung verantwortlich sein muß. Für die Beachtung außergewöhnlicher Fallumstände bieten die Grundsätze des hardships[1013], der force majeure und des guten Glaubens genügend Raum.

b) Verschlechterung ist unwesentlich

Unangemessen könnte eine Berufung auf Schadensersatz, insbesondere bei in natura zurückzugebenden Gegenständen, auch sein, wenn die Verschlechterung der Sache nach Vertragsaufhebung ganz unwesentlich ist.

Normalerweise ist im Sinne des Art. 7.1.1 jede mangelhafte Erfüllung als Nichterfüllung anzusehen, so daß auch hier eine Ersatzpflicht eingreifen könnte. Im Einzelfall müßte das Prinzip von Treu und Glauben, Art. 1.7 und insbesondere der darauf aufbauende, den UNIDROIT-Principles im Sinne des Art. 1.6 II zugrundeliegende allgemeine Grundsatz des Verbots der mißbräuchlichen Rechtsausübung[1014] eine Ersatzpflicht entfallen lassen.
Aber auch nach einem anderen allgemeinen Rechtsgrundsatz wird eine unwesentliche Verschlechterung der zurückzugebenden Sache außer Betracht bleiben müssen, und zwar nach dem althergebrachten Grundsatz „minima non curat praetor“. Dieser Grundsatz ist, um ihn auch aus den UNIDROIT-Principles herzuleiten,[1015] ein Teil der Verhaltensstandards der vernünftigen Person. Der Grundsatz der vernünftigen Person kann auch als Weisung an einen vernünftigen Richter verstanden werden.[1016]
Nach allgemeinen Grundsätzen ist also bei einer unwesentlichen Verschlechterung einer in natura zurückzugebenden Sache kein Schadensersatz zu leisten.

[1012] *Caemmerer, E. von*/Schlechtriem/Leser, Art. 82 Rn13.

[1013] Der allerdings nur bei längerfristigen Verträgen notwendig werden sollte, Kommentierung zu Art. 6.6.2, Anm. 5.

[1014] Vgl. Teil 1, VIII., 2.ad).

[1015] Vgl. dazu auch zum EKG *Dölle, H.*, Bemerkungen, FS Ficker, S. 143.

[1016] Vgl. *Dölle, H.*/Wahl, Art. 17 Rn62; *Dölle, H.*, Bemerkungen, FS Ficker, S. 143. Es stellt aber auch ein allgemeines Prinzip richterlicher Rechtsfindung dar (*Dölle, H.*/Wahl, Art. 17 Rn62).

c) Vertragsaufhebung vom anderen Teil veranlaßt

Ein weiteres Problem der Angemessenheit ist, inwiefern bei einer nicht nach den entsprechenden schadensrechtlichen Regelungen entschuldigten Verletzung der Rückgewährpflicht die Erstattungspflicht greift, wenn die andere Partei die Vertragsaufhebung veranlaßt hat. Es könnte also beispielsweise als unangemessen empfunden werden, daß der vertragsverletzende Bauunternehmer von dem Bauherrn den entgangenen Gewinn verlangt, wenn der Bauherr seine Pflicht zum Wertersatz zu spät erfüllt. Dazu läßt sich sagen, daß die Vertragsaufhebung Schadensersatzansprüche nicht ausschließt. Kann der Bauherr also geltend machen, daß die Verschlechterung und die daraus folgende Ersatzpflicht zu seinem aus der ursprünglichen Vertragsverletzung entstehenden Schaden gehört (dies ist, insbesondere bezüglich der Vorhersehbarkeit, eine Frage des konkreten Falles), steht einem Schadensersatz nichts im Wege.[1017] Ansonsten muß beachtet werden, daß das Rückgewährschuldverhältnis neue, eigene Pflichten mit sich bringt. Ihre Verletzung ist getrennt von der Primärerfüllung zu betrachten. Andernfalls würde der Grundsatz der Garantiehaftung damit umgangen, eine „Quasi-Verschuldenshaftung“ anläßlich der ursprünglichen Vertragsverletzung zu konstruieren, wenn der nicht vertragsverletzende Teil allein aus diesem Grund von seiner Rückgewährschuld entlastet würde. Über den Rahmen des Art. 7.3.5 II ist die ursprüngliche Vertragsverletzung für die Abwicklung des Rückgewährschuldverhältnisses gegenstandslos.

7. Ergebnis

Im Ergebnis ist festzuhalten, daß die Umgestaltung des Ursprungsvertrages eine Pflicht zur Rückgewähr der erhaltenen Sachen zur Folge hat. Daher besteht eine allgemeine Sorgfaltspflicht zur Erhaltung und Schadensvermeidung an den Sachen der Gegenpartei. Werden diese Pflichten verletzt, ist der Rückgewährschuldner nach den allgemeinen Grundsätzen des Schadensrechtes vorbehaltlich der dort normierten Entschuldigungsgründe voll haftbar, auch bezüglich eines entgangenen Gewinnes.

Im Beispielsfall entfiele also die Wertersatzpflicht des Bauherren nicht, und überdies ist er, vorbehaltlich der Umstände des Einzelfalles, dem Bauunternehmer für einen Ersatz des aus seiner späten Erfüllung entstehenden weiteren Schadens haftbar.

[1017] Vgl. *Herber, R./Czerwenka, B.*, Internationales Kaufrecht, Art. 81 Rn16; *Dölle, H.*/Weitnauer, Art. 79 Rn13.

C) Teil 2 Kapitel 2: POSTVERTRAGLICHE PFLICHTEN

Die nächste Lücke, die im Folgenden behandelt wird, bietet bezüglich der Lükkenergänzungsmethode neue Aspekte. Innerhalb des Rückgewährschuldverhältnisses wurde behandelt, wie Einzelfragen innerhalb eines Komplexes ergänzt werden können. Eine andere Seite der Lückenergänzung ist die eigenständige Ergänzung eines eigenen, größeren Komplexes, der weitere Einzelfragen umfaßt.

Hier geht es anders als bei Einzelfragen darum, ob ein solcher Komplex den UNIDROIT-Principles *überhaupt* als „intern" zugeordnet werden kann und wie in einem zweiten Schritt durch allgemeine Grundsätze der UNIDROIT-Principles grundsätzliche *Leitlinien* für diesen entnommen werden können. Als Beispiel für einen solchen Komplex sollen nachstehend die postvertraglichen Pflichten behandelt werden, die auf ihre generelle Einbeziehbarkeit in den sachlichen Anwendungsbereich der UNIDROIT-Principles und auf die konkrete Lückenergänzungsmöglichkeit einiger Beispiele hin untersucht werden. Die Pflichten im Einzelnen unterscheiden sich dann je nach Vertragsverhältnis,[1018] die untenstehenden Erwägungen können aber meist entsprechend angewendet werden.

1. Allgemeines

a) Allgemeines zum nachvertraglichen Pflichtenraum

Es gibt bei Verträgen einen bestimmten Zeitrahmen, in welchem sie als „wirksam" bezeichnet werden. Er erstreckt sich von dem Zeitpunkt des Vertragsschlusses bis zu dem Zeitpunkt, an welchem der Vertrag beendet wird.

Nach der Beendigung des Vertrages bestehen für die Vertragsparteien keine gegenseitigen Leistungspflichten mehr.[1019] Selbst nach der Erfüllung des Vertrages können sich aber Situationen ergeben, in welchen sich die Frage stellt, ob die früheren Vertragspartner nicht dennoch noch gegenseitige Pflichten beachten müssen. Als Beispiele werden nachstehend die Vertraulichkeit und die Vertragszwecksförderung nach Vertragsende untersucht. Durch Situationen, in welchen es unangemessen erschien, daß durch die Beendigung eines Vertrages alle gegenseitigen Pflichten entfallen sollten, entstand eine Diskussion um sogenannte „nachwirkende" Vertragspflichten (häufig als „culpa post contractum finitum",

---

[1018] Verschiedene Beispiele möglicher nachvertraglicher Pflichten finden sich etwa bei *Christensen, K.W.*, Verschulden, S. 2 et seq.

[1019] Vgl. *Christensen, K.W.*, Verschulden, S. 65. Das Problem der Dauerschuldverhältnisse soll hier außer Acht gelassen werden.

nachvertragliche Pflichten, nachwirkende Vertragspflichten, postvertragliche Pflichten etc. bezeichnet). Je länger und intensiver eine Vertragsbeziehung war, desto stärker fiel die Unbilligkeit ins Auge (wohl aus diesem Grund hat sich die Diskussion um fortwirkende Pflichten im deutschen Recht hauptsächlich ins Arbeitsrecht verlagert[1020]). Damit solche Pflichten aber begründet werden konnten, mußten sie auf eine dogmatische Grundlage gestellt werden.
Nachvertraglichen Pflichten werden oftmals (etwa in Form vertraglicher Wettbewerbsverbote) im Vertrag selbst geregelt oder sind Teil internationaler Handelsbräuche (Art. 1.8). In einem solchen Fall ist ihre Behandlung eine Frage der Vertragsauslegung und Inhaltsanalyse der Handelsbräuche. Etwa bei Sittenwidrigkeit oder Ungültigkeit kommt auch das nationale Recht zur Anwendung (Art. 3.1). Diese Aspekte sind für die folgende Untersuchung nicht relevant.

b) Keine Unterscheidung zwischen „Haupt-“ und „Nebenpflichten“

Bei der Diskussion um nachvertragliche Pflichten wird in der Literatur etwa zum deutschen Recht oft auf den Unterschied zwischen Haupt- und Nebenpflichten abgestellt.

Eine solche Unterscheidung spielt in den UNIDROIT-Principles keine Rolle.[1021] Sie unterteilen nicht in verschiedene Pflicht„arten“.[1022] Beispielsweise wird bezüglich eintretender Rechtsfolgen generell nur von „Pflichtverletzungen“ gesprochen, welche das Kapitel 7 allgemein regelt. Alle Pflichten stehen gleichrangig nebeneinander. Ein die Nebenpflichten regelndes, allgemeines gesetzliches Schuldverhältnis, wie im deutschen Recht bisweilen angenommen,[1023] gibt es unter den UNIDROIT-Principles daher nicht, so daß es auch gleichgültig ist, ob die nachvertraglichen Pflichten etwa zur deutschen pVV gehören müßten. In den UNIDROIT-Principles gilt das einheitliche Schuldverhältnis, welches vom Grundtatbestand der Pflichtverletzung gefolgt wird, ohne Unterscheidung zwischen einzelnen „Pflichtenarten“.[1024]

Auch in den UNIDROIT-Principles gibt es jedoch Pflichten, welche nicht vereinbart sind (also nicht zu den „Haupt“leistungspflichten gehören) und schon vor oder nach Vertragsabschluß entstehen können.[1025] Wenn im folgenden von „Nebenpflichten“ gesprochen wird, so um Pflichten, welche nach Treu und

[1020] Vgl. *Emmermann, A.*, Nachwirkung, Die Nachwirkung des Arbeitsverhältnisses, S. 1.

[1021] Wie auch schon in der CISG, vgl. *Honsell, H.*/Schnyder/Straub, Art. 45 Rn17.

[1022] Es sei denn diejenige zwischen expliziten und impliziten Pflichten.

[1023] *Larenz, K.*, Schuldrecht AT, S. 92.

[1024] Vgl. *Schlechtriem, P.*, UNIDROIT-Principles, FS Craushaar, S. 162.

[1025] Zu den Nebenpflichten der CISG etwa siehe ausführlich *Kock, A.*, Nebenpflichten, Nebenpflichten im UN-Kaufrecht.

Glauben herzuleiten sind, und implizite Pflichten im Sinne des Art. 5.2 von den vereinbarten Hauptleistungspflichten abzugrenzen. Möglich wäre auch eine Einteilung in „Grundpflichten“ und „Zusatzpflichten“[1026] oder ähnliches. Der Klarstellung bedarf, daß es sich, wenn von postvertraglichen Pflichten gesprochen werden soll, nicht etwa um solche Pflichten handelt, welche eigentlich noch zu der Vertragsabwicklung gehören.[1027]

Für ein besseres Verständnis der Problematik wird außerdem zwischen „Nebenleistungspflichten“ (i.e. implizit oder explizit oder durch Regelung in die *Leistungsbeziehung* mit einbezogene Pflichten) und „Loyalitätspflichten“ (i.e. *nicht* in die Leistungsbeziehung mit einbezogene, nach der Vertragsbeendigung erst in Frage stehende Pflichten) unterschieden. „Schutzpflichten“ im Sinne einer Schutzpflicht bezüglich der Gesundheit etc. des Vertragspartners, für die das Deliktsrecht gelten würde, sollen nicht behandelt werden.

2. Begriff des „nachvertraglichen“ Raumes

Von einem „nachvertraglichen“ Zeitraum kann nur gesprochen werden, wenn ein Vertrag zunächst bestanden hat,[1028] der später beendet wurde, so daß die vertraglichen Hauptleistungspflichten nicht mehr bestehen.

Es ergibt sich also als erstes Problem, wann unter der Geltung der UNIDROIT-Principles ein Vertrag als beendet anzusehen ist. Diese stellen keine Erfüllungsnorm iSd §362 BGB auf. Es werden lediglich die Arten der zu erfüllenden Pflichten (Erfolgserzielung oder best effort, Art. 5.5) festgelegt, deren Erfüllung nach Art. 5.4 mit dem Eintritt des Erfolges oder nach dem Einsatz aller Kräfte eintritt. Erfüllungsmodalitäten dagegen werden in Kapitel 6 festgelegt. Dennoch ergibt sich implizit aus der Bestimmung über die Leistungszeit, daß alle Vertragspflichten innerhalb einer angemessenen Frist erfüllt werden müssen, nach diesem Zeitpunkt besteht eine Vertragsverletzung (Art. 7.1.1 verspätete Erfüllung). Eine Erfüllung tritt also ein, abhängig von der konkreten Fall- und Vertragsgestaltung. Sind danach die gegenseitigen Haupt- und Nebenpflichten erfüllt, so eröffnet sich der Bereich für postvertragliche Pflichten.

Die Beendigung eines Vertrages geschieht normalerweise durch Erfüllung der Hauptleistungspflichten der Parteien, in Betracht kommen aber auch Novation,

---

[1026] So *Honsell, H.*/Schnyder/Straub, Art. 45 Rn18.

[1027] Zu Fällen, in welchen es sich wegen eines eigentlichen Verstoßes gegen Hauptpflichten gar nicht um nachwirkende Vertragspflichten ging, siehe *Bar, C. von*, Vertragspflichten, S. 461 et seq.

[1028] Denn ein nichtiger Vertrag kann nicht nachwirken. Vgl. *Emmermann, A.*, Nachwirkung, S. 6.

Zweckerreichung etc.,[1029] deren Behandlung bei Anwendbarkeit der UNIDROIT-Principles selbst noch klärungsbedürftig ist.

3. „Nachwirkende" Vertragspflichten und „fortwirkende" Vertragspflichten

In der Literatur zur culpa post contractum finitum wird bisweilen darauf eingegangen, ob eine Pflicht bereits während des Vertragsverhältnisses bestand oder erst nach dessen Beendigung aufkam. Diesem Unterschied[1030] wird mit der Unterscheidung in „fortwirkende" oder „nachwirkende" Pflichten Rechnung getragen.

Folgt man dieser Meinung, darf eine „postvertragliche" Pflicht nicht mehr unmittelbar mit dem Vertrag zusammenhängen.[1031] Pflichten (etwa der Verstoß gegen eine Verwahrungspflicht), die noch zu den Hauptpflichten gehören, können nach dem Recht des Ursprungsvertrages behandelt werden. Ebenso beinhalten viele Verträge spezifische Nebenpflichten (etwa eine Nachlieferungsvereinbarung), welche iSd Art. 5.2 der UNIDROIT-Principles explizit oder implizit vereinbart wurden. So lange diese Pflichten noch nicht erfüllt sind, ist der Vertrag nicht beendet, und es kann noch nicht von „post"vertraglichen Pflichten gesprochen werden.

Hier soll auf solche Pflichten eingegangen werden, welche nicht zum Vertragszweck oder dessen „Nebenzwecken"[1032] selbst gehören oder die sich überhaupt erst nach Vertragsbeendigung ergeben.

Dabei kann etwa angenommen werden, daß eine solche Pflicht schon während des Vertragsverhältnisses bestand und sich auf den nachvertraglichen Bereich lediglich erstreckt. Sie ist dann eine „fortwirkende" Pflicht. Hier handelt es sich nicht eigentlich um „post"vertragliche Pflichten (i.e. um eine nach dem Vertrag entstehende). Solche Pflichten, wenn sie nicht zum Vertragszweck selbst gehören, können aber auch Fälle haben, in welchen die eigentliche Tatbestandsverwirklichung (i.e. beispielsweise die unbefugte Behandlung einer vertraulichen Information) erst nach Vertragsabwicklung liegt. Damit eröffnet sich der postvertragliche Bereich.[1033]

[1029] Vgl. *Christensen, K.W.*, Verschulden, S. 58.

[1030] Etwa *Bar, C. von*, Vertragspflichten, AcP 79, S. 460 et seq.

[1031] Zu Fällen, in welchen es sich wegen eines eigentlichen Verstoßes gegen Hauptpflichten gar nicht um nachwirkende Vertragspflichten ging, siehe *Bar, C. von*, Vertragspflichten, S. 461 et seq.

[1032] Vgl. *Ramm, P.*, Fortwirkung, S. 8.

[1033] Vgl. auch *Christensen, K.W.*, Verschulden, S. 12 et seq.; *Emmermann, A.*, Nachwirkung, S. 6 et seq.

Andere Pflichten entstehen erst im nachvertraglichen Bereich selbst. Sie sind die eigentlichen nachvertraglichen Pflichten, die „nachwirkenden“ Pflichten aus Treu und Glauben.

4. Problemstellung in Beispielen

Die Frage, ob ein Vertrag noch nachvertragliche Pflichten nach sich zieht, ist in ihrer Lösung abhängig von den besonderen Umständen des Falles und des Vertrages. Solche Pflichten können entsprechend vielfältig sein. Hier sollen zwei Situationen beispielhaft untersucht werden: Die Geheimhaltungspflicht und die Pflicht zur Förderung des Vertragszwecks.

Im Folgenden soll die Frage behandelt werden, ob nachvertragliche Pflichten auch dann aus den UNIDROIT-Principles zu entnehmen sind, wenn sie die Parteien nicht geregelt haben und sie nicht ohne weiteres den Handelsbräuchen zu entnehmen sind. Da die folgenden Ausführungen für verschiedenartige Handelsverträge und verschiedenartige Situationen gelten sollen, wird unterstellt, daß keine relevanten Handelsbräuche existieren. So sind die nachvertraglichen Pflichten nicht ausdrücklich in den UNIDROIT-Principles geregelt, in Frage käme daher eine Ergänzung im Wege der Auslegung und der Lückenfüllung iSd Art. 1.6 II.

a) Nachvertragliche Pflicht zur vertraulichen Behandlung von Informationen

Art. 2.16 beinhaltet eine Pflicht zur Geheimniswahrung bezüglich vertraulicher Informationen. Eine solche Pflicht ist in vielen Handelsverträgen von großer Bedeutung, beispielsweise im Dienstleistungsbereich. Solche internationalen Dienstleistungsverträge können Gegenstand der UNIDROIT-Principles sein.[1034]

Wird eine professionelle Dienstleistung in Anspruch genommen, so etwa bei Beratungsverträgen (beispielsweise internationalen Investment- oder Anwaltsverträgen), besteht ein Bedürfnis nach Geheimhaltung auch im nachvertraglichen Bereich. Als Streitpunkt könnte etwa auftreten, daß die beratende Partei nach Vertragsbeendigung auf irgendeine Weise die ihr dargelegten Vermögensverhältnisse (oder persönlichen Verhältnisse) der anderen Partei gegenüber anderen Geschäftspartnern offenlegt. Wenn eine nachvertragliche Geheimhaltungspflicht nicht bereits durch vertragliche Absprache auch bezüglich des nachvertraglichen Bereiches geregelt ist, stellt sich die Frage, inwieweit sie aus den UNIDROIT-Principles hergeleitet werden kann. Nach Art. 2.16 wird eine Vertraulichkeitspflicht während des Vertrages geschuldet und ergibt sich somit aus dem Vertragsverhältnis selbst. Es handelt sich um eine ausdrücklich formulierte „Nebenleistungspflicht“.

[1034] Contracts for professional services, Kommentar zu den UNIDROIT-Principles, S. 2.

Da Art. 2.16 sich aber nicht ausdrücklich auf den nachvertraglichen Bereich bezieht, muß untersucht werden, ob sich diese Pflicht auch darauf bezieht. Sie ist dann das Beispiel einer „fortwirkenden“ Pflicht. Da die Pflicht zur Vertraulichkeit nicht zum Vertragszweck selbst gehört, eröffnet sich für Fälle, in welchen die Tatbestandsverwirklichung (i.e. die unbefugte Behandlung einer vertraulichen Information) nach Vertragsabwicklung liegt, der postvertragliche Bereich.[1035]

Hier soll nicht die Geheimhaltungspflicht als solche mit ihren vielfältigen Aspekten untersucht werden sondern lediglich ihre Erstreckung auf den nachvertraglichen Bereich.[1036]

b) Nachvertragliche Leistungstreue oder -förderungspflicht[1037]

Verträge können erfüllt werden und dennoch danach besonderen Umständen ausgesetzt sein, welche den Vertragszweck nach Beendigung vereiteln.

Es fragt sich, ob in einem solchen Fall noch die Pflicht besteht, den Vertragszweck zu fördern bzw. die bezweckte Leistung zu sichern.

ba) Exportvertrag

Entsprechendes ist vor einiger Zeit etwa bei Exportverträgen aufgetreten. In der Krise zwischen Irak und Kuwait zeigte sich, daß Exportverträge manchmal außergewöhnlichen Situationen ausgesetzt sein können.[1038]
In der Irakkrise ergab es sich, daß durch die Konflikte Importeure aus Kuwait nicht in der Lage waren, bereits abgesandte Waren in Empfang zu nehmen.[1039] Die Frachtgesellschaften weigerten sich dagegen, ohne Konossament die Waren an Lieferanten zurückzusenden, so daß die Ware zwischengelagert werden mußte. Es sei angenommen, daß die Waren bereits bezahlt waren, da ansonsten der nachvertragliche Bereich mangels beiderseitiger Erfüllung noch nicht eröffnet wäre.

1035 Vgl. auch *Christensen, K.W.*, Verschulden, S. 12 et seq.

1036 Umfassender *Hauck, E.*, Wirtschaftsgeheimnisse. Siehe zur Untersuchung Teil 2, Kapitel 2, 6.

1037 Vgl. zur Begrifflichkeit *Jauernig, O.*/Vollkommer, §242 BGB Rn28; *Hofstetter, K.*, Nachwirkende Nebenpflichten, Schweizerische JZ 91, S. 171 et seq.

1038 Zu den genauen Umständen und den Auswirkungen auf Verträge siehe *Ludlow, M.*, Effect, Int'l Bus Lawyer 90, S. 496 et seq.

1039 Vgl. *Hofstetter, K.*, Nachwirkende Nebenpflichten, Schweizerische JZ 91, S. 171 et seq. mit Beschreibungen der rechtlichen Situation von Schweizer Exporteuren.

Für Exporteure, auf welche die Kosten der Lagerung abgewälzt wurden, waren die Hauptleistungspflichten aus ihrem Liefervertrag mit der Übergabe an die Transportpersonen erfüllt und der Vertrag beendet. Es war keine genaue Lieferklausel[1040] angegeben, so soll angenommen sein, daß eine Erfüllung iSd Schickschuld auch unter der Geltung der UNIDROIT-Principles anzunehmen wäre, jedenfalls ist eine entsprechende Vertragsauslegung iSd Artt. 5.4. und 5.5. der UNIDROIT-Principles naheliegend.[1041]

Es konnte also nicht mehr gegen eine vertragliche Hauptpflicht verstoßen werden. Dennoch war das Eigentum an der Ware noch nicht in vollem Sinne verschafft.[1042] Es entstanden nach Vertragsbeendigung Kosten. Die Exporteure wollten die Waren daher sofort liquidieren, gleich zu welchen Bedingungen. Gegen diese Liquidationsmöglichkeit wurde ins Feld geführt, daß eventuell eine nachwirkende Nebenpflicht zur Interessenwahrung der aktionsunfähigen kuwaitischen Abnehmer bestehe.[1043]

Dadurch trat die Frage auf, ob Verkäufer noch dafür sorgen müßten, daß der Vertrag in der Weise „weiter" erfüllt wird, daß Käufer eine Ware also tatsächlich erhalten.[1044] Bei diesem Beispiel handelt sich um eine Loyalitätspflicht, welche nicht von den Parteien durch eine Abrede oder durch ausdrückliche Regelung (wie die Vertraulichkeitspflicht) in ihre Leistungsbeziehung mit einbezogen wurde,[1045] also um eine „echte" nachvertraglich entstehende Pflicht.
Die untersuchte Situation ist für Kaufverträge und bestimmte Werklieferungsverträge auch in der CISG relevant (wenn auch nicht geregelt); die UNIDROIT-Principles erfassen darüber hinaus auch Werkverträge mit Exportleistung, bei welchen der „überwiegende Teil der Pflichten...in der Ausführungen von Arbeiten oder anderen Dienstleistungen besteht", welche von Art. 3 II CISG ausgeschlossen sind.

bb) Internationaler Bauvertrag

Ähnliche Konflikte sind auch bei anderen internationalen Handelsverträgen denkbar. Ein weiteres Beispiel ist eine externe Einwirkung im Sinne einer force

---

[1040] Vgl. die verschiedenen Incoterms, etwa in *Eisemann, F./Derains,* I., Incoterms.

[1041] Zum Problem des Dokumentenakkreditivs als Übergabe vgl. etwa *Soergel, H.-T.*/Huber, Anhang III zu §433 BGB Rn5.

[1042] Die Problematik, inwiefern die Dokumentenübergabe dazu geeignet ist, soll außer Acht gelassen werden.

[1043] *Hofstetter, K.*, Nachwirkende Nebenpflichten, Schweizerische JZ 91, S.171 et seq.

[1044] Vgl. *Hofstetter, K.*, Nachwirkende Nebenpflichten, Schweizerische JZ 91, S. 171 et seq.

[1045] Zur Unterscheidung zwischen Schutz- und Loyalitätspflichten und Nebenleistungspflichten siehe *Bar, C. von,* Vertragspflichten, S. 465 et seq.

majeure Situation auf einen internationalen Bauvertrag,[1046] etwa durch die Entführung von Personal. [1047] Bei internationalen Bauverträgen wird häufig Personal der Baufirma für ein Vorhaben bereitgestellt. Durch unsichere Situationen kann dieses Personal gefährdet werden, so daß das Projekt abgebrochen wird. Es kann dann, je nach Sachlage, eintreten, daß der Vertrag wegen unverhältnismäßigem Risikos aufgehoben wird.[1048] In den UNIDROIT-Principles würde hier in entsprechenden Fällen Art. 7.1.7 (force majeure)[1049] die Nichterfüllung entschuldigen. Denn es handelt sich um eine Situation, welche unvorhergesehen war und für die (sei angenommen) keine Partei das Risiko übernommen hat (Art. 7.1.7 I). Denn die Pflicht des Bauunternehmers, das Projekt zu beenden, ist nicht absolut,[1050] und die FIDIC-Klauseln seien hier außer Betracht gelassen.

Mit der Vertragsaufhebung ist der nachvertragliche Bereich eröffnet, da auch hier eine Vertragsbeendigung vorliegt.

Um ein Beispiel für eine in dieser Situation mögliche Pflicht zu konstruieren soll angenommen werden, daß das Risiko überraschend früh wieder entfällt, so daß eine Fortsetzung des Bauvorhabens möglich wäre. Unterstellt soll überdies werden, daß das Projekt schon ein weitgehendes Stadium erreicht hatte, an welches angeknüpft werden könnte. Hier besteht eventuell eine nachvertragliche Pflicht, die angefangene Arbeit wieder aufzunehmen,[1051] damit nicht die vorangegangenen Arbeiten „umsonst" waren. Im Grunde stellt sich die Frage nach einem Neukontrahierungszwang aufgrund besonderer Umstände.

Die untersuchte Pflicht ist eine spezielle, vom vorliegenden Beispielsfall abhängige Pflicht. Nachfolgende Erwägungen zur Herleitung und Begründung können aber bezüglich der grundsätzlichen Vorgehensweise für jede Pflicht, welche auf den nachvertraglichen Bereich ausgedehnt werden soll und nicht ausdrücklich

---

[1046] Denkbar wären auch andere Einwirkungen in Form von Krieg oder von Umweltveränderungen (dazu siehe *Glavinis, P.*, Contrat de construction, S. 154 et seq. (Rn 221 et seq.)).

[1047] Ein Beispiel ist die Entführung von Personal im ICC Award Nr. 5195, 86, ICC-Sammlung S. 101 et seq. oder Award Nr. 5277, 87, ICC-Sammlung S. 113 et seq.

[1048] Insbesondere wenn die Risikosituation vorhersehbar lange Zeit anhalten wird, so daß eine Verlängerung des Erfüllungszeitraums sinnlos erscheint, vgl. ICC Award Nr.5195, 86, ICC-Sammlung S. 108.

[1049] Bei weniger schwer wiegenden Zwischenfällen eventuell auch Art. 6.2.3 (hardship).

[1050] Vgl. *Glavinis, P.*, Contrat de construction, Rn226.

[1051] Es ist möglich, an eine solche Wiederaufnahmepflicht zu denken, vgl. etwa *Jauernig, O.*/Vollkommer, §242 BGB Rn30, oder zu einer Wiedereinstellungspflicht *Christensen, K.W.*, Verschulden, S. 26 et seq. Die Frage nach einem Neukontrahierungszwang stellt sich auch bei Arbeitsverträgen, die im Bereich der „contracts for professional services" unter die UNIDROIT-Principles fallen, wenn auch keine typischen Arbeitnehmerverträge erfaßt sein dürften.

normiert ist, übernommen werden. Dabei ist für die Bestimmung eventueller nachwirkender Pflichten auf den Charakter des Schuldverhältnisses und die Umstände des Falles Rücksicht zu nehmen.[1052]
In Betracht kommen als weitere Beispiele etwa nachwirkende Pflichten in Beratungsverträgen,[1053] Lieferverträgen,[1054] Beförderungsverträgen[1055] oder bei Bebauung beim Grundstückskauf.[1056]

5. Sachliche Anwendbarkeit der UNIDROIT-Principles

Wenn die UNIDROIT-Principles für eine nachvertragliche Pflicht anwendbar sein sollen, müssen zwei Kriterien erfüllt sein. Zunächst müssen die UNIDROIT-Principles für den nachvertraglichen Bereich als solchen anwendbar sein. Zum anderen muß die untersuchte Pflicht nach ihrer Art von den UNIDROIT-Principles erfaßt sein. Zuletzt müssen die UNIDROIT-Principles nicht ausdrücklich vereinbarte Pflichten zulassen. Diese Mehrteilung der Untersuchung ist eine Besonderheit von Lücken, die zu einem als solchen nicht ausdrücklich geregelten Komplex gehören.

Hier kann vorangestellt werden, daß sowohl der postvertragliche Bereich als auch die untersuchten Pflichtenkreise nicht zu den ausdrücklich nach Art. 3.1 ausgeschlossenen gehören. Im weiteren muß für die Bestimmung der sachlichen Anwendbarkeit beachtet werden, daß durch die UNIDROIT-Principles die nationalen Regeln bis auf Art. 1.4 so weit wie möglich ausgeschlossen werden, im Zweifel also für die sachliche Anwendbarkeit zu entscheiden ist.[1057]

a) Nachvertraglicher Bereich

Im Folgenden soll zuerst die Frage untersucht werden, ob die UNIDROIT-Principles für den nachvertraglichen Bereich anwendbar sind. Die Regelungen der UNIDROIT-Principles sprechen nicht ausdrücklich an, ob sie sich auch noch auf den Zeitpunkt beziehen sollen, an dem der Vertrag bereits beendet ist. Ein Hinweis auf nachvertragliche Pflichten ist in den UNIDROIT-Principles ledig-

---

[1052] Vgl. LG Tübingen in NJW-RR 89, S. 1053.

[1053] Vgl. BGH in NJW 84, S. 431 et seq. (Anwaltsvertrag, nachvertragliche Pflicht zum Hinwirkung auf Fristeinhaltung).

[1054] Zu Beispielen siehe *Greulich, H.*, Nachwirkungen, BB 55, S. 208 et seq.

[1055] Vgl. LG Tübingen in NJW-RR 89, S. 1053,1054 (Sicherstellung von vergessenen Sachen).

[1056] Vgl. *Walter, G.*, Kaufrecht, Kaufrecht, S. 323.

[1057] Kommentar zu den UNIDROIT-Principles, S. 3: „ ... subject *only* to the application of those rules of domestic law which are mandatory ...“ (Hervorhebung durch die Verfasserin). Vgl. auch Kommentar zu den UNIDROIT-Principles, S. 14-16.

lich im Rahmen des Art. 2.16 vorhanden, dessen Wortlaut sich allerdings nicht auf den nachvertraglichen Bereich bezieht (im Gegensatz zur CISG, welche mit Art.85 den nachvertraglichen Bereich wenigstens ansprach). Gegen die Miteinbeziehung der nachvertraglichen Pflichten in den Anwendungsbereich der UNIDROIT-Principles könnte sprechen, daß die UNIDROIT-Principles auf die Gestaltung internationaler Handels*verträge* ausgelegt sind und darauf beschränkt sein könnten, nur den eigentlichen vertraglichen Bereich zu regeln. Damit würden sowohl vorvertragliche als auch nachvertragliche Pflichten aus ihrem Anwendungsbereich herausfallen.

aa) Behandlung nachvertraglicher Pflichten im EKG

Im EKG werden mindestens alle solche Pflichten dem sachlichen Anwendungsbereich unterstellt, welche durch eine Verletzung der *Leistungspflichten* entstanden.[1058] Dies ist insofern mißverständlich, als nicht klar wird, ob als Konsequenz alle Pflichten, welche nicht die geregelten Hauptleistungen betreffen, aus dem Anwendungsbereich herausfallen sollen. Darüber hinausgehend sind in der Literatur verschiedene Meinungen zu Nebenpflichten (pVV, cic etc.) zu finden, welche im einzelnen nicht erörtert werden sollen. Teilweise wird etwa eine Pflicht, welche durch ein besonderes Vertrauensverhältnis begründet wird, dem nationalen Recht unterstellt.[1059] An anderer Stelle wurden Pflichtverletzungen, welche im deutschen Recht der pVV oder cic unterstünden, durchaus dem EKG unterstellt, auch wenn sie nicht auf Sachmängel gestützt wurden.[1060]

ab) Behandlung nachvertraglicher Pflichten in der CISG

Für die CISG wird angenommen, daß außer den Hauptleistungspflichten zusätzliche Pflichten vereinbart werden können, zum Beispiel eine Geheimhaltungspflicht.[1061] Diese gehören, wie der Hauptvertrag, zum sachlichen Anwendungsbereich der CISG, wenn sie nicht als neue Hauptpflichten einen „Nicht-Kaufvertrag" iSd CISG darstellen. Schutzpflichten, welche nicht ohnehin Teil der CISG sind (etwa die Aufklärung, Art. 35 II b CISG), sollen dagegen verschieden behandelt werden. Verkehrspflichten werden dem nationalen Deliktsrecht vorbehalten.[1062]

[1058] *Dölle, H.*/Stoll, Art. 74 Rn111.

[1059] *Dölle, H.*/Stoll, Art.74 Rn111; vgl. auch *Ramm, P.*, Fortwirkung, S. 35.

[1060] *Dölle, H.*/Stumpf, Art. 34 Rn 4,5.

[1061] *Honsell, H./Karollus, M.*, UN-Kaufrecht, Art.30 Rn17.

[1062] *Honsell, H./Karollus, M.*, UN-Kaufrecht, Art. 30 Rn18.

Dagegen sollen solche Pflichten, die über Treu und Glauben und den internationalen Handelsbräuchen hergeleitet werden, der CISG unterfallen.[1063]

Im einzelnen wird die Anwendbarkeit der CISG für Pflichtenkreise ähnlich der cic oder pVV bestritten, teilweise gibt es Stimmen dafür[1064], teilweise dagegen.[1065] Die nachwirkenden Pflichten werden in den Anwendungsbereich der CISG mitaufgenommen, wenn sie sich aus Treu und Glauben herleiten lassen und nicht allgemeine Verkehrssicherungspflichten darstellen. Es wird etwa eine nachwirkende Geheimhaltungspflicht bejaht.[1066] In der CISG wird es also für richtig gehalten, „Nebenpflichten" aus Treu und Glauben, auch nachvertragliche, in den sachlichen Anwendungsbereich miteinzubeziehen. Diese Tatsache legt eine ähnliche Vorgehensweise auch für die UNIDROIT-Principles nahe, die der CISG entsprechen sollten.

ac) Vorarbeiten der UNIDROIT-Principles

Die Motive der UNIDROIT-Principles weisen kaum Hinweise bezüglich nachvertraglicher Pflichten auf, in einem Beispiel zum Thema Vertragsaufhebung wird in den Vorarbeiten zu den UNIDROIT-Principles lediglich die Vertraulichkeitspflicht auf den nachvertraglichen Zeitraum erstreckt.[1067] Der vorvertragliche Bereich wird eindeutig in den sachlichen Anwendungsbereich der UNIDROIT-Principles mit einbezogen.[1068]

Es fragt sich nun, ob nicht nur historisch sondern auch aus den UNIDROIT-Principles selbst entnommen werden kann, daß sie sich auf den nachvertraglichen Bereich erstrecken sollen.

ad) Regelung des einheitlichen Vertragsverhältnisses

Die UNIDROIT-Principles sind nicht restriktiv in ihrem Anwendungsbereich. Es gibt außer Art. 3.1 keinen Negativkatalog. Durch Art. 5.2 und Art. 1.7 machen sie deutlich, daß zumindest solche Pflichtverletzungen, welche im *Zusammenhang mit einem Vertrag* stehen, auch dann geahndet werden sollen, wenn es

---

1063 *Honsell, H./Karollus, M.*, UN-Kaufrecht, Art. 30 Rn19; wohl auch *Honsell, H.*/Schnyder/Straub, Art. 61 Rn19.

1064 Zur Behandlung der cic in der CISG vgl. *Schütz, M.*, CIC, UN-Kaufrecht und CIC. Vgl. auch *Honsell, H./Karollus, M.*, UN-Kaufrecht, Art.30 Rn19.

1065 Ausführlicher *Kock, A.*, Nebenpflichten, Nebenpflichten im UN-Kaufrecht.

1066 *Honsell, H./Karollus, M.*, UN-Kaufrecht, Art. 30 Rn21.

1067 *Studies Unidroit* 86, Study L, Document 36, S. 9; *Studies Unidroit* 90, Study L Doc. 48, Draft and Comment, S. 9 für den Bereich nach Vertragsaufhebung.

1068 *Studies Unidroit* 1994, P.C. Misc.19, S. 29, 30.

sich um Pflichten aus Treu und Glauben oder der Angemessenheit handelt. Bei den untersuchten Pflichten handelt es sich um solche, welche im Zusammenhang mit dem Vertrag stehen.[1069] Sie sind als Loyalitäts- oder Nebenleistungspflichten zwar nicht aus dem Vertrag unmittelbar, aber im Zusammenhang mit dem Vertragsverhältnis entstanden. Die davon ganz abgelösten deliktsrechtlichen Verkehrspflichten (etwa Schutz der Gesundheit) sollen hier nicht untersucht werden.

Um im weiteren der Frage nachgehen zu können, ob der nachvertragliche Bereich zu den UNIDROIT-Principles gehört, muß kurz auf die Natur der sogenannten culpa post contractum finitum eingegangen werden.

Die Schwierigkeit ist, daß es um Pflichtverletzung nach der Beendigung des Vertrages geht und hiermit eigentlich auch die Vertragsbeziehung erloschen ist. Pflichten müssen sich aber auf eine Beziehung zwischen den Pflichtigen gründen, die in den vorliegenden Fällen nur der „beendete“ Vertrag liefern kann. Wie dies im einzelnen dogmatisch bezeichnet wird, ist mindestens im deutschen Recht uneinheitlich, jedoch zeigen solche Bezeichnungen wie „nachwirkende“ oder „fortwirkende“ Pflichten, daß sie auf die eigentliche beendete Vertragsbeziehung zurückgeführt werden, also noch in einem Zusammenhang mit dem Vertrag gesehen werden. Verhältnismäßig einheitlich (mindestens im deutschen Recht) sollen die postvertraglichen Pflichten folgerichtig noch aus der konkreten Vertragsbeziehung der Parteien „entstanden“ sein,[1070] bzw. es wird ein „einheitliches Schuldverhältnis“ angenommen, was sich vom vorvertraglichen bis in den nachvertraglichen Bereich zieht.[1071] Hier wird zusätzlich nach Art der Pflicht unterschieden.[1072] Auch die Abtrennung der Schutzpflichten zeigt, daß ein Zusammenhang postvertraglicher Nebenpflichten mit dem Vertrag hergestellt wird, was bei Verkehrspflichten nicht möglich ist, und konsequent erfahren diese Pflichten eine andere Behandlung.

Nachvertragliche Pflichten gründen sich also auf ihren Zusammenhang mit dem zwischen den Parteien geschlossenen Vertrag. Da der Vertrag als Ganzes von den UNIDROIT-Principles umfaßt wird, spricht eine Herleitung von nachwirkenden Pflichten aus dem Vertragsverhältnis dafür, sie dem Anwendungsbereich der UNIDROIT-Principles zu unterstellen. Dies legt ihre Intention, ein einheitliches Vertragsgrundrecht zu liefern, nahe.

[1069] Vgl. *Honsell, H./Karollus, M.*, UN-Kaufrecht, Art.30 Rn17.

[1070] Vgl. dazu im deutschen Recht *Strätz, H.-W.*, Nachwirkungen, FS Bosch, S. 1002, 1003; *Christensen, K.W.*, Verschulden, S. 54.

[1071] Vgl. hierzu *Larenz, K.*, Schuldrecht AT, S. 92.

[1072] Vgl. dazu *Bar, C. von*, Vertragspflichten, AcP 79, S. 456 et seq.

Auch folgt aus dem Zusammenhang der postvertraglichen Pflichten mit dem Vertragsverhältnis, daß die Rechtssicherheit beeinträchtigt würde, wenn für den nachvertraglichen Bereich ein anderes Recht gelten würde als für den hauptvertraglichen. Denn wendete man die Principles auf den Zeitraum nach dem Vertrag nicht mehr an, so würde das Vertragsverhältnis zwei verschiedenen Gesetzen unterstellt, denn dann müßte das nationale Recht angewandt werden.

Als weiterer Grund für eine Einbeziehung der postvertraglichen Pflichten in den sachlichen Anwendungsbereich kann angeführt werden, daß die nachvertraglichen Pflichten unter die Nebenpflichten gezählt werden.[1073] Diese Pflichten sind (ohne Unterscheidung zu den Hauptpflichten) in den UNIDROIT-Principles grundsätzlich geregelt.

ae) Keine Beschränkung auf den Erfüllungszeitraum

Ein weiteres Argument für die Einbeziehung des nachvertraglichen Zeitraums in den sachlichen Anwendungsbereich der UNIDROIT-Principles ergibt sich auch dann, wenn die UNIDROIT-Principles insgesamt nicht nur den Erfüllungszeitraum erfassen. Insbesondere könnte sich eine Parallele zu den vorvertraglichen Pflichten ergeben.

Im deutschen Recht wird ähnlich in manchen Stimmen angeführt, die postvertraglichen Pflichten ergäben sich aus einer Parallele zu den vorvertraglichen Pflichten, der culpa in contrahendo,[1074] beziehungsweise sie seien ein Fall der pVV.[1075] Dabei wird dann auf die Schwierigkeit hingewiesen, daß es fraglich ist, ob die culpa in contrahendo und auch die culpa post contractum finitum als vertragliches oder als eigenes, gewohnheitsrechtliches Schuldverhältnis zu sehen wäre.[1076] Dies wird wiederum wegen der unterschiedlichen Ansätze der cic und der nachwirkenden Vertragspflichten bestritten.[1077]

Für die UNIDROIT-Principles ist diese Problematik nicht relevant. Sie regeln nur den vertraglichen Bereich als solchen, mangels bereicherungsrechtlicher und deliktischer Regelungen kann von einem „übergreifenden" gesetzlichen Schuld-

---

1073 Vgl. *Christensen, K.W.*, Verschulden, S. 93; *Strätz, H.-W.*, Nachwirkungen, FS Bosch, S. 1002.

1074 Vgl. Palandt/Heinrichs, §242 Rn76, §276 Rn121; *Bar, C. von*, Vertragspflichten, AcP 79, S. 452.

1075 Vgl. *Fickentscher, W.*, Schuldrecht, Rn76; Palandt/Heinrichs, §276 Rn121.

1076 Wie im deutschen Recht, vgl. statt aller bei *Fickentscher, W.*, Schuldrecht, Rn26 m.N.; *Larenz, K.*, Schuldrecht AT, S. 92.

1077 Beispielsweise bei *Emmermann, A.*, Nachwirkung, S. 19-21, vgl. auch *Christensen, K.W.*, Verschulden, S. 72 et seq.

verhältnis kaum gesprochen werden. Weiterhin ist die einheitliche Behandlung vorvertraglicher oder nachvertraglicher Pflichten als „culpa in contrahendo" oder „culpa post contractum finitum" ein deutsches Spezifikum.[1078] Im Einheitsrecht kann dies so nicht übernommen werden, da nicht zwischen Neben- und Hauptpflichten[1079] oder vor- und „haupt"vertraglichem Bereich unterschieden wird, so daß es im Einheitsrecht vielmehr die Frage ist, ob der nachvertragliche Bereich überhaupt sachlich erfaßt ist und dann nach einzelnen Pflichten unterschieden werden muß. Daß hier außerhalb der UNIDROIT-Principles Gewohnheitsrecht besteht, ist nicht relevant (es sei denn, es ließen sich Handelsbräuche in diesem Bereich feststellen, welche über Art. 1.9 einbezogen werden können).[1080] Eine Parallele in bezug auf den sachlichen Anwendungsbereich zu den vorvertraglichen Pflichten ist daher für die UNIDROIT-Principles leichter zu ziehen, da kein dogmatischer Unterschied in der Herleitung der Pflichten deutlich wird. Die UNIDROIT-Principles wollen Prinzipien für ein einheitliches Vertragsrecht aufstellen. „Culpa in contrahendo" und „positive Vertragsverletzung" sind damit eingeschlossen,[1081] damit liegt auch die grundsätzliche Erfassung des nachvertraglichen Zeitraumes nahe.

Durch die Regelung des vorvertraglichen Bereiches würde also deutlich, daß die UNIDROIT-Principles keine grundsätzlichen Beschränkungen der Anwendbarkeit auf den Zeitraum der Vertragserfüllung vornehmen. Der vorvertraglichen Bereich ist von den UNIDROIT-Principles erfaßt.[1082] Dies zeigt beispielsweise Art. 2.15 (Verhandeln in bösem Glauben) mit seinen Beispielen.[1083] Auch Art. 2.4 läßt darauf schließen, daß der vorvertragliche Bereich angemessen mit in den Anwendungsbereich der UNIDROIT-Principles einbezogen wurde: Angebote können schon vor dem Vertragsschluß als unwiderruflich behandelt werden.

Zuletzt läßt sich auch Art. 1.7 seinem Wortlaut nach und aufgrund der Kommentierung auf den vorvertraglichen Bereich beziehen.[1084] In dem Kommentar zu den UNIDROIT-Principles wird darauf hingewiesen, daß auch innerhalb der

---

[1078] *Schütz, M.*, CIC, S. 31; vgl. *Diedrich, F.*, Lückenfüllung, RIW 95, S. 450.

[1079] Daher ist es auch gleichgültig, ob die postvertraglichen Pflichten im deutschen Recht ein Teil der pVV sind.

[1080] Der Kommentar zu den UNIDROIT-Principles, S. 3, spricht von „rules...governing the contract".

[1081] *Studies Unidroit* 1994, P.C. Misc. 19, S. 29, 30; vgl. auch *Beß, J.*, Haftung RIW 75, S. 16 mit dem gleichen Schluß zum EKG.

[1082] *Studies Unidroit* 1994, P.C. Misc. 19, S. 29, 30.

[1083] Kommentar zu den UNIDROIT-Principles, S. 50 et seq.

[1084] So auch *Lando, O.* Europäisches Vertragsrecht, in: *Weyers, H.-L.*, Europäisches Vertragsrecht, S. 94 zu Art.1.106 (1) der Landoprinzipien.

bloßen Vertragsverhandlung der Grundsatz des guten Glaubens bereits beachtet werden muß, also Art.1.7 (und damit die Principles selbst) schon den Zeitraum vor dem Abschluß eines Vertrages erfassen soll.[1085]

Zwar wird davon gesprochen, daß Art. 1.7 „throughout the life of the contract“[1086] anwendbar sein soll, was Pflichten vor dem „life of the contract“ streng genommen ausschließen würde, die „negotiations“ werden jedoch miteinbezogen, so daß dieses „life of the contract“ offenbar nicht strikt zu verstehen ist. Es zeigt sich, daß in den UNIDROIT-Principles eine generelle Tendenz besteht, den vorvertraglichen Bereich zu regeln.[1087] Der vorvertragliche Bereich gehört also zum Anwendungsbereich der UNIDROIT-Principles. Diese Tatsache läßt darauf schließen, daß sich die UNIDROIT-Principles nicht nur auf die Regelung des „eigentlichen“ Vertragsverhältnisses beschränken wollen. Sie erfassen nicht nur den eigentlichen Erfüllungszeitraum des Vertrages. Damit besteht die Möglichkeit, entsprechend die nachvertraglichen Pflichten mit einzubeziehen.[1088]

af) Teleologische Miteinbeziehung des nachvertraglichen Bereichs

Zuletzt ergibt sich aus dem Ziel der UNIDROIT-Principles, daß der nachvertragliche Bereich nicht grundsätzlich ausgeschlossen sein kann. Insbesondere wird hier das Verständnis der UNIDROIT-Principles von der Wirkung des guten Glaubens relevant. Mit Art. 1.7 sollte ein allgemeiner Verhaltensmaßstab aufgestellt werden. Art 1.7 ist sehr weit gefaßt und bezieht sich nicht auf einen bestimmten Zeitraum, sondern will generell das Verhalten der Vertragsparteien regeln. Daß die vorvertragliche Geltung in diesen Zeitraum miteinbezogen wird,[1089] zeigt, daß Art. 1.7 nicht auf den Zeitraum der eigentlichen Vertragsgeltung beschränkt wird. Der gute Glaube, die „Magna Charta“ des internationalen Wirtschaftsrechts,[1090] ist nach der Intention der UNIDROIT-Principles so extensiv wie möglich anzuwenden, um eine generelle Beachtung des guten Glaubens „in contractual relations“[1091] zu erreichen.

[1085] Kommentar zu den UNIDROIT-Principles, S. 17.

[1086] Kommentar zu den UNIDROIT-Principles, S. 17.

[1087] So zur CISG *Rosenberg, M.*, Vienna Convention, Aust. Bus LR 92, S. 447; *Honnold, J.*, Uniform Law, S. 14.

[1088] Vgl. *Lando, O.* Europäisches Vertragsrecht, in: *Weyers, H.-L.*, Europäisches Vertragsrecht, Fn962.

[1089] Der Wortlaut ist: „...that even in the absence of special provisions in the Principles the parties´ behaviour throughout the life of the contract, including the negotiation process...”, Kommentar zu den UNIDROIT-Principles, S. 17.

[1090] *Berger, K.P.*, Kodifizierung, S. 165.

[1091] Vgl. Kommentar zu den UNIDROIT-Principles, S. 15.

Insgesamt wird deutlich, daß der Grundsatz des guten Glaubens als „fundamental idea“[1092] das Gebaren der Parteien zu jeglichem Zeitpunkt regeln soll. Bei einem so breiten Verständnis des guten Glauben ist aber insbesondere bei einer Mitregelung des vorvertraglichen auch eine Mitregelung des nachvertraglichen Bereichs anzunehmen. Ansonsten könnte der gute Glaube nicht der umfassende Verhaltensmaßstab sein, der er nach Konzeption der UNIDROIT-Principles ist. Auch eine Auslegung des Art. 2.16 nach wird zeigen, daß er auch den nachvertraglichen Zeitraum erfassen soll.[1093]

ag) Rechtsvergleichung

Rechtsvergleichend ergibt sich, daß die Herleitung von Pflichten außerhalb des Erfüllungszeitraums des Vertrages aus dem guten Glauben verschieden beurteilt wird. Im common law wird diese Möglichkeit eher verneint.[1094] Im Zivilrechtskreis dagegen wird der Verhaltensstandard des guten Glaubens außerhalb des eigentlichen Vertragslebens anerkannt.[1095]

Die UNIDROIT-Principles sollten eher dem Zivilrechtskreis als dem common law nachfolgen.[1096] Im Zivilrechtskreis ergeben sich nachvertragliche Pflichten meist aus dem guten Glauben, dieser Verhaltensstandard wirkt „nach“.[1097] Damit kann dies auch für die UNIDROIT-Principles angenommen werden.

b) Anwendbarkeit der UNIDROIT-Principles für Nebenpflichten

Die vorliegenden nachvertraglichen Lücken gehören zu den „Nebenpflichten“,[1098] i.e. zu den Pflichten, welche keine Hauptleistungspflichten sind. Die

---

1092 Kommentar zu den UNIDROIT-Principles, S. 16.

1093 Siehe unter Teil 2, Kapitel 2, 6. Vgl. auch *Lando, O.* Europäisches Vertragsrecht, in: *Weyers, H.-L.*, Europäisches Vertragsrecht, Fn969; Palandt/Heinrichs, §242 BGB Rn26: „...zeitliche Geltung des §242 auch über den Vertrag hinaus...“

1094 Vgl. *Farnsworth, E.*, Precontractual Liability, Col. L Rev. 87, S. 221 et seq.; *Bonell, M.J.*, Restatement, S. 137.

1095 Vgl. *Schmidt-Szalewski, J.*, Période précontractuelle, Rev. int. dr. comp. 90, S. 545 et seq.; D. Dreyer, Switzerland, The Dossiers of the Institute of International Business Law and Practice, ICC, Paris 90, S. 65 et seq. Besonders siehe Art. 1375 des Zivilgesetzbuches von Québec (einem der Vorbilder der UNIDROIT-Principles): „The parties shall conduct themselves in good faith both at the time the obligation is created and at the time it is performed *or extinguished*" (Hervorhebung durch Verfasserin).

1096 Vgl. *Bonell, M.J.*, Restatement, S. 44.

1097 Vgl. *Bonell, M.J.*, Restatement, S. 137, Fn79 mit Nachweisen zum Zivilrechtskreis, und S. 142.

1098 Zur Verwendung dieses Begriffes siehe Teil 2, Kapitel 2, 1.b).

UNIDROIT-Principles nehmen solche Pflichten in der Regel in ihre Anwendbarkeit auf. Art. 5.2 und auch Art. 1.7 zeigen, daß an implizite, nicht ausdrücklich geregelte Pflichten der Vertragsparteien gedacht wurde, welche nicht unbedingt Hauptpflichten sein müssen.[1099]

c) Zugehörigkeit der untersuchten Pflichten zu den UNIDROIT-Principles nach ihrer Thematik

Nachdem nun feststeht, daß die UNIDROIT-Principles den nachvertraglichen Zeitraum und die Nebenpflichten nicht grundsätzlich ausschließen, müssen die im einzelnen untersuchten Pflichten zusätzlich thematisch zum sachlichen Anwendungsbereich gehören.[1100] Eine „nachvertragliche Abtretungspflicht" könnte beispielsweise nicht hergeleitet werden, weil die Abtretung nicht unter den Anwendungsbereich der UNIDROIT-Principles fällt.[1101]

Die Vertraulichkeit ist in Art. 2.16 geregelt. Dieser umfaßt nach seinem Wortlaut die Pflicht, „im Verlaufe von Verhandlungen" als geheim eingestufte Informationen unabhängig von einem Vertragsschluß nicht zu offenbaren.[1102]

Geheimhaltungspflichten sind, da sie ausdrücklich geregelt wurden und somit ihre Einhaltung einklagbar ist,[1103] nicht unter die impliziten Nebenpflichten zu klassifizieren und unterfallen über Art. 2.16 grundsätzlich dem sachlichen Anwendungsbereich der UNIDROIT-Principles. Es muß aber noch untersucht werden, ob sich Art. 2.16 auch auf den nachvertraglichen Bereich ausdehnen läßt.

Eine Pflicht zur nachvertraglichen Erfolgsförderung ist als solche weder für eine Situation während der Erfüllung noch den nachvertraglichen Zeitraum normiert. Zwar besteht eine allgemeine Kooperationspflicht. Die untersuchten Fragen sind aber nicht ausdrücklich geregelt. Sie müßten nach allgemeinen Grundsätzen, unter die auch Art. 5.3 gezählt werden kann, hergeleitet werden. Da auch impli-

---

1099 Vgl. Kommentar zu den UNIDROIT-Principles zu Art. 5.2 mit den Beispielen etwa der Aufklärungspflichten.

1100 Vgl. auch *Jauernig, O.*/Vollkommer, §242 BGB Rn11: Die „Eigenart" der jeweiligen Pflicht und des Rechtsgeschäfts muß berücksichtigt werden.

1101 Dazu vgl. zur CISG *Frigge, B.*, Externe Lücken, S. 35 et seq.

1102 Dies bezieht sich auf solche Fakten, welche ausdrücklich als vertraulich eingestuft wurden, und auf solche, welche sich implizit als vertraulich darstellen. Danach wird eine Definition des Geheimnisses iSd UNIDROIT-Principles geliefert: Solche Informationen, durch deren Natur oder in bezug auf welche sich durch die berufliche Qualifikation der Parteien eine Pflicht aus Treu und Glauben ergibt, sie nicht zu verbreiten oder für eigene Zwecke zu nützen. Vgl. Kommentar zu den UNIDROIT-Principles, S. 53.

1103 Es kann eine einstweilige Verfügung erwirkt werden, siehe Kommentar zu den UNIDROIT-Principles zu Art.2.16.

zite, aus Art.1.7 und Art. 5.3 hergeleitete Pflichten zum Anwendungsbereich der UNIDROIT-Principles gehören,[1104] sind diese anwendbar. Der sachliche Anwendungsbereich für die untersuchten Lücken ist also auch nach ihrer Themenzugehörigkeit eröffnet.

d) Schlußfolgerung: Sachliche Anwendbarkeit der UNIDROIT-Principles für die untersuchten Fragen

Der nachvertragliche Bereich fällt unter die Anwendbarkeit der UNIDROIT-Principles. Nachvertragliche Pflichten können daher, sofern sie nach Art der Pflicht zum Anwendungsbereich der UNIDROIT-Principles gehören, als geregelt angesehen werden.[1105]

Nachstehend soll nun untersucht werden, ob die angesprochenen Beispielspflichten nach allgemeinen Grundsätzen angenommen werden können.

6. Postvertragliche Pflicht zur Vertraulichkeit:
Auslegung der Regelung des Art.2.16 , Duty of Confidentiality

Die Pflicht zur Vertraulichkeit ist im Bereich der postvertraglichen Pflichten eine Ausnahme, weil die Geheimhaltung ausdrücklich geregelt ist, Art. 2.16,[1106] und nicht erst aus Grundsätzen hergeleitet werden muß. Aus diesem Grund ist es zuvorderst eine Frage der Auslegung dieses Artikels, ob er sich auch auf den nachvertraglichen Zeitraum bezieht.

a) Teleologische Auslegung des Art. 2.16

Die Frage nach der Nachwirkung des Art. 2.16 stellt sich, wenn keine ausdrückliche Regelung für den nachvertraglichen Raum getroffen wurden, insbesondere bei impliziten Vertraulichkeitspflichten.[1107] Und auch vereinbarte, keine Zeitbestimmung enthaltende Vertraulichkeitspflichten können als „implizit nachvertraglich" gesehen werden. Da es von der Geschäftsbeziehung der einzelnen Vertragspartner, der Branche und dem konkreten Vertragsverhältnis abhängt, welche Informationen als vertraulich angesehen werden könnten, schützt Art.

[1104] Vgl. Kommentar zu den UNIDROIT-Principles zu Art. 1.7.

[1105] Vgl. dazu *Strätz, H.-W.*, Nachwirkungen, FS Bosch, S. 1012.

[1106] Dies hat eine begrüßenswerte Klarstellungsfunktion, vgl. wegen der Unklarheiten mangels ausdrücklicher Regelungen im deutschen Recht *Hauck, E.*, Wirtschaftsgeheimnisse, S. 17 et seq.; *Mölling, P.*, Geheimnisschutzklausel, S. 41-44.

[1107] Es wird allerdings darauf hingewiesen, daß generell Informationen *nicht* als vertraulich einzustufen sind, sondern (wenn keine ausdrückliche Vereinbarung vorliegt) dies nach Treu und Glauben nur ausnahmsweise der Fall sein kann. Kommentar zu den UNIDROIT-Principles, S. 52, 53.

2.16 mittels einer Generalformel alle „vertraulichen" Informationen, ohne die Begriffe „vertraulich" oder „unberechtigt" zu definieren. Für die Miteinbeziehung des nachvertraglichen Zeitraumes in die Vertraulichkeitspflicht des Art. 2.16 spricht in diesem Rahmen seine Zielsetzung.

Die Pflicht, insbesondere betriebliche Geheimnisse nicht zu offenbaren, ist durch eine Entwicklung der gesellschaftlichen, wirtschaftlichen und technischen Verhältnisse immer wichtiger geworden.[1108] Nicht nur die erweiterten Möglichkeiten der Kenntnisnahme von vertraulichen Informationen,[1109] sondern auch die Tatsache, daß „know-how" immer mehr zu einem wirtschaftlichen Wert wird (sei es durch dessen eigenen Wert, sei es durch eine Einwirkung auf die wettbewerblichen Verhältnisse), macht einen umfassenden Schutz als vertraulich akzeptierter Informationen notwendig.

Historisch zeigen sich vielfältige Hintergründe von Geheimnisschutzklauseln.[1110] Sie sind notwendig, um Kredit, Geschäftsstrategie, Ideen und wettbewerbliche Stellung von Vertragspartnern (insbesondere Unternehmen) zu schützen.

Es ist anzunehmen, daß Art. 2.16 aus diesen Gründen in die UNIDROIT-Principles aufgenommen wurde. Der internationale Handelsverkehr wird nicht darauf verzichten können, daß als vertraulich einzustufende Informationen dies auch bleiben. Vor diesem Hintergrund erfüllt Art. 2.16 die wichtige Funktion, eine Weitergabe von implizit oder explizit vertraulichen Informationen zu verhindern und einen Bruch dieser Pflicht mit Sanktionen zu bewehren.[1111] Im weiteren ist es für die Geschäftspraxis wichtig, daß bekannt ist, wie lange die Vertraulichkeitspflicht gilt und wie umfassend sie ist.[1112] Da der Sinn des Art. 2.16 darin liegt, Geheimhaltungsinteressen der Vertragsparteien umfassend zu schützen, ist eine Einbeziehung des nachvertraglichen Zeitraums in angemessener Weise anzunehmen.[1113] Denn das Ziel der Vertraulichkeitspflicht wäre nicht erreicht, wenn diese Pflicht mit Vertragserfüllung enden sollte.

Diese Ansicht wird von der Tatsache gestützt, daß sich Art. 2.16 auch auf Beziehungen von solchen Parteien bezieht, zwischen denen später gar kein Vertrag

[1108] Vgl. *Hauck, E.*, Wirtschaftsgeheimnisse, S. 18.

[1109] Etwa durch Internet, e-mail etc.

[1110] Vgl. umfassend *Maass, H.-H.*, Geheimnis, S. 94 et seq.

[1111] Um den Schutz von unlauter erworbenen Informationen dagegen geht es Art.2.16 dem Anschein nach nicht.

[1112] Vgl. *Gaul, D.*, Durchsetzung, WRP 88, S. 215.

[1113] Vgl. Kommentar zu den UNIDROIT-Principles, S. 53: „...interest in certain information...not being divulged..."

zustande kommt. A majore ad minus läßt sich folgern: Wenn Geheimhaltungspflichten zwischen Personen bestehen, welche gar keinen Vertrag abgeschlossen haben, widerspräche es Art. 2.16, bei Parteien, welche tatsächlich einen Vertrag abgeschlossen, aber bereits beendet haben, die vormals begründeten Geheimhaltungspflichten nur durch das Faktum der Vertragsbeendigung entfallen zu lassen.[1114] Vielmehr begründet hier das Vertragsverhältnis eine besondere Zugriffsmöglichkeit auf die Vertrauenssphäre des Vertragspartners. Diese Zugriffsmöglichkeit erlischt nicht mit Vertragsende. Daher ist grundsätzlich dem Art. 2.16 auch nachvertraglich noch Raum zu geben.

b) Historische Betrachtung

Obwohl nicht auf ihre postvertragliche Natur eingegangen wird, wird die Vertraulichkeitspflicht in den Vorarbeiten zu den UNIDROIT-Principles auch auf den nachvertraglichen Bereich, i.e. nach einer Vertragsaufhebung erstreckt.[1115]

c) Vergleich mit anderen Geheimnisschutzregelungen

Ein Vergleich des Art. 2.16 mit anderen Vertraulichkeits- und Geheimhaltungsregelungen sowie Strafvorschriften bezüglich des Bereiches von Betriebsgeheimnissen zeigt, daß diese häufig ausdrücklich für den nachvertraglichen Bereich gelten. Beispiele dafür sind etwa §90 HGB, §80 III (2) des Entwurfs eines Arbeitsgesetzes; Art. 309 I Code Penal von Luxembourg, Art. 309 Code Penal von Belgien; Interpretation des Art. 418 Code Penal Français[1116], Art. 623 Codice Penale Italien, Art. 273 des niederländischen StGB.[1117] Allerdings gibt es bisweilen auch Beschränkungen auf die Dauer eines Vertragsverhältnisses, vgl. §17 UWG, oder keinen generellen Schutz nachvertraglicher Geheimhaltungspflichten im Strafrecht.[1118]

[1114] Vgl. auch *Kraßer, R.*, Grundlagen, S. 177: „In gewissen Beziehungen können solche Verpflichtungen die Beendigung des Vertragsverhältnisses überdauern". Vgl. für ein entsprechendes Urteil BAG vom 16.3.82, BB 82, S. 1794: „Selbst ohne ausdrücklichen Geheimhaltungsvertrag kann die Nachwirkung des Arbeitsvertrags den Arbeitnehmer verpflichten, ein Betriebsgeheimnis weiter zu wahren", mit kritischer Anmerkung von Gumpert. Einschränkender, aber auch für eine ausnahmsweise bestehende Nachwirkung: BGH, AP Nr.1 zu §60 HGB, BB 54, S. 1080.

[1115] *Studies Unidroit* 86, Document 36, S. 9.

[1116] Laut *Hauck, E.*, Wirtschaftsgeheimnisse, S. 321, Fn99.

[1117] Zitiert nach *Hauck, E.*, Wirtschaftsgeheimnisse, S. 321, Fn98, 99. Alle diese Bestimmungen stehen allerdings im besonderen Zusammenhang mit dem Arbeitsrecht.

[1118] Vgl. Graf v. Westerholt und Gysenberg in: *Ulmer, E.*, UWG, Das Recht des unlauteren Wettbewerbs, Bd.6, S. 192 et seq. für Großbritannien. Für Spanien ist Art. 499 c.p. zu beachten, der allerdings laut *Hauck, E.*, Wirtschaftsgeheimnisse, S. 321, Fn100, teilweise analog angewandt wird.

Häufig ist die Tendenz zu einer Interessenabwägung erkennbar.[1119] In den Beneluxländern, Italien, Frankreich, Großbritannien und den USA ist etwa eine Verwertung von Geschäftsgeheimnissen durch den Arbeitnehmer nach Beendigung des Arbeitsverhältnisses zivilrechtlich sanktioniert.[1120]

Insbesondere wird eine Pflicht zur Vertraulichkeit, war sie einmal begründet, auch in schiedsrichterlichen Entscheidungen des ICC anerkannt und ihr Bruch auch nach Vertragsbeendigung[1121] sanktioniert.

Insgesamt legt ein Vergleich mit anderen Geheimnisschutzklauseln eine Erstreckung des Art.2.16 auf den nachvertraglichen Bereich nahe.

d) Interessenabwägung

Beispielsweise im deutschen Recht wird nur ausnahmsweise nach Abwägung der Interessenlage eine nachvertragliche Geheimnispflicht bejaht.[1122]
Die Notwendigkeit einer solchen Abwägung wird auch aus dem Kommentar zu den UNIDROIT-Principles deutlich, wenn festgelegt wird, daß man „...normally under no obligation to treat information as confidential (S.52)“ sei, „...yet even in absence of such an express declaration ...may be unter a duty of confidentiality...if it would be contrary to the general principles of good faith...“ (S.53).

Treu und Glauben sind, wo die Rechtsordnung keine ausdrückliche Regelung der Vertraulichkeitspflicht getroffen hat, die Grundlagen für die Herleitung einer solchen Pflicht, welche sich dann nach diesem Grundsatz auch auf den nachvertraglichen Bereich erstreckt.[1123] Da die Notwendigkeit der Herleitung von Vertraulichkeitspflichten aus Treu und Glauben und damit eine Interessenabwägung grundsätzlich für Art. 2.16 notwendig ist, ist diese Anforderung auch auf den nachvertraglichen Bereich zu erstrecken.

Einmal kann eine Interessenabwägung im Einzelfall vorgenommen werden, wonach sich ergibt, ob eine „unberechtigte“ Nutzung vertraulicher Informationen

---

[1119] Vgl. *Hauck, E.*, Wirtschaftsgeheimnisse, S. 323, 324 mit Nachweisen für verschiedene Rechtsordnungen.

[1120] So *Mes, P.*, Geheimnisschutz, GRUR 79, S. 589; vgl. auch *Maass, H.-H.*, Geheimnis, S. 130 et seq. mit eingehenderen rechtsvergleichenden Hinweisen.

[1121] „Even after the contract comes to an end“, vgl. ICC Award Case Nr. 2114, 72, ICC-Sammlung, S. 52 et seq.

[1122] Vgl. *Kraßer, R.*, Grundlagen, S. 186, 187: „...endet generell mit dem Vertragverhältnis...wenn sein Verhalten [nicht] wegen besonderer Umstände gegen Treu und Glauben verstößt...“; *Mes, P.*, Geheimnisschutz, GRUR 79, S. 586.

[1123] Vgl. *Hauck, E.*, Wirtschaftsgeheimnisse, S. 162; RG in GRUR 42, S. 533 et seq.; BGHZ 17, S. 41 et seq.

erfolgt ist. Zum anderen können, je nach Vertragstyp,[1124] generelle Kriterien aufgestellt werden, wie eine Interessenverteilung zwischen den Vertragspartnern stattzufinden hat. Dies soll im Rahmen dieser Arbeit nicht geschehen. Insbesondere die Handelsbräuche, welche zeigen, was in einer bestimmten Branche oder einer bestimmten Art internationalen Handelsvertrages üblich ist, können hier Klarheit schaffen.

e) Dauer

Die angemessene Dauer der Geheimhaltungspflichten über das Vertragsende hinaus ist eine Frage von Treu und Glauben bzw. des über Art. 1.4 anwendbaren Rechtes, da meist das Wettbewerbsrecht solche Pflichten regelt (bzw. eventuell sogar eine Einschränkung über Verfassungsrecht in Frage kommt).[1125] Der zeitlich und rechtlich mögliche Rahmen wird dann anhand des Art. 2.16 („unberechtigt") und nach der Maßgabe von Treu und Glauben bestimmt und hängt vom Einzelfall (und von etwaigem zwingenden Recht, z.B. §17 UWG, Art. 309 I Code Penal von Luxembourg) ab.

f) Schlußfolgerung

Die Geheimhaltungspflicht erstreckt sich nach der hier vertretenen Ansicht also nach Auslegung des Art. 2.16 auch auf den nachvertraglichen Bereich. Die einzelne Pflicht ist nach dem Grundsatz von Treu und Glauben und dem Grundsatz der Existenz nachvertraglicher Vertraulichkeitspflichten herzuleiten.

7. Postvertragliche Pflicht zur Förderung des Vertragszwecks

Im ersten Beispielsfall geht es um eine Lagerpflicht, im zweiten Fall um eine Pflicht zur Wiederaufnahme von Arbeiten. Diese sollen hier unter dem Stichwort „nachvertragliche Pflicht zur Zweckförderung" zusammengefaßt werden, da in beiden Fällen der Vertragszweck durch äußere Umstände noch nicht erreicht wurde und nur durch das enstprechende Verhalten noch erreicht werden kann.

Es gibt in den UNIDROIT-Principles keinen einzelnen Artikel, aus welchem sich eine Pflicht zur Lagerung von Waren oder zur Wiederaufnahme eines Projektes ergeben könnte. Vielmehr spielen hier mehrere Grundsätze zusammen, welche eine bestimmte Intention der UNIDROIT-Principles erkennen lassen.

[1124] Zum Arbeitsvertrag im deutschen Recht etwa *Mölling, P.*, Geheimnisschutzklausel, S. 81 et seq.

[1125] Vgl. dazu *Gaul, D.*, Abgrenzung, ZIP 88, S. 691 et seq. zum BAG vom 15.12.87 und Kissel, NZA 88, S. 152.

Zunächst fallen die Artt. 5.3 und 1.7 ins Auge, welche die Zusammenarbeit zwischen den Parteien regeln. Art. 5.3[1126] tut dies in Form einer generellen Pflicht zur zumutbaren Kooperation, Art. 1.7 in der Form, daß sich aus Treu und Glauben Grundsätze bestimmen lassen, um ungeregelte Pflichten zu bestimmen.

Somit lassen sich aus Aspekten wie Kooperation, Angemessenheit und dem Maßstab des Handelns einer vernünftigen Person Pflichten herleiten. Diese müssen für beide Vertragsparteien bei der Herleitung beachtet werden – eine aus dem guten Glauben gezogene Pflicht darf nicht gleichzeitig gegen den Grundsatz der Angemessenheit[1127] verstoßen.

a) Natur des Vertrages und daraus entstehende, auch nachwirkende, Pflichten

Maßstab der nicht vereinbarten Pflichten, welche sich aus einem Vertrag ergeben, auch wenn sie über den guten Glauben hergeleitet werden, ist der Vertrag selbst.[1128] Verhaltensstandards, auch nachvertragliche, können nur anhand des jeweiligen Vertragstyps entwickelt werden.[1129] Dies ergibt sich aus der Notwendigkeit, das redliche Verhalten im internationalen Handel einzuhalten: Von Branche zu Branche kann die Verkehrssitte variieren und somit auch der Standard des redlichen Verhaltens.[1130] Die Regelung des Art. 1.8 spiegelt diese Tatsache wieder.

Um eine Nebenpflicht aus dem guten Glauben herzuleiten, muß daher zunächst beachtet werden, wie die Standards der „Vertragsart" sind, um nicht „Anstand zu Rechtspflichten zu machen",[1131] sondern einen Zusammenhang mit dem Vertrag herzustellen, auf welchen sich die nachwirkende Pflicht aus Art. 5.3 iVm Art. 1.7 bezieht.

Zunächst sollte also beachtet werden, ob im Rahmen internationaler Export- oder Bauverträge Standards oder Handelsbräuche iSd Art. 1.8 existieren, wie sich bezüglich einer Zweckförderungspflicht nach Vertragserfüllung bei Eintritt einer ungewöhnlichen Situation verhalten werden soll, oder ob aus der Parteivereinbarung etwas herauszulesen ist. Es soll hier unterstellt werden, daß dies nicht der Fall sei.

[1126] „Clearly related to the principle of good faith", Kommentar zu den UNIDROIT-Principles, S. 103.

[1127] Ein Grundsatz, der etwa in den Artt. 3.16 und 4.8. II d) zum Ausdruck kommt.

[1128] Vgl. *Emmermann, A.*, Nachwirkung, S. 49.

[1129] Vgl. *Soergel, H.-T.*/Schmidt, §242 BGB Rn779.

[1130] Vgl. Kommentar zu den UNIDROIT-Principles, S. 18.

[1131] Vgl. die Kritik von *Ramm, P.*, Fortwirkung, S. 21.

b) Postvertragliche Vertragszwecksförderungspflicht nach allgemeinen Grundsätzen

ba) Grundsatz der Kooperationspflicht, Art. 5.3

Ein Grundsatz, welcher hier vorrangig anzusprechen ist, ist die Pflicht zur gegenseitigen Kooperation. In den arbeitsrechtlichen Erwägungen zur Geheimhaltungspflicht in Deutschland taucht häufig die „Treuepflicht“ des Arbeitnehmers auf, die ihn auch nach Vertragsende verpflichte.[1132] In der gleichrangigen Beziehung zwischen Handeltreibenden kann von einer solchen „Treuepflicht“ nicht ausgegangen werden. Sie wird ersetzt durch diejenige zur gegenseitigen Kooperation, die grundsätzlich in gleicher Weise für alle Vertragstypen gilt. Die Kooperationspflicht besagt in aller Kürze, daß die Vertragsparteien wegen des „gemeinsamen Projektes Vertrag“[1133] verpflichtet sind, bis zu einer „bestimmten Grenze“[1134] der Pflichtenverteilung des Vertrages dessen Durchführung mindestens nicht zu behindern, in bestimmten Fällen sogar aktiv zu fördern.[1135] Auch nach Ablauf des Vertragsprogramms sind Pflichten bejaht worden, den Vertragszweck jedenfalls nicht zu gefährden.[1136] Die Parteien eines Vertrages verpflichten sich zu „l'esprit de coopération et le bon sens“.[1137] Im weiteren ist fraglich, ob die Pflicht zur Kooperation sich darauf erstreckt, die Interessen der Partner auch nach Vertragsbeendigung zu wahren. Dies würde dazu dienen, den im Ursprungsvertrag intendierten Leistungserfolg zu sichern, wäre also ein Ausdruck von Zusammenarbeit. Eine allgemeine Pflicht der Parteien, die Erfüllung des Vertrages angemessen zu fördern und an der Erreichung seines Zweckes in zumutbarer Weise mitzuwirken, müßte erst noch aus dem Grundsatz von Treu und Glauben hergeleitet werden.[1138]

bb) Treu und Glauben

Die Hauptargumente zur Herleitung einer postvertraglichen Pflicht ergeben sich aus dem Grundsatz, auf welchem Art. 5.3[1139] und der favor contractus[1140] basieren.

[1132] Kritisch dazu etwa *Kempff, G.*, Treuepflicht, DB 79, S. 790 et seq.

[1133] Kommentar zu den UNIDROIT-Principles, S. 103.

[1134] Kommentar zu den UNIDROIT-Principles, S. 103.

[1135] Kommentar zu den UNIDROIT-Principles, S. 103.

[1136] Vgl. statt aller MK/Roth, §242 BGB Rn166; Palandt/Heinrichs, §242 BGB Rn26.

[1137] *Glavinis, P.*, Contrat de construction, S. 113 Rn161.

[1138] Vgl. Kommentar zu den UNIDROIT-Principles, S. 103.

[1139] Kommentar zu den UNIDROIT-Principles, S. 103.

[1140] Siehe sogleich.

Die Pflicht zum Verhalten nach Treu und Glauben ist, im Gegensatz zur CISG, in den UNIDROIT-Principles nicht eine bloße Interpretationsregelung sondern eine echte Verhaltensregel, aus welcher sich Pflichten ergeben können.[1141] Daher ist fraglich, ob eine Zweckförderungspflicht aus Art. 1.7 hergeleitet werden kann. Eine solche Konkretisierung von Treu und Glauben in bezug auf eine nachvertragliche Zweckförderungspflicht ergibt sich durch das Vertrauen, welches durch den geschlossenen Vertrag geschaffen wurde.[1142] In diesem Zusammenhang wird angenommen, daß die Vertragsparteien sich auch nach Beendigung des Vertrages noch „lose" verpflichtet sind.[1143] Die Grundsätze des favor contractus[1144] und der Kooperation sowie des vernünftigen Verhaltens sind Teile der UNIDROIT-Principles, welche die Vertragsparteien zur Grundlage ihres Vertrages gemacht haben. Diese Grundsätze haben auch die Komponente, daß der Leistungserfolg für die andere Partei in angemessener Weise gesichert wird. Aufgrund der Gestaltung der UNIDROIT-Principles kann daher davon ausgegangen werden, daß die „verhinderte" Partei redlicherweise erwarten darf, daß ihr Vertragspartner die Intention hat, den Leistungserfolg zu erreichen.[1145] Es darf generell darauf vertraut werden, die andere Seite werde auf die eigenen Belange in angemessener Weise Rücksicht nehmen, denn dies gehört zum redlichen Verhalten.[1146]

Ein Vertrauensverhältnis, und damit eine Konkretisierung von Art. 1.7 hinsichtlich einer allgemeinen Pflicht zur Vertragszwecksförderung, wird auch durch die Tatsache gerechtfertigt, daß internationale Handelsverträge häufig umfangreiche, kosten- und personalintensive Verträge sind. Je aufwendiger der Vertrag ist, je umfangreicher die Vorbereitungen waren und je mehr Personenkreise beteiligt sind, desto einleuchtender erscheint es, auch nach Erfüllung der Hauptleistungspflicht in zumutbarer Weise den Leistungserfolg zu sichern, damit nicht alle „Mühen umsonst" waren. Denn ein kompliziertes Vertragsverhältnis mit umfangreicher Vorarbeit und insbesondere fortgeschrittener Erfolgserzielung (wie bei einem teilweise beendeten Projekt) „verfallen" zu lassen, erscheint wirtschaftlich unsinnig und entspricht daher nicht dem Grundsatz des Maßstabs einer vernünftigen Person.[1147]

1141 Vgl. *Bonell, M.J.*, Restatement, S. 137, S. 66.

1142 Vgl. etwa *Christensen, K.W.*, Verschulden, S. 67.

1143 Vgl. *Christensen, K.W.*, Verschulden, S. 67 et seq.

1144 Hierzu siehe genauer sogleich.

1145 Zum Rahmen des Angemessenen siehe Teil 2, Kapitel 2, 7.a) et seq.

1146 Vgl. *Emmermann, A.*, Nachwirkung, S. 50.

1147 Ein Grundsatz, der in mehreren Artikeln der UNIDROIT-Principles postuliert wird, etwa Artt.2.4 II b, 2.20 I, 4.1. II, 4.2. II.

Insgesamt ist also anzunehmen, daß durch den Vertrag ein Vertrauensverhältnis zwischen den Parteien entstanden ist, dem nach Art. 1.7 Rechnung getragen werden muß. Ein solches Vertrauen, einmal eingetreten, besteht bis zu einem gewissen Grade auch noch nach Vertragsbeendigung,[1148] gerade wenn der vertraglich intendierte Erfolg noch nicht eingetreten ist.
Dies gilt insbesondere, wenn eine Partei unverschuldet und ohne vertragliche Übernahme des Risikos nicht in der Lage, den Leistungserfolg zu erhalten. Denn dann ist eine angemessene Unterstützung des Vertragspartners angebracht.[1149] Ähnlich im deutschen Recht war etwa die Fallgestaltung, in der angenommen wurde, daß eine Verpflichtung bestehe, im Rahmen des Zumutbaren einen neuen Leistungsweg einzuschlagen, wenn der alte nicht zur Sicherung des Erfolges ausreicht.[1150] Insgesamt ist also zu bejahen, daß sich aus Treu und Glauben eine nachvertragliche Pflicht, in zumutbarer Weise den Vertragszweck zu fördern, ergibt.[1151]

bc) Favor contractus

Ein weiterer Grundsatz, welcher eine Zweckförderungspflicht nahelegt, ist der favor contractus. Er besagt, daß der Vertragszweck in einer für beide Parteien angemessener Weise so weit nur irgend möglich gefördert werden soll. Aus den Artikeln zum Recht auf Erfüllung (Artt. 7.2.1 et seq.), zur Nachfrist und Heilungsmöglichkeit (Artt. 7.1.4, 7.1.5) und aus den Regelungen über den Wegfall der Geschäftsgrundlage (Art. 6.2.1) ergibt sich die Intention der UNIDROIT-Principles, so weit es angemessen und zumutbar ist, den Leistungserfolg zu sichern.

Der favor contractus bezieht sich zwar hauptsächlich auf den Erfüllungszeitraum, aber die Leitidee der UNIDROIT-Principles, daß der Leistungserfolg wenn möglich erreicht werden soll, legt auch eine nachvertragliche Vertragszweckförderungspflicht nahe.

bd) Schadensminderungspflicht

Auch der Grundsatz der Schadensminderung iSd Art. 7.4.8 läßt darauf schließen, daß eine Pflicht zur Vertragszwecksförderung bejaht werden kann.

Internationale Handelsverträge sind in der Regel personal- und kostenintensive Vertragswerke. Wird ihr Zweck nicht erreicht, obwohl die finanziellen Aufwen-

---

[1148] *Bar, C. von*, Vertragspflichten, AcP 1979, S. 467.

[1149] Vgl. *Ramm, P.*, Fortwirkung, S. 39.

[1150] Vgl. MK/Roth, §242 BGB Rn180.

[1151] Vgl. auch MK/Roth, §242 BGB Rn167; *Emmermann, A.*, Nachwirkung, S. 63.

dungen bereits getätigt wurden, so entsteht dem Vertragspartner, dem der Leistungserfolg zukommen sollte, in der Regel ein großer Schaden. Die Schadensminderungspflicht bezieht sich zwar zuvorderst auf die Nichterfüllung, welche bei force majeure Fällen gerade nicht eintritt. Jedoch kann auch generell angenommen werden, daß nach der Intention der UNIDROIT-Principles ein Schaden der Gegenpartei in zumutbarer Weise zu verhindern ist.[1152] Die Zumutbarkeit einer solchen Pflicht muß allerdings gesondert festgestellt werden.

c) Zumutbarkeit und Angemessenheit

Die oben erwogenen Grundsätze zeigen, daß eine nachvertragliche Zweckförderungspflicht grundsätzlich zu bejahen ist. Sie stehen aber unter dem Vorbehalt der Angemessenheit, welche ebenfalls ein allgemeiner Grundsatz der UNIDROIT-Principles ist. Der Grundsatz von Treu und Glauben wirkt nicht nur für die beeinträchtigte Partei, sondern auch für die andere, auch ihre Interessen sind zu wahren. Treu und Glauben ist also nicht nur der Grund, sondern auch die Grenze bestimmter nachvertraglicher Pflichten.[1153] Zusätzlich besteht die Schadensminderungspflicht nur bis zur Grenze der Zumutbarkeit, und auch Art. 5.3 hat eine Einschränkung: Die angemessene Risikoverteilung des Vertrages muß gewahrt bleiben.[1154] Auch der favor contractus ist nicht schrankenlos gewährleistet. Die Artikel, welche die Zweckerreichung eines Vertrages als Intention der UNIDROIT-Principles herausstellen, zeigen, daß Grenzen für solche Pflichten bestehen müssen (vgl. Nachfrist und Heilungsmöglichkeit (Artt. 7.1.4, 7.1.5) und die Regelungen über den Wegfall der Geschäftsgrundlage (Art.6.2.1)). Die UNIDROIT-Principles haben insgesamt das Ziel eines gerechten Interessenausgleichs, wie es auch in anderen Rechtsordnungen vorkommt.[1155] Die nachvertragliche Zweckförderungspflicht aus Treu und Glauben kann also nicht unbedingt bestehen.[1156] In diesem Zusammenhang helfen Überlegungen zur Zumutbarkeit einer Pflicht[1157] weiter. Hierbei wird besonders die Natur des Vertrages relevant. „Zumutbarkeit“ selbst ist ein dehnbarer Begriff. Konkrete Anhaltspunkte dafür, welche Inpflichtnahme eines Teils noch zumutbar ist, kann nur der Fall und konkrete Vertrag liefern. Als äußerste Grenze muß diejenige der Artt. 6.2.1 et seq. (hardship) gelten. Läßt hardship die Hauptleistungspflicht „unzumutbar“ werden, muß dies auch für postvertragliche Pflichten gelten.

[1152] Vgl. Kommentar zu den UNIDROIT-Principles, S. 103.

[1153] So auch *Christensen, K.W.*, Verschulden, S. 77.

[1154] Vgl. Kommentar zu den UNIDROIT-Principles, S. 103.

[1155] Vgl. *Ihering, R. von*, Kampf, S. 14.

[1156] Vgl. etwa RGZ 161, 339: „...nicht auf unbegrenzte Zeit...“

[1157] Vgl. Palandt/Heinrichs, §276 Rn121; *Ramm, P.*, Fortwirkung, S. 44 et seq.

Denn es geht nicht an, daß diese belastender wirken sollen als die Hauptpflichten. Ruinös darf eine postvertragliche Pflicht nicht werden.[1158]

Eine weiterer Aspekt, der herangezogen werden kann, um die Grenzen der zumutbaren Inpflichtnahme zu bestimmen, ergibt sich aus der „risk allocation" des Art. 5.3. Hier muß festgestellt werden, wann die vertragsmäßige Risikoverteilung gestört ist und damit die Zumutbarkeit nicht mehr bejaht werden kann. Im deutschen Recht bestehen in diesem Zusammenhang Überlegungen zu einer „Opfergrenze".[1159] Dem Grundsatz von Treu und Glauben kann also nur genügt werden, wenn die Interessen nach den Umständen des Einzelfalles und nach der konkreten Vertragsgestaltung abgewägt werden. Die intendierte Risikoverteilung zwischen den Vertragsparteien muß gewahrt bleiben. Daher kann eine postvertragliche Pflicht zur Vertragszwecksförderung nur in diesem Rahmen bestehen.

d) Anwendung auf die Beispielsfälle

Obenstehende Erwägungen sollen jetzt auf die Beispielsfälle angewendet werden.

da) Exportvertrag

daa) Vertragszwecksförderungspflicht

Die Voraussetzungen für die Bejahung einer nachvertraglichen Vertragszwecksförderungspflicht nach Treu und Glauben müßten gegeben sein.

Bei einem Exportvertrag besteht die Kooperationspflicht des Art. 5.3 für alle am Vertrag beteiligten Personen, also beispielsweise zwischen Käufer, Verkäufer, Bank, Spediteur und Frachtführer.[1160] Ein Exportvertrag kann vielfältig gestaltet sein, etwa bezüglich der Vertriebsform oder der Lieferbedingungen (vgl. die Möglichkeiten der Incoterms). Meistens sind mehrere Personenkreise betroffen: Exporteure, Importeure, Lieferfirmen, Banken etc. Diese Beziehungen bilden ein Netzwerk, dessen Pflichten in direkter oder indirekter Beziehung zueinander stehen und deren Zusammenhang bei der Konkretisierung von Pflichten aus Treu und Glauben zu beachten ist.[1161]

[1158] Vgl. *Ramm, P.*, Fortwirkung, S. 44.

[1159] Vgl. *Ramm, P.*, Fortwirkung, S. 45 m. N.

[1160] So *Hofstetter, K.*, Nachwirkende Nebenpflichten, Schweizerische JZ 91, S. 173.

[1161] So *Hofstetter, K.*, Nachwirkende Nebenpflichten, Schweizerische JZ 91, S. 173; *Eisemann, F./Schütze, R.*, Dokumentenakkreditiv, S. 63 et seq.

Der Exportvertrag ist also von umfangreichen Vorbereitungen geprägt und ein aufwendiges Vertragsgebilde. Daher sollte auch nach Erfüllung der Hauptpflicht der Übergabe nicht das Vertragsprogramm als solches aufgegeben werden. Hier sind die obenstehenden Überlegungen zu Kooperationspflicht, Schadensminderungspflicht und Treu und Glauben voll anwendbar. Auch nach Vertragsbeendigung können sich also noch Mitwirkungspflichten ergeben.[1162] Grundsätzlich ist der Exporteur daher auch nach den UNIDROIT-Principles verpflichtet, seinem „verhinderten" Vertragspartner den Leistungserfolg noch zukommen zu lassen und gegebenenfalls Ware zwischenzulagern.[1163]

dab) Zumutbarkeit

Es fragt sich, inwieweit eine solche Pflicht zumutbar ist. Über das Interesse der aktionsunfähigen Importeure hinaus ist dasjenige der Exporteure in gleicher Weise zu beachten. Hier besteht eine Konfliktlage, da dem Exporteur zunächst die Lagerkosten anfallen und es unklar ist, wann und ob er Regreß nehmen kann. Wie immer der Exportvertrag bezüglich Lager- und Versicherungskosten ausgestaltet ist,[1164] es kann dem Exporteur jedenfalls nach Treu und Glauben nicht zugemutet werden, unbegrenzt für solche Kosten einzustehen. Das Wertverhältnis zwischen Gebühr und Ware würde aus dem Verhältnis gesetzt, damit wäre die Zumutbarkeitsgrenze und die Grenze des Art. 5.3 (Risikoverteilung) überschritten. Die angemessene *Dauer und Höhe* der Lagerpflicht zu bestimmen, ist Sache des Einzelfalls. Generell läßt sich dazu sagen, daß sich eine Lösung über eine Fristsetzung anböte, nach deren Ablauf der Exporteur verlangen könnte, von Belastungen befreit zu werden.[1165] Außerdem könnten eventuelle Vertreter der aktionsunfähig gewordenen Partei oder des entsprechenden Landes (wie etwa die kuwaitischen Banken) angesprochen werden.

db) Bauvertrag

Bei den anderen Beispielsfällen ging es um eine eventuelle nachwirkende Pflicht aus einem internationalen Bauvertrag, den aufgehobenen Vertrag neu abzuschließen. Es ist fraglich, ob eine solche Ausprägung der Vertragszwecksförderungspflicht bejaht werden kann.

[1162] Vgl. generell *Jauernig, O.*/Vollkommer, §242 BGB Rn280; *Bar, C. von,* Vertragspflichten, S. 452 et seq.; *Mölling, P.*, Geheimnisschutzklausel, S.21.

[1163] Im deutschen Recht ist eine Lagerungspflicht ohnehin nach §379 HGB vorgesehen.

[1164] Zur Lage im Schweizer Recht *Hofstetter, K.*, Nachwirkende Nebenpflichten, Schweizerische JZ 91, S. 173, 174.

[1165] *Hofstetter, K.*, Nachwirkende Nebenpflichten, Schweizerische JZ 91, S. 174. Wie er allerdings auf die genaue Zahl von drei Monaten kommt, ist unklar. Es erscheint angemessen, die Frist von der Lage im konkreten Fall abhängig zu machen.

dba) Vertragszwecksförderungspflicht

Bei internationalen Bauverträgen handelt es sich ebenfalls um ein umfangreiches und komplexes Vertragsgebilde.[1166] Hinzu kommt, daß nahezu abgeschlossene Arbeiten vorlagen.[1167]

In einem solchen Fall sind die obenstehenden Erwägungen zur Kooperation, gutem Glauben, Schadensminderungspflicht und favor contractus ebenfalls anwendbar. Da eine nachvertragliche Zweckförderungspflicht zu einer Pflicht zum Neuabschluß eines Vertrages führen kann, erscheint es angemessen, dies zumindest für möglich zu halten.[1168]

dbb) Zumutbarkeit

Ob diese Pflicht zumutbar ist, ist äußerst fraglich. Zunächst läßt sich sagen, daß ein Neukontrahierungszwang ohnehin abzulehnen wäre, wenn nicht sichergestellt ist, daß keinerlei Risiko mehr für das Leben und die Gesundheit von Personal besteht.[1169] Ebenso muß bestimmt werden, ob es wirtschaftlich unzumutbar wäre, den Bauunternehmer für einen Neuvertrag und die Beendigung der Arbeit in Pflicht zu nehmen.

Ist dies nicht der Fall, muß beachtet werden, daß es sich um einen Kontrahierungszwang handelt. Im Grunde lebt mit einem solchen die ursprüngliche Erfüllungspflicht wieder auf.

Grundsätzlich widerspricht es dem Prinzip der Vertragsfreiheit und der Parteiautonomie (Art. 1.1), eine Partei zum Vertragsschluß zu zwingen. Der Grund für die nachvertragliche Zweckförderungspflicht ist das schützenswerte Interesse des einen Vertragspartners an der Erreichung des Vertragszweckes.[1170] Eingeschränkt werden muß sie dadurch, was der frühere Vertragspartner noch an Schutz in diesem Sinne erwarten darf. Ein Aufweichen der Parteiautonomie kann nicht mehr erwartet werden. Dies gilt insbesondere, da ein Verstoß gegen eine nachvertragliche Pflicht einen Schadensersatzanspruch zur Folge hätte.[1171] In diesem Zusammenhang wird die Wertung des Art. 7.1.7 wichtig: Bei der

---

1166 Vgl. *Glavinis, P.*, Contrat de construction, S. 2.

1167 Im genannten ICC-Award 5195 (wo allerdings das Risiko nicht beseitigt wurde), waren die Arbeiten beispielsweise bis auf 10-15% abgeschlossen.

1168 Vgl. *Jauernig, O.*/Vollkommer, §242 BGB Rn30.

1169 Vgl. auch die Ausführungen im ICC-Award 5195, 86, ICC-Sammlung, S. 107: „...could not humanely ignore the risk..."

1170 Vgl. *Christensen, K.W.*, Verschulden, S. 76.

1171 Dazu siehe Teil 2, Kapitel 2, 8.

Situation, welche zur Vertragsaufhebung führte, handelte es sich um force majeure. Art. 7.1.7 bringt den Grundsatz der UNIDROIT-Principles zum Ausdruck, daß in force majeure Fällen beide Parteien entschuldigt und gänzlich aus ihren Pflichten entlassen werden. Es bestünde ein Widerspruch zu diesem Grundsatz, wollte man eine nachwirkende Pflicht nach dem Zeitpunkt einer force majeure Situation bejahen, die einklagbar wäre. Diese Ansicht wird unterstützt durch das Verständnis üblicher Handelsklauseln. Etwa die Klauseln 65.2, 66.1 und 20.4 der FIDIC-Klauseln sowie 44.1 und 37.2 der FIDIC E&M-Klauseln[1172] sehen Folgen im Falle von force majeure Situationen vor. Nach diesen Klauseln, nach Art. 7.1.7 der UNIDROIT-Principles und in einigen nationalen Rechten (Frankreich, USA und Großbritannien)[1173] wird der Bauunternehmer im Fall von force majeure aus seinen Pflichten befreit.

Die FIDIC-Klauseln postulieren überdies eine Risikoverteilung im Falle von Krieg oder Rebellion zu Lasten des Bauherren.[1174] Er hat dieses Risiko zu tragen. Dann erscheint es nicht gerechtfertigt (und verstößt gegen die „risk allocation", welche bei 5.3 beachtet werden muß),[1175] ihm das Risiko über eine postvertragliche Pflicht aus Treu und Glauben wieder abzunehmen.

Eine nachwirkende Vertragszwecksförderungspflicht, welche die Form eines Neukontrahierungszwanges annimmt, ist also nach Grundsätzen der UNIDROIT-Principles abzulehnen. Hier ist naheliegend, daß die Grenze zwischen Rechtspflicht und moralischer Verpflichtung bei Bejahung eines nachvertraglichen Kontrahierungszwanges überschritten würde.[1176]

e) Ergebnis

Die Pflicht zur Vertraulichkeit wirkt nach Zielsetzung des Artikel 2.16 auch nach Vertragsbeendigung fort.

Eine nachvertragliche Pflicht zur Förderung des Vertragszwecks kann sich aus Treu und Glauben iVm den Grundsätzen zur Kooperation, des favor contractus und der Schadensvermeidungspflicht ergeben. Diese Pflicht steht unter dem Vorbehalt der Angemessenheit und Zumutbarkeit. Sie kann nur entstehen, wenn eine Abwägung zwischen den Interessen der Vertragsparteien und eine Analyse der widerstreitenden Grundsätze zeigt, daß sie gerechtfertigt ist und ein zu

---

[1172] Alles nach *Glavinis, P.*, Contrat de construction, S. 160 et seq.

[1173] Nach *Glavinis, P.*, Contrat de construction, S. 162, 163 Rn230.

[1174] *Glavinis, P.*, Contrat de construction, S. 160.

[1175] Vgl. Kommentar zu den UNIDROIT-Principles, S. 103.

[1176] Vgl. *Emmermann, A.*, Nachwirkung, S. 121; Larenz, Anm. zu BAG AP Nr.3 zu §611 BGB.

schützendes Interesse überwiegt.[1177] Dabei sind, falls keine Handelsbräuche erkennbar sind, die Grundsätze der Zumutbarkeit und der Risikoverteilung besonders in Betracht zu ziehen. Die Frage nach dem überwiegenden Interesse kann letztlich nur durch Erwägungen von Richtern und Schiedsrichtern bezüglich der konkreten Fallage und der Interessen der Parteien beantwortet werden.[1178]

Für die Beispielsfälle läßt sich zusammenfassen, daß die Pflicht zur Vertraulichkeit wie erwähnt auch für den nachvertraglichen Bereich gilt. Ebenso ist grundsätzlich eine Pflicht zur Vertragszwecksförderung nach Vertragsende zu bejahen, so daß im ersten Beispielsfall eine zumutbare Lagerungspflicht für nicht abgenommene Waren anzunehmen ist. Im zweiten Beispielsfall ist ein Neukontrahierungszwang aus Abwägungsgründen abzulehnen.

8. Rechtsfolgen bei der Verletzung einer nachvertraglichen Pflicht

Im Zusammenhang mit postvertraglichen Pflichten fragt es sich zuletzt, welche Rechtsfolgen bei der Verletzung von nachvertraglichen Pflichten gelten. Überlegungen zu den Rechtsfolgen der Verletzung postvertraglicher Pflichten nationaler Rechte können hierfür nicht übernommen werden.[1179] Die UNIDROIT-Principles sind als internationales Recht nicht nach nationalen sondern nach autonomen Regeln auszulegen und anzuwenden.[1180] Da es sich bei den nachvertraglichen (wie bei den vorvertraglichen) Pflichten um „Nebenpflichten" handelt, die unter der Geltung der UNIDROIT-Principles grundsätzlich den Regelungen des siebten Kapitels unterworfen werden, ist es lediglich die Frage, ob eventuell eine Anwendung anderer Regelungen vorzuziehen wäre oder ob es bei den grundsätzlichen Regelungen bleibt.

a) Die Rechtsfolgen einer nachvertraglichen Verletzung der Vertraulichkeitspflicht

Da die Geheimhaltungspflicht in Art. 2.16 ausdrücklich geregelt ist und über eine Auslegung des Art. 2.16 auch auf den nachvertraglichen Bereich erstreckt wird, ist Art. 2.16 auch für die Rechtsfolgen ihrer Verletzung zuvorderst heranzuziehen. Er legt den Haftungsmaßstab fest, es wird je nach den Fallumständen Schadensersatz und eventuell Vorteilsübertragung geschuldet.

[1177] Vgl. *Hofstetter, K.*, Nachwirkende Nebenpflichten, Schweizerische JZ 91, S. 176. Dieses Problem wurde im deutschen Recht etwa im Zusammenhang mit einer Geheimhaltungspflicht des Arbeitnehmers diskutiert, vgl. *Molkenbur, J.*, Geheimniswahrung, BB 90, S. 1198-1200.

[1178] Vgl. auch RGRZ 161, S. 339: „ ... entscheidend stets die Umstände des einzelnen Falles..."

[1179] Vgl. für das deutsche Recht statt aller Palandt/Heinrichs, §276 Rn121-124.

[1180] Vgl. *Vallindas, P.*, Autonomy, Rev. Hell. dr. int. 55, S. 11, 12.

aa) Erfüllungsanspruch

Die Kommentierung der UNIDROIT-Principles sieht in Art. 2.16 einen Anspruch auf eine einstweilige (Unterlassungs-)Verfügung vor.[1181] Dieser ist de facto ein einer auf Erfüllung: Durch einen Anspruch auf Unterlassen der Preisgabe von vertraulichen Informationen wird eine Erfüllung der Vertraulichkeitspflicht durchgesetzt. Da die nachvertragliche Geheimhaltungspflicht durch Auslegung ebenfalls aus Art. 2.16 entnommen wird, ist anzunehmen, daß ein Anspruch auf Erfüllung auch im nachvertraglichen Bereich besteht.

Fraglich ist, was von dem Unterlassungsbegehren umfaßt sein kann. Abgesehen von zwingenden Regelungen iSd Art. 1.4 muß dabei zwischen der zu schützenden vertraulichen Information und allen sonstigen Informationen, mögen sie auch damit zusammenhängen, unterschieden werden.[1182] Ist beispielsweise nur als vertraulich eingestuft, daß ein Vertragspartner an einem bestimmten Projekt teilnimmt, so folgt daraus nicht, daß Informationen über das Projekt an sich geheimzuhalten wären.

Schwierigkeiten bringt eine Untersagung, bestimmte Informationen für eigene Zwecke zu nutzen. Denn dies stößt bei allen Informationen, welche sich nicht auf anwendbares Wissen sondern wirtschaftliche oder persönliche Verhältnisse bezieht, auf Grenzen. Beispielsweise könnte nur durch eine Mindestpreisbindung erreicht werden, daß mitgeteilte Preise von Wettbewerbern nicht benutzt werden. Hierdurch würde die Geschäftssphäre und Wettbewerbsfähigkeit stark beeinträchtigt, was nicht mit Treu und Glauben vereinbar ist.[1183] Da dieser Grundsatz aber die UNIDROIT-Principles vordringlich durchzieht und immer zu beachten ist und im übrigen Art. 2.16 auch nur eine besondere Ausprägung dieses Prinzips darstellt,[1184] ist die Grenze von Treu und Glauben auch bei einem Unterlassungsanspruch zu wahren.[1185]

Der Unterlassungsanspruch in bezug auf die nachvertragliche Vertraulichkeitspflicht steht also unter dem Vorbehalt von Treu und Glauben.

[1181] Kommentar zu den UNIDROIT-Principles, S. 54.

[1182] Vgl. *Kraßer, R.*, Grundlagen, S. 181.

[1183] Vgl. *Kraßer, R.*, Grundlagen, S. 182.

[1184] Vgl. Kommentar zu den UNIDROIT-Principles, S. 53: „...contrary to the principles of good faith...", worauf eine implizite Vertraulichkeitspflicht gestützt wird.

[1185] Vgl. die Kommentierung zu Art. 1.7, S. 16 et seq., aus welcher hervorgeht, daß dieser Grundsatz immer zu beachten ist. Vgl. auch im Schadensersatz Art. 7.2.2 b) und *Kraßer, R.*, Grundlagen, S. 182.

ab) Klage auf Schadensersatz

Die Möglichkeit, Schadensersatz bei Verletzung der Vertraulichkeitspflicht zu verlangen, wird ebenfalls durch Art. 2.16 bejaht. Der zweite Satz mit seiner besonderen Schadensersatzmöglichkeit macht klar, daß Art. 2.16 mit dem Rechtsbehelf der Artt. 7.4.1 et seq. verwirklicht werden kann.[1186]

Der Umfang der Schadensersatzpflicht wird dagegen nur angedeutet und bemißt sich nach den Regelungen der Artt. 7.4.1 et seq. Er kann davon beeinflußt werden, ob die Parteien ein non-disclosure-agreement hatten,[1187] in welchem dann auch die Folgen geregelt sein können. Schwieriger ist es, mit Art. 2.16 (2) umzugehen. Hiernach kann, wenn es „angemessen" ist, ein durch die Preisgabe von Information erlangter Vorteil vom Schadensersatzanspruch umfaßt sein. Angemessen ist dies, wenn je nach Fall festzustellen ist, ob Vorteile ohne die Information nicht erlangt worden wären.[1188]

Der ersatzfähige Schaden ist auch vom Inhalt der weitergegebenen Information abhängig. Bei der Verletzung einer Vertraulichkeitspflicht kann es um den Verlust eines Wettbewerbsvorteils gehen oder um einen Ansehensverlust etc.[1189] Die Erstattungsfähigkeit solcher Schäden richtet sich ebenfalls nach den Regelungen des 7. Kapitels. Dabei ist besonders zu beachten, daß Art. 7.4.2 II auch einen Ersatz anderer als wirtschaftlicher Schäden vorsieht. In Betracht kommt weiterhin eine Herausgabepflicht von Unterlagen.[1190]

b) Rechtsfolgen bei der Verletzung sonstiger nachvertraglicher Pflichten

Grundsätzlich sind für die Verletzung nachvertraglicher Pflichten die Regelungen des siebten Kapitels der UNIDROIT-Principles anzuwenden.[1191] Jedoch fragt es sich, ob Besonderheiten aufgrund der parallelen Herleitung zu den vorvertraglichen Pflichten bestehen. In Entscheidungen deutscher Gerichte, die diese Parallele zogen, wurden nachvertragliche Pflichten bezüglich der Rechtsfolgen unterschiedlich behandelt. Einige konnten mit einem Erfüllungsanspruch durchgesetzt werden, andere nicht, ebenso gab es Unterschiede in der Festsetzung des Haftungsumfangs auf das negative oder das positive Interesse.[1192]

[1186] Vgl. auch Kommentar zu den UNIDROIT-Principles, S. 54.

[1187] Vgl. Kommentar zu den UNIDROIT-Principles, S. 54.

[1188] Vgl. *Kraßer, R.*, Grundlagen, S. 183.

[1189] Vgl. *Kraßer, R.*, Grundlagen, S. 177.

[1190] Vgl. *Hauck, E.*, Wirtschaftsgeheimnisse, S. 16.

[1191] Vgl. auch *Strätz, H.-W.*, Nachwirkungen, FS Bosch, S. 1009.

[1192] Vgl. dazu *Bar, C. von*, Vertragspflichten, AcP 79, S. 454, mit Beispielen.

Die UNIDROIT-Principles unterscheiden zwar nicht zwischen Arten von Pflichten, so daß die allgemeinen Regeln anwendbar wären. Für Pflichtverletzungen außerhalb des Erfüllungszeitraums bei Anfechtung des Vertrages, Art. 3.18, und Verhandlungen in bösem Glauben, Art. 2.15, ist jedoch ausnahmsweise eine Beschränkung auf das negative Interesse vorgesehen.[1193] Es fragt sich daher, ob die untersuchten Pflichtverletzungen nur einen Ersatz des negativen Interesses nach sich ziehen oder voller Schadensausgleich verlangt werden kann. Dazu müßten Artt. 2.15 oder 3.18 erkennen lassen, daß sie nicht eine spezifische Situation regeln, sondern als allgemeine Regelungen für Pflichtverletzungen außerhalb des Erfüllungszeitraumes gelten können.

ba) Analoge Anwendung des Haftungsrahmens des Art. 3.18

Zunächst käme eine Anwendung des Haftungsumfanges des Art. 3.18 in Betracht. Dieser legt fest, daß bei Kenntnis des Anfechtungsrechtes unabhängig von einer tatsächlich erfolgten Anfechtung Ersatz des negativen Interesses verlangt werden kann.

Art. 3.18 steht in engem systematischen Zusammenhang mit den besonderen Regelungen über die Anfechtung. Er beschließt und bezieht sich inhaltlich auf sie. Es ist daher anzunehmen, daß er eine Spezialregelung für die Situation der Anfechtbarkeit eines Vertrages darstellt und nicht verallgemeinert werden kann. Unterstützt wird diese Annahme dadurch, daß die Kommentierung[1194] den Haftungsrahmen des Art. 3.18 ausdrücklich abhebt von dem „normalen" des Kapitels 4 und damit als Ausnahme kennzeichnet. Überdies ist Art. 3.18 anwendbar, wenn die Anfechtung gar nicht erfolgt. Er bezieht sich also nicht nur auf Situationen außerhalb des Vertragsrahmens sondern auch auf Situationen innerhalb eines geschlossenen und noch nicht erfüllten Vertrages. Art. 3.18 kann daher nicht als Sonderregelung für Pflichtverletzungen außerhalb des Erfüllungszeitraumes gesehen werden.

bb) Analoge Anwendung des Haftungsrahmens des Art. 2.15

Art. 2.15 steht im systematischen Zusammenhang mit dem Abschluß des Vertrages. Er regelt die besondere Ausprägung des Art. 1.7[1195] innerhalb dieses Zeitraums. Art. 2.16, welcher in der Kommentierung in diesem Zusammenhang ebenfalls angesprochen wird, trifft eine andere Bestimmung zum Haftungsumfang. Daher ist anzunehmen, daß Art. 2.15 eine Sonderregelung für das bösgläubige Verhalten bei den Vertragsverhandlungen als solche treffen will und nicht

---

[1193] Art. 2.15 und Kommentar zu den UNIDROIT-Principles, S. 51.

[1194] Kommentar zu den UNIDROIT-Principles, S. 87.

[1195] Vgl. Kommentar zu den UNIDROIT-Principles, S. 50.

verallgemeinerungsfähig ist. Zusätzlich gilt Art. 2.15 nicht nur für ein Abbrechen der Vertragsverhandlungen in bösem Glauben sondern auch für Fehlinformationen und absichtliches falsches Darstellen der Vertragsgrundlagen.[1196] Diese führen zur Anfechtbarkeit (etwa Art. 3.8) des Vertrages, welche aber nicht zwingend ist. Art. 2.15 gilt also auch für Situationen, in welchen ein Vertrag besteht. Er kann daher nicht als Sonderregelung für Pflichtverletzungen außerhalb des Erfüllungszeitraumes gesehen werden.

bc) Schlußfolgerung

Weder Art. 2.15 noch Art. 3.18 sind also Regelungen, die für eine Haftung außerhalb des Zeitraums der Vertragserfüllung verallgemeinert werden können. Im übrigen spricht Art. 2.16 gegen die Annahme, daß außerhalb des eigentlichen Vertragsverhältnisses eine Begrenzung der Haftung auf das negative Interesse zu bejahen ist. Er gilt nämlich auch für Fälle, in welchen gar kein Vertrag zustande kommt. Auch dann sind die Beteiligten zur Geheimhaltung vertraulicher Informationen verpflichtet und die Regeln des siebten Kapitels anwendbar. Daher bleibt es für die Verletzung von nachvertraglichen Pflichten grundsätzlich bei den allgemeinen Vorschriften.

9. Ende der nachvertraglichen Pflichten

Nachvertragliche Pflichten dürfen, da eine lebenslange Nachwirkung eines Vertrages schwerlich denkbar ist, nicht „endlos" bestehen. Der Zeitpunkt des „echten Vertragsendes" ist jedoch abstrakt schwer zu bestimmen.[1197]

Als Anhaltspunkt ist der Ansatz von Strätz[1198] einleuchtend: „Eine Schädigung ist dann nicht mehr als ein mit vertraglicher Haftung zu kompensierender Vertrauensbruch zu werten, wenn sie nicht mehr wegen der spezifischen, durch das Schuldverhältnis eröffneten erweiterten Zugriffsmöglichkeit, sondern wegen des allgemeinen Ausgeliefertseins des Einzelnen an schädliches Tun des Nächsten geschehen konnte." Solange die Haftung noch auf dem durch den Vertrag begründeten Vertrauensverhältnis der Parteien beruht, können noch nachvertragliche Pflichten bestehen.

[1196] Vgl. Kommentar zu den UNIDROIT-Principles, S. 50.

[1197] Vgl. *Strätz, H.-W.*, Nachwirkungen, FS Bosch, S. 1012, insbesondere Fn89.

[1198] *Strätz, H.-W.*, Nachwirkungen, FS Bosch, S. 1012.

D) TEIL 2 KAPITEL 3: OBJEKTIVE BEWEISLAST

Zuletzt soll ein Rechtsproblem als Beispiel für die Lückenergänzung gewählt werden, welches sowohl nicht zu den ausdrücklich geregelten Komplexen gehört, als auch als ein mehr oder weniger von den ausdrücklich geregelten Materien unabhängiger Rechtskomplex angesehen werden kann. Denn die objektive Beweislast stellt insofern einen Spezialfall dar, als sie eine eigenständige Rechtsfrage ist, aber nicht allgemein und unabhängig von den ausdrücklich geregelten Fragen behandelt werden kann. Es handelt sich hier um ein Beispiel für eine Lücke, die sowohl selbst zur Gesamtsystematik gehört, als auch von allgemeinen Grundsätzen bestimmt ist, die sich aus der Gesamtsystematik herleiten lassen.[1199]

1. Allgemeines

Richterinnen[1200] wenden Recht nur an, wenn sie davon überzeugt sind, daß bestimmte Tatsachen vorliegen.[1201] Die Notwendigkeit für eine Vertragspartei, diese Überzeugung herbeizuführen, wird unter dem Begriff „objektive Beweislast" gefaßt. Nationale Rechte stellen dabei unterschiedliche Anforderungen an den Grad der richterlichen Überzeugung.

Hierbei kann die Situation auftreten, daß die Beweisführung weder der einen noch der anderen Vertragspartei dazu ausreicht, eine richterliche Überzeugung zu ermöglichen. In diesem Fall entsteht ein sogenanntes „non-liquet", wobei die Beweiswürdigung zu keinem Ergebnis geführt hat.[1202] Das ergibt sich auch in einer Situation, in welcher beide Parteien gleichermaßen glaubwürdig ihre Beweise erbracht haben, so daß die Tatsachenlage weiterhin unklar bleibt.

Hier wäre es folgerichtig, daß die Richter mangels bewiesener Tatsachen keine Entscheidung träfen. Eine solche Rechtsverweigerung ist aber der Aufgabe der Gerichtsbarkeit nicht angemessen, eine Klärung zwischen den Parteien herbeizuführen. Vielfach ist sie auch unzulässig.[1203]

[1199] Vgl. Teil 1, VII., 1.d).

[1200] Pronomen und Bezeichnungen beziehen sich in dieser Arbeit auf beide Geschlechter. Mit der Bezeichnung Richter sind Schiedsrichter eingeschlossen.

[1201] Dies ist ein Grundsatz der Rechtsprechung, vgl. BGHZ 53, S. 245, 250; *Musielack, H.-J.*, ZPO, Rn414.

[1202] Denn es gilt das Grundprinzip, daß, was nicht als bewiesen gilt, auch nicht vorliegt, vgl. *Musielack, H.-J.*, ZPO, Rn414.

[1203] Vgl. Art. 6 EMRK; Art. 4 I frz. Code Civil; *Reinecke, G.*, Beweislastverteilung, S. 19; *Henninger, M.*, Beweislast, S. 9 et seq.; *Reimers-Zocher, B.*, Beweislastfragen, S. 20, 21; *Coester-Waltjen, D.*, Beweisrecht, Rn357 m.w.N.

Diese Arbeit soll nicht auf das Ansichtenspektrum zur Überwindung eines non-liquet eingehen.[1204] Es entsteht jedenfalls die Frage, welcher Vertragspartei dieses non-liquet zu Lasten gelegt wird, wem also die objektive Beweislast obliegt, und wie dennoch durch ein Urteil Rechtsgewißheit geschaffen werden kann.

Die objektive Beweislast ist in den UNIDROIT-Principles, wie auch in EKG und CISG, nicht durch eine ausdrückliche, entsprechenden nationalen Regelungen[1205] vergleichbare, konkrete Regelung verteilt. Daher stellt die Frage nach einer allgemeinen objektiven Beweislastregel eine Lücke iSd. Art. 1.6 II dar.

Wie es in ihren Vorgängern umstritten war,[1206] so ist es auch in den UNIDROIT-Principles fraglich, ob Regeln für die objektive Beweislast nach allgemeinen Grundsätzen ergänzt werden können. Im Gegensatz zu den oben bearbeiteten Lücken ergibt sich hier vor allem ein Problem bei der Eröffnung des sachlichen Anwendungsbereiches.

2. Begriff

„Beweislast" ist ein in verschiedener Funktion verwendeter Begriff.[1207] Hier soll ein bestimmtes Phänomen untersucht werden. Nicht zu der untersuchten „objektiven Beweislast" gehören die prozeßrechtlichen Regeln zur Beweisführung und sonstige prozeßrechtliche Fragen. In Anlehnung an die Begriffsverwendung im deutschen Recht soll mit „objektive Beweislast" nur erfaßt werden, zu wessen Lasten Richterinnen in einer unklaren Tatsachenlage (non-liquet) entscheiden.

Ist dafür eine allgemeine Regelung zu erkennen, so verteilt sie von Anfang an das Risiko der Beweislast zwischen den Parteien. Fraglich ist nun, ob sich eine solche konkrete Regel aus allgemeinen Grundsätzen der UNIDROIT-Principles herleiten läßt. Hier stellen sich zwei Probleme. Zum einen müßte die Lücke der objektiven Beweislast in den sachlichen Anwendungsbereich der UNIDROIT-Principles fallen, was im Gegensatz zu den oben angesprochenen Fragen deshalb besonders schwierig ist, weil die Lücke mit keinem geregelten Komplex

---

[1204] Vgl. dazu MK/Prütting, §286 ZPO Rn99; *Musielack, H.-J.*, ZPO, S. 19 et seq. Die rechtstheoretischen Erwägungen haben nichts mit der konkreten Beweislastverteilung zu tun (*Jung, R.*, Beweislastverteilung, S. 7; *Ryu, S.-H.*, Beweislast, S. 20).

[1205] Etwa Art. 1315 frz. Code Civil.

[1206] Vgl. ausführlich hierzu die Dissertationen von *Antweiler, C.*, Beweislastverteilung, *Henninger, M.*, Beweislast, *Reimers-Zocher, B.*, Beweislastfragen und *Jung, R.*, Beweislastverteilung.

[1207] Zur umfangreichen Problematik in diesem Bereich vgl. *Gottwald, P.*, Zivilprozeßrecht, S. 714 et seq.; *Henninger, M.*, Beweislast S. 19, 20.

der UNIDROIT-Principles zusammenhängt.[1208] Zum anderen wird sich zeigen, daß den UNIDROIT-Principles nur durch eine Untersuchung des Zusammenhangs zwischen materieller Regel und daraus folgender Beweislastregel letztere hergeleitet werden kann und nicht durch eine Anwendung „normaler" allgemeiner Grundsätze.

3. Sachlicher Anwendungsbereich

Es ist fraglich, ob die objektive Beweislast eine interne Lücke darstellt oder eine externe Lücke vorliegt und auf das anwendbare nationale Recht zurückgegriffen werden müßte. Zu den ungeregelten Materien iSd. Art. 3.1 gehört die objektive Beweislast ebenfalls nicht.

Zunächst könnte sich die sachliche Anwendbarkeit der UNIDROIT-Principles für diese Lücke aus dem Regelungszusammenhang mit einer ausdrücklich erfaßten Materie ergeben. Dies ist für die objektive Beweislast nicht der Fall. In einem zweiten Schritt lassen eventuell Einzelregelungen auf die „Mitregelung" der objektiven Beweislast schließen. Hier kommen Art. 1.2 und Art. 7.1.7 in Betracht. In Art. 1.2 gibt es eine dem Art. 11 CISG vergleichbare Regelung über die Beweisführung durch Zeugen. Dieser Hinweis auf zulässige Beweismittel hat aber mit der objektiven Beweislast nichts zu tun. Art. 7.1.7 spricht die objektive Beweislast an. In der Situation der force majeure hat die nicht erfüllende Partei nachzuweisen, daß ihre Nichterfüllung auf Umständen beruht, welche nicht in ihren Einflußbereich fallen. Eine allgemeine Regel kann daraus nicht entnommen werden, da hier ausdrücklich eine spezielle Situation angesprochen wird, vielmehr ist eine weitere Untersuchung des Art. 7.1.7 notwendig.[1209] Daher ist nicht deutlich erkennbar, ob die objektive Beweislast in den sachlichen Anwendungsbereich der UNIDROIT-Principles aufgenommen ist. Will man die objektive Beweislast unter den sachlichen Anwendungsbereich der UNIDROIT-Principles fassen, sind daher umfangreichere Untersuchungen nötig. Zunächst soll dabei dargestellt werden, warum diese Frage (vorbehaltlich der tatsächlichen Herleitung der materiellen Regel) als interne Lücke anzusehen ist, und dann auf mögliche Gegenargumente eingegangen werden.

a) Objektive Beweislast als interne Lücke

Es gibt bei den UNIDROIT-Principles keinen „Positivkatalog" iSd. Art. 4 CISG, welcher ihren sachlichen Anwendungsbereich bestimmt. Viele Fragen sind nicht

---

[1208] Der Zusammenhang mit den verschiedenen Kapiteln der UNIDROIT-Principles ist normalerweise Anhaltspunkt für eine sachliche Anwendbarkeit. Die Fragen zum Rückgewährschuldverhältnis hängen mit Art. 7.3.6 zusammen, die Fragen zu den postvertraglichen Pflichten mit dem Komplex „Vertragspflichten".

[1209] Es wird sich herausstellen, daß Art. 7.1.7 jedoch die allgemeine Regel widerspiegelt.

ausdrücklich geregelt, dennoch sollen sie durch extensive Auslegung des Art. 1.6 II[1210] wann immer möglich mit den UNIDROIT-Principles selbst gelöst werden. Eine Ablehnung der Lückenergänzung durch eine vorzeitige Beschränkung des sachlichen Anwendungsbereiches würde diesem Ziel zuwiderlaufen. Vielmehr ist also nach der Intention der UNIDROIT-Principles davon auszugehen, daß nicht geprüft werden soll, ob sie anwendbar, sondern ob sie gerade ausnahmsweise nicht anzuwenden sind.[1211]

Aus diesem Grund sollte bei der Lücke objektive Beweislast nicht voreilig auf nationales Recht zurückgegriffen werden. Vielmehr ist zu untersuchen, ob dieses Thema mit dem Inhalt der UNIDROIT-Principles so zusammenhängt, daß sich eine Anwendung nicht ausschließt.

Es könnte sich eine implizite Mitregelung durch die Systematik der UNIDROIT-Principles ergeben. Dies liegt aufgrund eines grundsätzlichen Verständnisses des Themas objektive Beweislast nahe. Nach einer verbreiteten Annahme[1212] gehört die objektive Beweislast direkt zur der materiellen Norm, deren Rechtsfolgen bewiesen werden sollen. Sie sei so eng mit der Tatsachenregel als solcher verbunden, daß sie hier mitgeregelt sei. Diese Annahme muß nun überprüft werden.

aa) Vorarbeiten der UNIDROIT-Principles und Behandlung in CISG und EKG

Zunächst könnten die Motive und Materialien der UNIDROIT-Principles zeigen, ob die Frage der objektiven Beweislast als geregelt gilt. Eine ausdrückliche Regelung der Beweislast wurde nicht aufgenommen. In den Vorarbeiten wurde aber bezüglich mancher Regelungen besprochen, bei wem die Beweislast bezüglich ihrer Voraussetzungen liege.[1213] Dabei wurde nicht darauf abgestellt, daß die objektive Beweislast etwa außerhalb des Regelungsbereiches der UNIDROIT-Principles liege, offenbar wurde vielmehr vorausgesetzt, daß sie den materiellen Regeln der UNIDROIT-Principles folge.

Im weiteren kann auch auf die Materialien zum Vorläufer der UNIDROIT-Principles, der CISG, zurückgegriffen werden. Hier zeigt die Entstehungsgeschichte, daß eine Verteilung der objektiven Beweislast in den Diskussionen bedacht wurde. Allerdings wurde eine Regelung kontrovers diskutiert.[1214]

[1210] Kommentar zu den UNIDROIT-Principles, S. 15: „...whenever possible...within the system of the principles...“.

[1211] Vgl. auch Kommentar zu den UNIDROIT-Principles, S. 14-16.

[1212] Vgl. *Jung, R.*, Beweislastverteilung, S. 35.

[1213] *Studies Unidroit* 87, P.C. Misc. 11, S. 13 bezüglich des angemessenen Preises; *Studies Unidroit* 87, P.C. Misc. 10, S. 3 bezüglich der Nichterfüllung; *Studies Unidroit* 87, P.C. Misc. 10, S. 8 et seq.

[1214] Siehe näher bei *Antweiler, C.*, Beweislastverteilung, S. 58 et seq.

Teilweise muß angenommen werden, daß die Delegationen davon ausgingen, daß die objektive Beweislast einheitlich beurteilt werden würde, etwa wenn sie Anträge auf ausdrückliche Regelungen für überflüssig hielten.[1215] Dies spricht für eine Anwendung des einheitlichen Rechtes, also der CISG, auf diese Frage. Wenn die objektive Beweislast unter den geregelten Bereich der CISG fiel, so liegt eine solche Schlußfolgerung auch für die UNIDROIT-Principles nahe.

ab) Die Regelung des Art. 7.1.7

Da die objektive Beweislast in den UNIDROIT-Principles allein in Art. 7.1.7 angesprochen ist, bietet sich diese Regelung für eine Analyse auf einen Grundsatz bezüglich einer allgemeinen Beweislastregel an.

In Art. 7.1.7 ist die Beweislast mit enthalten. Daher bieten sich (ähnlich wie bei Art. 79 CISG) zwei Schlußfolgerungen an. Zunächst könnte Art. 7.1.7 eine Ausnahme darstellen, während generell die Beweislast nicht geregelt sein sollte. Oder er ist Ausdruck eines allgemeinen Grundsatzes, der nur hier ausdrücklich deutlich wird. Trifft zweitere Vermutung zu, so läßt das Vorhandensein eines allgemeinen Grundsatzes nicht nur darauf schließen, daß der sachliche Anwendungsbereich eröffnet ist, sondern es ist auch der Weg zu einer Herleitung einer allgemeinen Beweislastregel offen.
Die Kommentierung geht nicht auf die Besonderheit des Art. 7.1.7 bezüglich der Beweislast ein.[1216] Daher liegt es nahe, daß sich hier an den Vorgänger CISG angelehnt wurde, ohne der Regel einen neuen Inhalt geben zu wollen. In der Literatur zu Art. 79 CISG zeigt sich, daß zwar die Materialien ebenfalls die „Ausnahme" der Beweislastregelung nicht kommentieren, die Vorarbeiten zur CISG aber darauf schließen lassen, daß Art. 79 keine Ausnahme sein soll. Es wurde bei vielen Artikeln bezüglich der Beweislast kommentiert,[1217] und dies wäre nicht einsichtig, wenn Art. 79 CISG eine Ausnahme sein und sonst die Beweislast außer Acht gelassen werden sollte. Gleiches gilt für Art. 7.1.7 der UNIDROIT-Principles. Bei der entsprechenden Sitzung wurde lediglich eine ausdrückliche Regelung gewünscht, weiter auf die allgemeine Behandlung der Beweislast aber nicht eingegangen.[1218] Auch gibt es verschiedene Einheitsrechte (EKG und UCC),[1219] in denen ebenfalls nur eine ausdrückliche Beweislastverteilung zu finden ist. Damit wird aber noch nicht angedeutet, daß ansonsten die Frage der objektiven Beweislast einem anderen Recht überlassen werden soll-

---

[1215] So etwa den ägyptischen Vorschlag zu Art. 25 CISG, vgl. bei *Antweiler, C.*, Beweislastverteilung, S.58.

[1216] Vgl. Kommentar zu den UNIDROIT-Principles, S. 169-171.

[1217] Vgl. Teil 2, Kapitel 3, 3.aa)

[1218] *Studies Unidroit* 87, P.C. Misc. 10, S. 3.

[1219] Art. 74 EKG, §2-607(4) UCC.

te.[1220] Wenn Art. 7.1.7 also nicht automatisch als Ausnahme zu sehen ist, so fragt es sich, wieso dann hier ausdrücklich die Beweislast geregelt sein könnte. Es liegt nahe, den Grund in der praktischen Bedeutung der force majeureRegelungen zu sehen. Die UNIDROIT-Principles (und auch die CISG) haben an sich ein System der Garantiehaftung, sogar des Erfüllungszwanges. Wenn dieser Grundgedanke nicht eingreifen soll, muß eine besondere Entschuldigung vorliegen, wie das bei force majeure der Fall ist. Art. 7.1.7 istellt eine solche Ausnahme zur allgemeinen Erfüllungspflicht dar. Art. 79 CISG mit seinen hohen Anforderungen an die force majeure ist in besonderem Maße als Ausnahme zur Erfüllungspflicht zu sehen. Wenn die Erfüllungspflicht ein Grundsatz der UNIDROIT-Principles ist, so hat es große Bedeutung für die Vertragsparteien, wann und wie genau die besondere Entschuldigung der force majeure eingreifen soll. Diese Regel ist in besonderem Maße auf Eindeutigkeit angewiesen, damit die Vertragsparteien von vornherein wissen, in welchem Maße sie mit einer unbedingten Erfüllungspflicht, ggf. Schadensersatz, rechnen können. Daher ist anzunehmen, daß Art. 7.1.7 keine Ausnahme bezüglich der materiellen Beweislastregel sein soll, sondern vielmehr ausnahmsweise die Beweislast ausdrücklich geregelt wird, um der besonderen Bedeutung des Art. 7.1.7 gerecht zu werden. Art. 7.1.7 stellt also keine Ausnahme dar, aus der sich ergäbe, daß die objektive Beweislast ansonsten aus den UNIDROIT-Principles ausgeschlossen werden sollte. Daher ist anzunehmen, daß sie zum sachlichen Anwendungsbereich gehört.

ac) Objektive Beweislast als Teil der Tatsachenregelung

Das Hauptargument in der Diskussion um die objektive Beweislast, sowohl zur Herleitung einer Regel als auch bezüglich des sachlichen Anwendungsbereiches, ist die besondere Verbundenheit der objektiven Beweislast mit der materiellen Rechtsnorm.
Eine „klassische“ materielle Rechtsvorschrift enthält einen Tatsachenteil und eine Rechtsfolge. Andere Regelungen nennen Tatsachen, welche Rechtsfolgen in anderen Regelungen beeinflussen. Die richterliche Überzeugung vom Vorliegen dieser Tatsachen bestimmt dann, ob die vorgesehenen Rechtsfolgen eintreten können.

Auch die UNIDROIT-Principles sind in weiten Teilen so angelegt, daß bestimmte Tatsachen eine bestimmte Rechtsfolge auslösen.[1221] Daher wird etwa in der Literatur anerkannt, daß beispielsweise Art. 2.11 II als „Ausnahme“ zu Art. 2.11 I gedacht ist.[1222] In anderen Regelungen geht es um Pflichten der Partei-

[1220] Vgl. *Henninger, M.*, Beweislast, S. 164 zum Art. 79 CISG.

[1221] Z.B. Art. 2.3, 3.12 und andere.

[1222] *Bonell, M.J.*, Restatement, S. 120 Fn36.

en,[1223] deren Nichterfüllung die Regeln des siebten Kapitels eingreifen lassen. Diese Vorschriften sind daher ein Beispiel für solche, deren Rechtsfolgen von Tatsachenvoraussetzungen anderer Regelungen abhängen.

Es wird deutlich, daß ein logischer Zusammenhang zwischen beweisbedürftiger Tatsache und Rechtsfolge besteht. Rechtsfolgen beziehen sich unmittelbar auf beweisbedürftige Tatsachen des gleichen Regelungssystems.
Diese beweisbedürftigen Tatsachen sind auf eine bestimmte Weise im Gesetz konstruiert, die häufig als „Regel/Ausnahmegrundsatz“ bezeichnet wird. Es wird eine Systematik hergestellt, in welcher von „Regeltatsachen“ ausgegangen wird, zu denen „Ausnahmetatsachen“ formuliert werden. Einzelne Artikel sind in sich eine „Regel“, für die dann später eine „Ausnahme“ in der gleichen Norm vorkommt.[1224]

„Regeln“ und „Ausnahmen“ haben dann in einem zweiten Schritt einen Zusammenhang mit der eintretenden *Rechtsfolge*. Bei Vorliegen der Regeltatsachen tritt sie ein, um bei Vorliegen der Ausnahmetatsachen wieder zu entfallen. Es muß davon ausgegangen werden, daß die Formulierung von Rechtsnormen nicht zufällig geschieht. Wenn also eine Rechtsnorm als „Regel“ formuliert wird, so muß davon ausgegangen werden, daß die „Ausnahmen“ bewußt gewählt sind und der Gesetzgeber überlegt handelt.[1225]

Wenn durch den Gesetzgeber eine Regel/Ausnahmeformulierung gewählt wird, wird damit gleichzeitig angedeutet, daß, wenn es um die objektive Beweislast geht, zunächst die Regel überzeugend dargelegt werden muß (ohne Regel keine Ausnahme), um dann von der Ausnahme zu überzeugen. Die materielle Norm enthält also durch die Regel/Ausnahmeformulierung bereits eine Entscheidung darüber, welche Tatsachen als Regel den „Vorrang“ genießen. Dadurch wird auch die objektive Beweislast verteilt. Denn wenn eine Überzeugung von dem Regeltatbestand gegeben ist, wird eine beweispflichtige Partei gesonderte Anstrengungen leisten müssen, damit die Überzeugung von einem Ausnahmetatbestand eingreifen kann.[1226]

Da die Richterin eine Norm nur anwendet, wenn sie von deren Voraussetzungen überzeugt ist, liegt der Nachteil der Nichtanwendung bei der Partei, die von der

---

[1223] Beispielsweise Art. 5.4 (duty of best efforts).

[1224] Als Beispiel soll Art. 2.4 (Widerruf eines Angebots) dienen. Regel ist, daß ein Angebot frei widerruflich ist (2.4. I), Ausnahme, daß es unter Umständen bindend ist (Art. 2.4. II).

[1225] Vgl. auch *Reimers-Zocher, B.*, Beweislastfragen, S. 133, und die Diskussionen in den Vorarbeiten zu den UNIDROIT-Principles.

[1226] Vgl. *Leipold, D.*, Beweismaß, S. 24, BGHZ 53, S. 245, 250; *Esser, J.*, Grundsatz und Norm, S. 116.

Anwendung abhängt. Logisch folgt daraus eine bestimmte Beweislastverteilung.[1227] Da dies dem Gesetzgeber bewußt sein muß, ist davon auszugehen, daß zumindest mit der Regelung der „Ausnahmen“ intendiert wird, derjenigen Partei, welche sich auf die Ausnahmen berufen will, eine größere Schwierigkeit in den Weg zu legen, die sich in der objektiven Beweislastverteilung widerspiegelt. Die konkrete Tatsachenregelung kann also nicht von der Beweislast getrennt werden. Daher gehört die objektive Beweislast zu dem materiellen Rechtssystem, das die Tatsachenregelung liefert.

Auch funktionell ist dies einleuchtend. Da die objektive Beweislast dem Richter ermöglicht, eine Rechtsfolge im Falle der non-liquet Situation zu bestimmen, folgt ihr die die richterliche Entscheidung unmittelbar.

Sie ist daher materielles Recht ad decisionem und ordnet nicht lediglich den Prozeßhergang ad ordinem litis.

Aus diesen Gründen ist auch in der Literatur zu verschiedenen Gesetzeswerken anerkannt, daß es diese Regel/Ausnahmetatsachenformulierung ist, welche eine implizite Mitregelung der objektiven Beweislast darstellt.[1228] Ob dies über die gesetzgeberische Entscheidung als Gewohnheitsrecht oder Sachprinzip[1229] oder über die Nichtanwendbarkeit einer Norm als solcher[1230] erreicht wird, hat dieselbe Bedeutung. Etwa auch in der CISG werden Regelungen deshalb kritisiert, weil sie eine bestimmte Verteilung der objektiven Beweislast bewirken, und dann genauer diskutiert.[1231] Dies ist ein Zeichen dafür, daß hier ebenfalls angenommen wird, daß mit der materiellen Regel die objektive Beweislast unmittelbar verteilt wird. Die Tatsachenregel kann mithin nicht von der objektiven Beweislastverteilung getrennt werden.[1232] Folgerichtig entnehmen verschiedene Urteile zu EKG und CISG, ohne grundsätzliche Erwägungen anzustellen, der materiellen Regelung die objektive Beweislast.[1233]

1227 Vgl. BGHZ 53, S. 245, 250; BGH LM §559 Nr.8.

1228 Vgl. *Prütting, H.*, Beweislast, S. 302; *Neumayer, K./Ming, C.*, Kommentar, Art.4, Nr.13; Bonell/Bianca/Will, Art. 25 Rn2.2.1; *Mertens, H.-J./Rehbinder, E.*, Internationales Kaufrecht, Art. 6 Rn6; Art. 8 Rn10; *Riese, O.*, Haager Konferenz, RabelsZ 65, S. 1, 18; *Gottwald, P.*, Zivilprozeßrecht, S. 718; *Leipold, D.*, Beweismaß, S. 19; *Jung, R.*, Beweislastverteilung, Fn205 m.w.N.; McCormick, On Evidence, §337, S. 951. A.A. Bonell/Bianca/Khoo, Art. 2 Rn3.2; *Ryu, S.-H.*, Beweislast, S. 20 et seq.

1229 Vgl. *Leipold, D.*, Beweismaß, S. 17 et seq.

1230 Vgl. *Gottwald, P.*, Zivilprozeßrecht, S. 717 et seq.

1231 So zu Art. 25 CISG O.R. Band 2, S. 238-239, 295-298.

1232 *Henninger, M.*, Beweislast, S. 155, bezeichnet sie konsequent als „Siamesische Zwillinge“. Vgl. auch *Gottwald, P.*, Zivilprozeßrecht, S. 722.

1233 Z.B. OLG Düsseldorf, NJW-RR 88, S. 180, 181.

Da somit die objektive Beweislast ein Teil der materiellen Regelung ist, gehört sie zum sachlichen Anwendungsbereich der UNIDROIT-Principles.

ad) Widerlegliche gesetzliche Vermutungen

Oben genannter Zusammenhang der objektiven Beweislast mit der Tatsachenregel wird noch deutlicher, wenn man die Bedeutung widerleglicher gesetzlicher Vermutungen bedenkt. Dazu gehören Art. 5.7 („ ... wird mangels gegenteiliger Anhaltspunkte vermutet ... “) und Art. 6.1.4 II („ ... sind verpflichtet ... außer, wenn die Umstände etwas anderes ergeben ... “). Widerlegliche gesetzliche Vermutungen sind besonderer Ausdruck dafür, daß der Gesetzgeber eine bestimmte Tatsache „annehmen“ und nur unter besonderen Umständen davon abgehen möchte. Sie stellen eine Entscheidung für eine bestimmte „Normalrechtsfolge“ dar, von welcher ausgegangen werden soll. Es wird ein Sachverhalt vermutet, ohne daß es dafür eines besonderen Beweises bedarf.

Es darf unterstellt werden, daß der Gesetzgeber dann auch wollte, daß diese Rechtsfolgen normalerweise eintreten und es bewußt war, daß für die Widerlegung der gesetzlichen Vermutung wieder die „besondere Arbeit“ der anderen Partei nötig ist. Dann ist wiederum davon auszugehen, daß hier die objektive Beweislast berücksichtigt und mit verteilt wurde.
Wollte man die objektive Beweislast generell dem nationalen Recht überlassen, wäre die Formulierung gesetzlicher Vermutung in den UNIDROIT-Principles nicht nötig. Denn wenn das Unaufklärbarkeitsrisiko in einem Fall der (in den UNIDROIT-Principles existierenden) gesetzlichen Vermutung durch das nationale Recht gerade nicht zugunsten der Partei verteilt wird, der die gesetzliche Vermutung dienen sollte, so liefe die materielle Regel der UNIDROIT-Principles leer. Daher wird auch in anderen Rechten die besondere Konstruktion der gesetzlichen Vermutung gleichzeitig als Beweislastsonderregel gesehen.[1234] Da aber die Beweislast ausdrücklich nicht angesprochen wird, wird von einer impliziten Regelung ausgegangen.[1235] Da die UNIDROIT-Principles gesetzliche Vermutungen enthalten, spricht dies für die sachliche Anwendbarkeit der UNIDROIT-Principles für die objektive Beweislast.

ae) Internationales Privatrecht

Auch das IPR verschiedener Staaten sieht die objektive Beweislast offenbar als Teil des materiellen Rechts. Dies erkennt man daran, daß sie der lex causae unterstellt wird.[1236]

[1234] So *Henninger, M.*, Beweislast, S. 166.

[1235] Vgl. auch *Antweiler, C.*, Beweislastverteilung, S. 69 et seq.

[1236] Vgl. *Kegel, G.*, Internationales Privatrecht, S. 6; *Schack, H.*, ZivilverfahrensrechtRn674; *Coester-Waltjen, D.*, Beweisrecht, S. 283 Fn1195 (m.w.N.).

Ist die Beweislast aber ein Teil des materiellen Rechtes, so würde sie bei einer Anwendbarkeit der UNIDROIT-Principles ihnen unterfallen.

af) Rechtssicherheit

Neben den obengenannten systematischen und sprachlichen Gründen im „Regel/Ausnahmesystem" sind es auch grundsätzliche Erwägung zur Rechtssicherheit und Rechtsvereinheitlichung, welche es angezeigt erscheinen lassen, die objektive Beweislast als Teil der UNIDROIT-Principles zu sehen.
Die Rechtssicherheit ist bei allen Rechtsverhältnissen von großer Bedeutung, im internationalen Handel, wo große finanzielle Risiken eingegangen werden, darf sie nicht unterschätzt werden.[1237] Auch sind die UNIDROIT-Principles, da sie keine Konvention sind, auf die Akzeptanz durch den internationalen Handelsverkehr angewiesen, so daß sie ein hohes Maß an Rechtssicherheit bieten sollten.
Ginge man aber davon aus, daß die Beweislastregeln von den UNIDROIT-Principles nicht erfaßt sind, so käme je nach Forum ein anderes nationales Recht zur Anwendung (sei es die lex fori oder die nach IPR berufene Rechtsordnung). Dies brächte die Unsicherheit mit sich, daß erstens die Parteien sich nicht mehr auf das Recht verlassen könnten (die UNIDROIT-Principles), welches sie gewählt haben, sondern sich auf ein anderes Recht einstellen müßten. Zweitens wäre es unter Umständen nicht einmal vom Vertragsschluß an klar, welches dies wäre. Damit bestünde dannvom Vertragsschluß an Unsicherheit, wer die Beweislast für die verschiedenen Tatsachennormen der UNIDROIT-Principles trägt. Die Beweislast beeinflußt im Falle eines non-liquet entscheidend den Prozeßausgang. Um das im internationalen Handel notwendige Maß an Rechtssicherheit zu erreichen, muß aber von Anfang an bekannt sein, wie ein eventueller Prozeß in der Regel ausgehen wird. Das Prozeßrisiko muß einschätzbar bleiben. Dies ist gewährleistet, wenn die objektive Beweislast dem von den Parteien gewählten Recht entnommen wird.

ag) Vereinheitlichungsgedanke

Die UNIDROIT-Principles haben es sich in deutlicher Weise[1238] zum Ziel gesetzt, so weit wie nur irgend möglich einheitliche Regeln für den internationalen Handelsverkehr aufzustellen. Sie sollen allgemeine Grundprinzipien sein, die auch allgemein in gleicher Weise *angewandt* werden, was nicht gewährleistet

[1237] Zur Bedeutung der Rechtssicherheit im internationalen Handel siehe *Grigera Naón, H.*, UN-Convention, Transnational Law, S. 89, 92.

[1238] Vgl. etwa Kommentar zu den UNIDROIT-Principles, S. 14, 15.

wäre, hingen ihre Rechtsfolgen von verschiedenen Beweislastsystemen ab.[1239] Die Intention der UNIDROIT-Principles, ihre einheitliche Anwendung zu fördern,[1240] kann also nur erreicht werden, wenn auch der Eintritt der vorgesehenen Rechtsfolgen nicht von nationalen Rechten abhängig, sondern die objektive Beweislast als Teil des materiellen Rechtes von den UNIDROIT-Principles selbst erfaßt ist.[1241]

ae) Schlußfolgerung

Die objektive Beweislast fällt in den sachlichen Anwendungsbereich der UNIDROIT-Principles, da sie in Art. 7.1.7 nicht nur ausnahmsweise angesprochen und systematisch mit der materiellen Rechtsregel verbunden ist.

b) Argumente gegen die Einordnung der objektiven Beweislast als interne Lücke

Bevor die Lückenergänzung nach allgemeinen Grundsätzen unternommen wird, soll aber noch auf einige Argumente der Gegenmeinung eingegangen werden. Ähnlich wie hier vertreten ordnet die Mehrheit der Literaturstimmen die objektive Beweislast als interne Lücke der CISG ein.[1242] Es gibt jedoch auch Gegenstimmen.[1243]

ba) Art. 7.1.7 force majeure

Wie von den Befürwortern der Miteinbeziehung der objektiven Beweislast in das Einheitsrecht wird die Vorschrift über force majeure auch von den Gegnern dieser Ansicht als Anhaltspunkt für die Behandlung dieser Frage genommen. Hier wird Art. 79 CISG (der dem Art.7.1.7 entspricht) als Ausnahme gesehen, die anzeige, daß ansonsten die objektive Beweislast nicht geregelt sein sollte.

1239 Vgl. Kommentar zu den UNIDROIT-Principles, S. 15. Vgl. auch *Firsching, K./Hoffmann, B. von,* Internationales Privatrecht, §3 Rn188, sinngemäß: Ohne einheitliche Anwendung kein einheitliches Recht.

1240 Art. 1.6 I; Kommentar zu den UNIDROIT-Principles, S. 3, 15.

1241 Vgl. *Neumayer, K./Ming, C.*, Kommentar, Art. 4 Nr.13.

1242 *Neumayer, K./Ming, C.*, Kommentar, Art.4 Nr.13; Bonell/Bianca/Will, Art. 25 Rn2.2.1; *Mertens, H.-J./Rehbinder, E.*, Internationales Kaufrecht, Art. 6 Rn6; Art. 8 Rn10; *Caemmerer, E. von*/Schlechtriem, P./Huber, Art. 45 Rn18; wohl *Karollus, M.*, UN-Kaufrecht, S. 120, 121; O.R. S. 346, Art. 37 Nr.14.

1243 Bonell/Bianca/Khoo Art. 2 Rn3.2; Vorauflage *Caemmerer, E. von*/Schlechtriem/Huber/ Art. 46 Rn18a-c, jetzt aufgegeben. Außerdem wohl die internationale Handelskammer Paris, J.D.I. 1993, S. 1040, welche auf einen Fall, welcher der CISG unterlag, bezüglich der Beweislast den Code Civil anwandte.

Dafür ergab sich aus den Vorverhandlungen zur CISG kein Anhaltspunkt[1244] und auch im übrigen überzeugt dieses Argument nicht.[1245]

bb) Nichtregelung von Beweis- und Verfahrensfragen

Das Hauptargument der Gegenmeinung ist, daß die CISG (und gleiches wäre auch für die UNIDROIT-Principles anzunehmen) keine Regelung zu Beweis- und Verfahrensregeln treffe und daher diese Fragen sämtlich aus dem Anwendungsbereich herausfielen. In der Tat ist das Verfahren grundsätzlich nach internationalem Zivilprozeßrecht der lex fori zu unterstellen.[1246] Es ist kein Teil des Einheitsrechtes.[1247] Aber schon der Ansatzpunkt der Gegenmeinung ist zweifelhaft. Denn nach häufig anzutreffender und auch hier vertretener Ansicht ist die objektive Beweislast trotz ihrer Bezeichnung kein Teil des Prozeßrechtes sondern des materiellen Rechtes, wie schon dargelegt wurde. Dies kann man auch rechtsvergleichend erkenen.

bba) Vorarbeiten

Aus den Vorarbeiten zu den UNIDROIT-Principles geht nicht hervor, daß die objektive Beweislast aus dem Anwendungsbereich ausgeschlossen sein sollte, vielmehr ist das Gegenteil der Fall.[1248]

Die Vorarbeiten zur CISG könnten zeigen, daß die objektive Beweislast zum nicht geregelten Beweis- und Verfahrensrecht gehören sollte. Einzelne Regelungen der CISG wurden bezüglich ihrer Auswirkung auf die objektive Beweislast kritisiert und daraufhin genauer diskutiert.[1249] Wäre letztere ein Teil des nicht geregelten Verfahrensrechtes, hätte man die Diskussion nicht führen müssen. Daher überrascht es, daß bei anderen Anträgen auf die Nichtregelung von Verfahrensrecht verwiesen wurde.[1250] Die Beweislast scheint also uneinheitlich beurteilt worden zu sein. Aussagen einzelner Delegierten ist dabei nicht notwendigerweise eine Mehrheit zu entnehmen.[1251] Insgesamt bleibt ein unsicheres Bild,

---

[1244] Vgl. *Jung, R.*, Beweislastverteilung, S. 25.

[1245] Vgl. die Ausführungen zu Art. 7.1.7 unter Teil 2, Kapitel 3, 3.ab)

[1246] Dazu vgl. etwa *Kropholler, J.*, Internationales Privatrecht, §65 IV (der die objektive Beweislast funktionell aber materiellrechtlich qualifiziert, §17 I).

[1247] Vgl. statt aller *Kropholler, J.*, Internationales Privatrecht, §65 IV.

[1248] Vgl. unter Teil 2, Kapitel 3, 3.aa).

[1249] So zu Art. 25 CISG, vgl. Antweiler, S.58.

[1250] Z. B. O.R. S. 346, Art. 37 Nr.14, S. 297 Nr.17.

[1251] *Honnold, J.*, Uniform Law, S. 119 Rn91(b): „Of course, a statement by one delegate does not establish a prevailing viewpoint and silence following a statement does not establish assent."

weshalb sich aus den Vorarbeiten der CISG zu dieser Frage keine eindeutige Annahme herleiten läßt. Allein die Vorarbeiten rechtfertigen also nicht die Meinung, die objektive Beweislast gehöre nicht zum sachlichen Anwendungsbereich der CISG.[1252]

bbc) Objektive Beweislast ist kein Verfahrensrecht

Das Prozeßrecht ist kein Teil des Anwendungsbereiches des Einheitsrechtes. Dazu gehört etwa die Beweisführung im Prozeß.

Die objektive Beweislast ist aber Recht ad ordinem litis und auch kein Teil des von den Vertretern der Gegenmeinung offenbar in diesem Zusammenhang angesprochenen Beweisrechtes. Im Zivilrechtskreis wird die objektive Beweislast materiell qualifiziert.[1253] Im anglo-amerikanischen Rechtskreis ist dies nicht ohne weiteres festzustellen. Es bedarf einer eingehenderen Betrachtung des „Law of Evidence". Dieses gehört generell dem Prozeßrecht an und enthält hauptsächlich Regelungen zulässiger Beweismittel. Die objektive Beweislast, die „burden of persuasion" oder „burden of proof" dagegen wird anders behandelt. Sie untersteht schon nicht automatisch dem „Law of Evidence" und unterscheidet sich funktionell von den prozeßrechtlichen Regelungen dieses Rechtsgebietes. Die burden of persuasion ist der Teil, welcher zur Überwindung der nonliquet Situation dient. Auch im anglo-amerikanischen Rechtskreis gehört sie nicht zum Prozeßrecht. Somit ist materiellrechtlich zu qualifizieren.[1254]

Die objektive Beweislast ist also aus grundsätzlichen und rechtsvergleichenden Erwägungen nicht als Prozeßrecht (ad ordinem litis) sondern als materielles Recht (ad decisionem) zu sehen.

bc) Praktische Probleme bei der Nichtanwendung der UNIDROIT-Principles auf die Frage der objektiven Beweislast

Da bezüglich der untersuchten Lücke besonders der sachliche Anwendungsbereich problematisiert wird, soll hier darauf eingegangen werden, welche praktischen Probleme sich bei der Einordnung der objektiven Beweislast als externe Lücke ergäben. Zwei Rechtsordnungen könnten mangels Anwendbarkeit der UNIDROIT-Principles zum Zuge kommen: Die lex fori und das nach internationalem Privatrecht anwendbare Recht. Beides ist schon wegen der Verknüpfung

---

[1252] Zum gleichen Ergebnis kommt nach eingehenderer Analyse *Henninger, M.*, Beweislast, S. 179-181.

[1253] Siehe ausführlicher *Antweiler, C.*, Beweislastverteilung, S. 65 et seq. Vgl. auch Art. 32 III (1) EGBGB, Art. 14 I EuGVÜ.

[1254] Dies sei nur kurz zusammengefaßt. Eingehender *Antweiler, C.*, Beweislastverteilung, S. 65-69; *Jung, R.*, Beweislastverteilung S. 37, 38.

von Tatsachenregel und objektiver Beweislast nicht angemessen,[1255] soll aber dennoch hypothetisch dargestellt werden.

bca) Probleme bei der Anwendung der lex fori

Bei Anwendung der lex fori wäre es eine Frage des Forumsstaates, welche materiellen Regeln herangezogen würden. Die Regelungen, welche die objektive Beweislast verteilen, sind international nicht einheitlich. Die unerwünschten Folgen bezüglich der Rechtssicherheit wurden bereits erwähnt.[1256]
Zusätzlich ergäbe sich die Schwierigkeit, daß in solchen Staaten, wo die objektive Beweislast aus den materiellen Regelungen zum Vertragsrecht entnommen wird, hier andere materielle Regelungen die objektive Beweislast lieferten als die, die den Vertrag regeln sollten (nämlich die UNIDROIT-Principles).
Dies entspräche nicht dem Willen der Parteien, daß ihr Rechtsverhältnis von den UNIDROIT-Principles geregelt werden soll. Überdies könnte es vorkommen, daß die objektive Beweislastverteilung in einer Rechtsfrage strittig ist, die so in dem berufenen nationalen Recht gar nicht existiert. Hier wird dann vorgeschlagen, nur die „Grundsätze" der objektiven Beweislast der lex fori heranzuziehen[1257] (dann ist aber nicht einsichtig, wieso dessen Grundsätze angemessener sein sollen als die der UNIDROIT-Principles, des eigentlich berufenen Rechtes). Dadurch liefen aber Beweislastsonderregeln in Form widerleglicher Vermutungen leer,[1258] und zahlreiche Beweislastsonderregeln des Forumsstaates kämen unbeabsichtigt eventuell zur Anwendung.[1259] Zuletzt, sollten die Beweislastverteilungsregeln verschiedener materieller Rechtsordnungen größere Unterschiede aufweisen, ergäbe sich auch noch das Problem des forum shopping. Denn hinge die objektive Beweislast von der Wahl des Forums ab, so auch das Ergebnis des Prozesses bei einer unsicheren Tatsachenlage. Dies liefe dem Rechtsvereinheitlichungsziel der UNIDROIT-Principles entgegen, die überall gleichmäßig angewandt werden wollen.

bcb) Probleme bei der Anwendung der nach IPR berufenen Rechtsordnung

Wendet man die nach IPR berufene Rechtsordnung an, so ergeben sich die gleichen Probleme wie bei der Anwendung der lex fori.[1260]

1255 Siehe unter Teil 2, Kapitel 3, 4.

1256 Siehe Teil 2, Kapitel 3, 3.af). und 3.ag).

1257 Vgl. die Vorauflage *Caemmerer, E. von*/Schlechtriem/Huber, Art. 46 Rn18a-c.

1258 Vgl. *Antweiler, C.*, Beweislastverteilung, S. 72, 73 zum Beispiel der Nichtanwendung des §442 BGB.

1259 Vgl. *Henninger, M.*, Beweislast, S. 151, 152.

1260 Nach der neuen Ansicht von *Caemmerer, E. von*/Schlechtriem/Huber geht der Verweis auf das IPR „völlig ins Leere", Art. 45 Rn12.

c) Schlußfolgerung

Da die Beweislast ein Teil des materiellen Rechtes ist und die Anwendung einer anderen Rechtsordnung in dieser Frage überdies den Zielen der Rechtssicherheit und der Rechtsvereinheitlichung zuwiderliefe, ist der Gegenmeinung nicht zu folgen und ist die objektive Beweislast daher als interne Lücke anzusehen.[1261] Sie gehört also zum Anwendungsbereich der UNIDROIT-Principles. Da sie nicht ausdrücklich geregelt ist, muß nun nach einer Möglichkeit gesucht werden, eine allgemeine Beweislastregel aus allgemeinen Grundsätzen herzuleiten.

4. Herleitung einer allgemeinen Beweislastregel nach allgemeinen Grundsätzen

Allgemeine Grundsätze können üblicherweise anhand der ausdrücklich formulierten Grundsätze oder einer Analyse einzelner Regelungen gefunden werden.[1262] Bei der Lücke einer allgemeinen Beweislastregel ist dagegen die Methode einleuchtender, zusätzlich zu der ausdrücklichen Regel des Art. 7.1.7 die Gesamtsystematik der UNIDROIT-Principles zu analysieren.

Ist eine allgemeine Regel hergeleitet, so bleibt, ihre eventuellen Ausnahmen zu erläutern.

a) Vorarbeiten

Vorausgeschickt soll werden, daß sich für CISG und EKG bereits aus ihren Vorarbeiten ergibt, daß eine wie nachstehend erläuterte generelle Beweislastverteilungsregel implizit vorhanden ist. Denn sie wird vielfach in Diskussionen um einzelne Artikel selbstverständlich vorausgesetzt.[1263] Auch in den Vorarbeiten zu den UNIDROIT-Principles wird eine Beweislastregel unterstellt, nach welcher der Antragsteller die anspruchbegründenden, der Antragsgegner alle anderen Tatsachen beweisen muß.[1264]

[1261] So zur CISG *Jung, R.*, Beweislastverteilung, S. 21-40; *Antweiler, C.*, Beweislastverteilung, S. 1-74; *Henninger, M.*, Beweislast, S. 15-184; *Herber, R./Czerwenka, B.*, Internationales Kaufrecht, Art. 35 Rn9, Art. 36 Rn5; *Honsell, H.*/Schönle, Art. 66 Rn32; *Caemmerer, E. von*/Schlechtriem/Stumpf, Art. 36 Rn11; *Caemmerer, E. von*/Schlechtriem/ Stoll, Art. 79 Rn54; *Caemmerer, E. von*/Schlechtriem/Huber, Art. 46 Rn12; Bonell/Bianca/Bianca, Art. 36 Rn3.1; implizit *Karollus, M.*, UN-Kaufrecht, S. 120, 121; *Soergel, H.-T.*/Lüderitz, Bd.3, Art. 4 Rn6; *Huber, U.*, Uncitral, RabelsZ 79, S. 413 et seq., 480; *Reimers-Zocher, B.*, Beweislastfragen, S. 128 et seq.; zum EKG *Mertens, H.-J./Rehbinder, E.*, Internationales Kaufrecht, Art. 8 Rn10; *Dölle, H.*/Herber, Art. 8 Rn10.

[1262] Zur Methode vgl. Teil 1, VII., 1.

[1263] So *Reimers-Zocher, B.*, Beweislastfragen, S. 133 et seq. mit vielen Einzelnachweisen zu entsprechenden Diskussionen.

[1264] Etwa *Studies Unidroit* 87, P.C. Misc. 10, S. 3; *Studies Unidroit* 87, P.C. Misc. 10, S. 8.

Schon aus diesem Grunde ist eine Regelung der objektiven Beweislast im Sinne der nachstehenden Annahmen für die UNIDROIT-Principles zu bejahen. Es soll zusätzlich untersucht werden, ob sich systematische Anhaltspunkte ergeben, nach welchen eine Beweislastregel direkt aus den UNIDROIT-Principles hergeleitet werden kann.

b) Allgemeiner Grundsatz des Regel/Ausnahmeverhältnisses

Unter 3.1.3. und 3.1.4. wurde bereits erläutert, daß die Gesetzesmethodik, Tatsachenregelungen und Tatsachenausnahmen zu formulieren, auch Auswirkungen auf die objektive Beweislast hat. Die Herleitung einer Regel zur Verteilung der objektiven Beweislast ist damit eng verflochten.

ba) Das Regel/Ausnahmeverhältnis

Die UNIDROIT-Principles sind nach einem Regel/Ausnahmeverhältnis strukturiert. Dies soll hier im Einzelnen dargestellt werden.

In den Regelungen der UNIDROIT-Principles finden sich Formulierungen wie *„außer wenn"* (Artt. 1.8 II, 2.12, 2.20 (1), 2.22 (2), 3.16, 6.1.3 I (1), 6.1.4 II, 6.1.5 I, 6.1.9 I (b)), *„jedoch"* (Artt. 2.4 II, 2.6. III, 2.18 (2), 3.5 II, 3.13 I (1)), *„wenn nicht"* (Artt. 2.7 (2), 2.11 II (1), 7.1.5 IV) oder *„es sei denn"* (Artt. 7.2.2, 7.4.1). Diese Formulierungen belegen, daß bestimmten Tatsachen ein Ausnahmestatus eingeräumt wird: Eine bestimmte Rechtsfolge soll normalerweise eintreten, jedoch nicht, wenn die Tatsache der Ausnahmeregelung eintritt. Dieses Regel/Ausnahmeprinzip findet sich nicht nur in eigenen Formulierungen wieder sondern auch in der Wechselwirkung einzelner Normen. So werden teilweise „Regeln" eigene „Ausnahmen" beigefügt (etwa Artt. 2.4 I/2.4. II, allgemeine Regeln zur Nichterfüllung (Art. 7.4.1 et seq.) und entschuldigte Nichterfüllung (Art. 7.1.7)).

Nicht jede Formulierung wie „außer wenn" ist jedoch auch eine Beweislastverteilungsregel. Selten dienen sie der Qualifizierung von beweisunabhängigen Tatsachen, oder es wird eine gesetzesinterne Regel aufgestellt (vgl. Art. 3.19: Zwingende Bestimmungen des Kapitels 3, „außer wenn" sie ... betreffen).

bb) Die Funktion des Regel/Ausnahmeverhältnisses hinsichtlich der Beweislastverteilung

Es muß davon ausgegangen werden, daß Ausnahmeformulierungen vom Gesetzgeber bewußt gewählt worden sind. Das heißt, daß die Gesetzgeber eine Wahl getroffen haben, welche Tatsachen sie als „Regel", welche als „Ausnahme" sehen wollten.

Nach dem allgemeinen Grundsatz, daß keine Rechtsfolge an eine Tatsache geknüpft wird, die nicht bewiesen ist,[1265] folgt, daß durch die Regel/Ausnahmeverteilung die „Begünstigten“ der Norm wechseln. Dies wiederum hat notwendigerweise zur Folge, daß derjenige, welcher eine Rechtsfolge erreichen will, den Richter überzeugen muß. Diese Partei hat logisch die objektive Beweislast.[1266]

Unter 3.1.3 wurde bereits gezeigt, daß die Ausnahmeformulierungen notwendig die Folge nach sich ziehen, daß diejenige Vertragspartei, welche sich auf die Ausnahmeformulierung berufen will, die Tatsachen dafür dem Richter vorlegen muß. Kann sie dies nicht, tritt die Rechtsfolge nicht ein.

Es gibt somit eine Wechselwirkung zwischen sprachlicher Formulierung und Beweislast. Aufgrund der Regel/Ausnahmeformulierungen zeigt sich, daß nach der Regel ein Anspruch entsteht, nach der Ausnahme der Anspruch gehindert (etwa in Art. 2.12), gehemmt (etwa Art. 7.1.3) oder vernichtet wird (etwa Art. 3.13). Keine Rechtsfolge kann ohne Beweis angewandt werden. Da durch die Formulierung festgelegt wird, wer von der Regel „Begünstigter“ sein soll, ist davon auszugehen, daß immer derjenige die Beweislast für die aus den Normen der UNIDROIT-Principles entstehenden Rechtsfolgen trägt, der sich auf sie beruft. Alles Gegenteilige muß dann von dem „Benachteiligten“ bewiesen werden.[1267] Die Formulierung von Rechtsnormen legt also fest, welche Tatsachen Regel, welche Ausnahme sind. Die normale Prozeßpraxis, das Streitverhältnis als solches,[1268] zieht dann ihre bzw. seine Folge bezüglich der objektiven Beweislast nach sich: Nie wird jemand eine ihm ungünstige Tatsache beweisen wollen. In vielen Rechtsordnungen wird aus diesen Gründen anerkannt, daß die Form der Regel/Ausnahmesystematik auch die objektive Beweislast durch die Formulierungen wie „es sei denn“, „außer“, „unless“, „except“, „à moins que“, „si no“ etc. betrifft.[1269] Denn hier wird eine „Barriere“ von Ausnahme zwischen der normalen Rechtsfolge und ihrem Nichteintreten gestellt. Wegen der obenge-

---

[1265] Vgl. BGHZ 53, S. 245, 250; *Musielack, H.-J.*, ZPO, Rn414.

[1266] Vgl. *Magnus, U.*, Grundsätze, RabelsZ 95, S. 489: „Einige Vorschriften legen eine bestimmte Verteilung der Beweislast fast zwingend nahe“, unter Erläuterung von Vorschriften nach der Art von „Begünstigtem“.

[1267] Vgl. *Esser, J.*, Grundsatz und Norm, S. 116; BGHZ 53, S. 245, 250.

[1268] Vgl. *Esser, J.*, Grundsatz und Norm, S. 116; BGHZ 53, S. 245, 250.

[1269] Für den Zivilrechtskreis vgl. *Zeiss, W.*, ZPO, Rn347; *Prütting, H.*, Beweislast, S. 302; *Gottwald, P.*, Zivilprozeßrecht, S. 718; *Leipold, D.*, Beweismaß, S. 19; zum Einheitsrecht: *Neumayer, K./Ming, C.*, Kommentar, Art. 4 Nr.13; Bonell/Bianca/Will, Art. 25 Rn2.2.1; *Mertens, H.-J./Rehbinder, E.*, Internationales Kaufrecht, Art. 6 Rn6; Art. 8 Rn10; *Riese, O.*, Haager Konferenz, RabelsZ 65, S. 1, 18; a.A. Bonell/Bianca/Khoo, Art. 2. Rn3.2; für den anglo-amerikanischen Rechtskreis vgl. McCormick, On Evidence, §337, S. 951. Vgl. *Jung, R.*, Beweislastverteilung, Fn205 m.w.N..

nannten Erwägungen ergibt sich ebenfalls, daß jeder die Tatsachen zu beweisen hat (und auch nur beweisen will), welche günstig für ihn sind.[1270]

Es zeigt sich also in der Gesamtkonzeption der UNIDROIT-Principles der Grundsatz, daß die Rechtsfolgen von der sprachlichen Formulierung einer Norm abhängen. Dies wird auch vom Gesetzgeber erkannt.[1271]

Der Antragsteller hat also die objektive Beweislast für die anspruchsbegründenden, der Antragsgegner die Beweislast für die rechtshindernden, -hemmenden und –vernichtenden Tatsachen.[1272]

Daß diese Regel in den UNIDROIT-Principles offenbar zugrunde gelegt wird, zeigt die Tatsache, daß für Einzelfälle Beweislastsonderregeln geschaffen wurden, um unbilligen Resultaten der Grundregel zu entgehen (Art. 7.4.3 III, Kennenmüssen, vgl. näher unter 7.).

c) Art. 7.1.7

Zusätzlich soll noch Art. 7.1.7 daraufhin überprüft werden, ob diese einzige formulierte Beweislastregel die oben erläuterten Grundsätze widerspiegelt.
Es ist nicht nur möglich, allgemeine Grundsätze anhand einzelner Regelungen zu extrahieren, sondern auch im Umkehrschluß können systemimmanent gefundene allgemeine Grundsätze an einzelnen Regelungen überprüft werden.[1273] Dies ist schon deshalb notwendig, weil sich keine Widersprüche ergeben dürfen.

Daher muß verfolgt werden, ob Art. 7.1.7 (der nicht als Ausnahme sondern als ausdrückliche Formulierung einer allgemeinen Regel gesehen wird) die gefundene Beweislastgrundregel enthält.

Art. 7.1.7 ist ein Entschuldigungsgrund für jegliche Nichterfüllung iSd Art. 7.1.1. Falls force majeure vorliegt, entfallen die Rechtsbehelfe wegen Nichterfüllung außer demjenigen der Vertragsaufhebung (Art. 7.1.7 IV). Die Funktion des Art. 7.1.7 stellt sich also so dar, daß hier eine generelle Entschuldbarkeit der Nichterfüllung formuliert wird. Dies steht im Gegensatz zu der Grundregel der Garantiehaftung in den UNIDROIT-Principles.[1274] Die Regel ist ein Teil des Sy-

---

[1270] Vgl. *Leipold, D.*, Beweismaß, S. 19.

[1271] Nach *Reimers-Zocher, B.*, Beweislastfragen, S. 133.

[1272] Dies bleibt auch dann bestehen, wenn man allein auf das Gewohnheitsrecht rekurriert und die Formulierung als Beweislastverteilungsanhaltspunkt nicht anerkennt, *Leipold, D.*, Beweismaß, S. 17 et seq.

[1273] *Henninger, M.*, Beweislast, S. 197.

[1274] Vgl. auch Kapitel 1, VII.

stems „Schadensersatz oder Erfüllung". Dieses System der verschuldensunabhängigen Haftung wird bei force majeure durchbrochen. Art. 7.1.7 ist durch das „Wenn" eine Ausnahme zu den normalen Nichterfüllungsregeln an Stelle der im internationalen Handelsverkehr üblichen „force-majeure-Klauseln".[1275]

Das Regel/Ausnahmeprinzip findet sich also auch bei Art. 7.1.7 wieder. Dann müßte nach der oben gefundenen allgemeinen Regel die objektive Beweislast demjenigen obliegen, der sich auf diese Ausnahme beruft.
Dies ist in der Tat der Fall: Art. 7.1.7 sieht vor, daß die Nichterfüllung einer Partei entschuldigt ist, „wenn sie nachweist, daß die Nichterfüllung auf einem außerhalb ihres Einflußbereichs liegenden Hinderungsgrund beruht..." Die Partei, die entschuldigt werden will, muß die Voraussetzungen der Ausnahme also beweisen. Sie beweist eine rechtshindernde Tatsache: Der Anspruch auf Schadensersatz wird am Entstehen gehindert.

Art. 7.1.7 ist also ein Teil des Regel/Ausnahmesystems und verteilt die objektive Beweislast entsprechend. Die oben gefundene allgemeine Regel findet sich in der ausdrücklichen Vorschrift wieder und kann daher als bestätigt gelten.

d) Rechtsvergleichung

In den UNIDROIT-Principles ergibt sich also aus einer gesamtsystematischen grammatikalischen Analyse bestimmter Normen eine allgemeine Beweislastregel. Diese Annahme wird durch die Rechtsvergleichung gestützt.[1276]

Ergibt sich rechtsvergleichend, daß in vielen Rechtsordnungen ein bestimmter Grundsatz gilt, so kann dieser schon deswegen für die UNIDROIT-Principles iSd Art. 1.6 II (unter der Voraussetzung der Geeignetheit für den Handelsverkehr) als allgemeiner Grundsatz herangezogen werden.[1277] Vor dem Internationalen Gerichtshof wurde anerkannt, daß es „the principle of jurisprudence, accepted by the law of all countries" ist, daß der Antragsteller seinen Anspruch zu beweisen hat.[1278] Ebenso wird von den Schiedsgerichten entschieden.[1279] Im EKG und in der CISG hat die Rechtsprechung die Beweislast zwar erwähnt,

[1275] Vgl. Kommentar zu den UNIDROIT-Principles, S. 169.

[1276] Vgl. *Esser, J.*, Grundsatz und Norm, S. 116, der die „universale" Geltung dieser Beweislastverteilung erwähnt, und *Prütting, H.*, Beweislast, 5. Teil, §21 I.3.c), zu rechtsvergleichenden Beispielen.

[1277] Vgl. Teil 1, VII., 2.a).

[1278] The Queen Case, zitiert nach *Bin Cheng*, General Principles, S. 327.

[1279] ICSID-Schiedsspruch Asian Agricultural Products LTD. v. Republic of Sri Lanka, 21. 6. 90, ILM 91, S. 603; ICC-Award Nr. 1434; Art. 24 I UNCITRAL-Schiedsordnung.

grundsätzliche Erwägungen finden sich jedoch nicht.[1280] Das LG Düsseldorf[1281] und das LG Konstanz[1282] sahen die objektive Beweislast als dem EKG zu entnehmende Materie. Die Literatur zu CISG und EKG bezeichnet mehrheitlich die objektive Beweislast als Teil der materiellen Rechtsnorm[1283] und kommt somit ebenfalls zu diesem Ergebnis. Dies wird allerdings nicht immer deutlich formuliert, manchmal wird auch einfach darauf hingewiesen, die objektive Beweislast sei aus den einzelnen Tatbeständen zu entwickeln,[1284] oder dies wird einfach getan.[1285]

In anderen Rechtsordnungen ergibt sich ein ähnliches Bild.[1286] Sie teilen in objektive und subjektive Beweislast.[1287] Die objektive Beweislast ist ein Hilfsmittel zur Entscheidungsfindung in non-liquet Situationen. Im weiteren wird die oben dargestellt Verknüpfung von materieller Regel und objektiver Beweislast offenbar auch in den untersuchten Rechtsordnungen anerkannt. Denn das Hilfsmittel zur Entscheidungsfindung wird mit der materiellen Regel verknüpft. Dadurch ergibt sich eine allgemeine Beweislastregel (manchmal stillschweigend, manchmal ausdrücklich).[1288] Sie lautet, daß erstens dem Antragsteller die Beweislast für die Tatsachen der Regel (anspruchbegründende Tatsachen), zweitens dem Antragsgegner die Beweislast für Ausnahmen obliegt (rechtshindernde, -hemmende und –vernichtende Tatsachen)

1280 Vgl. OLG München, RIW 88, S. 297, 299; OLG Düsseldorf, RIW 95, S. 53, 54; weitere Nachweise bei Schlechtriem/Magnus, Art. 82 EKG Rn2, Rn6, Rn17, Rn35.

1281 Zitiert nach Schlechtriem/Magnus, Art. 82 EKG Rn3.

1282 Zitiert nach Schlechtriem/Magnus, Art. 82 EKG Rn9.

1283 So zur CISG *Jung, R.*, Beweislastverteilung, S. 21-40; *Antweiler, C.*, Beweislastverteilung, S. 1-74; *Henninger, M.*, Beweislast, S. 15-184; *Herber, R./Czerwenka, B.*, Internationales Kaufrecht, Art. 35 Rn9, Art.36 Rn5; *Honsell, H.*/Schönle, Art. 66 Rn32; *Caemmerer, E. von*/Schlechtriem/Stumpf, Art. 36 Rn11; *Caemmerer, E. von*/Schlechtriem/Stoll, Art. 79 Rn54; *Caemmerer, E. von*/Schlechtriem/Huber, Art. 46 Rn12; Bonell/Bianca/Bianca, Art. 36 Rn3.1; implizit *Karollus, M.*, UN-Kaufrecht, S. 120, 121; *Soergel, H.-T.*/Lüderitz, Bd.3, Art. 4 Rn6; *Huber, U.*, Uncitral, RabelsZ 79, S. 413 et seq., 480; zum EKG *Mertens, H.-J./Rehbinder, E.*, Internationales Kaufrecht, Art. 8 Rn10; *Dölle, H.*/Herber, Art. 8 Rn10.

1284 *Caemmerer, E. von*/Schlechtriem/Huber, Art. 45 Rn12.

1285 *Enderlein, F./Maskow, D./Strohbach, H.*, Internationales Kaufrecht, Art. 68 Nr.1.b), Art. 74 Nr.6, Art. 79 Nr. 3.5.

1286 Zurückgegriffen wird auf die Untersuchung von *Henninger, M.*, Beweislast, S. 17-151, und *Reimers-Zocher, B.*, Beweislastfragen, S. 45 et seq.

1287 *Henninger, M.*, Beweislast, S. 147.

1288 Was wohl in der Regel dazu führte, daß die Anwendung der lex fori auf einen typischen Lebenssachverhalt keine Schwierigkeiten mit sich brächte. Allerdings gäbe es diese sofort wieder, sobald Beweislastlsonderregeln vorhanden sind (etwa §§179 I, 280, 282, 442, 636 II etc. im BGB).

und drittens eventuell aus Billigkeits- und Gerechtigkeitserwägungen davon abgegangen werden kann.[1289]

Die Abgrenzung zwischen der rechtsfolgenbegründenden Tatsache und anderen wird in den untersuchten Rechtsordnungen dann nach dem Regel/Ausnahmeprinzip der Formulierungen der Rechtsnorm entnommen.

Billigkeits- und Gerechtigkeitserwägungen, in einzelnen Staaten auch die Ideologie, geben dann dazu Anlaß, von der Grundregel abzuweichen.[1290] Zusätzlich existieren zahlreiche Sonderregeln etwa in Form von widerlegbaren gesetzlichen Vermutungen.[1291] Daraus resultieren Differenzen zwischen den nationalen Rechten.

Die Grundregel bleibt jedoch gleich und spiegelt sich sowohl in Rechtsnormen als auch in der Literatur zu verschiedenen nationalen Rechten wieder.[1292]

Rechtsvergleichend ergibt sich also, daß in vielen Rechtsordnungen eine allgemeine Beweislastverteilungsregel zu finden ist, die der oben gefundenen entspricht. Diese läßt sich dann als Grundsatz zur Behandlung der objektiven Beweislast heranziehen. Sie stellt einen externen allgemeinen Grundsatz der UNIDROIT-Principles dar, spiegelt aber auch die Systematik der UNIDROIT-Principles selbst wieder.[1293]

5. Zwischenergebnis

Der Antragsteller hat also die objektive Beweislast für die anspruchsbegründenden, der Antragsgegner die Beweislast für die rechtshindernden, -hemmenden und -vernichtenden Tatsachen.

6. Beweislastsonderregeln

Es wurde eine allgemeine Grundregel der Beweislastverteilung innerhalb der UNIDROIT-Principles festgestellt. Von Fall zu Fall scheint aber diese Regel nicht ausreichend zu sein, um außer dem Grundsatz der allgemeinen Be-

---

[1289] Vgl. *Henninger, M.*, Beweislast, S. 150.

[1290] Vgl. die ältere Rechtsprechung zu §823 BGB im Bereich der Produkthaftung.

[1291] *Henninger, M.*, Beweislast, S. 151, 152.

[1292] Art. 1315 frz. Code Civil; Art. 2997 it. Codice Civile; Art. 1214 span. Código Civil; Art. 2803 Code Civil von Québec; Art. 337 arg. Código Procesal Civil y Comercial de la Nación; Art. 1698 chil. Código Civil und andere latein-amerikanische Staaten; Art. 8 Schweizer ZGB; MK/Prütting, §286 ZPO Rn108; Schmitt/Glaeser Rn544.

[1293] Vgl. zur CISG *Henninger, M.*, Beweislast, S. 188-192.

weislastverteilung auch anderen allgemeinen Grundsätzen der UNIDROIT-Principles (Treu und Glauben etc.) zu genügen. Zusätzlich haben die UNIDROIT-Principles eigene Beweislastsonderregeln. Rechtsvergleichend ergibt sich, wie oben gezeigt,[1294] daß von der allgemeinen Beweislastregel wegen Billigkeits- und Gerechtigkeitserwägungen abgegangen wird. Es fragt sich, ob dies in den UNIDROIT-Principles ebenfalls notwendig ist.

a) Gesetzliche Vermutungen

Beweislastsonderregeln in den UNIDROIT-Principles selbst finden sich in deren gesetzlichen Vermutungen.[1295] Besteht eine gesetzliche Vermutung, so kann ohne Beweis von den formulierten Tatsachen ausgegangen werden. Gesetzliche Vermutungen finden sich in den UNIDROIT-Principles in den Artt. 5.7 (Festsetzung des allgemein üblichen Preises mangels Absprache) und 6.1.7 (Bedingung der Einlösung bei der Annahme eines Schecks zur Zahlungsbewirkung).

Der Grund für die Existenz dieser Vermutungen liegt in den Bedürfnissen des internationalen Handelsverkehrs, dessen Verkehrsfähigkeit von ihnen abhängt. Wegen der Wichtigkeit dieser Annahmen wird demjenigen, der sich darauf beruft, die Beweislast abgenommen. Nur ein ausnahmsweises Nichteingreifen soll bewiesen werden. Die gesetzlichen Vermutungen sind Ausdruck für gesetzgeberische Vorstellungen von Selbstverständlichkeit.

b) Art. 7.4.3 III: Richterliches Ermessen bei Nichtbestimmbarkeit des Schadensbetrages

Untersucht man die Folgen der Nichtfeststellbarkeit anspruchbegründender Tatsachen, so fällt eine Besonderheit des Art. 7.4.3. III auf. Es wird hier definiert, daß nur für einen mit Bestimmtheit festgestellten Schaden Ersatz geschuldet wird und daß, sollte die Schadenshöhe nicht festellbar sein, sie nach richterlichem Ermessen festgesetzt wird.
Der Nachweis für den durch eine Nichterfüllung bewirkten Schaden obläge bei Anwendung der obigen Beweislastregel der Partei, welche den Schaden ersetzt verlangt. Hier wird ihr aber die Beweislast teilweiseabgenommen: Die Schadensexistenz muß bewiesen werden, die Schadenshöhe nicht.[1296] Diese kann von einem Gericht nach eigenem Ermessen bestimmt werden.
Dies ist ein Sonderfall zu der oben gefundenen Beweislastregel. Denn wenn die Höhe des Schadens nicht nachgewiesen werden kann, so tritt ein non-liquet ein,

[1294] Teil 2, Kapitel 3, 4.d).

[1295] Vgl. Teil 2, Kapitel 3, 3.ad).

[1296] Eine noch weiter gehende „Ermessensnorm“ findet sich in §287 ZPO, vgl. *Prölss, J.*, Beweiserleichterungen, S. 47, 48.

und nach der allgemeinen Beweislastregel müßte der Geschädigte die Unsicherheit gegen sich gelten lassen, so daß er keinen Schadensersatzanspruch hat. Ist aber ein Schaden aufgrund Nichterfüllung nachgewiesen und nur die Höhe nicht, wäre dieses Ergebnis unbillig. Dies kommt auch in der Kommentierung zu Art. 7.4.3 III zum Ausdruck: „Rather than refuse any compensation or award nominal damages“[1297] soll hier das Gericht die Möglichkeit haben, einen billigen Schadensbetrag festzulegen.
Art. 7.4.3 III erkennt also einerseits die normale Beweislastregel an („rather than refuse any compensation...“) und stellt andererseits eine Sonderregel auf. Mangels anderer Hinweise ist davon auszugehen, daß dies aus Gründen der Billigkeit geschah. Denn die nach der allgemeinen Beweislastregel darzulegende Tatsache des Schadens als solchem soll zwar zu beweisen sein (dies schließt Art. 7.4.3 III), die unklare Schadenshöhe allein dagegen macht einen Anspruch nicht unmöglich.

c) Korrekturmöglichkeiten nach anderen allgemeinen Grundsätzen der UNIDROIT-Principles[1298]

Wenn auf alle Normen, die nicht eine ausdrückliche Beweislastregel oder –sonderregel enthalten, in jedem Fall die Beweislastgrundregel angewendet wird, könnte dies in manchen Fallgestaltungen der Billigkeit widersprechen. Denn eine Partei würde eventuell unbillig benachteiligt werden oder unbillig in Beweisnot geraten. Wie Art. 7.4.3 III zeigt, erkennen die UNIDROIT-Principles die Möglichkeit an, diese Regel dann nicht strikt anzuwenden. Einige Beispielssituationen sollen untenstehend gezeigt werden.

ca) Beweis von inneren Tatsachen der Gegenpartei

Ein solcher Fall, in denen die Verteilung der Beweislast nach der Grundregel typischerweise zu Beweislastschwierigkeiten führt, ist die Beweispflicht bezüglich „innerer Tatsachen“ der Gegenpartei.[1299] Damit sind solche Tatsachen gemeint, von denen die beweispflichtige Partei in der Regel keine Kenntnis haben kann und die ihr normalerweise nicht zugänglich sind.

Dies ist zum Beispiel bei allen Regelungen der Fall, in denen von der positiven Kenntnis[1300] der Gegenpartei von einer Tatsache gesprochen wird (Art. 3.11 I,

---

[1297] Kommentar zu den UNIDROIT-Principles, S. 199 („...statt keinen Schadensersatz zuzugestehen oder auf normativen Schadensausgleich zurückzugreifen...“).

[1298] Allgemein wird eine Möglichkeit anerkannt, die Beweislast umzukehren, wenn der Fall dies verlangt, vgl. etwa *Leipold, D.*, Beweismaß, S. 21.

[1299] Vgl. *Reimers-Zocher, B.*, Beweislastfragen, S. 154.

[1300] Während das Kennenmüssen als Hypothese einem Beweis zugänglich ist.

3.11 II, 3.15 I, 3.18 etc.). Denn die positive Kenntnis von einer Tatsache gehört allein zum subjektiven Bereich der Gegenpartei und ist als solche einem Beweis nicht zugänglich.
Da dies offensichtlich ist, wurde vom Gesetzgeber bereits die Möglichkeit geschaffen, die darauf resultierenden Beweisschwierigkeiten zu umgehen. Diese Möglichkeit bietet das „Kennenmüssen". Nach der normalen Beweislastregel müßte die Partei, welche sich auf die Kenntnis der Gegenpartei beruft und wegen dieser Tatsache eine Rechtsfolge herbeiführen will, die Kenntnis beweisen. Dies ist nicht möglich. Daher wurde im Gesetzestext durch die hypothetische Tatsache des Kennenmüssens eine Hilfe gegeben. Denn daß die Gegenpartei üblicherweise hätte etwas wissen müssen, kann von dem Anspruchsteller bewiesen werden.
Hierdurch kann die Rechtsverwirklichung ermöglicht[1301] und eine typische Beweisschwierigkeit vermieden werden.

Aus dem Kennenmüssenkann die Beweislastsonderregel entnommen werden, daß nicht eine innere Tatsachen der Gegenpartei sondern lediglich die Üblichkeit dieser Tatsache nachgewiesen werden muß.

cb) Beweisnähe

Eine typische Beweisschwierigkeit ergibt sich für die beweispflichtige Partei auch dann, wenn die zu beweisende Tatsache in die Sphäre der Gegenpartei fällt.[1302]

Hat die beweispflichtige Partei Zugang zu der Sphäre der Gegenpartei, so ergibt sich kein Problem. Schwierig ist es, wenn die beweispflichtige Partei ihrer Beweispflicht nicht nachkommen kann und keinen Zugang zum Bereich der anderen Partei hat. Diese Schwierigkeit wurde bereits für die CISG erkannt und erörtert.[1303]

Innerhalb der UNIDROIT-Principles ergeben sich Anhaltspunkte dafür, daß jedenfalls keine Partei für die Sphäre der anderen zuständig ist. Sie teilen die Pflichten so ein, daß jede Partei diejenigen Pflichten übernimmt, die zu ihrem objektiven Risiko gehören. Ein Beispiel ist die Aufteilung nach Sphären im

---

[1301] Vgl. Berner Kommentar/Kummer, Art. 8 ZGB Rn113; *Magnus, U.*, Grundsätze, RabelsZ 95, S. 190; *Reimers-Zocher, B.*, Beweislastfragen, S. 146 et seq.; *Staudinger, J. von*//Magnus, Art. 4 CISG Rn69.

[1302] Vgl. hierzu auch *Prölss, J.*, Beweiserleichterungen, S. 65 et seq.; *Schilken, E.*, ZPO, Rn506; *Prütting, H.*, Beweislast, S. 257 et seq. Genauere Unterscheidungen zwischen „Beweisnähe" und „Gefahrenbereichen" sollen hier außer Betracht bleiben.

[1303] Vgl. hierzu *Antweiler, C.*, Beweislastverteilung, S. 101; *Magnus, U.*, Grundsätze, RabelsZ 95, S. 190; *Staudinger, J. von*//Magnus, Art. 4 CISG Rn69.

Bereich der öffentlich-rechtlichen Genehmigungen (Artt. 6.1.14 bis 6.1.17). Zunächst wird die Pflicht zum Einholen der Genehmigung derjenigen Partei auferlegt, die ihre Niederlassung in dem Staat hat, welcher die Genehmigung verlangt (Art. 6.1.14 a)). Denn diese Partei ist „in der besten Position“,[1304] um die öffentlich-rechtliche Genehmigung zu erlangen. Hat keine Partei ihren Sitz in dem entsprechenden Staat, so wird subsidiär an die Erfüllungs- die Genehmigungseinholungspflicht geknüpft (Art. 6.1.14 b)).

Bezüglich der objektiven Beweislast im Bereich der öffentlich-rechtlichen Genehmigungen ergibt sich bei Anwendung der Grundregel, daß diejenige Partei, die ihren Sitz in dem die Genehmigung verlangenden Staat hat, beweisen muß, daß sie ihrer Pflicht zum Ergreifen aller erforderlichen Maßnahmen nachgekommen ist (je nach Art der Genehmigung entweder Artt. 6.1.16 oder 6.1.14 iVm 6.1.17 II und 7.1.7).[1305] Es zeigt sich, daß den UNIDROIT-Principles nicht fremd ist, die Nähe einer Partei bezüglich einer bestimmten Pflicht zu beachten. Denn hier wird unüblich (vgl. Art. 5.4 I) nicht an die Erfüllungspflicht angeknüpft, sondern vorrangig die Nähe einer Partei zum Genehmigungserfordernis beachtet. Ansonsten müßte diejenige Partei, deren Erfüllung die Genehmigung verlangt, diese einholen.[1306] Art. 6.1.14 a) spiegelt dabei eine verbreitete Praxis des internationalen Handels wieder.[1307] Auch dies zeigt, daß die Nähe einer Partei zu einem bestimmten Erfordernis beachtet werden kann. Dieser Gedanke der Nähe zu einem objektiven Erfordernis läßt sich auf die objektive Beweislast insofern übertragen, als daß einer Partei nicht die Beweislast bezüglich solcher Tatsachen auferlegt wird, die allein in der Sphäre der Gegenpartei liegen. Dies entspricht jedenfalls dem Grundsatz der Angemessenheit. Es ist nicht angemessen, wenn das Eintreten einer Tatsache allein zu dem räumlichen Herrschaftsbereich der anderen Partei liegt, einen Beweis von der Gegenpartei zu erwarten.[1308] Eine Beweislastumkehr erscheint naheliegend, die größere Beweisnähe einer Partei ist jedenfalls ein Anzeichen zur Notwendigkeit einer Überprüfung der Angemessenheit der Grundregel.[1309] In den Vorarbeiten zur CISG wurde eine

[1304] Kommentar zu den UNIDROIT-Principles, S. 136.

[1305] Denn bei einer nicht erteilten Genehmigung trotz Ergreifens aller Maßnahmen tritt die Regelung der force majeure ein.

[1306] Vgl. Kommentar zu den UNIDROIT-Principles, S. 104, 105 Nr.2.

[1307] So Kommentar zu den UNIDROIT-Principles, S. 136 Nr.3a.

[1308] Zum gleichen Ergebnis kommt bezüglich der CISG *Antweiler, C.*, Beweislastverteilung, S. 96 et seq. Mit dem gleichen Ergebnis im Prozeß könnte dies rechtsmethodisch auch mit einem prima facie Beweis erreicht werden.

[1309] Vgl. *Antweiler, C.*, Beweislastverteilung, S. 101; *Magnus, U.*, Grundsätze, RabelsZ 95, S. 190; *Reimers-Zocher, B.*, Beweislastfragen, S. 146 et seq.; *Staudinger, J. von*/Magnus, Art. 4 CISG Rn69.

entsprechende Beweislastverteilung für „selbstverständlich" erachtet.[1310] Als Beispiel für eine solche angemessene Beweislastumkehr ist Art. 3.11 zu nennen. Denn eine Partei, die sich auf eine Täuschung etc. durch einen Dritten beruft, hätte nach der Beweislastgrundregel unter anderem die Beweispflicht dafür, daß nach Art. 3.11 I die andere Partei für das Handeln des Dritten verantwortlich ist. Da die Verantwortlichkeitsverteilung allein in den nicht zugänglichen räumlichen Herrschaftsbereich der Gegenpartei fällt, wird ein solcher Beweis oftmals nicht gelingen, wenn nicht prima facie. Daher ist eine Beweislastumkehr angemessen, wonach diejenige Partei, welche einen Dritten einschaltet, nachzuweisen hat, daß sie für den Dritten nicht verantwortlich ist.[1311] Offenbar sieht dies auch die Kommentierung so, da sie es als „gerechtfertigt" annimmt, das Handeln von Dritten der Partei zuzuschreiben, welche sie einschaltet.[1312] Wem das Verhalten eines Dritten zugeschrieben, der trägt auch die Beweislast für eine Nichtverantwortlichkeit.

cd) Treu und Glauben

Wie oben in konkreterem Zusammenhang untersucht wurde, kann der allgemeine Grundsatz der Angemessenheit eine Beweislastumkehr fordern.[1313] Als Regel läßt sich sagen, daß der Grundsatz von Treu und Glauben (ein ausdrücklicher allgemeiner Grundsatz der UNIDROIT-Principles, Art. 1.7) eine Änderung der Beweislastverteilung mit sich bringen kann. Daher rechtfertigt sich eventuell auch in einem konkreten Fall aus besonderen Umständen nach Treu und Glauben eine Beweislaständerung. Bei einem solchen Vorgehen muß allerdings vorsichtig vorgegangen werden, um nicht eine aus dem Blickpunkt des eigenen nationalen Rechtes billige Ausnahme vorzeitig zu bejahen und das Einheitsrecht zu umgehen.

d) Angemessenheit der Beweislastumkehr

Da die Beweislastumkehr aus einer Überlegung zur Angemessenheit folgt, muß sie ihrerseits dem Grundsatz der Angemessenheit genügen.[1314]

Dazu gehört erstens, daß grundsätzlich keine Beweisnot berücksichtigt werden kann, die sich nur in einem konkreten Prozeß ergibt. Vielmehr muß es sich, um

[1310] Vgl. *Antweiler, C.*, Beweislastverteilung, S. 96.

[1311] Vgl. die „Lagertheorie" zu §123 BGB.

[1312] Kommentar zu den UNIDROIT-Principles, S. 80.

[1313] Vgl. *Reinecke, G.*, Beweislastverteilung, Schluß, These III. 3; *Leipold, D.*, Beweismaß, S. 22 et seq.; zu weiteren Beispielen *Schilken, E.*, ZPO, Rn506 et seq., und *Prütting, H.*, Beweislast, S. 258 et seq.

[1314] Dies ist auch ein allgemeiner Grundsatz der UNIDROIT-Principles.

eine Beweislastumkehr zu rechtfertigen, um eine abstrakt typische Beweisschwierigkeit handeln.[1315] Zweitens ergibt sich ein Problem bei der Beweislastumkehr wegen der objektiven Beweisnähe einer Partei.

Denn hier müssen außer der räumlichen Beweisnähe noch andere Anforderungen gestellt werden, damit die Beweislastumkehr angemessen erscheint.[1316]

Kehrte man die objektive Beweislast grundsätzlich nach Herrschaftsbereichen um, so benachteiligte dies die Partei, in deren Herrschaftsbereich eine Tatsache liegt, in manchen Fällen unangemessen, wenn etwa der Partei eine Erklärung zugeht (Artt. 1.9, 2.3, 2.10 etc.). Die zugegangene Erklärung gelangt in den räumlichen Herrschaftsbereich der empfangenden Partei. Bei der üblichen Beweislage müßte diejenige Partei den Zugang einer Erklärung beweisen, die eine Rechtsfolge daraus ableiten will.

Bei einer Beweislastumkehr nach Sphären müßte der Empfänger den Zugang der Erklärung beweisen. Dies ist aber nicht angemessen in einem Fall, wo das *Nicht*zugehen einer Erklärung behauptet wird. Denn es kann von niemand verlangt werden, die Nichtexistenz eines Schriftstückes zu beweisen. Dies würde einen Rechtsmißbrauch leicht machen, denn es ist schwer vorstellbar, wie bewiesen werden soll, daß eine Erklärung nicht zugeht.

Hier muß es also bei der Grundregel der Beweislastverteilung bleiben.

Kehrt man also nach Angemessenheit die Beweislast um, so muß auch die Angemessenheit dieser Umkehr ihrerseits überprüft werden.

Insgesamt kann die Beweislast umgekehrt werden, sofern dies zur Überwindung abstrakt-typischer Beweisschwierigkeiten notwendig ist und die Beweislastumkehr nicht ihrerseits zur unangemessenen Benachteiligung einer Partei führt.

7. Zusammenfassung: Objektive Beweislast in den UNIDROIT-Principles

Die objektive Beweislast ergibt sich durch die Systematik von Gesetzesnormen nach dem Regel/Ausnahmeprinzip als unmittelbare Folge dieser Gestaltung einer materiellen Norm. Durch das Zusammenspiel des Grundsatzes, daß eine nicht bewiesene Tatsache als nicht vorliegend gilt, mit dem der Gewißheit, daß Gesetzgeber Formulierungen[1317] auch bezüglich der Beweislast nicht zufällig

---

[1315] Vgl. Berner Kommentar/Kummer, Art. 8 ZGB Rn184; *Prütting, H.*, Beweislast, S. 260; *Antweiler, C.*, Beweislastverteilung, S. 95.

[1316] Daher zu undifferenziert *Antweiler, C.*, Beweislastverteilung, S. 96-101.

[1317] Vgl. hierzu auch *Reinecke, G.*, Beweislastverteilung, Schluß, These I. 2.

vornehmen, ergibt sich aus dem Regel/Ausnahmeverhältnis eine Verteilung zwischen den Parteien im Zusammenhang mit der von ihnen erwünschten Rechtsfolge. Sprachliche Gestaltung von Regeln im Zusammenhang mit der Rechtsrealität verteilt hierbei die objektive Beweislast.

Sieist daher mit der zu beweisenden Norm direkt verbunden. Die Folge ist dieallgemeine Beweislastregel, daß der Anspruchsteller die anspruchbegründenden, der Antragsgegner die rechtshindernden, -vernichtenden und –hemmenden Tatsachen beweisen muß.

Dies ist ein sich aus der Systematik der UNIDROIT-Principles ergebender allgemeiner Grundsatz iSd Art. 1.6 II. Er kann die meisten Fälle erfassen. Unter Umständen erfordern jedoch andere allgemeine Grundsätze der UNIDROIT-Principles, namentlich die Angemessenheit und Treu und Glauben, eine Änderung der Beweislastverteilung. Diese kann in abstrakt-typischen Fällen der Beweisschwierigkeiten zum Zuge kommen.

8. Beispiel: Formfreiheit nach Art. 1.2

Die Verteilung der objektiven Beweislast im konkreten Fall ist Sache der Analyse der relevanten Regelungen nach den oben erläuterten Grundsätzen.
Es würde den Rahmen dieser Arbeit sprengen, eine Kommentierung zu allen Artikeln der UNIDROIT-Principles bezüglich der Beweislast zu versuchen. Daher soll beispielhaft an Art. 1.2 die objektive Beweislast bestimmt werden.

Art. 1.2 enthält den Grundsatz der Formfreiheit, der mit gleichem Inhalt auch schon in Art. 11 CISG vorhanden war. Obwohl nur von der Schriftform die Rede ist, kann Art. 1.2 eventuell auch für andere Formvorschriften gelten.[1318] Es muß besonders beachtet werden, daß lediglich nationale *Form*regelungen durch Art. 1.2 verdrängt werden. Nationale Beweisvorschriften oder Verfahrensregelungen im Zusammenhang mit der Form bleibendennoch anwendbar. Allerdings sollte dabei nicht außer Acht gelassen werden, daß es nicht mit Art. 1.2 vereinbar ist, wenn einem Vertrag unter der Geltung der UNIDROIT-Principles etwa durch eine Unzulässigkeit des Zeugenbeweises die Schriftform „aufgedrängt" wird.[1319] Art. 1.4 ist allerdings immer zu beachten, so daß zwingende Regelungen dem Art. 1.2 vorgehen.[1320]

[1318] Kommentar zu den UNIDROIT-Principles, S. 8, vgl. *Caemmerer, E. von*/Schlechtriem/Schlechtriem, Art. 11 Rn12; *Herber, R./Czerwenka, B.*, Internationales Kaufrecht, Art. 11 Rn6.

[1319] Vgl. Kommentar zu den UNIDROIT-Principles, S. 8.

[1320] Kommentar zu den UNIDROIT-Principles, S. 9.

a) Vereinbarung einer besonderen Form

Die Parteien können jederzeit eine besondere Form vereinbaren.[1321]
Nach der allgemeinen Beweislastregel ist diese Vereinbarung von der Partei zu beweisen, die sich darauf beruft. Der Antragsteller, der einen Anspruch aus dem Vertrag verfolgt, muß allerdings iSd Art. 1.2 nur beweisen, daß ein formloser Vertrag zustande kam. Der Antragsgegner muß, da von der Regel der Art. 1.2 abgegangen werden soll, die Ausnahme (und evtl. rechtshindernde Tatsache) beweisen, daß eine besondere Form vereinbart wurde (und ihr nicht genügt worden ist).

Diese Verteilung der Beweislast legt auch Art. 1.5 nahe.[1322] Die Parteien sind nach Art. 1.5 frei, die Bestimmungen der „Grundregeln" zu ändern oder abzubedingen. Nach der allgemeinen Beweislastregel ist dann derjenige für eine solche Änderung beweispflichtig, der sich hierauf beruft.
Dies ist im Fall des Art. 1.2 diejenige Partei, welche sich auf eine Änderung der Regel des Art. 1.2 beruft.

b) Formregelungen allgemein

Auch im weiteren ist für die Einhaltung von Formregelungen die normale Beweislastgrundregel ausreichend. Da jede Partei die anspruchsbegründenden Tatsachen beweisen muß, muß auch jeweils diejenige Partei, die Ansprüche aus einem geschlossenen Vertrag herleiten will, die Einhaltung der jeweils gültigen Form beweisen. Hierfür ist es gleichgültig, ob Art. 1.2 oder zwingende nationale Regeln eingreifen.

Anhaltspunkte, die im Fall von Formvorschriften ein Abweichen von der allgemeinen Beweislastgrundregel aufgrund prinzipieller Beweislastschwierigkeiten geboten erscheinen lassen, gibt es nicht.

[1321] Vgl. Art. 1.1; Kommentar zu den UNIDROIT-Principles, S. 9.

[1322] Art. 1.2 gehört zu den nicht abdingbaren Regelungen der UNIDROIT-Principles.

E) Schluß:

Die Forderung des Art. 1.6 II, „soweit wie möglich" Lücken durch die den UNIDROIT-Principles „zugrunde liegenden allgemeinen Grundsätze" zu ergänzen,[1323] stellt sich als praktikable Möglichkeit heraus, das vereinheitlichte System „UNIDROIT-Principles" fortzuentwickeln und den Gegebenheiten des Handels anzupassen. Dies ermöglicht, einigen Problemen, welche sich für die Sicherheit und Fairneß des Handels aus einer Anwendung des nationalen Rechtes ergeben können, aus dem Weg zu gehen.Allgemeine Rechtsgrundsätze im Sinne der UNIDROIT-Principles sind Leitlinien, die sich methodisch erkennen und anwenden lassen. Damit mißt die Lösung in Art. 1.6 II den Rechtsanwendern eine besondere Entscheidungsstellung zu. Sie müssen die für eine Lücke passenden allgemeinen Grundsätze nicht nur auffinden, sondern auch bezüglich ihres Falles mit Inhalt füllen, um die auftretende Lücke ergänzen zu können.[1324] Hierfür ist eine Zusammenarbeit von Schiedsrichtern und Richtern verschiedener Nationen die Voraussetzung, um eine einheitliche Anwendung der Principles zu erreichen. Im Angesicht der diesbezüglichen Bemühungen des Institutes UNIDROIT darf gehofft werden, daß Art. 1.6 II kein „frommer Wunsch"[1325] zur systemkonformen Rechtsfortbildung bleibt.[1326] Denn wenn richterliche Rechtsfortbildung des autonomen Rechtes uneinheitlich geschähe, bliebe von der Rechtsvereinheitlichung wenig übrig.[1327]

[1323] Originalwortlaut des Art. 1.6 II: „Issues within the scope of these Principles but not expressly settled by them are as far as possible to be settled in accordance with their underlying principles."

[1324] Vgl. Reichel, Gesetz und Richterspruch, zitiert nach *Mulder, A.*, Lacunes, Rev. dr. int. et leg. comp. 26, S. 526, zu der „Verwirklichung ethischer Postulate" durch die Rechtsprechung. Durch Art. 1.6 II wird klargestellt, daß der Richter die ethischen Postulate der UNIDROIT-Principles zu verwirklichen hat.

[1325] Vgl. *Loewe, R.*, Lausanner Kolloquium, S. 18 zu Art. 7 CISG und seiner Geschichte.

[1326] Siehe *Bonell, M.J.*, Restatement, S. 255 et seq., zu den Zukunftsperspektiven der UNIDROIT-Principles.

[1327] Vgl. *Bayer, W.*, Auslegung, RabelsZ 55, S. 603 et seq. Vgl. auch *Firsching, K./Hoffmann, B. von*, Internationales Privatrecht, §3 Rn188, sinngemäß: Ohne einheitliche Anwendung kein einheitliches Recht.

Schrifttumsverzeichnis

Antweiler, Clemens [Beweislastverteilung], Beweislastverteilung im UN-Kaufrecht, insbesondere bei Vertragsverletzungen des Verkäufers, Frankfurt a.M.-Berlin-Bern-New York-Paris-Wien, 1995.

Atienza, Manuel und Ruiz-Manero, Juan [Prinzipien und Regeln], Über Prinzipien und Regeln, in: *Krawietz, Werner* (Hrsg.), Öffentliche oder private Moral?, Festschrift für Ernesto Garzon Valdés, Berlin: 1992, S. 111 et seq.

Aubin, Bernhard [Interpretation], Die rechtsvergleichende Interpretation autonom-internen Rechts in der deutschen Rechtsprechung, RabelsZ, 1970, S. 458 et seq.

Bärmann, Johannes [Handelsrecht], Ist internationales Handelsrecht kodifizierbar?, in: *Flume, Werner* (Hrsg.), Internationales Recht und Wirtschaftsordnung, Festschrift für F.A. Mann zum 70. Geburtstag, München, 1977, S. 548 et seq.

Baptista, Luiz Olavo [Aspects], The Unidroit Principles for international commercial Law Project, Aspects of international private law, TLR, 1995, S. 1209 et seq.

Bar, Christian von [Vertragspflichten], Nachwirkende Vertragspflichten, AcP, 1979, S. 452 et seq.

Batsch, Karl Ludwig [Bereicherungshaftung], Bereicherungshaftung ohne Vermögensmehrung?, NJW, 1972, S. 611 et seq.

Bayer, Wilhelm F. [Auslegung], Auslegung und Ergänzung international vereinheitlichter Normen durch staatliche Gerichte, RabelsZ, 1955, S. 603 et seq.

Bergbohm, Karl [Jurisprudenz], Jurisprudenz und Rechtsphilosophie, Leipzig 1892, Neudruck Glashütten, 1973.

Berner Kommentar [Berner Kommentar] zum Schweizerischen Zivilgesetzbuch, Band I, Bern, 1966.

Berger, Klaus-Peter [Unidroit Prinzipien], Die Unidroit Prinzipien für internationale Handelsverträge, ZVglRWiss, 1995, S. 217 et seq.

Berger, Klaus-Peter [Kodifizierung], Formalisierte oder schleichende Kodifizierung des transnationalen Wirtschaftsrechts, Berlin-New York, 1996.

Beß, Jürgen [Haftung], Die Haftung des Verkäufers für Sachmängel und Falschlieferungen im Einheitlichen Kaufgesetz, Heidelberg, 1971.

Bin Cheng [General Prinipcles], General Principles of Law as applied by international Courts and Tribunals, Cambridge, 1987.

Boele-Woelki, Katharina [Anwendung], Die Anwendung der UNIDROIT-Principles auf internationale Handelsverträge, IPRax, 1997, S. 161 et seq.

Bonell, Michael Joachim [Welthandel], Das autonome Recht des Welthandels, rechtsdogmatische und rechtspolitische Aspekte, RabelsZ, 1978, S. 485 et seq.

Bonell, Michael Joachim [Restatement of Principles], A restatement of principles for international commercial contracts, an academic exercise or a practical need?, Revue des Affaires Internationales, 1988, S. 873 et seq.

Bonell, Michael Joachim [Principles], The Unidroit principles of international commercial contracts, why, what, how?, TLR, 1995, S. 1121 et seq.

Bonell, Michael Joachim [Restatement], An international restatement of Contract law, The UNIDROIT-Principles of international commercial contracts, 2. Auflage, New York, 1997.

Bonell, Michael Joachim [UN-Kaufrecht], UN-Kaufrecht und das Kaufrecht des UCC im Vergleich, RabelsZ 1994, S. 21 et seq. .

Bonell and others [Bonell/Bearbeiter], Commentary on the international Sales Law, the, 1980 Vienna Sales Convention, Guiffre-Milan, 1987.

Bydlinski, Franz [Methodenlehre], Juristische Methodenlehre und Rechtsbegriff, 2. Auflage, Wien, 1991.

Caemmerer, Ernst von [Zahlungsort], Zahlungsort, in: *Flume, Werner* (Hrsg.), Internationales Recht und Wirtschaftsordnung, Festschrift für F.A. Mann zum 70. Geburtstag, München, 1977, S. 3 et seq.

Caemmerer, Ernst von, Schlechtriem, Peter [v.Caemmerer/Schlechtriem/Bearbeiter, Kommentar Vorauflage], Kommentar zum UN-Kaufrecht, 1. Auflage, München, 1976.

Caemmerer, Ernst von, Schlechtriem, Peter [v. Caemmerer/Schlechtriem/Bearbieter, Kommentar], Kommentar zum UN-Kaufrecht, 2. Auflage, München, 1995.

Canaris, Claus-Wilhelm [Canaris/Bearbeiter], Kommentar zum Handelsgesetzbuch, 4. Auflage, Berlin: 1983.

Christensen, Karl-Wilhelm [Verschulden], Verschulden nach Vertragsende, Kiel, 1957.

Coester-Waltjen, Dagmar [Beweisrecht], Internationales Beweisrecht, Das auf den Beweis anwendbare Recht in Rechtsstreitigkeiten mit Auslandsbezug, Ebelsbach, 1983.

Coing, Helmut [85 EWG], Zur Auslegung von Art. 85 EWG-Vertrag, ZHR, 1963, S. 271 et seq.

Constantinesco, Léontin-Jean [Rechtsvergleichung], Rechtsvergleichung, Band III, Köln-Berlin-Bonn-München, 1983.

Delaume, Georges R. [International Contract], What is an international contract? An American and a Gallic Dilemma, International and Comparative Law Quaterly, 1979, S. 258 et seq.

Diedrich, Frank [Anwendbarkeit], Anwendbarkeit des Wiener Kaufrechts auf Softwareüberlassungsverträge, RIW, 1993, S. 441 et seq.

Diedrich, Frank[Lückenfüllung], Lückenfüllung im Internationalen Einheitsrecht, RIW, 1995, S. 353 et seq.

Dölle, Hans [Dölle/Bearbeiter], Kommentar zum Einheitlichen Kaufrecht, München, 1976.

Dölle, Hans [Bemerkungen], Bemerkungen zu Art.17 des EKG, in: *Ferid, M.* (Hrsg.), Festschrift für Hans G. Ficker zum 70. Geburtstag, Frankfurt a.M.-Berlin: 1967, S. 138 et seq.

Dölle, Hans [Beitrag], Der Beitrag der Rechtsvergleichung zum deutschen Recht, in: *Caemmerer, Ernst von* (Hrsg.), Hundert Jahre deutsches Rechtsleben, Festschrift zum hundertjährigen Bestehen des Deutschen Juristentages, Karlsruhe, 1960, S., 19 et seq.

Drobnig, Ulrich [Vertragsrecht], Ein Vertragsrecht für Europa, in: *Jürgen Baur* (Hrsg.), Festschrift für Ernst Steindorff zum 70. Geburtstag, Berlin-New York, 1990, S. 1147 et seq.

Dworkin: Ronald [Rights], Taking Rights Seriously, Massachusetts, 1977.

Eisemann, Frédéric und Derains, Ives [Incoterms], La pratique des Incoterms, 3. Auflage, ICC publishing, 1988.

Eisemann, Frédéric und Schütze, Rolf A. [Dokumentenakkreditiv], Das Dokumentenakkreditiv im internationalen Handelsverkehr, 4.Auflage, Heidelberg, 1996.

Emmermann, Axel [Nachwirkung], Die Nachwirkung des Arbeitsverhältnisses, Hamburg, 1973.

Enderlein: Fritz, Maskow, Dietrich und Strohbach, Heinz [Internationales Kaufrecht], Internationales Kaufrecht, Berlin: 1991.

Englard, Izhak [Restitution, Encyclopaedia], Restitution of benefits conferred without obligation, Encyclopaedia of Comparative Law, Band 10, Kapitel 5.

Erman, Walter [Erman/Bearbeiter], Kommentar zum BGB, 9. Auflage, Münster, 1993.

Ernst, Wolfgang [Ernst,W. in Basedow], Die Verpflichtung zur Leistung in den Principles of European Contract Law und in den Principles of International Commercial Contracts, in *Basedow, Jürgen*, Europäische Vertragsrechtsvereinheitlichung und deutsches Recht, Tübingen 2000.

Esser, Josef [Vorverständnis], Vorverständnis und Methodenwahl in der Rechtsfindung, ergänzte Ausgabe, Frankfurt a.M., 1972.

Esser, Josef [Grundsatz und Norm], Grundsatz und Norm in der richterlichen Fortbildung des Privatrechts, 3. Auflage, Tübingen, 1974.

Farnsworth, E. Allan [Precontractual liability], Precontractual Liability and Preliminary Agreements, Fair Dealing and Failed Negotiations, Columbia Law Review, 1987, S. 217 et seq.

Ferid, Murad und Sonnenberger, Hans [Frz. Zivilrecht], Das französische Zivilrecht, 2. Auflage, Heidelberg, 1994.

Ferrari, Franco [Verhältnis], Das Verhältnis zwischen den Unidroit-Grundsätzen und den allgemeinen Grundsätzen in Einheitsprivatrechtskonventionen, JZ, 1998, S. 9 et seq.

Ferrari, Franco [Uniform interpretation], Uniform interpretation of the, 1980 Uniform Sales Law, Georgia Journal of International and Comparative Law, 1994, S. 183 et seq.

Ferrari, Franco [Defining application], Defining the Sphere of application of the 94 Unidroit Principles of international commercial contracts, TLR, 1995, S. 1225 et seq.

Fickentscher, Wolfgang [Schuldrecht], Schuldrecht, 9. Auflage, Berlin-New York, 1997.

Firsching, Karl und von Hoffmann, Bernd [Internationales Privatrecht], Internationales Privatrecht, 5. Auflage, München, 1997.

Ficker, Hans G. [L'état], L'état du droit comparé en allemagne, Revue international de droit comparé, 1958, S. 701 et seq.

Fontaine, Marcel [Content], Content and Performance, 40 The American Journal of Comparative Law (, 1992), S. 645 et seq.

Frigge, Bettina [Externe Lücken], Externe Lücken und internationales Privatrecht im UN-Kaufrecht (Art.7 II), Frankfurt a.M.-Berlin-Bern-New York-Paris-Wien, 1994.

Gaul, Dieter [Durchsetzung], Die Durchsetzung des Schutzes eines betriebsgeheimen Know-How, WRP, 1988, S. 215 et seq.

Gaul, Dieter [Abgrenzung], Die Abgrenzung nachvertraglicher Geheimhaltungsverpflichtungen gegenüber vertraglichen Wettbewerbsbeschränkungen, ZIP, 1988, S. 689 et seq.

Gaillard, Emmanuel, Use of General Principles of International Law in International Long Term Contracts, International Business Lawyer 1999, S. 214 et seq.

Garro, Alejandro [Gap-filling role], The gap-filling role of the unidroit principles in international sales law, some comments on the interplay between the principles and the CISG, TLR, 1995, S. 1149 et seq.

Galston, Nina und Smit, Hans [International Sales], International Sales, The United Nations Convention on Contracts for the International Sale of Goods, New York, 1984.

Giardina, Andrea [Les Principes], Les Principes pur les contrats commerciaux internationaux élaborés par UNIDROIT, Revue de droit international et de droit comparé, 1991, S. 23 et seq.

Glavinis, Panayotis [Contrat de construction], Le contrat international de construction, Paris, 1993.

Goff of Chieveley und Jones, Gareth [Restitution], Law of Restitution, 4. Auflage, London, 1993.

Gottwald, Peter [Zivilprozeßrecht], Zivilprozeßrecht, begründet von Rosenberg, 15. Auflage, München, 1993.

Gravson, Ronald Harry [Gravson/Cohn/Gravson, Uniform Laws], The uniform laws on international sales act, 1967, London, 1968.

Greulich, H. [Nachwirkungen], Nachwirkungen bei Lieferverträgen, BB, 1955, S. 208 et seq.

Grigera Naón, Horacio A. [UN-Convention], The UN-Convention on Contracts for the International Sale of Goods, in: *Horn, Norbert und Schmitthoff, Clive* M., The Transnational Law of international commercial Transactions, Studies in Transnational Economic Law, Band 2, Deventer, 1982, S. 89 et seq.

Hauck, Ernst [Wirtschaftsgeheimnisse], Wirtschaftsgeheimnisse – Informationseigentum kraft richterlicher Rechtsfortbildung?, Berlin: 1987.

Hellner, Jan [Gap-filling], Gap-filling by analogy, Art. 7 of the U.N. Sales Convention in its Historical context, in: Festschrift für Lars Hjerner, Stockholm, 1990, S. 2, 19 et seq.

Hellner, Jan [UN-Convention], The UN-Convention on International Sales of Goods – an Outsider's View, in: *Jayme, Erik* (Hrsg.), Ius inter nationes, Festschrift für Stefan Riesenfeld, Heidelberg, 1983, S. 71 et seq.

Henninger, Michael [Beweislast], Die Frage der Beweislast im Rahmen des UN-Kaufrechts, München, 1995.

Herber, Rolf und Czerwenka, Beate [Internationales Kauftecht], Internationales Kaufrecht, München, 1991.

Heuzé, Vincent [Vente], La vente internationale de marchandises, Paris, 1992.

Hofstetter, Karl [Nachwirkende Nebenpflichten], Nachwirkende Nebenpflichten des schweizerischen Exporteurs nach Absendung und Bezahlen der Ware?, Schweizerische JZ, 1991, S. 171 et seq.

Honsell, Heinrich und Nedlim, Peter Vogt [Honsell/Bearbeiter, ZGB], Kommentar zum schweizerischen Privatrecht, Obligationenrecht I, Basel, 1992.

Honsell, Heinrich [Honsell/Bearbeiter], Kommentar zum UN-Kaufrecht, Heidelberg-New York, 1997.

Honnold, John O. [Uniform Law]., Uniform law for international sales under the, 1980 UN convention, 1980.

Honnold, John O. [Uniform Words], Uniform Words and Uniform Application. The 1980 Sales Convention and International Juridical Practice, in: *Schlechtriem, Peter* (Hrsg.), Einheitliches Kaufrecht und nationales Obligationenrecht, Baden-Baden, 1988, S. 115 et seq.

Houtte, Hans van (Unidroit Principles], The Unidroit principles of international commercial arbitration, Arbitration International, 1995, S. 373 et seq.

Houtte, Hans van [ICC], The UNIDROIT-Principles of international commercial contracts and international commercial arbitration, Their reciprocal relevance, ICC/Dossier of the Institute of International Business Law and Practise, ICC Publikation, 1995, S. 181 et seq.

Hueck, Götz [Grundsatz], Der Grundsatz der gleichmäßigen Behandlung im Privatrecht, München und Berlin: 1958.

Huber, Ulrich [Einheitliches Gesetz], Das Einheitliche Gesetz über den internationalen Kauf beweglicher Sachen (I), DB, 1975, S. 1589 et seq.

Huber, Ulrich [Uncitral], Das Uncitral Kaufrechtsübereinkommen, RabelsZ, 1979, S. 27 et seq.

Hyland, Richard [Law of Contract], On Setting forth the Law of Contract, A Foreword, American Journal of Comparative Law, 1992, S. 541 et seq.

International Chamber of Commerce [ICC], The unidroit principles for international commercial contracts, A new lex mercatoria?, ICC Publikationen 390/1, Paris, 1995.

Institute for the Unification of Private Law UNIDROIT [Studies Unidroit, Jahr, Dokument], Etudes/Studies, Rom, 1980-, 1994, Study L, verschiedene Dokumente.

Institute for the Unification of Private Law UNIDROIT, Principles of international commercial contracts, Black letter Rules and Commentary [UNIDROIT-Principles], Rom, 1994, Deutsche Übersetzung Rom, 1996.

Ihering, Rudolf von [Kampf], Der Kampf ums Recht, Neudruck, Frankfurt a.M., 1943.

Ipsen, Hans-Peter [Europ. Gemeinschaftsrecht], Europäisches Gemeinschaftsrecht, Tübingen, 1972.

Jan, Sheng-Lin [Erfüllungsverweigerung], Die Erfüllungsverweigerung im deutschen und UN-Kaufrecht, Frankfurt a.M.- Berlin – Bern – New York – Paris – Wien, 1992.

Jarvin, Sigvard [ICC-Award, Nummer], Collection of ICC arbitral awards, Paris u.a. (ICC-Publikationen), 1974/85 (, 1990).

Jauernig, Othmar [Jauernig/Bearbeiter], BGB Kommentar, 8. Auflage, München, 1997.

Jung, Reinhard [Beweislastverteilung], Die Beweislastverteilung im UN-Kaufrecht, insbesondere beim Vertragsabschluß, bei Vertragsverletzungen des Käufers, bei allgemeinen Bestimmungen sowie bei gemeinsamen Bestimmungen über Verkäufer- und Käuferpflichten, Frankfurt a.M.-Berlin-Bern-New-York-Paris-Wien, 1996.

Kabik, Michael [Looking-Glass], Through the Looking-Glass, International Trade in the Wonderland of the CISG, International Tax and Business Lawyer, 1992, S. 408 et seq.

Karollus, Martin [UN-Kaufrecht], UN-Kaufrecht, Wien-New York, 1991.

Kegel, Gerhard [Internationales Privatrecht], Internationales Privatrecht, 7. Auflage, München, 1995.

Kempff, Gilbert [Treuepflicht], Treuepflicht und Kündigungsschutz, DB, 1979, S. 790 et seq.

Kessedjian, Catherine [Exercice], Un exercice de rénovation des sources du droit des contrats du commerce international, les principes proposés par l'Unidroit, Revue critique de droit international privé, 1995, S. 445 et seq.

Kindler, Peter [CISG], Einige Hauptfragen des CISG im Spiegel der neueren deutschen Kommentarliteratur, Jahrbuch des italienischen Rechts, 1992, S. 201 et seq.

Klingsporn, Burckhard [Zahlungsort], Das Europäische Übereinkommen über den Ort der Zahlung von Geldschulden, WM, 1972, S. 1262 et seq.

Kock, Annette [Nebenpflichten], Nebenpflichten im UN-Kaufrecht, Regensburg, 1995.

Kötz, Hein [Rechtsgrundsätze], Allgemeine Rechtsgrundsätze als Ersatzrecht, RabelsZ, 1970, S. 663 et seq.

Kötz, Hein [Rechtsvereinheitlichung], Rechtsvereinheitlichung – Nutzen, Kosten, Methoden, Ziele, in: *Bernstein: Herbert* (Hrsg.), Festschrift für Konrad Zweigert, Tübingen, 1981, S. 1 et seq.

Kötz, Hein [Nutzen], Rechtsvereinheitlichung - Nutzen, Kosten, Methoden, Ziele, RabelsZ, 1986, S. 1 et seq.

Kraßer, Rudolf [Grundlagen], Grundlagen des zivilrechtlichen Schutzes von Geschäfts- und Betriebsgeheimnissen sowie von Know-How, GRUR, 1977, S. 177 et seq.

Kropholler, Jan [Ausschluß], Der Ausschluß des internationalen Privatrechts im Einheitlichen Kaufgesetz, RabelsZ, 1974, S. 372 et seq.

Kropholler, Jan [Einheitsrecht], Internationales Einheitsrecht, allgemeine Lehren, Tübingen, 1975.

Kropholler, Jan [Internationales Privatrecht], Internationales Privatrecht, 3. Auflage, Tübingen, 1997.

Landfermann, Hans-Georg [Auflösung], Die Auflösung des Vertrags nach richterlichem Ermessen als Rechtsfolge der Nichterfüllung im französischen Recht, Frankfurt a.M., 1968.

Lando, Ole [Europäisches Vertragsrecht], European Contract Law in: Weyers, Hans-Leo, Europäisches Vertragsrecht, Baden-Baden, 1996.

Lando, Ole [Comments], Comments, European Contract Law, American Journal of Comparative Law, 1983.

Lando, Ole [Principles], Principles of European Contract Law, Part I, Dordrecht-Boston-London, 1995.

Langen, Eugen [Transnationales Recht], Transnationales Recht, Heidelberg, 1981.

Larenz, Karl [Rechtsfortbildung], Richterliche Rechtsfortbildung als methodisches Problem, NJW, 1965, S. 1 et seq.

Larenz, Karl [Schuldrecht AT], Lehrbuch des Schuldrechts, Allgemeiner Teil, 13. Auflage, München, 1982.

Larenz, Karl [Methodenlehre], Methodenlehre der Rechtswissenschaft, 3. Auflage, Berlin u.a., 1995.

Leipold, Dieter [Beweismaß], Beweismaß und Beweislast im Zivilprozeß, Berlin-New York, 1985.

Leser, Hans Georg [Vertragsaufhebung in: Kolloquium], Die Vertragsaufhebung im Einheitlichen Kaufgesetz, in: Haager Einheitliches Kaufgesetz und das Deutsche Schuldrecht, Kolloquium zum 65. Geburtstag von Ernst von Caemmerer, Karlsruhe, 1973, S. 1 et seq.

Leser, Hans Georg [Rücktritt], Der Rücktritt vom Vertrag, Abwicklungsverhältnis und Gestaltungsbefugnisse bei Leistungsstörungen, Tübingen, 1975.

Leser, Hans Georg [Lösung], Lösung vom Vertrag in: *Bickel, Dietrich* (Hrsg.), Recht und Rechtserkenntnis, Festschrift für Ernst Wolf zum 70. Geburtstag, Köln-Berlin-Bonn-München, 1985, S. 373 et seq.

Leser, Hans Georg [Vertragsaufhebung in: Schlechtriem], Vertragsaufhebung und Rückabwicklung unter dem UN-Kaufrecht, in: Schlechtriem, Peter, Einheitliches Kaufrecht und nationales Obligationenrecht, Baden-Baden, 1988, S. 225 et seq.

Łętowska, Ewa [Unjust Enrichment, Encyclopaedia], Unjust Enrichment in Eastern European Countries, Encyclopaedia of Comparative Law, Band 10, Kapitel 4.

Locher, Horst [Baurecht], Das private Baurecht, 5. Auflage, Tübingen, 1993.

Loewe, Roland [Lausanner Kolloquium], Anwendungsgebiet, Auslegung, Lükken, Handelsgebräuche in: Lausanner Kolloquium zum Wiener Übereinkommen von, 1980 über den internationalen Warenkauf, Zürich, 1985, S. 11 et seq.

Loewe, Roland [Internationales Kaufrecht], Internationales Kaufrecht, Wien, 1989.

Lorenz, Werner [Rechtsvergleichung], Rechtsvergleichung als Methode zur Konkretisierung der allgemeinen Grundsätze des Rechts, JZ, 1962, S. 269 et seq.

Ludlow, Michael [Effect], Iraq Invasion of Kuwait, Effect on Contracts of UK Firms and Companies, International Business Lawyer, 1990, S. 496 et seq.

Magnus, Ulrich [Währungsfragen], Währungsfragen im UN-Kaufrecht, RabelsZ, 1989, S. 116 et seq. Zitiert, Magnus, RabelsZ 89.

Magnus, Ulrich [Grundsätze], Die allgemeinen Grundsätze im UN-Kaufrecht, RabelsZ, 1995, S. 769 et seq.

Mann, F.A. [Schiedsgerichtsbarkeit], Internationale Schiedsgerichtsbarkeit und nationale Rechtsordnungen, ZHR, 1968, S. 96 et seq.

Maass, Hans-Heinrich [Geheimnis], Information und Geheimnis im Zivilrecht, Stuttgart, 1970.

McCormick on Evidence [On Evidence], 3. Auflage, St. Paul (Minn.), 1984.

Medicus, Dieter [Bürgerliches Recht], Bürgerliches Recht, 17. Auflage, Köln, 1997.

Meier-Hayoz, A. [Einleitung Kommentar ZGB], Einleitungsartikel des Schweizerischen Zivilgesetzbuches, Art. 1-10, in: Berner Kommentar zum ZGB, Band 1, 3. Auflage, Zürich, 1979.

Mertens, Hans-Joachim und Rehbinder, Eckard [Internationales Kaufrecht], Internationales Kaufrecht, Kommentar zu dem EKG, Frankfurt a.M., 1975.

Mes, Peter [Geheimnisschutz], Arbeitsplatzwechsel und Geheimnisschutz, GRUR, 1979, S. 584 et seq.

Mölling, Peter [Geheimnisschutzklausel], Geheimnisschutzklausel und nachvertragliche Wettbewerbsverbote, Bielefeld, 1991.

Molkenbur, Josef [Geheimniswahrung], Pflicht zur Geheimniswahrung nach Ende des Arbeitsverhältnisses?, BB, 1990, S. 1, 196 et seq.

Münchener Kommentar zum BGB [MK/Bearbeiter], 3. Auflage, München, 1992.

Mulder, Arnold [Lacunes], Les lacunes du droit international public, Revue de droit international et de legislation compare, 1926, S. 555 et seq.

Musielack, Hans-Joachim [ZPO], Grundkurs Zivilprozeßordnung, 2. Auflage, München, 1993.

Neumayer, Karl und Ming, Catherine [CISG], Convention de Vienne sur les contrats de vente internationale de marchandises, UN-Kaufrechtskommentar, Paris, 1993.

Nickles, Steve H. [Problems], Problems of sources of relationships under the UCC, Part 1 The methodological problem and the civil law approach, Arkansas Law Review, 1977, S. 1 et seq.

Palandt, [Palandt/Bearbeiter], Kommentar zum BGB, 57. Auflage, München, 1998.

Palmer, George E. [History, Encyclopaedia], History of Restitution in anglo-american law, Encyclopaedia of Comparative Law, Band 10, Kapitel 3.

Parra-Aranguren, Gonzalo [Conflict of Law], Conflict of Law Aspects of the Unidroit Principles of International Commercial Contracts, TLR, 1995, S. 1239 et seq.

Piltz, Burghard [Internationales Kaufrecht], Internationales Kaufrecht, München, 1993.

Piltz, Burghard [Entwicklungen] Neue Entwicklungen im UN-Kaufrecht, NJW, 1996, S. 1768 et seq.

Prölss, Jürgen [Beweiserleichterungen], Beweiserleichterungen im Schadensprozeß, Karlsruhe, 1966.

Prütting, Hans [Beweislast], Gegenwartsprobleme der Beweislast, München, 1983.

Rabel, Ernst [Entwurf], Der Entwurf eines einheitlichen Kaufgesetzes, RabelsZ, 1935, S. 1 et seq.

Ramm, Peter [Fortwirkung], Fortwirkung von Verträgen, insbesondere Lieferverträgen, München, 1965.

Reimers-Zocher, Birgit [Beweislastfragen], Beweislastfragen im Haager und Wiener Kaufrecht, Frankfurt a.M., 1995.

Reinecke, Gerhard [Beweislastverteilung], Die Beweislastverteilung im bürgerlichen Recht und im Arbeitsrecht als rechtspolitische Regelungsaufgabe, Berlin: 1976.

Reinhart, Gert [Rechtsvergleichung], Rechtsvergleichung und richterliche Rechtsfortbildung auf dem Gebiet des Privatrechts, in: *Weisert, Hermann* (Hrsg.), Festschrift der juristischen Fakultät zur Sechshundertjahrfeier der Universität Heidelberg, Heidelberg, 1986, S. 599 et seq.

Reinhart, Gert [CISG], UN-Kaufrecht, Kommentar, Heidelberg, 1991.

Riese, Otto [Haager Konferenz], Die Haager Konferenz über die internationale Vereinheitlichung des Kaufrechts vom 2.-25.4.64, RabelsZ, 1965, S. 1 et seq.

Ritsert, Jürgen [Gleichheit], Gerechtigkeit und Gleichheit, Münster, 1997.

Rosenberg, Mark N. [Vienna Convention], The Vienna Convention, Uniformity in interpretation for gap-filling – an analysis and application, Australian Business Law Review, 1992, S. 442 et seq.

Rosett, Arthur I. [Unification], Unification, Harmonization, Restatement, Codification and Reform in international commercial law, American Journal of Comparative Law, 1992, S. 683 et seq.

Ryu, Seung-Hun [Beweislast], Die Beweislast im deutschen und koreanischen Zivilrecht, Köln, 1991.

Sarcevic, Petar [Contracts], International Contracts and Conflicts of Laws, London, 1990.

Schack, Haimo [Klägergerichtsstand], Der internationale Klägergerichtsstand des Käufers, IPRax, 1987, S. 215 et seq.

Schack, Haimo [Zivilverfahrensrecht], Internationales Zivilverfahrensrecht, 2. Auflage, München, 1996. Zitiert, Schack.

Schilken, Eberhard [ZPO], Zivilprozeßrecht, 2. Auflage, Köln-Berlin-Bonn-München, 1995.

Schindler, Karl-Heinz [Bereicherung], Die aufgedrängte Bereicherung beim Ersatz von Impensen, AcP 165, S. 499 et seq.

Schlechtriem, Peter [Lückenfüllung], Auslegung und Lückenfüllung im internationalen Einheitsrecht, Erfüllungsort für Rückabwicklungspflichten in EuGVÜ und EKG, IPRax, 1981, S. 113 et seq.

Schlechtriem, Peter [Uniform Sales Law], Uniform Sales Law, Wien, 1986.

Schlechtriem, Peter [OLG Düsseldorf], Kommentar zum OLG Düsseldorf zu Art. 1 CISG 1/93, in: EWiR, 1993, S. 1075 et seq.

Schlechtriem, Peter [UN-Kaufrecht], Internationales UN-Kaufrecht, Tübingen, 1996.

Schlechtriem, Peter [Abstandnahme], Abstandnahme vom Vertrag, in: *Basedow, Jürgen*, Europäische Vertragsrechtsvereinheitlichung und deutsches Recht, Tübingen 2000.

Schlechtriem, Peter [Commentary], Commentary on the CISG, 2. Auflage, Oxford, 1998.

Schlechtriem, Peter [UNIDROIT-Principles], UNIDROIT-Principles (Einheitliche Prinzipien für Verträge) und Werkvertragsrecht, in: *Vygen, Claus* (Hrsg.), Dem Baurecht ein Forum, Festschrift für v.Craushaar zum 65. Geburtstag, Düsseldorf, 1997, S. 157 et seq.

Schlesinger, Rudolf und Gündisch, Herbert [Rechtsgrundsätze], Allgemeine Rechtsgrundsätze als Sachnormen im Schiedsgerichtsverfahren, RabelsZ, 1964, S. 4 et seq.

Schlesinger, Rudolf und Bonassies, Pierre [Fonds commun], Le fonds commun des systèmes juridiques, Revue international de droit comparé, 1963, S. 501 et seq.

Schmidt-Szalewski, Joanna [Période précontractuelle], La période précontractuelle en droit français, Revue internationale de droit comparé 1-, 1990, S. 545 et seq.

Schmitthoff, Clive [Trade Usages], International Trade Usages, ICC Newsletter Special Issue, ICC Publishing, Paris, 1987.

Schütz, Markus [CIC], UN-Kaufrecht und Culpa in Contrahendo, Frankfurt a.M.-Berlin-Bern-New York-Paris-Wien, 1996.

Schulze, Reiner [Rechtsgrundsätze], Allgemeine Rechtsgrundsätze und europäisches Privatrecht, ZEuP, 1993, S. 1 et seq.

Schwenzer, Ingeborg [Battle of Forms], The Battle of Forms und das EAG, IPRax, 1988, S. 212 et seq.

Spieckhoff, Andreas [Internationales Handelsrecht], Internationales Handelsrecht vor Schiedsgerichten und staatlichen Gerichten, RabelsZ, 1992, S. 116 et seq.

Soergel, Hans Theodor [Soergel/Bearbeiter], Kommentar zum BGB, 12. Auflage, Stand Frühjahr, 1991, Stuttgart-Berlin-Köln, 1991.

Staudinger, Julius von [Staudinger/Bearbeiter], Kommentar zum BGB, 13. Auflage, Berlin: 1994.

Stokes, McNeill [Construction], International Construction Contracts An Engineering News-Record Book, New York, 1980.

Stoll, Hans [Ergänzung], Internationalprivatrechtliche Fragen bei der landesrechtlichen Ergänzung des Einheitlichen Kaufrechts, in: *Heldrich, Andreas* (Hrsg.), Festschrift für Murad Ferid zum 80. Geburtstag, Frankfurt a.M., 1988, S. 495 et seq.

Stoll, Hans [Regelungslücken], Regelungslücken im Einheitlichen Kaufrecht und Internationales Privatrecht, IPRax, 1993, S. 75 et seq.

Strätz, Hans-Wolfgang [Nachwirkungen], Über sogenannte Nachwirkungen des Schuldverhältnisses und den Haftungsmaßstab bei Schutzpflichverstößen, in: Habscheid, Walter (Hrsg.), Festschrift für Friedrich Wilhelm Bosch zum 65. Geburtstag, Bielefeld, 1976, S. 999 et seq.

Stötter, Viktor [EKG], Internationales Einheits-Kaufrecht, München, 1975.

Tallon, Denis [Civil Law, Encyclopaedia], Civil Law and Commercial Law, Encyclopaedia of Comparative Law, Band 8, Kapitel 2.

Triebel, Volker und Petzold, Eckart [Grenzen], Die Grenzen der lex mercatoria in der internationalen Schiedsgerichtsbarkeit, RIW, 1988, S. 245 et seq.

Treitel, Guenther H. [Remedies]., Remedies for Breach of Contract, A Comparative Account, Oxford, 1988.

Treitel, Guenther H.[Remedies, Encyclopaedia], Remedies for Breach of Contract (Courses of Action open to a party aggrieved), Encyclopaedia of Comparative Law, Band 7, Kapitel 16.

Ulmer, Eugen [UWG], Das Recht des unlauteren Wettbewerbs, Band 6, Köln, 1981.

United Nations conference on Contracts for the international Sale of Goods [O.R.], Official Records, New York, 1981.

Vallindas, Petros [Autonomy], Autonomy of International Uniform Law, Revue Hellenique de Droit International, 1955, S. 8 et seq.

Velden, Frans van der [Interpretation], Indications of the Interpretation by dutch courts of the UN Convention on Contracts for the International Sale of Goods, 1980 in: Netherlands Reports to the Twelfth International Congress of Comparative Law, The Hague, 1987, S. 21 et seq.

Veytia, Hernany [Equity], The requirement of justice and equity in contracts, TLR, 1995, S. 1, 191 et seq.

Vischer, F. [Lausanner Kolloquium], Gemeinsame Bestimmungen über Verpflichtungen des Verkäufers und des Käufers in: Lausanner Kolloquium zum Wiener Übereinkommen von, 1980 über den internationalen Warenkauf, Zürich, 1985, S. 173 et seq.

Walter, Gerhard [Kaufrecht], Kaufrecht, Tübingen, 1987.

Weber, Rolf H. [Vertragsverletzungsfolgen], Vertragsverletzungsfolgen, Schadensersatz, Rückabwicklung, vertragliche Gestaltungsmöglichkeiten in: *Bucher, Eugen* (Hrsg.), Wiener Kaufrecht, Berner Tage für die juristische Praxis, 1990, Bern, 1991.

Weitnauer, Hermann [Vertragsaufhebung], Vertragsaufhebung und Schadensersatz nach EKG und BGB in: *Wahl, Eduard* (Hrsg.), Rechtsvergleichung und Rechtsvereinheitlichung, Festschrift zum fünfzigjährigen Bestehen des Instituts für ausländisches und internationales Privat- und Wirtschaftsrecht der Universität Heidelberg, Heidelberg, 1967.

Weyers, Hans-Leo [Europ. Vertragsrecht], Europäisches Vertragsrecht, Baden-Baden, 1996.

Wolf, Manfred [Verwendungsersatzansprüche], Die Verwendungsersatzansprüche des Besitzers im Anspruchssystem, AcP 1966, S. 188 et seq.

Zeiss, Walter [ZPO], Zivilprozeßrecht, 9. Auflage, Tübingen, 1997.

Ziegler, Ulrich [Leistunsstörungen], Leistungsstörungen nach dem UN-Kaufrecht, Baden-Baden, 1995.

Zimmermann, Reinhard [Konturen], Konturen eines Europäischen Vertragsrechts, JZ, 1995, S. 477 et seq.

Zippelius, Reinhold [Rechtsphilosophie], Rechtsphilosophie, 3. Auflage, München, 1994.

Zittelmann, Ernst [Lücken], Lücken im Recht, Leipzig, 1903.

Zweigert, Konrad und Kötz, Hein [Rechtsvergleichung], Einführung in die Rechtsvergleichung, 3 Auflage, 1996.

Zitierweise von Gesetzen: Artikel 1, Absatz 1, Satz 1 = Art. 1 I (1)

Kolibri 360 GmbH
Ferdinand-Jühlke-Straße 7
99095 Erfurt, Deutschland
produktsicherheit@kolibri360.de

Druck:
CPI Druckdienstleistungen GmbH
im Auftrag der
Kolibri 360 GmbH
Ferdinand-Jühlke-Str. 7
99095 Erfurt